高等学校文化素质教育教材

文化素养高级教程（第二版）

孟兆怀　杜松柏　主编

高等教育出版社·北京

雅　禮　尚　和

内容提要

本书是一部人文性和应用性并重的高等院校大学语文课程教材。全书分为文学素养、应用与鉴赏两部分。上编“文学素养”，精选了中外文学作品近四十篇，能代表不同文学发展阶段的艺术风格。下编“应用与鉴赏”，包括文学写作、新闻写作、公文写作、日常应用文写作、演讲与口才、电影艺术鉴赏、电视剧艺术鉴赏、微博微信鉴赏。本书适合高等院校作为文化素质教育教材使用。

图书在版编目(CIP)数据

文化素养高级教程/孟兆怀，杜松柏主编. --2版. --北京：高等教育出版社，2019.9 (2023.2重印)
ISBN 978-7-04-052550-2

Ⅰ.①文… Ⅱ.①孟… ②杜… Ⅲ.①文化素质教育-高等学校-教材 Ⅳ.①G640

中国版本图书馆CIP数据核字(2019)第174956号

策划编辑 姜兰志 责任编辑 姜兰志 封面设计 张申申 版式设计 徐艳妮
责任校对 胡美萍 责任印制 存 怡

出版发行	高等教育出版社	网 址	http://www.hep.edu.cn
社 址	北京市西城区德外大街4号		http://www.hep.com.cn
邮政编码	100120	网上订购	http://www.hepmall.com.cn
印 刷	三河市潮河印业有限公司		http://www.hepmall.com
开 本	787mm×1092mm 1/16		http://www.hepmall.cn
印 张	20.5	版 次	2011年6月第1版
字 数	490千字		2019年9月第2版
购书热线	010-58581118	印 次	2023年2月第5次印刷
咨询电话	400-810-0598	定 价	38.90元

物 料 号 52550-00

编 委 会

主　编：孟兆怀　杜松柏

副主编：成　立

参编者（按汉语拼音音序排列）：

成　立　崔宏艳　党超亿　丁庆刚　杜松柏　何　斌　胡　蓉

姜　约　廖旭东　林　平　马碧红　孟兆怀　漆　娟　苏正道

唐　澜　唐　颜　王绍林　杨晓云　余文盛　曾宪文　张　杰

张　松　赵　琴

前　言

大学生是国家和民族未来的建设者和接班人，其素质高低直接关系到国家和民族的兴衰成败。因此，党和国家历来十分关心重视在校大学生的素质教育，把它作为教育改革发展的战略主题。为适应新形势下大学生文化素质教育的新要求，我们认真总结多年来在非中文专业开设“大学语文”的经验，审视得失，权衡利弊，根据社会需求和我们所使用教材的经验以及教学中存在的缺失，组织编写了这本《文化素养高级教程》，其目的是希望进一步拓展“大学语文”教学的视野和领域，丰富教学内容，拓展学生的知识面，突出教学的针对性和应用性，既提高学生的文化素养、审美情趣，又适应学生就业和今后工作、生活的需要。

本教材分为上、下两编。上编为“文学素养”，其中包括中国古代诗文22篇，中国现代诗文13篇，汉译西文6篇。希望学生通过这部分的学习，对古今中外特别是我们中华民族博大精深、灿烂辉煌的文学有一个全面的了解，以建构对世界文学特别是中国文学的总体认识。通过阅读经典篇章、赏析美文名作，培养学生的阅读理解、表达交流和鉴赏能力，提高他们的语言文字应用水平，增强文化底蕴，使他们在潜移默化中树立起对中华传统文化和世界文学精品的热爱和崇敬。

下编为“应用与鉴赏”，共6章。第一章为“文学写作”，第二章为“新闻写作”，第三章为“公文写作”，第四章为“日常应用文写作”，第五章为“演讲与口才”，第六章为“电影艺术鉴赏”。下编是全书的重点和特色所在，重在培养学生各种实用文体的写作能力和口头表达能力。这是学生最需要加强的内容。希望能通过这部分内容的学习，不仅让学生对各类文体的写作有所了解、对说话技巧有所掌握，而且对日常生活中各类应用文体熟练掌握，使语言交流和沟通能力得到提高，以增强社会适应能力和竞争能力。考虑到电影已广泛普及，成为人们生活中不可或缺的精神食粮，所以我们增加了“电影艺术鉴赏”一章，旨在让学生初步懂得如何去鉴赏和评价一部影视艺术作品，以提高他们在这方面的基本素养。

全书由主编牵头，提出初步构想和编写提纲，经集体讨论达成共识。邀请了四川文理学院部分教师进行了编写。上编，古代诗文部分，由崔宏艳、漆娟负责编写；现代诗文部分，由唐颜、雷斌、胡蓉负责编写；汉译西文部分，由曾宪文、成立负责编写。下编，第一章文学写作，由廖旭东、林平负责编写；第二章新闻写作，由唐澜负责编写；第三章公文写作，由余文盛负责编写；第四章日常应用文写作，由张松负责编写；第五章演讲与口才，由马碧红、雷斌负责编写；第六章电影艺术鉴赏，由杨晓云负责编写。上编由熊伟业、杜松柏负责统稿审定，下编由孟兆怀负责统稿审定，编务工作由雷斌负责，最后由主编定稿。

为编好这本教材，编写组多次召开编写会，审定提纲，讨论选文，确定体例，统一认识，明确要求。初稿完成，又多次开会讨论，提出修改意见。参加编写的老师互相配合，反复修改，几易其稿，不厌其烦，务求保证质量，体现了高度负责的精神和严谨务实的科学态度。

本教材在编写过程中，参考了国内外有关专家的著述，引用了一些资料，在此向相关作者表示诚挚的感谢。请看到本书后与主编或与高等教育出版社联系，以便于支付相关使用费。

高等教育出版社文科分社的首席策划云慧霞博士对本教材的编写给予了大力支持，悉心指导，严格要求，倾注了大量心血。她不辞辛劳，多次往返学校，对编好本书提出了十分宝贵的意见，在此也深表谢意。

由于编者水平有限，成书时间仓促，加之编写人员在认识上的差异，因此，不足之处在所难免，恳请各位专家和读者批评指正，以期进一步修订完善。

孟兆怀

二〇一一年二月

目　　录

上编　文学素养

下编　应用与鉴赏

上编

文学素养

古代诗文阅读

采　薇

《诗经》

采薇采薇[1]，薇亦作止[2]。曰归曰归[3]，岁亦莫止[4]。靡室靡家[5]，玁狁之故[6]。不遑启居[7]，玁狁之故。

采薇采薇，薇亦柔止[8]。曰归曰归，心亦忧止。忧心烈烈[9]，载饥载渴[10]。我戍未定[11]，靡使归聘[12]。

采薇采薇，薇亦刚止[13]。曰归曰归，岁亦阳止[14]。王事靡盬[15]，不遑启处[16]。忧心孔疚[17]，我行不来[18]。

彼尔维何[19]？维常之华[20]。彼路斯何[21]？君子之车[22]。戎车既驾[23]，四牡业业[24]。岂敢定居[25]，一月三捷。

驾彼四牡，四牡骙骙[26]。君子所依[27]，小人所腓[28]。四牡翼翼[29]，象弭鱼服[30]。岂不日戒[31]？玁狁孔棘[32]。

昔我往矣[33]，杨柳依依。今我来思[34]，雨雪霏霏[35]。行道迟迟[36]，载渴载饥。我心伤悲，莫知我哀[37]。

（《诗经注析》，程俊英、蒋见元注，中华书局1991年版）

【注释】

[1] 薇：一种可食用的野菜，豆科植物，俗称野豌豆。

[2] 作：生长。止：句尾语气词，以下同此。

[3] 曰：语气助词，常用于动词前。

[4] 莫（mù）：同"暮"，晚。"岁莫"即"岁暮"，指一年将尽。

[5] 靡：无。

[6] 玁狁（xiǎnyǔn）：我国古代北方的少数民族，春秋时称为狄，战国、秦、汉时称匈奴。

[7] 遑：空闲。启：伸直腰股跪坐。居：安居。全句即"无暇安坐片刻"之意。

[8] 柔：变柔软，指薇菜从初生到长成柔嫩的枝条。

[9] 烈烈：忧心如焚的样子。

[10] 载：语助词，以下同此。

[11] 戍：驻守。定：止。

[12] 使：使者，传达消息的人。聘：问候。

[13] 刚：刚硬，指薇菜由柔嫩变老硬。

[14] 阳：阴历十月。

[15] 盬（gǔ）：停息、休止。

[16] 处：止息。启处：同"启居"。

[17] 孔：非常。疚：内心痛苦。

[18] 来(lài):犒劳。

[19] 尔:通"薾",花开茂盛的样子。维:语气词,常表示判断。维何:是什么。

[20] 常:通"棠",常棣,即棠棣。华:同"花"。

[21] 路:同"辂",高大的马车。斯:语气词,斯何:义同"维何"。

[22] 君子:指将帅。

[23] 戎车:战车。

[24] 牡:雄马。业业:马高大矫健的样子。

[25] 定居:安居。

[26] 骙骙(kuí):马强壮的样子。

[27] 依:乘。

[28] 小人:指士卒。腓(féi):通"庇",庇护,隐蔽。

[29] 翼翼:整齐的样子。

[30] 象弭:两端用象牙镶饰的弓。鱼服:鱼皮制成的箭袋。服,通"箙",箭袋。

[31] 日戒:每日警戒。

[32] 棘:原指草木上的刺,这里引申为军情紧急,不好对付。

[33] 往:出发,出征。

[34] 思:句尾语气词。

[35] 雨(yù):作动词,下。霏霏:雪花纷飞的样子。

[36] 迟迟:行动缓慢的样子。

[37] 莫:没有人。

【导读】

本文选自《诗经·小雅》。《诗经》是中国文学史上现存最早的一部诗歌总集,先秦时被称为"诗"或"诗三百",汉代时被尊为经典,定名《诗经》。现存《诗经》共收录西周初年至春秋中叶共305篇诗歌,并根据其来源和乐调分为风、雅、颂三大类。风指十五国风,共160篇,均为各地民歌。雅分"大雅"和"小雅",共105篇,是王畿地区的作品,多为朝廷官吏所作。颂共计40篇,包括周颂、鲁颂和商颂,大多是歌颂统治者和先王的德行。《诗经》以四言为主,言辞朴素,均为配乐乐歌,因演唱的需要,多用重章叠句,声韵优美,情致婉转。表现手法上以赋、比、兴为主,尤其比兴手法的大量运用,使得诗歌蕴藉丰富,情味深长。《诗经》作为我国现实主义文学创作的总源头,滋养着一辈辈优秀的作家和诗人。

《采薇》是一首戍边之歌,内容由两大部分构成。第一部分以倒叙的手法追忆戍边生活,又可分两个层次:前三章写士卒远离家园、归心如焚的痛苦心情;第四、五章写紧张的军营生活,透露出久戍难归的原因;最后一章为第二大部分,写远征的戍卒终于解甲归乡,却思绪万千,无一丝喜悦之情,只有戍边的痛苦回忆和前路漫漫的悲戚。《采薇》以久戍难归、思恋家园的悲伤情绪作为主线贯穿全篇,同时又夹杂着久戍的劳瘁、思归的痛苦、壮激的爱国情怀及对王事频繁的不满、对战争的厌恶和对戎狄的憎恨等,不一而足。

艺术表现上,《采薇》讲究句式重叠与比兴手法的运用。前三章以重章叠句的形式,通过薇菜的生长变化,表现时间的推移和久役的漫长,表达戍卒一年将尽不得返家的悲苦心境,生动贴切。第四章以棠棣之盛喻军容的威壮,表现远征的将士同仇敌忾、誓欲御侮的爱国情怀,新颖奇特。末章则以出征前与来归时的自然景致进行对比,寄托无尽的感伤,言浅意深,景中寓情,已成经典名句。

【思考与练习】

1. 解析《采薇》前三章重章叠沓的妙用。

2.《采薇》最后一章,王夫之曾云:“以乐景写哀,以哀景写乐,一倍增其哀乐。”请谈谈你的理解。

咏史八首(其二)

左思

郁郁涧底松,离离山上苗[1]。以彼径寸茎,荫此百尺条[2]。世胄蹑高位[3],英俊沉下僚[4]。地势使之然,由来非一朝。金张借旧业[5],七叶珥汉貂[6]。冯公岂不伟,白首不见招[7]。

(《汉魏六朝诗选》,余冠英选注,人民文学出版社 2009 年版)

【注释】

[1] 郁郁:茂盛的样子。离离:下垂的样子。苗:初生的草木。

[2] 荫:遮盖。条:树枝。

[3] 胄:后裔。世胄:世家子弟。蹑:登。

[4] 下僚:小官。

[5] 金张:指汉代的金日磾(mì dī)和张安世两大家族,他们是汉宣帝时的大官。旧业:先人的遗业。

[6] 七叶:七世。珥汉貂:插上貂尾。汉代侍中、中常侍等高官在冠上插貂尾作为装饰,此处以汉貂代指高位。

[7] 冯公:指冯唐,汉文帝时人,曾有见解地指正当时朝政的过失,但年老时还做着郎官的小职。“不见招”指不为皇帝招揽重用。

【导读】

左思(250?—305?),字太冲,齐国临淄(今山东淄博)人。出身寒门,西晋著名文学家,其诗代表了西晋太康文学的最高成就。

《咏史》八首是左思诗歌的代表作。在门阀制度盛行的西晋,世家大族占据高位,才高志雄的左思,始终沉沦下僚,怀才不遇,遂作《咏史》诗以抒写自己寒士的心声。《郁郁涧底松》选自其中之二,反映了“上品无寒门,下品无世族”的社会现象,揭露了扼杀人才的黑暗制度。此诗在内容上可分为两部分,从“郁郁涧底松”至“由来非一朝”为第一部分,写当时用人制度的不公。“涧底松”比喻出身寒门的士人,“山上苗”比喻世家子弟,一寸粗的山上苗遮盖了涧底百尺长的大树,以自然界的现象比喻人间的不平。而世家子弟占据高位,寒门士人沉沦下僚的这种现象已是由来已久。从“金张借旧业”至“白首不见招”为第二部分,紧扣题目,借历史上的人物抒发诗人内心的愤慨。

此诗的写作特色有三:其一,运用比兴手法,以自然现象表现人间的不合理现象。其二,通篇运用对比手法,形象鲜明,情感强烈。其三,大量用典,名为咏史,实为咏怀,将咏史与咏怀合二为一,可谓“创成一体,垂式千秋”,对后世咏史诗的创作产生了深远的影响。

【思考与练习】

1. 理解左思《咏史》的深刻内容。
2. 从这首诗出发理解“左思风力”的独特之处。

杂诗十二首(其五)

陶渊明

忆我少壮时,无乐自欣豫[1]。猛志逸四海,骞翮思远翥[2]。荏苒岁月颓,此心稍已去[3]。值欢无复娱[4],每每多忧虑。气力渐衰损,转觉日不如。壑舟无须臾,引我不得住[5]。前途当几许[6],未知止泊处[7]。古人惜寸阴,念此使人惧。

(据四部丛刊影印宋本《笺注陶渊明集》)

【注释】

[1] 欣豫:欢乐。此句说没有欢乐的事情也觉得很喜悦。

[2] 猛志:壮志。逸:超越。四海:犹天下。骞(qiān):飞举。翮(hé):羽翼。骞翮,展翅。翥(zhù):飞翔。这句以鸟之高翔比喻抱负远大。

[3] 荏苒:时间逐渐流逝。颓:流逝。此心:指逸四海、思远翥。这两句说随着年岁的衰老,少壮时的豪气已经逐渐消逝了。

[4] 值欢:遇到欢乐的事。无复娱:也不再欢乐。

[5] "壑舟"两句:《庄子·大宗师》:"夫藏舟于壑,藏山于泽,谓之固矣。然而夜半有力者负之而走,昧者不知也。"意思说,藏舟于山壑之中,似乎可以不受损失,然而却受着大自然的侵蚀,而昧者却无法理解。这里以人生比壑舟,意谓既然大自然没有片刻的停留,人生也就随之而逐渐衰老。

[6] 前途:指未来的时光。

[7] 止泊处:原意为船舶停留的地方,此喻人生的归宿处。

【导读】

陶渊明(365?—427),又名潜,字元亮,号五柳先生,谥号靖节先生,浔阳柴桑(今江西九江)人。有"田园诗人"之称,是中国古代田园诗派的鼻祖。其诗情、景、事、理浑融,自然醇厚,具有独特的艺术魅力。

陶渊明的诗歌题材多样,除了大量的田园诗作外,他还写过许多咏史诗、咏怀诗、行旅诗等,风格多种多样。组诗《杂诗》共十二首,前八首主要作于晋安帝义熙十年(414),后四首主要作于晋安帝隆安元年(397),大都慨叹时光流逝的悲哀以及行旅羁途之苦。本篇是其中的第五首,表达诗人关于生命的忧患意识。

"忆我少壮时"至"骞翮思远翥"为第一部分,诗人回忆自己少年时代的雄心壮志。那时,即使没有什么快乐的事,心里也充满了喜悦。有着超越四海的雄心壮志,梦想着建功立业。从"荏苒岁月颓"至"念此使人惧"为第二部分,写无情的现实摧毁了诗人的梦想。诗人壮志难酬,对未来充满了忧惧,随着时间的消逝,人已日渐衰老,当年的雄心壮志在慢慢消失。即使遇上快乐的事,也无法高兴起来,反而常常变得很忧郁。身体逐渐老去,一天不如一天。“壑舟无须臾,引我不得住”出自《庄子·大宗师》,“壑舟”比喻生命,意谓时光流逝,生命不停留地走向衰残。未来的人生之路,不知何处是归宿。

全诗艺术特色有三:其一,主题意义深刻,意蕴深远。其二,诗中多用对比,很好地突出了主题,增强了表现力和感染力。其三,风格苍凉深沉,体现了陶渊明诗歌的另一面。

【思考与练习】

1. 了解陶渊明田园诗的风格特色。
2. 这首诗体现了陶渊明诗歌艺术的什么特色?

青　溪[1]

王维

言入黄花川[2]，每逐青溪水。随山将万转，趣途无百里[3]。声喧乱石中[4]，色静深松里[5]。漾漾泛菱荇，澄澄映葭苇[6]。我心素已闲[7]，清川澹如此[8]。请留磐石上，垂钓将已矣[9]。

（《唐诗三百首》，顾青编注，中华书局2009年版）

【注释】

[1] 青溪：水名，在今陕西勉县之东。

[2] 言：发语词，无意。黄花川：今陕西凤县东北黄花镇附近。

[3] 趣：通"趋"，趣途，指走过的路途。

[4] 声：指溪水声。

[5] 色：山色。

[6] 漾漾：水波动荡。菱荇：泛指水草。"漾漾"二句描写菱荇在青溪水中浮动，芦苇的倒影映照于清澈的流水中。

[7] 素：一向，向来。

[8] 澹：恬静。

[9] 磐石：又大又平的石头。将已矣：将以此终其身。

【导读】

王维（701—761），字摩诘，太原祁（今山西省祁县）人，世称"王右丞"，是盛唐山水田园诗派杰出的代表作家，与唐代另一山水田园诗人孟浩然并称"王孟"。王维精通诗歌、绘画、音乐、书法。其诗达到了诗情画意完美结合的艺术境界，被苏轼赞为"诗中有画，画中有诗"。

这首诗又题为《过青溪水作》，大约是王维隐居蓝田南山时所作，描绘青溪一带的奇山异水，体现了王维山水诗的特征。全诗可分为两部分。从"言入黄花川"至"澄澄映葭苇"为第一部分，写青溪至黄花川一带的奇山异水。开头四句介绍青溪与黄花川这段山水路程的奇特风貌。中间四句描绘青溪的美丽多姿。当它穿过水流湍急的乱石时，溪流声显得喧哗热闹；当它流经松林中的平地时，溪流声却又显得静谧。清澈的水面上浮着菱叶、荇菜，岸边的芦花、苇叶，倒映水中。从"我心素已闲"至"垂钓将已矣"为第二部分，写诗人的感悟，面对如此美丽的山色，诗人恬淡的心境变得更加澄净。"请留磐石上，垂钓将已矣"二句暗用东汉严子陵垂钓富春江的典故，表达了诗人的归隐之思。

此诗写作特色有三：其一，诗歌形象鲜明，诗中有画，具有意境美。其二，诗人在景物描写中处处融入自己高雅恬淡的志趣，可谓情景交融。其三，全诗托物寄情、隽永无穷。以上这些特点充分体现了王维山水诗高超的艺术技巧。

【思考与练习】

1. 了解王维山水诗的风格特色。
2. 比较王维与孟浩然山水诗的异同。

春江花月夜

张若虚

春江潮水连海平[1]，海上明月共潮生。滟滟随波千万里[2]，何处春江无月明。江流宛转绕芳甸[3]，月照花林皆似霰[4]。空里流霜不觉飞[5]，汀上白沙看不见[6]。江天一色无纤尘，皎皎空中孤月轮。江畔何人初见月，江月何年初照人。人生代代无穷已，江月年年只相似。不知江月待何人，但见长江送流水。白云一片去悠悠，青枫浦上不胜愁[7]。谁家今夜扁舟子[8]，何处相思明月楼。可怜楼上月徘徊，应照离人妆镜台。玉户帘中卷不去[9]，捣衣砧上拂还来。此时相望不相闻，愿逐月华流照君。鸿雁长飞光不度，鱼龙潜跃水成文[10]。昨夜闲潭梦落花，可怜春半不还家。江水流春去欲尽，江潭落月复西斜。斜月沉沉藏海雾，碣石潇湘无限路[11]。不知乘月几人归，落月摇情满江树。

（《乐府诗集》卷四十七，中华书局 1979 年版）

【注释】

[1] 海：此处指长江潮水浩瀚如海，或释为宽阔的江面。

[2] 滟滟：波光闪动之貌。

[3] 芳甸：长满芳香花草的郊野。

[4] 霰（xiàn）：小雪珠。

[5] 流霜：比喻月光皎洁。

[6] 汀：水边的平地。

[7] 青枫浦：长满枫林的水边。

[8] 扁（piān）舟：小船。

[9] 玉户：形容华美的楼阁。

[10] 文："纹"之古字。

[11] 碣石：今河北省昌黎县北。潇湘：二者皆水名，在湖南省零陵县合流。此句意谓离人与思妇天涯海角、相距遥远。

【导读】

张若虚（约 660—约 720），扬州人，曾任兖州兵曹。与贺知章、张旭、包融齐名，号称"吴中四士"，初唐著名诗人。《全唐诗》仅收其诗歌两首，《春江花月夜》是其中之一，闻一多称赞："这是诗中的诗，顶峰上的顶峰。"（《宫体诗的自赎》）

《春江花月夜》属乐府《清商曲辞·吴声歌曲》旧题，据传为南朝陈后主所作，内容写艳情，风格轻靡。但此诗抒写真挚感人的相思离别和富有哲理意味的人生感慨，完全洗去了宫体诗的浓脂艳粉，使人耳目一新。全诗在内容上可分为三部分。从"春江潮水连海平"至"汀上白沙看不见"为第一部分，写春江花月夜的美丽夜景。春天的夜晚，江潮与大海相连，一轮明月伴着海潮升起，光照千万里。江水绕着长满芳草野花的郊野流过，月亮的清辉洒在花上，如同雪珠一样洁白如霜的月色，使人感觉不到空中的霜飞，也看不见江边的沙滩。从“江天一色无纤尘”至“但见长江送流水”为第二部分，写对人生哲理的思索。辽阔的江水仿佛与天相接，明净得没有丝毫纤尘，一轮皎洁的孤月高高地挂在天上，在江边是谁最早见到了这明月？而这明月又是何年何月开始照耀人间呢？人一代一代地生息无穷，而每年的江月都是相似的，不知她在等待何人，而她所见到的也只有长江的流水。这部分通过景物描写，把思绪引向探索人生真谛。从“白云一片去悠悠”至“落月摇情满江树”为第三部分，写游子思妇的相思离别。一片白云随风悠悠飘走，在长满枫林的岸边无法承受离别之苦。今夜谁家的游子乘着一叶扁舟漂泊在外呢？什么地方有人在明月照耀的楼上相思？楼上的月光不停地移动，照耀着思妇的梳妆台。闺房中的门帘卷不走月光，捣衣砧上也拂不去月光。我们都望着月亮，却听不到彼此的声音，真想随月光照在你的身上。鸿雁飞不出无边的月光，水中跳跃的鱼儿激起阵阵波纹。昨天晚上梦见花朵落在幽静的水潭上，可怜春已去半，游子还没有回家。江水将要流尽春光，月亮缓缓落下西斜。慢慢下沉的斜月藏在海雾里，离人思妇相隔遥远。不知有几人能乘着月光回家，只有那落月摇荡着离情，月光洒满江边的树林。

此诗的写作技巧历来倍受推崇。其一，它完全超越了传统的山水或者闺怨题材，既非单纯地描摹山水景物，又非单纯地抒发思妇的哀愁，而是紧扣春、江、花、月、夜铺写，尽情地描写了大自然的优美景色，抒发了游子思妇的相思之情，并进而探索人生哲理与宇宙奥秘，达到了景、情、理的完美融合，为宫体诗注入了新的含义。其二，韵律和谐流畅，语言清新优美。全诗 36 句，四句一转韵，共九韵，韵脚平仄交错，一唱三叹，极具回环之美。晚清王闿运《王志》评论说：“孤篇横绝，竟为大家。”由此可见张若虚及其《春江花月夜》在中国古代诗歌中的地位。

【思考与练习】

1. 了解《春江花月夜》的写作特色。
2. 根据你的理解，这首诗表达了什么样的人生哲理？

宣州谢朓楼饯别校书叔云[1]

李白

弃我去者昨日之日不可留,乱我心者今日之日多烦忧。长风万里送秋雁,对此可以酣高楼[2]。蓬莱文章建安骨[3],中间小谢又清发[4]。俱怀逸兴壮思飞,欲上青天览明月[5]。抽刀断水水更流,举杯销愁愁更愁。人生在世不称意,明朝散发弄扁舟[6]。

(《唐诗三百首》,顾青编注,中华书局 2009 年版)

【注释】

[1] 宣州:治所在今安徽宣城。谢朓楼:即宣州北楼,又名谢公楼,为南齐著名诗人谢朓任宣州太守时所建。

[2] 酣:畅饮。

[3] 蓬莱:传说中藏幽经秘录的海中仙山,此处借指汉代文章。建安骨:建安诗风慷慨悲凉,后人称为建安风骨。此句意谓李云诗文有汉魏风骨。

[4] 小谢:指谢朓,与谢灵运并称“大小谢”。清发:清秀俊逸。

[5] 览:通“揽”,摘取。

[6] 散发:弃冠簪,是不拘礼节的行为,喻隐居不仕。

【导读】

李白(701—762),字太白,号青莲居士,祖籍陇西(今甘肃天水附近),先世于隋末流徙西域,幼时随父迁居绵州昌隆(今四川江油)青莲乡,是继屈原之后我国杰出的浪漫主义诗人,有“诗仙”之称。

此诗是天宝末年李白在宣城饯别秘书省校书郎李云之作,诗题一作《陪侍御叔华登楼歌》。内容可以分为三部分,从“弃我去者”至“今日之日多烦忧”为第一部分,写诗人内心的苦闷。诗人一开始就抒发了心中的感慨:去日苦多与今日烦忧。但接下来并不说明烦忧的原因,而是转入登楼送别之事。从“长风万里送秋雁”至“欲上青天览明月”为第二部分,写诗人的豪情逸兴。放眼万里长空,秋雁南飞,诗人准备一醉方休。“蓬莱文章建安骨,中间小谢又清发”两句写主客双方。赞美李云的文章风格刚健,自己的诗歌像谢、姚二人那样清新自然。至此,酒酣之际的主客双方,不由得豪兴大发,飘飘欲仙,想要飞上青天“揽明月”。从“抽刀断水水更流”至“明朝散发弄扁舟”为第三部分,写诗人渴望归隐。梦想着飞上青天的诗人,似乎暂时忘记了人间的痛苦,然而,忧愁始终萦绕心间,狂放的诗人瞬间又跌入愁思的深渊。面对人生种种的不如意,但愿能够远离尘世,归隐江湖。

此诗在结构上很有特色,充分体现了李白豪迈奔放、清新飘逸的浪漫主义诗风。其一,它并没有按照一般人感情发展的脉络线索构思,而是呈现为跳跃式发展,感情瞬息万变、大起大落,显示出李白在现实面前的矛盾心理以及潇洒不拘的个性。其二,语言自然雄健,以健笔写忧愁。

【思考与练习】

1. 了解李白的性格特征与其诗歌的艺术风格的关系。
2. 比较此诗与《行路难》(其一)在情感和艺术手法上的异同。

秋兴八首(其二)

杜甫

夔府孤城落日斜,每依北斗望京华[1]。听猿实下三声泪[2],奉使虚随八月槎[3]。画省香炉违伏枕[4],山楼粉堞隐悲笳[5]。请看石上藤萝月,已映洲前芦荻花[6]。

(《杜甫秋兴八首集说》,叶嘉莹著,河北教育出版社 1997 年版)

【注释】

[1] 夔府:即夔州。夔府孤城:白帝城。北斗:北斗星,喻指朝廷。京华:长安。

[2] “听猿”句:意谓以前听说巫峡的猿声凄楚,会使人落泪沾裳。现在亲耳听到了这哀哀猿鸣,自己真的流下了伤心的泪水。实:实实在在,真的。

[3] 槎:木筏。“八月槎”出自晋张华《博物志》:“近世有人居海渚者,年年八月有浮槎去来,不失期。”杜甫曾为剑南节度使严武的参谋,原想跟随严武一起还朝,但后来严武去世,杜甫回长安的希望落空,故云“虚随”。

[4] 画省:指尚书省。伏枕:伏于枕上,卧病在床。违:离开。

[5] 山楼:白帝城楼。粉堞:城上涂白色的女墙。

[6] “请看”二句:意谓照在藤萝上的月光,此时已经照到河洲前的芦荻花上去了。这是写杜甫整夜都在怀念长安,因思念之久,故忘记了时间。忽然看见月亮从藤萝上移到洲前,才知道已经是深夜了。

【导读】

杜甫(712—770),字子美,巩县(今河南巩义)人,原籍襄阳。出生于世代为官的高门世族,是中国古代最伟大的现实主义诗人。其诗作显示了唐代由盛转衰的历史过程,风格沉郁顿挫,被称为“诗史”“诗圣”。

《秋兴八首》是大历元年(766)秋杜甫旅居夔州时的作品。它是八首蝉联、结构严密、抒情深沉的一组七言律诗,中心思想是抒发“故国之思”,风格悲壮苍凉,体现了诗人晚年的思想感情和艺术成就,历来被认为是杜甫抒情诗中成就最高的诗作。

此诗为组诗中的第二首,写诗人在夔州日夜思念长安的心情,在内容上可以分为两部分,从“夔府孤城落日斜”至“奉使虚随八月槎”为第一部分,写诗人身居夔州思念长安。诗人从落日的黄昏一直到深夜,沿着北斗星的方向遥望长安,听到那远处传来猿的哀鸣,而梦想回长安的心愿又落空了,不禁黯然落泪。从“画省香炉违伏枕”至“已映洲前芦荻花”为第二部分,写诗人回忆在长安任职的经历以及现实的无情。诗人曾经供职于尚书省,然而现在由于多病之故,无法入京为国效力。只好在这荒僻的山城,卧听墙外隐约传来的凄咽的笳声。照着藤萝花的月光不知不觉已经移到洲前的芦荻花上,原来已经是深夜了

此诗在写法上匠心独运,显示了诗人高超的艺术技巧。其一,情景交融。诗人将夔州深

秋的萧瑟、内心的寂寞和国家的衰败交织在一起。既表现了夔州秋夜景物的特点,又融进了诗人的情感,更暗示了国家的命运。其二,格律诗的颔联和颈联需用对仗,而开头两句和结尾两句则可以不拘。而此诗结尾两句“请看石上藤萝月,已映洲前芦荻花”以对仗作结,这种独特的对仗运用为后来的律诗创作提供了新的经验和方法。其三,此诗反复运用循环往复的抒情方式,由夔州到长安,从追忆长安而归结到夔府,从不同的角度,层层加深感情,极大地增强了艺术效果。

【思考与练习】

1. 了解杜甫《秋兴》的内容及其写作特色。
2. 了解杜甫的人格特征及其诗歌的艺术风格之间的关系。

长　恨　歌

白居易

汉皇重色思倾国[1]，御宇多年求不得[2]。杨家有女初长成，养在深闺人未识。天生丽质难自弃，一朝选在君王侧[3]；回眸一笑百媚生，六宫粉黛无颜色。春寒赐浴华清池[4]，温泉水滑洗凝脂；侍儿扶起娇无力，始是新承恩泽时。云鬓花颜金步摇[5]，芙蓉帐暖度春宵；春宵苦短日高起，从此君王不早朝。承欢侍宴无闲暇，春从春游夜专夜；后宫佳丽三千人，三千宠爱在一身。金屋妆成娇侍夜，玉楼宴罢醉和春。姊妹弟兄皆列土[6]，可怜光彩生门户[7]；遂令天下父母心，不重生男重生女。

骊宫高处入青云[8]，仙乐风飘处处闻。缓歌慢舞凝丝竹，尽日君王看不足。渔阳鼙鼓动地来[9]，惊破霓裳羽衣曲[10]。九重城阙烟尘生，千乘万骑西南行。翠华摇摇行复止[11]，西出都门百余里。六军不发无奈何，宛转娥眉马前死。花钿委地无人收[12]，翠翘金雀玉搔头[13]；君王掩面救不得，回看血泪相和流。黄埃散漫风萧索，云栈萦纡登剑阁[14]；峨嵋山下少人行，旌旗无光日色薄。蜀江水碧蜀山青，圣主朝朝暮暮情；行宫见月伤心色，夜雨闻铃肠断声。天旋日转回龙驭[15]，到此踌躇不能去；马嵬坡下泥土中，不见玉颜空死处。

君臣相顾尽沾衣，东望都门信马归。归来池苑皆依旧，太液芙蓉未央柳[16]。芙蓉如面柳如眉，对此如何不泪垂？春风桃李花开夜，秋雨梧桐叶落时。西宫南内多秋草，落叶满阶红不扫。梨园弟子白发新[17]，椒房阿监青娥老[18]。夕殿萤飞思悄然，孤灯挑尽未成眠：迟迟钟鼓初长夜，耿耿星河欲曙天。鸳鸯瓦冷霜华重[19]，翡翠衾寒谁与共[20]？

悠悠生死别经年，魂魄不曾来入梦。临邛道士鸿都客[21]，能以精诚致魂魄[22]；为感君王展转思，遂教方士殷勤觅。排空驭气奔如电[23]，升天入地求之遍；上穷碧落下黄泉[24]，两处茫茫皆不见。忽闻海上有仙山，山在虚无缥缈间。楼阁玲珑五云起，其中绰约多仙子。中有一人字太真，雪肤花貌参差是。金阙西厢叩玉扃[25]，转教小玉报双成[26]。闻道汉家天子使，九华帐里梦魂惊[27]。揽衣推枕起徘徊，珠箔银屏迤逦开[28]；云髻半偏新睡觉[29]，花冠不整下堂来。风吹仙袂飘飖举，犹似霓裳羽衣舞；玉容寂寞泪阑干[30]，梨花一枝春带雨。含情凝睇谢君王，一别音容两渺茫；昭阳殿里恩爱绝[31]，蓬莱宫中日月长[32]。回头下望人寰处，不见长安见尘雾；唯将旧物表深情，钿合金钗寄将去。钗留一股合一扇，钗擘黄金合分钿[33]；但教心似金钿坚，天上人间会相见。临别殷勤重寄词，词中有誓两心知；七月七日长生殿，夜半无人私语时：在天愿作比翼鸟，在地愿为连理枝[34]。天长地久有时尽，此恨绵绵无绝期！

（《白居易集》，顾学颉校点，中华书局 1979 年版）

【注释】

[1] 汉皇：汉家天子。唐人叙本朝事常以汉代之，此指唐玄宗李隆基。

[2] 御宇：驾驭天下。

[3] “杨家有女”四句：杨贵妃（719—756），小字玉环，蜀州司户杨玄琰女，原籍蒲州永

济(今山西永济)。先为寿王妃,后被玄宗敕度为女道士,号太真,继册封为贵妃。

[4] 华清池:即华清池温泉,在今陕西省临潼区南边的骊山北麓。唐太宗时建,赐名汤泉宫。玄宗时又名温泉宫,扩建后改名华清宫,唐玄宗每年冬、春季都到此居住。

[5] 金步摇:一种金制首饰,类似簪、钗等簪发饰物,因其簪首上缀有流苏或垂珠之饰,行动时亦步亦摇,故曰步摇。

[6] 列土:分封土地,为王为侯。杨玉环受封贵妃后,其父被追封为太尉、齐国公,叔擢升光禄卿,母封凉国夫人,大姐、三姐、八姐分别封为韩国夫人、虢国夫人、秦国夫人。宗兄铦、锜、钊(即杨国忠)分别官至鸿胪寺卿、侍御史、右丞相。

[7] 可怜:令人羡慕。

[8] 骊宫:即华清宫,因在骊山下,故称。

[9] 渔阳:郡名,唐时属安禄山的辖区,安禄山时任平卢、范阳、河东三镇节度使,在此起兵叛乱。鼙(pí)鼓:古代军中用的小鼓,此借指战争。

[10] 霓裳羽衣曲:舞曲名,唐玄宗作。此曲曲调优美,构思精妙,是唐宫廷舞曲的集大成之作。乐曲着意表现虚无缥缈的仙境和仙女形象,后曲调失传。

[11] 翠华:翠鸟羽毛装饰的旗帜,此指皇帝出行的车队仪仗。

[12] 花钿:古时妇女贴于脸上的一种花饰,以金箔珠翠等制成,颜色有红、黄、绿,形状各异,新颖美妙。委地:丢弃在地上。

[13] 翠翘:古代妇女首饰的一种,状似翠鸟尾上的长羽,故名。金雀:雀形金钗。玉搔头:玉簪。

[14] 云栈:高耸入云的栈道。萦纡:盘旋曲折。剑阁:即剑门关,在今四川剑阁县北,是由秦入蜀的要道。

[15] 天旋日转:指时局好转。龙驭:天子的车驾。

[16] 太液、未央:汉代宫中有太液池和未央宫。此均代指唐代长安的皇宫。

[17] 梨园:唐玄宗时宫中教习音乐的机构。梨园弟子:指玄宗当年训练的乐工舞女。玄宗曾选"坐部伎"三百人教练歌舞,随时应诏表演,号称"皇帝梨园弟子"。

[18] 椒房:古代皇宫多以花椒和泥抹墙,取其香暖意,遂代指后妃居住之所。阿监:宫中的侍从女官。青娥:年轻的宫女。

[19] 鸳鸯瓦:屋顶上俯仰相对扣合在一起的瓦。

[20] 翡翠衾:绣有翡翠鸟的被子。

[21] 临邛:今四川邛崃。鸿都:东汉都城洛阳的宫门名,这里代指长安。

[22] 精诚:至诚。致:招来。

[23] 排空驭气:腾云驾雾。

[24] 穷:穷尽。碧落:天空。黄泉:地下。

[25] 金阙:黄金装饰的宫殿门楼。玉扃:玉石做的门环。

[26] 小玉、双成:传说中的神仙侍女。这里皆借指杨贵妃的侍女。

[27] 九华帐:锦绣华美的帐子。

[28] 珠箔:珠帘。银屏:银饰的屏风。迤逦:接连不断地。

[29] 觉(jué):睡醒。

[30] 阑干:泪水纵横奔流的样子。

[31] 昭阳殿:汉成帝宠妃赵飞燕的寝宫。此借指杨贵妃住过的宫殿。

[32] 蓬莱:传说中的海上仙山。此指贵妃在仙山的居所。

[33] "钗留"二句:把金钗、钿盒分成两半,各留一半。

[34] 长生殿:在骊山华清宫内,此代指长安的宫殿。比翼鸟:传说中的鸟名,据说只有一目一翼,雌雄并在一起才能飞。连理枝:两棵树的枝干连在一起,叫连理。古人常用此二物比喻情侣相爱、永不分离。

【导读】

《长恨歌》是唐代大诗人白居易杰出的长篇叙事诗。白居易(772—846),字乐天,晚年号香山居士,原籍太原,后迁居下邽(今陕西渭南)。其诗歌题材广泛,形式多样,语言平易通俗,素有"诗魔"和"诗王"之称。有《白氏长庆集》传世,代表诗作有《长恨歌》、《卖炭翁》、《琵琶行》等。

全诗初写李杨热恋,突出杨氏之美和玄宗之宠,导致国事贻误;次写六军哗变,贵妃缢死,酿成悲剧;再写玄宗回宫,物是人非,思念无望;最后写李、杨二人生死隔离,思而不见、爱而不聚的长恨。诗以"长恨"为中心,前半部分集中笔墨生动描绘了唐玄宗、杨贵妃缠绵悱恻的爱情生活及悲剧结局,诗人对造成悲剧的原因予以深刻反思。后半部分则着力渲染杨贵妃死后,李、杨二人坚贞不渝的生死恋情,对主人公寄予了无限同情和惋惜。诗以"长恨"为题,既有诗人对国家命运的"长恨",又有对李、杨爱情悲剧的"长恨",全诗叙事流畅,用笔细腻婉转,悲剧之外体现超脱,将现实的无奈与浪漫的悲情妙合无隙,令人读后荡气回肠。作者前实后虚的巧妙艺术构思,使整个故事完整无缺,颇具传奇小说的色彩,不愧为千古绝唱。

对于《长恨歌》,历来评价甚高。此诗问世不久,白居易就被誉为"《长恨歌》主"。诗人自己亦曾自负云:"一篇《长恨》有风情,十首《秦吟》近正声。"

【思考与练习】

1. 白居易曾自云"一篇《长恨》有风情",请谈谈你的理解。
2.《长恨歌》被誉为千古杰作,其主题历来众说纷纭,你如何理解?

安定城楼[1]

李商隐

迢递高城百尺楼[2]，绿杨枝外尽汀洲[3]。
贾生年少虚垂涕[4]，王粲春来更远游[5]。
永忆江湖归白发，欲回天地入扁舟[6]。
不知腐鼠成滋味，猜意鹓雏竟未休[7]。

（《李商隐诗选》，黄世中选注，中华书局2005年版）

【注释】

[1] 安定城楼：李商隐于开成三年(838)应试博学宏词科不中，回泾原节度使王茂元幕，其治所在关内道泾州(今甘肃省泾川北)。泾原在隋代为安定郡，故称泾原古城头为"安定城楼"。

[2] 迢递：楼高而绵延不断的样子。

[3] 汀洲：汀指水边平地，洲是水中陆地。

[4] 贾生：指西汉人贾谊。贾谊博学能识，数上书以陈政事，未被采纳，后遭疏远贬谪，呕血而亡，年仅33岁。

[5] 王粲：东汉末文学家建安七子之一。年轻时流寓荆州，依附刘表，不得志，作《登楼赋》感慨自身遭遇。

[6] "永忆"两句：取自春秋时期范蠡辅佐越王勾践灭吴后，乘扁舟游五湖的典故，表达为国家建立功业后归隐之意。

[7] "不知"二句：鹓雏(yuān chú)，传说中一种像凤凰的鸟，典出《庄子·秋水》。这里诗人自比鹓雏志向高远，从而鄙视汲汲于官位利禄的谗佞小人。

【导读】

李商隐(813—858)，字义山，号玉溪生、樊南生，怀州河内(今河南沁阳)人，晚唐著名诗人。与杜牧并称"小李杜"，与李白、李贺合称"三李"，与温庭筠并称"温李"。李商隐年轻时受到牛党核心人物令狐楚父子的提携与重视，后却娶李党中的泾原节度使王茂元之女为妻，故一生都在牛、李党争的夹缝中尴尬求生存，郁郁不得志，潦倒终身。有《李义山集》传世。

《安定城楼》是一首政治抒情诗，公元838年，李商隐参加吏部博学宏词科考试，但受朋党排斥而落选，不得已返回王茂元幕。失意的诗人登上泾原古城头——安定城楼，写下这首千古名作。全诗首联因登楼所见而生感慨，颔联继以古人自况而伤不遇之怀，颈联申述理想以见高洁之志，尾联则是愤慨现实的总爆发。此诗是晚唐正直文人在朋党争斗中的不幸遭遇和痛苦心情的真实写照。艺术上，此诗的最大特色是使典用事。全诗典故的使用多达四处，明暗多变，手法灵活，一一暗指作者的身份、处境和感情，从而达到更含蓄、更深刻地抒情言志的目的。全诗脉理清晰,气格沉博飘逸,语言清新流畅。

【思考与练习】

1. 分析这首诗的艺术特点。
2. 请谈谈在此诗中使用典故的好处。

曲玉管·陇首云飞

柳永

陇首云飞[1],江边日晚,烟波满目凭阑久。立望关河,萧索千里清秋。忍凝眸。

杳杳神京[2],盈盈仙子,别来锦字终难偶[3]。断雁无凭[4],冉冉飞下汀洲。思悠悠。

暗想当初,有多少、幽欢佳会,岂知聚散难期,翻成雨恨云愁。阻追游。每登山临水,惹起平生心事,一场消黯[5],永日无言[6],却下层楼。

(《乐章集校注》,薛瑞生校注,中华书局1994年版)

【注释】

[1] 陇首:山头。

[2] 神京:指北宋的京都汴京(今河南开封)。

[3] 锦字:锦织之字,即织锦回文诗。《晋书·窦滔妻苏氏传》记载,窦滔妻苏氏因思念被徙流沙的丈夫,织锦为回文旋图诗赠滔,凡八百四十字,横竖、上下、左右、前后、斜反读均成诗章,后诗文中常指代妻寄夫的书信。难偶:难以相遇。

[4] 断雁:鸿雁不能传书,指音书隔断。

[5] 消黯:黯然销魂之意。

[6] 永日:终日,整天,指时间长。

【导读】

柳永(约987—约1053),北宋著名词人。原名三变,字景庄,后改名永,字耆卿,排行第七,建州崇安(今福建武夷山市)人。世称柳七、柳屯田。柳永对词的体制、题材等予以重大革新发展,是北宋第一个专力写词的词人,尤工羁旅行役之词。其词作流传甚广,“凡有井水饮处,皆能歌柳词”。有《乐章集》传世。

曲玉管,唐教坊曲名,分三叠,前两叠声调、句式相仿,且短,第三叠较长。此词充分利用词调的原有特色,营造出缠绵不尽的惆怅情境,抒发自己的羁旅愁思。全词上阕写登高所见及触目所感,萧索冷落的清秋之景令人黯然;中阕则见景而生情,由“悲秋”转入“伤别”,表现幽思恨长的情绪;下阕追忆昔日欢情,却终又回归无奈的现实,从昨日欢会场景自然过渡到羁旅伤怀之情。艺术上,全词由景入情,情景互映,虚实相生,情感回旋往复一脉贯通。在结构上密针细线,前后照应,对羁旅之愁苦的表现也有独到之处,正体现了清代学者刘熙载所赞“细密而妥溜,明白而家常,善于叙事,有过前人”的特点。

【思考与练习】

1. 欣赏此词并结合柳永的身世经历,体会柳词中“羁旅行役”的情感世界。

2. “凡有井水饮处,皆能歌柳词。”请自选柳永词作阅读,然后谈谈柳词的魅力所在。

书湖阴先生壁二首(其一)[1]

王安石

茅檐长扫静无苔[2],花木成畦手自栽[3]。一水护田将绿绕[4],两山排闼送青来[5]。

(《王荆文公诗笺注》,李壁笺注,中华书局 1958 年版)

【注释】

[1] 书:书写,题诗。湖阴先生:杨骥,字德逢,号湖阴先生,隐居之士,王安石晚年退居江宁钟山后与之为邻。

[2] 茅檐:茅屋檐下,这里指庭院。静:亦作净,干净之意。无苔:没有青苔。

[3] 成畦(qí):成垄成行。畦,经过修整的一块块田地。这里化用柳宗元诗《戏题石门长老东轩》:"石门长老身如梦,旃檀成林手所种。"

[4] 护田:这里指护卫环绕着园田。语出《汉书·西域传序》:"自敦煌西至盐泽,往往起亭,而轮台、渠犁皆有田卒数百人,置使者校尉领护。"

[5] 闼(tà):宫中小门。排闼,开门之意。语出《汉书·樊哙传》:"高帝尝病,恶见人,卧禁中,诏户者无得入群臣。……哙乃排闼直入。"送青来:送来绿色。

【导读】

王安石(1021—1086),字介甫,号半山,封舒国公,后又改封荆国公,世人又称"王荆公",抚州临川县人。庆历二年(1042)进士。嘉祐三年(1058)上万言书,提出变法主张。宋神宗熙宁二年(1069)任参知政事,推行新法。次年拜同中书门下平章事。熙宁七年罢相,次年复任宰相;熙宁九年再次罢相,退居江宁,卒谥文。

王安石是宋诗发展进程中里程碑式的人物,他的诗歌创作主要分成前后两期。前期主要是反映社会生活的诗歌,如《河北民》,学习杜甫关心政治、同情人民的现实主义精神,以及杜诗"沉郁顿挫"的诗风。王安石晚年寓居江宁半山,这时期写的诗歌被编订为《半山集》,一般称其为"半山体",严羽《沧浪诗话》称其为"王荆公体",均指王安石晚年的绝句体诗歌创作。"半山体"诗歌注重炼意,重修辞,工巧含蓄,雅丽精绝,深婉不迫,既体现宋诗风貌,又深得唐诗妙趣,因此广受推崇。

本诗是王安石"半山体"的代表作。其主要特色,一是描写的工细和拟人手法的运用,二是典故的使用。"茅檐"代指庭院,"静"通"净","长扫"所以"无苔"。花木繁多,所以要分畦栽种,这是写花圃的整齐,也暗示花木的丰美。小溪环绕农田,"护"、"绕"比拟,神情至显。"排闼"写山似向庭院扑来,这种比喻非常新鲜、生动,写庭院离山不远,似乎触手可及。"送青"是以拟人化手法写山色绿。在典故的使用上面,非常讲究。后面两句,"护田"和"排闼",是《汉书》中的典故,是严格的"史对史"、"汉人语"对"汉人语",即使我们不知道这些典故,也不妨碍了解这两句的意义和欣赏描写的生动。我们只认为"护田"、"排闼"是两个比喻，并不觉是古典。

即使是对于王安石心怀成见的政敌，也不得不承认他学问的渊博、修辞的技巧。他的诗歌看似很平常，其实里面每句都是呕心沥血。王安石《题张司业诗》说“看似平常最奇崛，成如容易却艰辛”，移作对他自己诗歌的评价，可谓相当准确。他诗歌生硬奇崛的特点，也是江西诗派的先驱。

【思考与练习】

1. 举例说明王安石诗歌前后期的不同特点。
2. 举例说明王安石“半山体”诗歌的用典特色。

法惠寺横翠阁[1]

苏轼

朝见吴山横,暮见吴山纵[2];吴山故多态[3],转侧为君容[4]。幽人起朱阁[5],空洞更无物;惟有千步冈[6],东西作帘额[7]。春来故国归无期,人言悲秋春更悲;已泛平湖思濯锦,更看横翠忆峨眉[8]。雕栏能得几时好?不独凭栏人易老!百年兴废更堪哀,悬知草莽化池台[9]。游人寻我旧游处,但觅吴山横处来。

(《宋诗选注》,钱锺书注,人民文学出版社 2005 年版)

【注释】

[1] 法惠寺:在杭州清波门南,旧名兴庆寺,五代时为吴越王所建。

[2] 吴山:一名胥山,又名城隍山。此句意谓白天看见的吴山蜿蜒起伏,黑夜里看吴山,只看见高高耸立的轮廓。

[3] 故:本来。

[4] 转侧:对着西湖。此处把吴山比作美女。

[5] 幽人:本义为境界清幽、品性高洁的人,此处指横翠阁的高僧,同时也兼指诗人自己。

[6] 千步冈:指吴山。

[7] 帘额:遮窗的帘子。

[8] 濯锦、峨眉:即锦江、峨眉山,此处象征故乡。

[9] 草莽化池台:即"池台化草莽"的倒装句。

【导读】

苏轼(1037—1101),字子瞻,一字和仲,自号东坡居士。眉州眉山(今四川眉山)人。精通诗、文、词、书法、绘画等,是中国文学艺术史上极为罕见的全才。其诗题材广泛,风格多样,代表了宋诗的最高成就。

宋神宗熙宁四年(1071),苏轼出任杭州通判,任期四年。七言古诗《法惠寺横翠阁》便作于苏轼任杭州通判的第三年,即熙宁六年。

此诗在内容上可以分为两大部分,从"朝见吴山横"至"东西作帘额"为第一部分,以写景为主。写诗人登法惠寺的过程以及在横山阁所见。诗人白天看吴山看见蜿蜒起伏,晚上看吴山只能看见轮廓。"吴山故多态,转侧为君容"两句用拟人手法,把吴山比作美女,意谓本来就很美丽,却还要打扮一番。接下来写横翠阁空无一物,只有吴山从左到右横在窗前,犹如窗帷一样。"幽人"既是赞美法惠寺高僧,也是诗人自谓。"幽人"四句富有禅趣。从"春来故国归无期"至"但觅吴山横处来"为第二部分,重在抒情。诗人面对美丽的吴山,触动了乡关之思。然而归期遥遥,使人心伤。眼前的西湖美景更令人忆起故乡的锦江和峨眉山。而凭栏人会衰老,雕栏玉砌能有几时?可见光阴易逝,人生无常!百年之后,自己早已死去，亭台池阁都将化为草莽，但后人会在吴山寻觅自己的踪迹。此处寄寓人生哲理，体现了诗人的旷达和乐观情怀。

此诗的艺术特色为：一，诗人写吴山，并非单纯摹写，而重在传神；二，形象与哲理高度统一，富有理趣；三，富有奇趣与禅味；四，风格平淡自然，充分体现了苏轼诗歌的主要特色。

【思考与练习】

1. 体会此诗的禅趣与理趣。
2. 了解苏轼的人格特征及其诗歌的艺术风格。

孔子论修身

《论语》

子曰："学而时习之，不亦说乎[1]？有朋自远方来，不亦乐乎？人不知而不愠[2]，不亦君子乎？……不患人之不己知，患不知人也[3]。"(《论语·学而》)

子曰："温故而知新，可以为师矣。……学而不思则罔，思而不学则殆[4]。……由[5]！诲女知之乎！知之为知之，不知为不知，是知也[6]。"(《论语·为政》)

子曰："富与贵，是人之所欲也，不以其道得之，不处也[7]。贫与贱，是人之所恶也，不以其道得之，不去也[8]。君子去仁，恶乎成名[9]？君子无终食之间违仁，造次必于是，颠沛必于是[10]。……见贤思齐焉，见不贤而内自省也[11]。……君子欲讷于言而敏于行[12]。"(《论语·里仁》)

子曰："三人行，必有我师焉[13]。择其善者而从之，其不善者而改之[14]。"(《论语·述而》)

子曰："岁寒，然后知松柏之后凋也[15]。"(《论语·子罕》)

子曰："其身正，不令而行；其身不正，虽令不从。"(《论语·子路》)

子曰："不患人之不己知，患其不能也[16]。"(《论语·宪问》)

子曰："己所不欲，勿施于人[17]。"(《论语·卫灵公》)

(《论语译注》，杨伯峻译注，中华书局1980年版)

【注释】

[1] 时：在一定的时候，一说为"时常"。习：温习，一说"演习"。说：通"悦"。

[2] 愠：生气、怨恨。

[3] 此句意谓别人不了解我，我不着急；我着急的是自己不了解别人。

[4] 罔：迷惑。殆：疑惑。此句意谓只学习不思考就会迷惑，而只空想不学习就会疑惑。

[5] 由：指仲由，字子路，是孔子的学生。

[6] 是知也：知，通"智"。此句意谓知道就是知道，不知道就是不知道，这就是聪明智慧。

[7] 此句意谓富贵是人人都喜欢的，不用正当的方式得到它，君子不接受。

[8] 此句意谓贫贱是人人都讨厌的,不用正当的方法抛弃它,君子不摆脱。

[9] 恶乎:怎样。此句意谓君子抛弃了仁德,怎样成就名声呢?

[10] 终食之间:一顿饭之间。违:离开。此句意谓君子没有片刻的时间离开仁德,就是在匆忙仓促的时候或者颠沛流离的时候也和仁德同在。

[11] 齐:看齐。省:反省。此句意谓看见贤人就想着向他看齐,看见不贤的人就反省自己。

[12] 讷:迟钝。敏:敏捷。

[13] 三:表多数。此句意谓几个人一起走路,其中必定有可以做我老师的人。

[14] 善:优点。此句意谓选择他们的优点来学习,看出他们的缺点,若自己有的话就加以改正。

[15] 凋:凋零。

[16] 此句意谓不着急别人不知道我,只着急自己没有能力。

[17] 此句意谓自己不喜欢的事物就不要强加于人。

【导读】

《论语》是先秦时期儒家学派的经典著作之一,由孔子的弟子及其再传弟子编撰而成。它以语录体和对话文体为主,记录了孔子及其弟子的言行,体现了孔子的政治主张、伦理思想、道德观念及教育原则等。

本文节选《论语》中孔子关于道德修养的阐述,集中表达了孔子修身养性的基本观点、主要内容和修身的方法。包括:要有谦虚的学习态度和好的学习方法,要正确处理贫富与仁德问题,正确处理言与行的关系,要保持坚定的品质,善于以身作则等。

选文体现了《论语》的文体特点:一,语言短小简约、含蓄隽永;二,善于通过形象的语言表达深刻的哲理。这些对后世说理散文影响极其深远。

【思考与练习】

1. 理解《论语》的写作特点。
2. 结合孔子论修身的名句,谈谈你的体会。

孟子二章

孟子

人皆有不忍人之心

人皆有不忍人之心[1]。先王有不忍人之心，斯有不忍人之政矣。以不忍人之心，行不忍人之政，治天下可运之掌上。所以谓人皆有不忍人之心者，今人乍见孺子将入于井[2]，皆有怵惕恻隐之心，非所以内交于孺子之父母也[3]，非所以要誉于乡党朋友也[4]，非恶其声而然也[5]。由是观之，无恻隐之心，非人也；无羞恶之心，非人也；无辞让之心；非人也；无是非之心，非人也。恻隐之心，仁之端也；羞恶之心，义之端也；辞让之心，礼之端也；是非之心，智之端也。人之有是四端也[6]，犹其有四体也。有是四端而自谓不能者，自贼者也；谓其君不能者，贼其君者也。凡有四端于我者，知皆扩而充之矣，若火之始然[7]，泉之始达。苟能充之[8]，足以保四海[9]；苟不充之，不足以事父母。

【注释】

[1] 不忍人之心：宽容、怜悯、同情、仁爱之心。

[2] 乍：突然地。孺子：小孩。

[3] 内交：结交。内，同“纳”。

[4] 要(yāo)誉：赚取名誉。要，同“邀”，求。乡党：古代一万二千五百家为乡，五百家为党，合称为乡党，又引为同乡、乡亲之意。

[5] 然：这样，指上文所言的惊惧、同情之心。

[6] 是：此。端：开端，起始。

[7] 然：“燃”之古字。

[8] 苟：假如。

[9] 保：定，安定，文中为使动用法。

有为神农之言者许行

有为神农之言者许行[1]，自楚之滕，踵门而告文公曰[2]：“远方之人闻君行仁政，愿受一廛而为氓[3]。”

文公与之处。

其徒数十人，皆衣褐，捆屦、织席以为食。

陈良之徒陈相与其弟辛[4]，负耒耜而自宋之滕，曰：“闻君行圣人之政，是亦圣人也，愿为圣人氓。”

陈相见许行而大悦，尽弃其学而学焉。

陈相见孟子，道许行之言曰：“滕君则诚贤君也，虽然，未闻道也。贤者与民并耕而食，饔飧而治[5]。今也滕有仓廪府库，则是厉民而以自养也[6]，恶得贤？”

孟子曰：“许子必种粟而后食乎？”

曰:“然。”

“许子必织布而后衣乎?”

曰:“否;许子衣褐。”

“许子冠乎?”

曰:“冠。”

曰:“奚冠?”

曰:“冠素。”

曰:“自织之与?”

曰:“否,以粟易之。”

曰:“许子奚为不自织?”

曰:“害于耕。”

曰:“许子以釜甑爨[7],以铁耕乎?”

曰:“然。”

“自为之与?”

曰:“否;以粟易之。”

“以粟易械器者,不为厉陶冶;陶冶亦以其械器易粟者,岂为厉农夫哉?且许子何不为陶冶,舍皆取诸其宫中而用之?何为纷纷然与百工交易?何许子之不惮烦?”

曰:“百工之事固不可耕且为也。”

“然则治天下独可耕且为与?有大人之事,有小人之事。且一人之身,而百工之所为备,如必自为而后用之,是率天下而路也。故曰,或劳心,或劳力;劳心者治人,劳力者治于人;治于人者食人,治人者食于人,天下之通义也。

“当尧之时,天下犹未平,洪水横流,泛滥于天下,草木畅茂,禽兽繁殖,五谷不登,禽兽逼人,兽蹄鸟迹之道交于中国。尧独忧之,举舜而敷治焉[8]。舜使益掌火,益烈山泽而焚之[9],禽兽逃匿。禹疏九河,瀹济漯而注诸海[10],决汝汉,排淮泗而注之江,然后中国可得而食也。当是时也,禹八年于外,三过其门而不入,虽欲耕,得乎?

“后稷教民稼穑[11],树艺五谷;五谷熟而民人育。人之有道也。饱食、暖衣、逸居而无教,则近于禽兽。圣人有忧之,使契为司徒[12],教以人伦——父子有亲,君臣有义,夫妇有别,长幼有叙,朋友有信。放勋曰[13]:‘劳之来之,匡之直之,辅之翼之,使自得之,又从而振德之。’圣人之忧民如此,而暇耕乎?

“尧以不得舜为己忧,舜以不得禹、皋陶为己忧[14]。夫以百亩之不易为己忧者,农夫也。分人以财谓之惠,教人以善谓之忠,为天下得人者谓之仁。是故以天下与人易,为天下得人难,孔子曰:‘大哉尧之为君!惟天为大,惟尧则之,荡荡乎民无能名焉!君哉舜也!巍巍乎有天下而不与焉!’尧舜之治天下,岂无所用其心哉?亦不用于耕耳。

“吾闻用夏变夷者,未闻变于夷者也。陈良,楚产也,悦周公、仲尼之道,北学于中国。北方之学者,未能或之先也。彼所谓豪杰之士也。子之兄弟事之数十年,师死而遂倍之!昔者孔子没,三年之外,门人治任将归,入揖于子贡,相向而哭,皆失声,然后归。子贡反,筑室于场,独居三年,然后归。他日,子夏、子张、子游以有若似圣人,欲以所事孔子事之,强曾子。曾子曰:‘不可;江汉以濯之,秋阳以暴之,皜皜乎不可尚已。’今也南蛮鴃舌之人[15],非先王之道,子倍子之师而学之,亦异于曾子矣。吾闻出于幽谷迁于乔木者,未闻下乔木而入于幽谷者。《鲁颂》曰：'戎狄是膺，荆舒是惩。'[16]周公方且膺之，子是之学，亦为不善变矣。

"从许子之道，则市贾不贰[17]，国中无伪，虽使五尺之童适市，莫之或欺。布帛长短同，则贾相若；麻缕丝絮轻重同，则贾相若；五谷多寡同，则贾相若；屦大小同，则贾相若。"

曰："夫物之不齐，物之情也；或相倍蓰[18]，或相什百，或相千万。子比而同之，是乱天下也。巨屦小屦同贾，人岂为之哉？从许子之道，相率而为伪者也，恶能治国家？"

（《孟子译注》，杨伯峻译注，中华书局1960年版）

【注释】

[1] 许行：战国时楚人，生卒年不详，与孟子同时而稍长，农家学派的代表，有门徒数十人，知其名者仅陈相、陈辛兄弟。

[2] 踵门：亲自上门。踵，走到。

[3] 廛（chán）：古代指一户人家所占的宅基地。氓：从外地迁来的民。

[4] 陈良：楚国儒家学派学者。

[5] 饔（yōng）飧（sūn）：做饭。朝曰饔，夕曰飧。

[6] 厉：害，损害。

[7] 釜甑（zèng）：古炊具名。甑，古代蒸饭用的瓦器，类似现代的蒸锅。爨（cuàn）：烧火做饭。

[8] 敷：遍及。

[9] 益：人名，舜的大臣。

[10] 瀹（yuè）济漯（tà）：疏通济水和漯水。瀹，疏通。诸：兼词，"之于"的合音。

[11] 后稷：周朝王族的始祖。

[12] 契（xiè）：商朝王族的始祖。

[13] 放勋：尧的称号。

[14] 皋陶（gāoyáo）：相传为舜时掌管刑法的官。

[15] 鴃（jué）：伯劳鸟。舌：伯劳鸟的叫声，比喻方言难懂。

[16] 戎狄是膺（yīng），荆舒是惩：语出《诗经·鲁颂·閟宫》。膺，服从。

[17] 贾（jià）：通"价"，价格，价值。

[18] 蓰（xǐ）：五倍为蓰。

【导读】

这两篇文章皆选自《孟子》。孟子（前372—前289），名轲，字子舆（一说字子车或子居），战国时鲁国邹人。中国古代著名政治家、思想家、教育家。孔子第四代弟子，儒家学派杰出代表，被誉为"亚圣"，其学说与孔子学说合称"孔孟之道"。有《孟子》七篇传世，是孟子言论和思想的汇编，由孟子及其弟子共同编写而成。

"人皆有不忍人之心"章仍以儒家的核心思想"仁政""爱人"为中心论题，从论人性出发推导出自己"仁政"的政治理念。具体而言，即从人普遍具有的"不忍人之心"的"仁心"推导出"仁政"。并通过"孺子落井"事例生动地论证出这种"不忍人之心"为人所固有，而正因其为人所固有，故行"仁政"亦属天经地义之事。同孔子一样，孟子由此推导出的"仁政"理想在当时并未产生很大影响，而"人皆有不忍人之心"本身的论述却影响巨大，尤其是在此基础上形成的“仁义礼智”“人性善”等观点都以此为理论先导和支柱。

“有为神农之言者许行”章是孟子与农家争辩的论著。春秋战国时期，百家争鸣，以许行为代表的农家观点在孟子看来是不切实际的，故于此文中，孟子对农家“贤者与民并耕”和“市贾不贰，国中无伪”等观点予以有力的批驳，强调社会分工的必要性，农业与商业的协调发展与不可替代性以及政治在社会运行中的重要性和不可或缺性。

孟子散文气势充沛，感情强烈，文笔犀利，鼓动性和煽动性极强，有纵横家的气魄。“人皆有不忍人之心”章以生动的譬喻层层深入阐明持“仁心”而行“仁政”的可能性，进而导出“足以保四海”的必然结论。“有为神农之言者许行”章则以驳论为主，在论证过程中或演绎，或归纳，或对比，步步追逼，让对方陷入困局。同时，在修辞上反诘和排比手法的大量运用大大增强了文章的雄辩气势。

【思考与练习】

1. 请谈谈你对孟子“人皆有不忍人之心”的理解。

2. “故曰，或劳心，或劳力；劳心者治人，劳力者治于人；治于人者食人，治人者食于人，天下之通义也。”请谈谈你对这句话的理解。

3. 结合《孟子》的其他相关篇章，谈谈孟子对“仁政”的论述。

秋水(节选)

庄子

秋水时至,百川灌河。泾流之大[1],两涘渚崖之间不辩牛马[2]。于是焉河伯欣然自喜,以天下之美为尽在己。顺流而东行,至于北海,东面而视,不见水端[3]。于是焉河伯始旋其面目,望洋向若而叹曰[4]:"野语有之曰[5]'闻道百以为莫己若者',我之谓也。且夫我尝闻少仲尼之闻而轻伯夷之义者,始吾弗信;今我睹子之难穷也[6],吾非至于子之门则殆矣,吾长见笑于大方之家[7]。"

北海若曰:"井蛙不可以语于海者,拘于虚也[8];夏虫不可以语于冰者,笃于时也[9];曲士不可以语于道者[10],束于教也。今尔出于崖涘,观于大海,乃知尔丑[11],尔将可与语大理矣。天下之水,莫大于海,万川归之,不知何时止而不盈;尾闾泄之[12],不知何时已而不虚;春秋不变,水旱不知。此其过江河之流,不可为量数。而吾未尝以此自多者,自以比形于天地[13],而受气于阴阳,吾在天地之间,犹小石小木之在大山也。方存乎见少,又奚以自多!计四海之在天地之间也,不似礨空之在大泽乎[14]?计中国之在海内,不似稊米之在大仓乎?号物之数谓之万,人处一焉;人卒九州[15],谷食之所生,舟车之所通,人处一焉,此其比万物也,不似豪末之在于马体乎[16]?五帝之所连[17],三王之所争,仁人之所忧,任士之所劳[18],尽此矣。伯夷辞之以为名,仲尼语之以为博,此其自多也,不似尔向之自多于水乎?"

(《庄子集释》,郭庆藩辑,中华书局 1961 年版)

【注释】

[1] 泾:通。

[2] 辩:同"辨"。

[3] 端:此处指水的尽头。

[4] 望洋:仰视的样子。若:即下文"北海若",传说中的海神名。

[5] 野语:俗语。

[6] 难穷:难以穷尽。

[7] 大方之家:懂得大道的人。

[8] 虚:同"墟",指蛙的居住之处。拘于虚:被所居之处所局限。

[9] 笃:固,限定。

[10] 曲士:此处指知识褊狭的人。

[11] 丑:鄙陋。

[12] 尾闾:传说中海底泄海水的地方。

[13] 比:同"庇"。

[14] 礨空:石块上的小窟窿。一说指蚂蚁洞。

[15] 人卒:人众。

［16］豪末：毫毛的末端，喻微小之物。豪，同“毫”。

［17］连：连续，指五帝连续禅让。

［18］任士：以天下为己任的贤人。

【导读】

庄子（前369?—前286?），名周，字子休（一说子沐），宋国蒙（今河南商丘）人。道家学说的主要创始人，与道家始祖老子并称为“老庄”。《庄子》是庄周和他的门人以及后学者所著。文章想象丰富，变化多端，具有浓厚的浪漫主义色彩，对后世文学影响很大。

《秋水》是《庄子·外篇》中最重要的一篇，它以河伯和海神对话的形式，讨论了“价值判断的无穷相对性”的问题，体现了庄子的哲学思想。全篇由两大部分组成，第一部分写北海海神跟河神的谈话。这部分又可分为七个片段。本文则节选自这七个片段中的第一个片段。写河神的小却自以为大，海神的大却自以为小，说明了认识事物的相对性观点。

此文第一段写河神的自大和醒悟。当它看到“泾流之大，两涘渚崖之间不辩牛马”时，错误地认为“天下之美为尽在己”，然而当它“顺流而东行，至于北海，东面而视，不见水端”时，看到了大海的辽阔，才明白自己的骄傲是多么可笑。第二段写海神逐步启发河伯超越自己的局限。海神认为，人的认识受到客观条件的限制，大海其实是渺小的，世间万物的大小都是相对而言的，可见伯夷、仲尼的“自多”也是可笑的。

本文在写作方面颇具特色：其一，作者虚构了一个寓言故事，来表达对自然、人生的思考和认识，形象生动；其二，文中多处运用对比手法，加强了艺术效果；其三，本文想象丰富，气势磅礴，极具浪漫主义色彩，充分体现了庄子散文的特色。

【思考与练习】

1. 了解本文的寓意，进一步理解庄子的思想。
2. 体会庄子散文想象奇幻、汪洋恣肆的艺术特色。

橘　颂

屈原

后皇嘉树[1],橘徕服兮[2]。受命不迁[3],生南国兮。深固难徙,更壹志兮。绿叶素荣,纷其可喜兮。

曾枝剡棘[4],圆果抟兮[5]。青黄杂糅,文章烂兮[6]。精色内白[7],类可任兮[8]。纷缊宜修[9],姱而不丑兮[10]。

嗟尔幼志[11],有以异兮。独立不迁,岂不可喜兮。深固难徙,廓其无求兮[12]。苏世独立[13],横而不流兮[14]。闭心自慎,不终失过兮。秉德无私,参天地兮[15]。

愿岁并谢[16],与长友兮。淑离不淫[17],梗其有理兮[18]。年岁虽少,可师长兮。行比伯夷[19],置以为像兮[20]。

(《楚辞补注·九章第四》,洪兴祖补注,中华书局 1983 年版)

【注释】

[1] 后皇:后土、皇天。嘉:美。

[2] 徕:同“来”。服:习惯。

[3] 受命:所秉受自然之气质、天性。不迁:不可移徙。《晏子春秋·内篇杂下第六》:“橘生淮南则为橘,生于淮北则为枳,叶徒相似,其实味不同。”

[4] 曾枝:“曾”同“层”,意为橘树枝条一层一层。剡(yǎn)棘:长有尖利的小刺。

[5] 圆果:指橘树的果实。抟(tuán):同“团”,指橘子长得非常饱满。

[6] 文章:本意为文采,此处指橘树的颜色、花纹。烂:鲜明。

[7] 精色:指橘子的外表颜色鲜明美丽。内白:指橘子内瓤洁白。

[8] 类:好像。任:担当重任。此二句以橘喻人。

[9] 纷缊:同“纷纭”,形容橘树的枝叶纷繁,或释为“氤氲”,形容橘树香气盛貌。宜修:美好。

[10] 姱:美好。

[11] 幼志:从幼年时候开始就有坚贞美好之志。

[12] 廓其:空阔广大之貌,此处指胸怀开阔。

[13] 苏:清醒,或释为“疏”,疏远。

[14] 横:横立,或释为栏木,比喻自我约束。

[15] 参天地:指橘树所秉承之德与天地无私之德相合。参,配、合。

[16] 岁:时光,或释为岁暮。并谢:共同度过岁月,或释为百花一起凋谢。

[17] 淑离:美丽。

[18] 梗:坚挺。理:纹理。此处以橘喻人。

[19] 比:比美。伯夷:商末孤竹君之子,周灭商后,不食周粟而死。后人认为伯夷是有

节之士的典型。

[20] 置:树立。像:榜样。

【导读】

屈原(前340?—前278?),名平,大约生活在战国中后期,中国文学史上第一位伟大的爱国主义诗人和浪漫主义诗人,他继《诗经》之后创立了"楚辞"这种文体,开创了中国古代诗歌"香草美人"的传统。

此诗选自组诗《九章》,借赞美生长于南国的橘树,寄托诗人的美好追求与忠贞不渝的爱国情怀,是中国古代最早的咏物抒情诗,有千古"咏物之祖"之称。内容可分为两部分,从"后皇嘉树"至"姱而不丑兮"为第一部分,描述橘树的外在美。橘树是天地间的佳树,它的品质坚贞不屈,它的根深深扎于南国。不仅有着绿叶白花、色彩绚烂的美丽,而且还结满了芬芳无比的果实。外美内洁的橘树类似那些可以托以重任的有道之人。从"嗟尔幼志"至"置以为像兮"为第二部分,写橘树内在的精神。橘树的独特个性让人敬佩,它远离污浊俗世,无欲无求,具有坚定不移的品质。诗人渴望与它结为知己,于是,高洁不迁的橘树与忠贞不渝的诗人形象已经融为一体。"行比伯夷,置以为像兮"意谓橘树的品行与有节之士伯夷一样,将永远是诗人立身的榜样。

从艺术手法上看此诗有几个特点:其一,句式以四言为主;其二,拟人化手法的运用。诗人抓住橘树生长的习性,塑造了橘树"受命不迁"的形象;其三,借物写人,通过橘树的习性、形态和美质,歌颂橘树的高尚品德,而这也正是诗人的自我写照。

【思考与练习】

1. 了解屈原的生平、文学创作及其在中国文学史上的地位。
2. 了解《楚辞》的写作背景及其艺术特点。

精卫填海

《山海经》

又北二百里，曰发鸠之山，其上多柘木[1]。有鸟焉[2]，其状如乌，文首[3]、白喙、赤足，名曰精卫，其鸣自詨[4]。是炎帝之少女[5]，名曰女娃，女娃游于东海，溺而不返，故为精卫，常衔西山之木石，以堙于东海[6]。漳水出焉，东流注于河。

（《山海经校注》，袁珂校注，上海古籍出版社 1980 年版）

【注释】

[1] 柘(zhè)木：一种桑科植物，叶可喂蚕。

[2] 焉：在这里。

[3] 文首：头上有花纹。文，同“纹”。

[4] 詨(xiào)：呼唤。

[5] 少女：小女儿。

[6] 堙(yīn)：填塞。

【导读】

《山海经》作为先秦古籍，是我国现存最古老的地理书。此书记述丰富，包括地理、物产、历史、医药、民族、民俗、原始宗教及各种巫术、神话传说、奇闻轶事等，极富神话色彩。

选自《山海经·北山经》的“精卫填海”故事，是中国远古神话中最为著名的一则。在不足百字的短文中，故事发生地、主人公、原因、情节都有所展示，全文以倒叙手法，先写“精卫”之鸟的形状声色，再交代其出身由来以及因何而死和死后所为。文章短小精悍，用笔简练，语言古朴，体现了我国散文发展初期的特色。精卫“衔西山之木石，以堙于东海”的宏大志向和锲而不舍的精神，几千年来一直为人们所钦敬，而其誓欲征服自然的坚忍不拔之气更成为中华民族精神的一种象征。精卫以其柔弱之躯向强敌挑战的豪情与悲壮之美，在陶渊明的《读山海经》诗中得到极高的赞誉：“精卫衔微木，将以填沧海。刑天舞干戚，猛志固常在。”诗人以此来激励自己。

【思考与练习】

1. 阅读“盘古开天地”“女娲补天”“女娲造人”“鲧禹治水”“夸父逐日”“炎黄之战”“黄帝擒蚩尤”等中国上古神话故事。

2. 从“精卫填海”的故事中你得到了什么启发？

登 楼 赋

王粲

登兹楼以四望兮[1]，聊暇日以销忧[2]。揽斯宇之所处兮，实显敞而寡仇[3]。挟清漳之通浦兮，倚曲沮之长洲[4]。背坟衍之广陆兮[5]，临皋隰之沃流[6]。北弥陶牧[7]，西接昭丘[8]。华实蔽野，黍稷盈畴[9]。虽信美而非吾土兮[10]，曾何足以少留[11]！

遭纷浊而迁逝兮，漫逾纪以迄今[12]。情眷眷而怀归兮[13]，孰忧思之可任[14]？凭轩槛以遥望[15]兮，向北风而开襟。平原远而极目兮，蔽荆山之高岑[16]。路逶迤以修迥兮[17]，川既漾而济深[18]。悲旧乡之壅隔兮[19]，涕横坠而弗禁。昔尼父之在陈兮，有"归欤"之叹音[20]。钟仪幽而楚奏兮[21]，庄舄显而越吟[22]。人情同于怀土兮，岂穷达而异心！

惟日月之逾迈兮，俟河清其未极[23]。冀王道之一平兮，假高衢而骋力[24]。惧匏瓜之徒悬兮[25]，畏井渫之莫食[26]。步栖迟以徙倚兮[27]，白日忽其将匿。风萧瑟而并兴兮，天惨惨而无色。兽狂顾以求群兮[28]，鸟相鸣而举翼。原野阒其无人兮[29]，征夫行而未息。心凄怆以感发兮，意忉怛而憯恻[30]。循阶除而下降兮[31]，气交愤于胸臆。夜参半而不寐兮，怅盘桓以反侧。

（《建安七子集》，俞绍初辑校，中华书局 1989 年版）

【注释】

[1] 兹楼：此楼。

[2] 聊：姑且，暂且。销忧：解忧。

[3] 仇：匹敌，相比。

[4] "挟清漳之通浦"句：挟，带。清漳，指漳水，发源于湖北南漳。沮水发源于湖北保康，流经南漳。通浦，漳水和沮水汇合处。长洲，水中长形的陆地。

[5] 坟：高地。衍：平坦之地。

[6] "临皋（gāo）隰（xí）"句：皋隰，水边低湿之地。沃流：可灌溉之水。

[7] 弥：连接。陶：越国范蠡曾自号陶朱公。牧：郊野，此指范蠡墓所在的郊野。

[8] 昭丘：楚昭王墓地，在当阳郊外。

[9] 华：同"花"。畴：田野。

[10] 信美：确实美。

[11] 曾何：为何。

[12] 漫：很长时间。逾：超过。纪：十二年为一纪。

[13] 眷眷：怀恋的样子。

[14] 任：经受。

[15] 轩槛：楼上的栏杆。

[16] 岑：小而高的山。

[17] 修：长。迥：远。

[18] 漾：河水大而盛的样子。

[19] 壅：阻塞。

[20] 尼父：孔子的尊称。孔子字仲尼，故有此称。孔子周游列国，在陈、蔡绝粮，感叹曰："归欤，归欤！"

[21] 钟仪：春秋楚国人。《左传·成公九年》载，钟仪被郑国所俘，献给晋国，晋侯让他弹琴，乐曲有怀楚之音，晋侯赞曰："乐操土风，不忘旧也。"

[22] 庄舄(xì)：春秋越国人，在楚国官居要职。

[23] 俟：等待。河清：喻太平盛世。河，黄河。未极：未至。

[24] 假：凭借。高衢：大道。

[25] 匏(páo)瓜：《论语·阳货》有"子曰：'吾岂匏瓜也哉，焉能系而不食！'"之句，此处作者借以为喻。

[26] 渫(xiè)：淘去污泥。

[27] 栖迟、徙倚：逗留徘徊的样子。

[28] 狂顾：惊恐地回头张望。

[29] 阒(qù)：寂静。

[30] 忉怛(dāo dá)：内心忧伤、悲哀。憯(cǎn)恻：凄惨悲伤，憯同"惨"。

[31] 阶除：阶梯。除，台阶。

【导读】

王粲(177—217)，字仲宣，山阳郡高平(今山东邹城西南)人。东汉末建安时期著名文学家，"建安七子"之一。年轻时避乱荆州，依附刘表，未受重用，后归曹操，官至侍中，随军征吴，死于归途。有《登楼赋》《七哀诗》《从军诗》等诗赋名篇。明人辑有《王侍中集》。

这篇赋主要抒写作者生逢乱世、长期客居他乡、才能不得施展的痛苦以及由此产生的思乡念国之情和怀才不遇之忧，表现了作者对动乱时局的忧虑和对国家统一的希冀，也倾吐了自己渴望施展抱负、建功立业的政治情怀。全赋开篇便写登楼所见的山明水秀之美丽景象，次写怀国思乡之眷眷深情，接着悲叹时局、抒写壮志，一吐忧愤孤独之块垒。全文以"忧"字连缀成篇，一气呵成。句式工整，韵律和谐，用典契合，抒情味浓，语言自然流畅，风格沉郁苍凉。朱熹《楚辞后语》卷四曾云："归来子曰：'粲诗有古风。'《登楼》之作，去《楚辞》远，又不及汉，然犹过曹植、潘岳、陆机《咏愁》、《闲居》、《怀旧》众作，盖魏之赋极此矣。"可见，《登楼赋》不愧为建安时代抒情小赋的代表性作品。

【思考与练习】

1. 阅读欣赏这篇赋，谈谈赋的文体特点。

2. 南朝批评家刘勰论魏晋文学说："观其时文，雅好慷慨，良由世积乱离，风衰俗怨，并志深而笔长，故梗概而多气也。"请结合王粲的作品谈谈你的理解。

西厢记·长亭送别

王实甫

（夫人长老上云）[1]今日送张生赴京，就十里长亭，安排下筵席[2]；我和长老先行，不见张生小姐来到。（旦、末、红同上）（旦云）今日送张生上朝取应[3]，早是离人伤感，况值那暮秋天气，好烦恼人也呵！"悲欢聚散一杯酒，南北东西万里程。"

【正宫·端正好】[4]碧云天，黄花地，西风紧，北雁南飞。晓来谁染霜林醉？总是离人泪。

【滚绣球】恨相见得迟，怨归去得疾。柳丝长玉骢难系[5]，恨不得倩疏林挂住斜晖[6]。马儿迍迍的行[7]，车儿快快的随，却告了相思回避[8]，破题儿又早别离[9]。听得道一声去也，松了金钏[10]；遥望见十里长亭，减了玉肌。此恨谁知？

（红云）姐姐，今日怎么不打扮？（旦云）你那知我的心里呵？

【叨叨令】见安排著车儿、马儿，不由人熬熬煎煎的气；有甚么心情花儿、靥儿[11]，打扮的娇娇滴滴的媚；准备著被儿、枕儿，只索昏昏沉沉的睡；从今后衫儿、袖儿，都揾做重重叠叠的泪[12]。兀的不闷杀人也么哥[13]？兀的不闷杀人也么哥！久已后书儿、信儿，索与我恓恓惶惶的寄[14]。

（做到）（见夫人科）（夫人云）张生和长老坐，小姐这壁坐，红娘将酒来。张生，你向前来，是自家亲眷，不要回避。俺今日将莺莺与你，到京师休辱没了俺孩儿，挣揣一个状元回来者[15]。（末云）小生托夫人余荫，凭著胸中之才，视得官如拾芥耳[16]。（洁云）夫人主张不差，张生不是落后的人。（把酒了，坐）（旦长吁科）

【脱布衫】下西风黄叶纷飞，染寒烟衰草萋迷。酒席上斜签著坐的[17]，蹙愁眉死临侵地[18]。

【小梁州】我见他阁泪汪汪不敢垂[19]，恐怕人知；猛然见了把头低，长吁气，推整素罗衣。

【幺篇】虽然久后成佳配，奈时间怎不悲啼[20]。意似痴，心如醉，昨宵今日，清减了小腰围。

（夫人云）小姐把盏者！（红递酒，旦把盏长吁科云）请吃酒！

【上小楼】合欢未已，离愁相继。想着俺前暮私情，昨夜成亲，今日别离。我谂知这几日相思滋味[21]，却元来此别离情更增十倍。

【幺篇】年少呵轻远别，情薄呵易弃掷。全不想腿儿相挨，脸儿相偎，手儿相携。你与俺崔相国做女婿，妻荣夫贵，但得一个并头莲，煞强如状元及第。

（夫人云）红娘把盏者！（红把酒科）（旦唱）

【满庭芳】供食太急，须臾对面；顷刻别离。若不是酒席间子母们当回避，有心待与他举案齐眉。虽然是厮守得一时半刻，也合著俺夫妻每共桌而食。眼底空留意，寻思起就里，险化做望夫石。

（红云）姐姐不曾吃早饭，饮一口儿汤水。（旦云）红娘，甚么汤水咽得下！

【快活三】将来的酒共食，尝著似土和泥。假若便是土和泥，也有些土气息、泥滋味。

【朝天子】暖溶溶玉醅[22]，白泠泠似水[23]，多半是相思泪。眼面前茶饭怕不待要吃[24]，恨塞满愁肠胃。“蜗角虚名，蝇头微利”[25]，拆鸳鸯在两下里。一个这壁，一个那壁，一递一声长吁气。

（夫人云）辆起车儿[26]，俺先回去，小姐随后和红娘来。（下）（末辞洁科）（洁云）此一行别无话儿，贫僧准备买登科录看[27]，做亲的茶饭少不得贫僧的。先生在意，鞍马上保重者！“从今经忏无心礼，专听春雷第一声[28]。”（下）（旦唱）

【四边静】霎时间杯盘狼藉，车儿投东，马儿向西。两意徘徊，落日山横翠。知他今宵宿在那里？有梦也难寻觅。

（旦云）张生，此一行得官不得官，疾早便回来。（末云）小生这一去白夺一个状元，正是：“青霄有路终须到，金榜无名誓不归[29]。”（旦云）君行别无所赠，口占一绝[30]，为君送行。“弃掷今何道，当时且自亲。还将旧来意，怜取眼前人。”（末云）小姐之意差矣，张珙更敢怜谁？谨赓一绝[31]，以剖寸心：“人生长远别，孰与最关亲？不遇知音者，谁怜长叹人？”（旦唱）

【耍孩儿】淋漓襟袖啼红泪，比司马青衫更湿[32]。伯劳东去燕西飞[33]，未登程先问归期。虽然眼底人千里，且尽樽前酒一杯。未饮心先醉，眼中流血，心内成灰。

【五煞】到京师服水土，趁程途节饮食，顺时自保揣身体[34]。荒村雨露宜眠早，野店风霜要起迟！鞍马秋风里，最难调护，最要扶持。

【四煞】这忧愁诉与谁？相思只自知，老天不管人憔悴。泪添九曲黄河溢，恨压三峰华岳低[35]。到晚来闷把西楼倚，见了些夕阳古道，衰柳长堤。

【三煞】笑吟吟一处来，哭啼啼独自归。归家若到罗帏里，昨宵个绣衾香暖留春住，今夜个翠被生寒有梦知。留恋你别无意，见据鞍上马，阁不住泪眼愁眉。

（末云）有甚言语嘱咐小生咱？（旦唱）

【二煞】你休忧“文齐福不齐”[36]，我只怕你“停妻再娶妻”。你休要“一春鱼雁无消息”！我这里青鸾有信频须寄[37]，你却休“金榜无名誓不归”。此一节君须记，若见了那异乡花草，再休似此处栖迟[38]。

（末云）再谁似小姐？小生又生此念。（旦唱）

【一煞】青山隔送行，疏林不做美，淡烟暮霭相遮蔽。夕阳古道无人语，禾黍秋风听马嘶。我为甚么懒上车儿内，来时甚急，去后何迟？

（红云）夫人去好一会，姐姐，咱家去！（旦唱）

[收尾]四围山色中，一鞭残照里。遍人间烦恼填胸臆，量这些大小车儿如何载得起？

（旦、红下）（末云）仆童赶早行一程儿，早寻个宿处。泪随流水急，愁逐野云飞。（下）

（《西厢记》，王实甫著，王季思校注，上海古籍出版社 1978 年版）

【注释】

[1] 长老：对佛寺住持的称呼，亦可敬称一般僧人。此处特指剧中的法本和尚。

[2] 十里长亭：古时建在路旁供行人休息的亭舍，每隔十里一座，故曰“十里长亭”。

[3] 取应：朝廷开科取士，士子应试。

[4] 正宫：宫调名，表示音乐的色彩与声音的高低。端正好：曲牌名，属正宫调。

[5] 玉骢（cōng）：毛色青白相杂的骏马。

[6] 倩(qìng):请(别人)为自己做事。

[7] 迍迍(tún):行动迟缓、留连不进的样子。

[8] "却告"句:刚刚结束了相思,又开始别离了。却,恰。回避,告退,结束。

[9] "破题"句:唐宋人称诗赋的起首为破题,此喻开端、起首、第一次。

[10] 钏(chuàn):古称臂环为钏,今谓手镯。

[11] 花儿、靥(yè)儿:花钿,指簪饰,亦指贴于妇女眉间或面颊的饰物。

[12] 搵(wèn):擦。

[13] 也么哥:曲子中的衬字。

[14] 恓恓惶惶:频繁之意。

[15] 挣揣:挣取,夺得。

[16] 如拾芥:像拾取小草般容易。芥,小草。

[17] 斜签著坐:侧身半坐,不敢实坐,以示对长辈的尊敬。

[18] 死临侵地:呆呆地,无精打采的样子。临侵地,语气助词,无意义。

[19] 阁泪:含着眼泪。

[20] 时间:目前、眼下。

[21] 谂(shěn):知悉,深知。

[22] 玉醅(pēi):美酒。

[23] 白泠泠(líng):代指酒。泠,清凉。

[24] 怕不待:难道不想,何尝不想。

[25] 蜗角虚名,蝇头微利:指空虚的名声和微小的利益。

[26] 辆:作动词,驾起、套好。

[27] 登科录:登载科举考试后录取进士者的名册。

[28] 春雷第一声:进士试于春正二月举行,故称听到考中消息为"春雷第一声"。

[29] 青霄:即青云。青宵路即青云路。

[30] 口占(zhàn):随口吟出,不打草稿。

[31] 赓(gēng):接续。

[32] 比司马青衫更湿:此句源自白居易《琵琶行》:"座中泣下谁最多,江州司马青衫湿。"

[33] 伯劳东去燕西飞:比喻离别。乐府诗《东飞伯劳歌》:"东飞伯劳西飞燕,黄姑织女时相见。"伯劳,一种小鸟。

[34] 顺时自保揣(chuǎi)身体:根据气候的变化,估量着自己的身体状况,自己保重。揣,揣度。

[35] 三峰华岳:华山有莲花、玉女、松桧等三座著名的高峰。

[36] 文齐福不齐:当时俗语,谓有文才却命运不好,不一定能考中。

[37] 鸾:传说中凤凰一类的神鸟,色青者为鸾,为人传送信息。

[38] 栖迟:流连、逗留。

【导读】

王实甫(1260?—1336?),名德信,大都(今北京市)人。元代著名杂剧作家,著有杂剧十四种,现存《西厢记》《丽春堂》《破窑记》三种。另有《贩茶船》《芙蓉亭》各传有曲文一折。

元杂剧是中国古代一种完整而成熟的戏剧形式，它是在金院本和诸宫调的基础上，将唱、演、说、舞等多种方式有机结合起来进行表演的舞台艺术形式，因属北曲杂剧，故又称北杂剧。结构上多以一本四折演一完整故事，有的还在第一折之前加一个“楔子”作为开端，简略交代剧情，个别的也有五折、六折甚至多本连演。元杂剧每一折用属于同一宫调的一套曲子演唱，仅在第一支曲子上标出宫调的名称。元杂剧角色分为旦、末、净、杂。旦又有正旦、外旦、小旦、大旦、老旦、搽旦之分，末则分正末、小末、冲末、副末等。正旦和正末是主要演员，以演唱为主，其余为次要演员，以念白为主。冲末是首次上场的男演员，净是地位低下的喜剧性人物，杂为其他类型演员，此外还有孤（官员）、驾（皇帝）、卜儿（老妇人）等人物。元杂剧剧本主要由曲词、宾白、科范三部分组成。

《西厢记》是一部著名的元杂剧作品，其故事取材于唐人传奇小说《莺莺传》。剧本以极生动的笔墨展示了崔莺莺和张君瑞为追求自由爱情所进行的不屈不挠的艰苦斗争，突出了作者“愿天下有情的都成了眷属”的美好婚姻理想。此剧在结构上大大突破了元杂剧一本四折的限制，共计五本二十一折，在元杂剧中规模最大。《长亭送别》选自《西厢记》第四本第三折。在经过一系列的曲折斗争后，莺莺终于大胆与张生私下结合。面对红娘的辩白与反击，老夫人不得已承认既成事实，却强令张生立即进京赶考，并声称“得官呵，来见我，驳落呵，休来见我”。崔、张爱情又面临新的挫折与考验。《长亭送别》所表现的正是此种情境。这段情节先写赴长亭送别，通过途中所见秋景来渲染气氛，抒写莺莺依依难舍的缱绻之情和悲伤无奈的痛苦心境。次写长亭宴别，通过宴席上的把盏供食，集中刻画莺莺心头的依恋、悲伤和怨愤的情绪。最后是长亭分别的场面，通过莺莺的赠言和叮咛，显示出对张生的关心与担心，体现出那个时代女子特有的矛盾心理。

艺术表现上，王实甫以深秋景物衬出凄迷的意境，渲染出浓重的离别氛围。同时，缱绻缠绵的感伤情调和清新明丽的个性化语言，将莺莺复杂的内心变化展露无遗。其文辞华美，典雅端方，含蓄蕴藉。《西厢记》一出，便好评如潮，不仅被誉为“天下夺魁”之作，更堪称“千古绝技”。朱权《太和正音谱》赞道：“王实甫之词如花间美人。铺叙委婉，深得骚人之趣。极有佳句，若玉环之出浴华清，绿珠之采莲洛浦……”“长亭送别”正集中体现了王实甫曲词如“花间美人”的特点。

【思考与练习】

1. 仔细阅读“长亭送别”一折，分析崔莺莺的复杂心理变化。
2. 请找出作品中化用的前人诗词语句及俗语典故，并尽可能找到原出处。

宝玉挨打

曹雪芹

原来宝玉会过雨村回来听见了,便知金钏儿含羞赌气自尽,心中早又五内摧伤,进来被王夫人数落教训,也无可回说。见宝钗进来,方得便出来,茫然不知何往,背着手,低头一面感叹,一面慢慢的走着,信步来至厅上。刚转过屏门,不想对面来了一人正往里走,可巧儿撞了个满怀。只听那人喝了一声"站住!"宝玉唬了一跳,抬头一看,不是别人,却是他父亲,不觉得倒抽了一口气,只得垂手一旁站了。贾政道:"好端端的,你垂头丧气嗐些什么?方才雨村来了要见你,叫你那半天你才出来;既出来了,全无一点慷慨挥洒谈吐,仍是葳葳蕤蕤[1]。我看你脸上一团思欲愁闷气色,这会子又咳声叹气。你那些还不足,还不自在?无故这样,却是为何?"宝玉素日虽是口角伶俐,只是此时一心总为金钏儿感伤,恨不得此时也身亡命殒,跟了金钏儿去。如今见了他父亲说这些话,究竟不曾听见,只是怔呵呵的站着。

贾政见他惶悚[2],应对不似往日,原本无气的,这一来倒生了三分气。方欲说话,忽有回事人来回:"忠顺亲王府里有人来,要见老爷。"贾政听了,心下疑惑,暗暗思忖道:"素日并不和忠顺府来往,为什么今日打发人来?"一面想,一面令"快请",急走出来看时,却是忠顺府长史官[3],忙接进厅上坐了献茶。未及叙谈,那长史官先就说道:"下官此来,并非擅造潭府[4],皆因奉王命而来,有一件事相求。看王爷面上,敢烦老大人作主,不但王爷知情,且连下官辈亦感谢不尽。"贾政听了这话,抓不住头脑,忙赔笑起身问道:"大人既奉王命而来,不知有何见谕[5],望大人宣明,学生好遵谕承办。"那长史官便冷笑道:"也不必承办,只用大人一句话就完了。我们府里有一个做小旦的琪官,一向好好在府里,如今竟三五日不见回去,各处去找,又摸不着他的道路[6],因此各处访察。这一城内,十停人倒有八停人都说[7],他近日和衔玉的那位令郎相与甚厚。下官辈等听了,尊府不比别家,可以擅入索取,因此启明王爷。王爷亦云:'若是别的戏子呢,一百个也罢了;只是这琪官随机应答,谨慎老成,甚合我老人家的心,竟断断少不得此人。'故此求老大人转谕令郎,请将琪官放回,一则可慰王爷谆谆奉恳,二则下官辈也可免操劳求觅之苦。"说毕,忙打一躬。

贾政听了这话,又惊又气,即命唤宝玉来。宝玉也不知是何原故,忙赶来时,贾政便问:"该死的奴才!你在家不读书也罢了,怎么又做出这些无法无天的事来!那琪官现是忠顺王爷驾前承奉的人,你是何等草芥,无故引逗他出来,如今祸及于我。"宝玉听了唬了一跳[8],忙回道:"实在不知此事。究竟连'琪官'两个字不知为何物,岂更又加'引逗'二字!"说着便哭了。贾政未及开言,只见那长史官冷笑道:"公子也不必掩饰。或隐藏在家,或知其下落,早说了出来,我们也少受些辛苦,岂不念公子之德?"宝玉连说不知,"恐是讹传,也未见得"。那长史官冷笑道:"现有据证,何必还赖?必定当着老大人说了出来,公子岂不吃亏?既云不知此人,那红汗巾子怎么到了公子腰里[9]?"宝玉听了这话,不觉轰去魂魄,目瞪口呆,心下自思:"这话他如何得知!他既连这样机密事都知道了,大约别的瞒他不过,不如打发他去了,免的再说出别的事来。"因说道:"大人既知他的底细,如何连他置买房舍这样大事倒不晓得了？听得说他如今在东郊离城二十里有个什么紫檀堡，他在那里置了几亩田地几间房舍。想是在那里也未可知。”那长史官听了，笑道：“这样说，一定是在那里。我且去找一回，若有了便罢，若没有，还要来请教。”说着，便忙忙的走了。

贾政此时气的目瞪口歪，一面送那长史官，一面回头命宝玉：“不许动！回来有话问你！”一直送那官员去了。才回身，忽见贾环带着几个小厮一阵乱跑[10]。贾政喝令小厮：“快打，快打！”贾环见了他父亲，唬的骨软筋酥，忙低头站住。贾政便问：“你跑什么？带着你的那些人都不管你，不知往那里逛去，由你野马一般！”喝令叫跟上学的人来。贾环见他父亲盛怒，便乘机说道：“方才原不曾跑，只因从那井边一过，那井里淹死了一个丫头，我看见人头这样大，身子这样粗，泡的实在可怕，所以才赶着跑了过来。”贾政听了惊疑，问道：“好端端的，谁去跳井？我家从无这样事情，自祖宗以来，皆是宽柔以待下人。——大约我近年于家务疏懒，自然执事人操克夺之权[11]，致使生出这暴殄轻生的祸患[12]。若外人知道，祖宗颜面何在！”喝令快叫贾琏、赖大、来兴。小厮们答应了一声，方欲叫去，贾环忙上前拉住贾政的袍襟，贴膝跪下道：“父亲不用生气。此事除太太房里的人，别人一点也不知道。我听见我母亲说……”说到这里，便回头四顾一看。贾政知意，将眼一看众小厮，小厮们明白，都往两边后面退去。贾环便悄悄说道：“我母亲告诉我说，宝玉哥哥前日在太太屋里，拉着太太的丫头金钏儿强奸不遂，打了一顿。那金钏儿便赌气投井死了。”话未说完，把个贾政气的面如金纸，大喝“快拿宝玉来！”一面说，一面便往里边书房里去，喝令：“今日再有人劝我，我把这冠带家私一应交与他与宝玉过去[13]！我免不得做个罪人，把这几根烦恼鬓毛剃去[14]，寻个干净去处自了[15]，也免得上辱先人下生逆子之罪。”众门客仆从见贾政这个形景，便知又是为宝玉了，一个个都是啖指咬舌[16]，连忙退出。那贾政喘吁吁直挺挺坐在椅子上，满面泪痕，一叠声“拿宝玉！拿大棍！拿索子捆上！把各门都关上！有人传信往里头去，立刻打死！”众小厮们只得齐声答应，有几个来找宝玉。

那宝玉听见贾政吩咐他“不许动”，早知多凶少吉，那里承望贾环又添了许多的话[17]。正在厅上干转，怎得个人来往里头去捎信，偏生没个人，连焙茗也不知在那里[18]。正盼望时，只见一个老姆姆出来。宝玉如得了珍宝，便赶上来拉他，说道：“快进去告诉：老爷要打我呢！快去，快去！要紧，要紧！”宝玉一则急了，说话不明白；二则老婆子偏生又聋，竟不曾听见是什么话，把“要紧”二字只听作“跳井”二字，便笑道：“跳井让他跳去，二爷怕什么？”宝玉见是个聋子，便着急道：“你出去叫我的小厮来罢。”那婆子道：“有什么不了的事？老早的完了。太太又赏了衣服，又赏了银子，怎么不了事的！”

宝玉急的跺脚，正没抓寻处，只见贾政的小厮走来，逼着他出去了。贾政一见，眼都红紫了，也不暇问他在外流荡优伶[19]，表赠私物，在家荒疏学业，淫辱母婢等语，只喝令“堵起嘴来，着实打死！”小厮们不敢违拗，只得将宝玉按在凳上，举起大板打了十来下。贾政犹嫌打轻了，一脚踢开掌板的，自己夺过来，咬着牙狠命盖了三四十下。众门客见打的不祥了，忙上前夺劝。贾政那里肯听，说道：“你们问问他干的勾当可饶不可饶！素日皆是你们这些人把他酿坏了[20]，到这步田地还来解劝。明日酿到他弑君杀父，你们才不劝不成！”

众人听这话不好听，知道气急了，忙又退出，只得觅人进去给信。王夫人不敢先回贾母，只得忙穿衣出来，也不顾有人没人，忙忙赶往书房中来，慌的众门客小厮等避之不及。王夫人一进房来，贾政更如火上浇油一般，那板子越发下去的又狠又快。按宝玉的两个小厮忙松了手走开，宝玉早已动弹不得了。贾政还欲打时，早被王夫人抱住板子。贾政道：“罢了，罢了！今日必定要气死我才罢！”王夫人哭道：“宝玉虽然该打，老爷也要自重。况且炎天暑日的，老太太身上也不大好，打死宝玉事小，倘或老太太一时不自在了，岂不事大！”贾政冷笑道：“倒休提这话。我养了这不肖的孽障[21]，已不孝；教训他一番，又有众人护持；不如趁今日一发勒死了，以绝将来之患！”说着，便要绳索来勒死。王夫人连忙抱住哭道：“老爷虽然应当管教儿子，也要看夫妻分上。我如今已将五十岁的人，只有这个孽障，必定苦苦的以他为法，我也不敢深劝。今日越发要他死，岂不是有意绝我。既要勒死他，快拿绳子来先勒死我，再勒死他。我们娘儿们不敢含怨，到底在阴司里得个依靠。”说毕，爬在宝玉身上大哭起来。贾政听了此话，不觉长叹一声，向椅上坐了，泪如雨下。王夫人抱着宝玉，只见他面白气弱，底下穿着一条绿纱小衣皆是血渍，禁不住解下汗巾看，由臀至胫，或青或紫，或整或破，竟无一点好处，不觉失声大哭起来，“苦命的儿吓！”因哭出“苦命儿”来，忽又想起贾珠来，便叫着贾珠哭道：“若有你活着，便死一百个我也不管了。”此时里面的人闻得王夫人出来，那李宫裁、王熙凤与迎春姊妹早已出来了。王夫人哭着贾珠的名字，别人还可，惟有宫裁禁不住也放声哭了。贾政听了，那泪珠更似滚瓜一般滚了下来。

正没开交处，忽听丫鬟来说：“老太太来了。”一句话未了，只听窗外颤巍巍的声气说道：“先打死我，再打死他，岂不干净了！”贾政见他母亲来了，又急又痛，连忙迎接出来，只见贾母扶着丫头，喘吁吁的走来。贾政上前躬身陪笑道：“大暑热天，母亲有何生气亲自走来？有话只该叫了儿子进去吩咐。”贾母听说，便止住步喘息一回，厉声说道：“你原来是和我说话！我倒有话吩咐，只是可怜我一生没养个好儿子，却教我和谁说去！”贾政听这话不象，忙跪下含泪说道：“为儿的教训儿子，也为的是光宗耀祖。母亲这话，我做儿的如何禁得起？”贾母听说，便啐了一口，说道：“我说一句话，你就禁不起，你那样下死手的板子，难道宝玉就禁得起了？你说教训儿子是光宗耀祖，当初你父亲怎么教训你来！”说着，不觉就滚下泪来。

贾政又陪笑道：“母亲也不必伤感，皆是作儿的一时性起，从此以后再不打他了。”贾母便冷笑道：“你也不必和我使性子赌气的。你的儿子，我也不该管你打不打。我猜着你也厌烦我们娘儿们。不如我们赶早儿离了你，大家干净！”说着便令人去看轿马[22]，“我和你太太宝玉立刻回南京去！”家下人只得干答应着。贾母又叫王夫人道：“你也不必哭了。如今宝玉年纪小，你疼他，他将来长大成人，为官作宰的，也未必想着你是他母亲了。你如今倒不要疼他，只怕将来还少生一口气呢。”贾政听说，忙叩头哭道：“母亲如此说，贾政无立足之地。”贾母冷笑道：“你分明使我无立足之地，你反说起你来！只是我们回去了，你心里干净，看有谁来许你打！”一面说，一面只令快打点行李车轿回去。贾政苦苦叩求认罪。

贾母一面说话，一面又记挂宝玉，忙进来看时，只见今日这顿打不比往日，又是心疼，又是生气，也抱着哭个不了。王夫人与凤姐等解劝了一会，方渐渐的止住。早有丫鬟媳妇等上来，要搀宝玉，凤姐便骂道：“糊涂东西，也不睁开眼瞧瞧！打的这么个样儿，还要搀着走！还不快进去把那藤屉子春凳抬出来呢[23]。”众人听说连忙进去，果然抬出春凳来，将宝玉抬放凳上，随着贾母王夫人等进去，送至贾母房中。

彼时贾政见贾母气未全消，不敢自便，也跟了进去。看看宝玉，果然打重了。再看看王夫人，“儿”一声，“肉”一声，“你替珠儿早死了，留着珠儿，免你父亲生气，我也不白操这半世的心了。这会子你倘或有个好歹，丢下我，叫我靠那一个！”数落一场，又哭“不争气的儿”。贾政听了，也就灰心，自悔不该下毒手打到如此地步。先劝贾母，贾母含泪说道：“你不出去，还在这里做什么！难道于心不足，还要眼看着他死了才去不成！”贾政听说，方退了出来。

此时薛姨妈同宝钗、香菱、袭人、史湘云也都在这里。袭人满心委屈，只不好十分使出来，见众人围着，灌水的灌水，打扇的打扇，自己插不下手去，便越性走出来到二门前，令小厮们找了焙茗来细问："方才好端端的，为什么打起来？你也不早来透个信儿！"焙茗急的说："偏生我没在跟前，打到半中间我才听见了。忙打听原故，却是为琪官金钏姐姐的事。"袭人道："老爷怎么得知道的？"焙茗道："那琪官的事，多半是薛大爷素日吃醋，没法儿出气，不知在外头唆挑了谁来，在老爷跟前下的火[24]。那金钏儿的事是三爷说的，我也是听见老爷的人说的。"袭人听了这两件事都对景[25]，心中也就信了八九分。然后回来，只见众人都替宝玉疗治。调停完备，贾母令"好生抬到他房内去"。众人答应，七手八脚，忙把宝玉送入怡红院内自己床上卧好。又乱了半日，众人渐渐散去，袭人方进前来经心服侍，问他端的[26]。且听下回分解。

（《红楼梦》，曹雪芹、高鹗著，人民文学出版社 1982 年版）

【注释】

[1] 葳葳蕤蕤：萎靡不振的样子。

[2] 惶悚（sǒng）：惶恐。悚，害怕，恐惧。

[3] 长史官：总管王府内部事务的官吏。

[4] 擅造：擅自造访。潭府：深宅大院，常用作对他人住宅的尊称。潭，深邃。

[5] 见谕：赐教。

[6] 道路：行踪，去向。

[7] 停：总数分成几份，其中一份就叫一停。

[8] 唬（xià）：害怕、吃惊。

[9] 汗巾子：系内裤用的腰巾，因贴近身体易受汗，故名。

[10] 小厮：古代权贵家中从事杂役的人。

[11] 执事人：具体操办某件事务的人。克夺之权：生杀予夺之权。

[12] 暴殄（tiǎn）轻生：恣意糟踏。殄，灭绝。轻生，不爱惜生命。

[13] 冠带家私：冠带，帽子和束带，代指官服，这里指官爵。家私，财产，代指家业。一应：所有的一切。

[14] 鬓毛：头发，佛家语称"烦恼丝"。

[15] 干净去处：佛家以为人世污浊不净，唯有佛门才能通向清净世界，即所谓净土。贾政此言有出家当和尚之意。

[16] 啖（dàn）：吃。

[17] 承望：料想。

[18] 焙茗：宝玉的贴身小厮，后改名"茗烟"。

[19] 流荡：沉迷留恋。

[20] 酿：纵容。

[21] 孽障：前世所造的恶成为今世的障碍。

[22] 看轿马：料理、备办车船等出行工具。

[23] 藤屉子春凳：春凳，一种较宽的可坐可卧的长凳。藤屉子，凳面用藤皮编成。

[24] 下的火：进谗言使坏。

［25］ 对景：对得上号，情况符合。

［26］ 端的：究竟，详细情况。

【导读】

曹雪芹（1715?—1763?），名霑，字梦阮，号雪芹、芹圃、芹溪。清代小说家、诗人。祖籍辽阳（一说河北，后迁辽东），出身于一个“百年望族”的大官僚地主家庭，后家道衰落，备尝人情冷暖和世事辛酸，后历经十年创作了《红楼梦》前八十回书稿。续作由高鹗、程伟元等完成。

《红楼梦》是中国四大古典名著之一，章回体长篇小说，成书于1784年（清乾隆四十九年），又名《石头记》《情僧录》《风月宝鉴》《金陵十二钗》等，梦觉主人序本正式题为《红楼梦》。这是一部具有高度思想性和艺术性的文学巨作，代表着中国古典小说艺术的巅峰。全书以荣国府的日常生活为中心，以宝、黛、钗的爱情悲剧及大观园中的生活琐事为主线，以贾、王、薛、史四大家族由盛而衰的历史为辅线，揭示了整个封建社会终将走向灭亡的必然趋势。全书丰富多彩的社会内容、复杂曲折的故事情节、深刻透辟的思想内涵、精湛绝伦的艺术手法，都使其成为中国古典小说中最伟大的现实主义作品。

“宝玉挨打”选自《红楼梦》第三十三回“手足眈眈小动唇舌，不肖种种大承笞挞”。全文从宝玉挨打的诱因写起：雨村来访、忠顺府索人、贾环谗谤最终导致贾政怒火喷发。挨打过程则展示了各种矛盾的冲突：贾政与宝玉父子尖锐的思想矛盾、嫡庶之争中险恶的家族矛盾以及王夫人与丈夫、贾母与儿子的冲突等。同时，也刻画了大家庭中的众生相：贾政的顽固不化、王夫人的虚伪善变、王熙凤的管家做派等。作者以其纯熟的艺术技巧、精湛的艺术构思将整部小说前半部分的这段高潮写得脉络清晰，丝丝入扣，逐步推动情节向高潮发展。而宝玉挨打前的气氛渲染、贾政怒打宝玉的过程和宝玉着急送信的情态都因其密针细线的写法而环环相扣。在王夫人和贾母的干预下，一场冲突虽已结束，却引出更为精彩的故事情节来，如钗黛探伤、宝玉赠帕、玉钏尝羹等，使读者继续沉迷在这幅精彩的生活画卷中。

《红楼梦》已成为一种独特的价值存在，不仅专家云集“红学”之殿堂，更有无数“红迷”为其痴狂，《中国大百科全书》这样评价道：“《红楼梦》的价值怎么估计都不为过。”有评论家这样说：“几千年中国文学史，假如我们只有一部《红楼梦》，它的光辉也足以照亮古今中外。”

【思考与练习】

1. 阅读这篇《红楼梦》选段，谈谈语言上的突出特点。
2. 阅读《红楼梦》，谈谈你对宝、黛、钗爱情悲剧的理解。

现代诗文阅读

蛇

冯至

我的寂寞是一条蛇，
静静地没有言语。
你万一梦到它时，
千万啊，莫要悚惧！

它是我忠诚的侣伴。
心里害着热烈的乡思：
它想那茂密的草原——
你头上的浓郁的乌丝。

它月影一般轻轻地，
从你那儿轻轻走过；
它把你的梦境衔了来，
像一只绯红的花朵。

（《中国现代文学作品精选》，严家炎、孙玉石、温儒敏主编，北京大学出版社 2013 年版）

【导读】

冯至（1905—1993），原名冯承植，河北涿州人，现代诗人、翻译家。著有诗集《昨日之歌》、《北游及其它》、《十四行集》等。在 20 世纪 20 年代，他曾经被鲁迅誉为“中国最为杰出的抒情诗人”。

《蛇》这首诗歌写于 1926 年，冯至在谈到这首诗歌的创作缘起时提到，当年激发这首诗歌创作灵感的是西方唯美主义画家的一幅黑白线条画，画上的蛇并没有什么可怕和恐怖，那沉默的神情，和口里衔着的那一朵花，反而让人想到了青年人所感受到的寂寞和一个少女秀丽的梦境。

诗歌的起句写出了留在诗人印象之中那条安安静静的蛇的形象，本来诗人对画作之中的蛇印象深刻，却让初次接触此诗的读者感觉到意象运用的新颖与独特，把一个人的寂寞比作一条长蛇，那种思念的冷清、孤寂得到了非常生动的体现，诗歌的第一句便营造出了一种安安静静的诗歌氛围。在诗歌的第二句，抒情主人公轻柔地呼唤其爱的对象：“你万一梦到它时，/千万啊，莫要悚惧！”生怕对方因蛇恐怖的形体而受到惊吓，其实，在诗人的呼唤之中体现出的安慰与体贴的柔情，早已奠定了这首诗歌整体上的浪漫抒情风格。在诗歌的第三节中，诗人的情感渐渐转变为热烈的倾诉，压抑不住的思念之情就要喷薄而出，但是诗歌的最后一节，这种万分强烈的情感仍然只以轻柔的笔调来写出：“它月影一般轻轻地，/从你那儿轻轻走过;//它把你的梦境衔了来,/像一只绯红的花朵。”诗人巧妙运用比喻,将蛇的身影比为月光的影子,“轻轻”两个字的重叠使用,显示出了相思人小心翼翼的心情。这首诗本来情节朴素,语言也毫无华丽之处,但是最后一句的独特想象和比喻使整首诗歌的结尾显得美丽、温暖,即使是诗歌主人公单方面的爱恋,也在这绯红色的梦境之中平添了熨帖与温暖。诗歌从最开始的冷清、寂寞到最后的绮丽想象,把青年人小心翼翼、充满幻想色彩的恋爱心境表达得淋漓尽致,巧妙体现了诗人冯至早期抒情诗风的委婉、细腻与舒缓,这是年轻人的诗歌风格,充满了人们在青年时期想象的无尽神秘与情思。

这首诗歌特色鲜明:一是想象独特;二是具有浓烈的抒情意味;三是诗歌语言柔美、清丽,用喻独出心裁。

【思考与练习】

1. 如何理解冯至早期诗歌创作中的抒情性质?
2. 阅读冯至的晚期诗歌集《十四行集》,理解其中的哲理性意味,并探究其成因。

回　答

北岛

卑鄙是卑鄙者的通行证，
高尚是高尚者的墓志铭，
看吧，在那镀金的天空中，
飘满了死者弯曲的倒影。

冰川纪过去了，
为什么到处都是冰凌？
好望角发现了，
为什么死海里千帆相竞？

我来到这个世界上，
只带着纸、绳索和身影，
为了在审判之前，
宣读那被判决了的声音：

告诉你吧，世界，
我——不——相——信！
纵使你脚下有一千名挑战者，
那就把我算做第一千零一名。

我不相信天是蓝的；
我不相信雷的回声；
我不相信梦是假的；
我不相信死无报应。

如果海洋注定要决堤，
就让所有的苦水都注入我心中；
如果陆地注定要上升，
就让人类重新选择生存的峰顶。

新的转机和闪闪的星斗，
正在缀满没有遮拦的天空，

那是五千年的象形文字，
那是未来人们凝视的眼睛。

（选自《中国当代文学作品精选》，谢冕、洪子诚主编，北京大学出版社 2015 年版）

【导读】

北岛（1949—），祖籍浙江湖州，生于北京，原名赵振开，20 世纪 80 年代中国朦胧诗的重要代表人物之一。1978 年底与诗人芒克等一起创办了文学刊物《今天》，80 年代末移居海外，现任香港中文大学教授，著有诗集《陌生的海滩》《午夜歌手》《北岛诗选》等，另有小说和散文创作若干，其作品已被译成 20 多种文字出版。

评论家吴思敬在《中国当代诗人论》中如是说北岛："他是共和国的同龄人，也是'文化大革命'十年的见证人……他的诗应当说是这一代年青人由迷信到怀疑、由笃信到叛逆的心路历程的忠实记录。"可以说，写于 1976 年的《回答》，正是这种怀疑与叛逆精神的一个典型代表。

诗歌名为"回答"，其实正是诗人以自我的声音发出了对当时所谓"权威"与错误的时代氛围的挑战。在诗歌的前两节中，诗人痛斥了那个时代的无序，并且立场鲜明："卑鄙是卑鄙者的通行证，/高尚是高尚者的墓志铭"，无数人在无辜地死去："看吧，/在那镀金的天空中，/飘满了死者弯曲的倒影"，人与人之间的关系降至冰点："冰川纪过去了，/为什么到处都是冰凌？"无数精力用于浪费与内耗："好望角发现了，/为什么死海里千帆相竞？"混乱的时代氛围让读者不寒而栗，同时也察觉了北岛诗歌语言的冷静、力度及其所包含的批判意味。从诗歌的第四节开始，诗人以受难者的身份为那些倔强勇敢的灵魂发声："告诉你吧，世界，/我——不——相——信"，诗人的态度无比坚定："纵使你脚下有一千名挑战者，/那就把我算做第一千零一名"，回答的声音在天空回荡着，质疑着这个混乱而愚昧的时代：不相信虚伪，不相信所谓"权威"，不相信梦想会被摧毁，不相信枉死的人看不到报应和轮回。诗人自我牺牲的情感在诗歌的第六节达到顶点，表示愿意为这即将毁灭的混乱时代背负所有苦难，当一切假、丑、恶被毁灭，人类将重新选择生存的方式与意义！而诗歌的最后一节则满含希望，未来的一切都美好，有着五千年悠久历史和文化传统的民族不会衰竭，未来的人们将会具有穿透历史风尘的眼睛，一切痛苦与磨难都将会孕育新生的明天。我们应该记得在《今天》这份文学刊物上，那些响亮的语言和宣言："历史终于给了我们机会，使我们这代人能够把埋藏在心中十年之久的歌放声唱出来，而不致再遭到雷霆的处罚……"《回答》典型地代表了北岛这一时期许多诗歌中所贯穿的共同主题：从最初的绝望描绘到孤注一掷的呐喊控诉，再到庄严神圣的自我承担，最终迎来新的转机与希望。这些都充分体现了北岛早期诗歌中的精英知识分子意识和坚定的理想主义精神。

【思考与练习】

1．如何理解北岛早期诗歌中的理想主义色彩与庄严、冷峻的诗歌风格？

2．如何理解北岛在 20 世纪 80 年代中后期以及 90 年代旅居海外时的大量诗歌和散文创作？

远和近

顾城

你，
一会看我，
一会看云。
我觉得，
你看我时很远，
你看云时很近。

（《朦胧诗精选》，喻大翔等编选，华中师范大学出版社 1986 年版）

【导读】

顾城（1956—1993），北京人，朦胧诗派的主要代表人物之一，其诗集主要有《黑眼睛》、《顾城童话寓言诗选》、《城》、《灵台独语》、《顾城诗全编》、《顾城的诗》等。

这首诗只有短短的两节，但血肉相连。第一节里，“你”是不定指涉的人或物，可能是诗人心仪的姑娘，可能是一种理想，但一定是诗人很在意的人或物。两个“一会”是关键词，“一会/一会”，表示一种短暂不定，急剧变化和动态的事实。“看”更是一个短暂性动词，表示一种关注，一种审视。“一会看我/一会看云”，表示关注的转瞬即逝，这种由“你”带来的闪烁不定的关注或“看”，使得诗人难以猜测实情，不知所措，顿生疑惑。

第二节具有某种哲学意味。“我觉得”一词，是自我觉醒的标志，诗人由变化无常的外部世界转向内心世界，一下子就拉开了“我”与“你”的距离，在诗里显示出一种时态转变，“我”从现实语境里抽身出来，把现在的事情过去化，使得你、我获得一种应该有的距离，从而获得一种清新的认识，“你”近在咫尺却远隔天涯，这就是孤独意识。在现代，“远”和“近”意味着确定性与不确定性、自信与犹豫之间的对立。“你看我时很远”，“看”的不确定性，摧毁了你和我之间的直接性，我们之间的物理距离变得无足轻重，我成了你“看”的远方，这导致了你我之间在内心上的疏远，揭示了人与人之间的隔膜，表达了一种深刻的人生孤独。

在艺术表现上，这首诗体现了顾城诗歌善于敏感地捕捉细微的生活感觉，想象独特，出人意料地表达出日常生活的新鲜感受和人生体验。

【思考与练习】

1. 诗中的“你”“我”“云”三个意象的象征意义是什么？
2. 这首诗可以说是朦胧诗的代表作之一，试着谈谈你对朦胧诗的认识。

北京的茶食

周作人

在东安市场的旧书摊上买到一本日本文章家五十岚力的《我的书翰》,中间说起东京的茶食店的点心都不好吃了,只有几家如上野山下的空也,还做得好点心,吃起来馅和糖及果实浑然融合,在舌头上分不出各自的味来。想起德川时代江户的二百五十年的繁华,当然有这一种享乐的流风余韵留传到今日,虽然比起京都来自然有点不及。北京建都已有五百余年之久,论理于衣食住方面应有多少精微的造就,但实际似乎并不如此,即以茶食而论,就不曾知道什么特殊的有滋味的东西。固然我们对于北京情形不甚熟悉,只是随便撞进一家饽饽铺里去买一点来吃,但是就撞过的经验来说,总没有很好吃的点心买到过。难道北京竟是没有好的茶食,还是有而我们不知道呢? 这也未必全是为贪口腹之欲,总觉得住在古老的京城里吃不到包含历史的精炼的或颓废的点心是一个很大的缺陷,北京的朋友们,能够告诉我两三家做得上好点心的饽饽铺么?

我对于二十世纪的中国货色,有点不大喜欢,粗恶的模仿品,美其名曰国货,要卖得比外国货更贵些。新房子里卖的东西,便不免都有点怀疑,虽然这样说好象遗老的口吻,但总之关于风流享乐的事我是颇迷信传统的。我在西四牌楼以南走过,望着异馥斋的丈许高的独木招牌,不禁神往,因为这不但表示他是义和团以前的老店,那模糊阴暗的字迹又引起我一种焚香静坐的安闲而丰腴的生活的幻想。我不曾焚过什么香,却对于这件事很有趣味,然而终于不敢进香店去,因为怕他们在香合上已放着花露水与日光皂了。我们于日用必需的东西以外,必须还有一点无用的游戏与享乐,生活才觉得有意思。我们看夕阳,看秋河,看花,听雨,闻香,喝不求解渴的酒,吃不求饱的点心,都是生活上必要的——虽然是无用的装点,而且是愈精炼愈好。可怜现在的中国生活,却是极端地干燥粗鄙,别的不说,我在北京彷徨了十年,终未曾吃到好点心。

(《中国现代文学作品精选》,严家炎等主编,北京大学出版社 2001 年版)

【导读】

周作人(1885—1967),浙江绍兴人,中国现代著名散文家、诗人、文学翻译家、中国民俗学开拓人,新文化运动的杰出代表。主要著作有散文集《自己的园地》、《雨天的书》、《泽泻集》、《谈龙集》、《谈虎集》、《永日集》、《看云集》、《夜读抄》、《苦茶随笔》、《风雨谈》、《知堂文集》,诗集《过去的生命》,小说集《孤儿记》,论文集《艺术与生活》、《中国新文学的源流》等。周作人散文的艺术风格是“平和冲淡”,这是周作人始终没有放弃追求的或者说是努力靠近的创作方向和心境。他的文章无论是随笔还是评论都有着心平气和说理的特点。他的平淡,不是不用技巧,而是匠心独运,只是不露痕迹而已。

《北京的茶食》描述的是作者住在北京城里却寻不着想吃的点心的一点点遗憾和缺失的心情,作者谈点心时,特别点出“历史的”“精炼的”“颓废的”三个修饰语,观照了历史文化、艺术审美、内心情感。从点心的粗糙,看出文化的粗糙、灵魂的粗糙,从而鄙薄文化上的功利主义,追求精致的生活趣味,渲染一种安闲的生活情调。在作品里,作者反复感叹:来北京的十年里,还不曾寻到过好吃的点心。而对于一个建都已有五百余年历史的古城来说,“论理于衣食住方面应有多少精微的造就”,但实际上,“即以茶食而论,就不曾知道什么特殊的有滋味的东西”。这里,值得注意的是,作者是将精致的点心与一种文化的成就联系在一起,所以才会有这样的感叹,并非“全是为贪口腹之欲”。在作品的结尾,周作人用“彷徨”二字来描述他在北京十年的心境。这时,在沙漠般枯寂的古都里徬徨无依的他,是会想到稍为从容腴润的故乡的春天的吧。

【思考与练习】

1. 分析《北京的茶食》的艺术风格。
2. 简要说明周作人散文的语言特色。

独　语

何其芳

设想独步在荒凉的夜街上，一种枯寂的声响固执地追随着你，如昏黄的灯光下的黑色影子，你不知该对它珍爱抑是不能忍耐了：那是你脚步的独语。

人在孤寂时常发出奇异的语言，或是动作。动作也是语言的一种。决绝地离开了绿蒂的维特，独步在阳光与垂柳的堤岸上，如在梦里。诱惑的彩色又激动了他作画家的欲望，遂决心试卜他自己的命运了；他从衣袋里摸出一把小刀子，从垂柳里掷入河水中。他想：若是能看见它的落下他就将成为一个画家，否则不。那寂寞的一挥手使你感动吗？你了解吗？

我又想起了一个西晋人物，他爱驱车独游，到车辙不通之处就痛哭而返。

绝顶登高，谁不悲慨的一长啸呢？是想以他的声音填满宇宙的寥廓吗？等到追问时怕又只有沉默地低首了。我曾经走进一个古代的建筑物，画檐巨柱都争着向我有所诉说，低小的石栏也发出声息，象一些坚忍的深思的手指在上面呻吟，而我自己倒成了一个化石了。

或是昏黄的灯光下，放在你面前的是一册杰出的书，你将听见里面各个人物的独语。温柔的独语，悲哀的独语，或者狂暴的独语。黑色的门紧闭着：一个永远期待的灵魂死在门内，一个永远找寻的灵魂死在门外。每一个灵魂是一个世界，没有窗户。而可爱的灵魂都是倔强的独语者。

我的思想倒不是在荒野上奔驰。有一所落寞的古老的屋子，画壁漫漶，阶石上铺着白藓，象期待着最后的脚步：当我独自时我就神往了。

真有这样一个所在，或者是在梦里吗？或者不过是两章宿昔嗜爱的诗篇的糅合，没有关联的奇异的糅合；幔子半掩，地板已扫，死者的床榻上常春藤影在爬；死者的魂灵回到他熟悉的屋子里，朋友们在聚餐，嬉笑，都说着“明天明天”，无人记起“昨天”。

这是颓废吗？我能很美丽地想着“死”，反不能美丽地想着“生”吗？

我何以而又太息：“去者日以疏，生者日以亲”？是慨叹着我被人忘记了，还是我忘记了人呢？

“这里是你的帽子。”或者“这里是你的纱巾，我们出去走走吧”，我还能说这些惯口的句子。而我那温和的沉默的朋友，我更记起他：他屋里有一个古怪的抽屉，精致的小信封，装着丁香花。或是不知名的扇形的叶子，象为着分我的寂寞而展示他温柔的记忆。墙上是一张小画片，翻过背面来，写着“月的渔女”。

唉。我尝自忖度：那使人类温暖的，我不是过分的缺乏了它就是充溢了它。两者都足以致病的。

印度王子出游，看见生老病死，遂发自度度人的宏愿。我也倒想有一树菩提之荫，坐在下面思索一会儿。虽然我要思索的是另外一个题目。

于是，我的目光在窗上徘徊了。天色象一张阴晦的脸压在窗前，发出令人窒息的呼吸，这就是我抑郁的缘故吗？而又，在窗格的左角，我发现一个我的独语的窃听者了。象一个鸣蝉蜕弃的躯壳，向上蹲伏着，噤默地。噤默地，和着它一对长长的触须，三对屈曲的瘦腿。我记起了它是我用自己的手描画成的一个昆虫的影子，当它迟徐地爬到我窗纸上，发出孤独的银样的鸣声，在一个过逝的有阳光的秋天里。

1934 年 3 月 2 日

（《何其芳散文选集》，何其芳著，百花文艺出版社 2007 年版）

【导读】

何其芳（1912—1977），现代著名诗人、散文家、文学评论家，与卞之琳、李广田合称为“汉园三诗人”。重庆万州人，原名何永芳。主要作品有诗集《预言》，散文集《画梦录》，诗歌《我们最伟大的节日》，文艺论文集《论〈红楼梦〉》等。

本文选自何其芳早期散文集《画梦录》。何其芳的创作风格以他奔赴延安为界分为前后两个时期。前一时期空灵、朦胧、华丽、优美，注重意境的营造，颇有诗歌的风味，由本文可见一斑。

本文题目“独语”，意在抒发作者内心的感受和情绪。在文章中，这种感受和情绪外化成“枯寂的声响”、“昏黄的灯光下的黑色影子”、“落寞的古老的屋子”、“网中的蜘蛛”、“鸣蝉蜕弃的躯壳”等意象，作者的灵魂神游在古今中外、现实书本的人物轶事中，反衬出作者孤寂、迷茫、无所依傍的内心世界。

从表面上看，也有论者从文章与社会的联系这一角度指出，本文缺乏社会责任感，显示了一种颓废的气象。事实上，这种颓废正凸显了一个真正的思想者（同时也是孤独者）的深邃。人在面对自己内心的困惑时大胆地释放想象的因子，在宇宙中孑孑独行、喃喃独语，展示了作者在环境和内心的安宁这一永恒的悖论下对怎样“美丽地生”这一命题的疑惑。

本文注重伤感的情绪的营造，读来有一股淡淡的寂寞和忧郁，像一首韵味深长的散文诗。运用比喻、象征、通感、意识流等多种手法，向读者刻画出一个现实和梦境交融的艺术世界。语言含蓄委婉、象征性强，富有形象性和色彩性，具有诗意的美感，意象丰富，开拓了多重审美想象空间。

【思考与练习】

1. 简述何其芳散文的艺术特征。
2. 谈谈这篇散文在语言表现上的诗意美。

翡冷翠山居闲话

徐志摩

在这里出门散步去，上山或是下山，在一个晴好的五月的向晚，正象是去赴一个美的宴会，比如去一果子园，那边每株树上都是满挂着诗情最秀逸的果实，假如你单是站着看还不满意时，只要你一伸手就可以采取，可以恣尝鲜味，足够你性灵的迷醉。阳光正好暖和，决不过暖；风息是温驯的，而且往往因为他是从繁花的山林里吹度过来他带来一股幽远的淡香，连着一息滋润的水气，摩挲着你的颜面，轻绕着你的肩腰，就这单纯的呼吸已是无穷的愉快；空气总是明净的，近谷内不生烟，远山上不起霭，那美秀风景的全部正象画片似的展露在你的眼前供你闲暇的鉴赏。

作客山中的妙处，尤在你永不须踌躇你的服色与体态；你不妨摇曳着一头的蓬草，不妨纵容你满腮的苔藓；你爱穿什么就穿什么；扮一个牧童，扮一个渔翁，装一个农夫，装一个走江湖的桀卜闪，装一个猎户；你再不必提心整理你的领结，你尽可以不用领结，给你的颈根与胸膛一半日的自由，你可以拿一条这边艳色的长巾包在你的头上，学一个太平军的头目，或是拜伦那埃及装的姿态；但最要紧的是穿上你最旧的旧鞋，别管他模样不佳，他们是顶可爱的好友，他们承着你的体重却不叫你记起你还有一双脚在你的底下。

这样的玩顶好是不要约伴，我竟想严格的取缔，只许你独身；因为有了伴多少总得叫你分心，尤其是年轻的女伴，那是最危险最专制不过的旅伴，你应得躲避她象你躲避青草里一条美丽的花蛇！平常我们从自己家里走到朋友的家里，或是我们执事的地方，那无非是在同一个大牢里从一间狱室移到另一间狱室去，拘束永远跟着我们，自由永远寻不到我们；但在这春夏间美秀的山中或乡间你要是有机会独身闲逛时，那才是你福星高照的时候，那才是你实际领受，亲口尝味，自由与自在的时候，那才是你肉体与灵魂行动一致的时候；朋友们，我们多长一岁年纪往往只是加重我们头上的枷，加紧我们脚胫上的链，我们见小孩子在草里在沙堆里在浅水里打滚作乐，或是看见小猫追他自己的尾巴，何尝没有羡慕的时候，但我们的枷，我们的链永远是制定我们行动的上司！所以只有你单身奔赴大自然的怀抱时，象一个裸体的小孩扑入他母亲的怀抱时，你才知道灵魂的愉快是怎样的，单是活着的快乐是怎样的，单就呼吸单就走道单就张眼看耸耳听的幸福是怎样的。因此你得严格的为己，极端的自私，只许你，体魄与性灵，与自然同在一个脉搏里跳动，同在一个音波里起伏，同在一个神奇的宇宙里自得。我们浑朴的天真是象含羞草似的娇柔，一经同伴的抵触，他就卷了起来，但在澄静的日光下，和风中，他的姿态是自然的，他的生活是无阻碍的。

你一个人漫游的时候，你就会在青草里坐地仰卧，甚至有时打滚，因为草的和暖的颜色自然的唤起你童稚的活泼；在静僻的道上你就会不自主的狂舞，看着你自己的身影幻出种种诡异的变相，因为道旁树木的阴影在他们纡徐的婆娑里暗示你舞蹈的快乐；你也会得信口的歌唱，偶尔记起断片的音调，与你自己随口的小曲，因为树林中的莺燕告诉你春光是应得赞美的；更不必说你的胸襟自然会跟着漫长的山径开拓，你的心地会看着澄蓝的天空静定，你的思想和着山壑间的水声，山罅里的泉响，有时一澄到底的清澈，有时激起成章的波动，流，流，流入凉爽的橄榄林中，流入妩媚的阿诺河去……

并且你不但不须应伴，每逢这样的游行，你也不必带书。书是理想的伴侣，但你应得带书，是在火车上，在你住处的客室里，不是在你独身漫步的时候。什么伟大的深沉的鼓舞的清明的优美的思想的根源不是可以在风籁中，云彩里，山势与地形的起伏里，花草的颜色与香息里寻得？自然是最伟大的一部书，葛德说，在他每一页的字句里我们读得最深奥的消息。并且这书上的文字是人人懂得的；阿尔帕斯与五老峰，雪西里与普陀山，莱因河与扬子江，梨梦湖与西子湖，建兰与琼花，杭州西溪的芦雪与威尼市夕照的红潮，百灵与夜莺，更不提一般黄的黄麦，一般紫的紫藤，一般青的青草同在大地上生长，同在和风中波动——他们应用的符号是永远一致的，他们的意义是永远明显的，只要你自己心灵上不长疮瘢，眼不盲，耳不塞，这无形迹的最高等教育便永远是你的名分，这不取费的最珍贵的补剂便永远供你的受用；只要你认识了这一部书，你在这世界上寂寞时便不寂寞，穷困时不穷困，苦恼时有安慰，挫折时有鼓励，软弱时有督责，迷失时有南针。

十四年七月

（《徐志摩散文》，徐志摩著，浙江文艺出版社 2009 年版）

【导读】

徐志摩（1897—1931），新月派代表诗人，浙江海宁人，原名徐章垿，字槱森，留学美国时改名徐志摩，著有诗集《志摩的诗》、《翡冷翠的一夜》、《猛虎集》、《云游》，散文集《落叶》、《巴黎的鳞爪》、《自剖》、《秋》，小说集《轮盘》，戏剧《卞昆冈》（与陆小曼合写），日记《爱眉小札》、《志摩日记》，译著《曼殊斐尔小说集》等。

徐志摩早年在剑桥留学时深受西方教育的熏陶及欧美浪漫主义和唯美派诗人的影响。这使他形成了自由主义的做派，成为一个精神上的贵族。但回国后事业、情感上的挫折及内心理想和现实环境的不可调和让他心力交瘁，他选择了第二次出国，本文即写于这样的背景下。

本文是一首关于生命和自由的颂歌，作者采用第二人称，娓娓道来，如同“闲话”；读者仿佛身临其境，细细品味，实含“辛酸”。从文章的脉络看，作者追寻的自由，不仅是精神层面的，还要挣脱物质对躯体的束缚。作者认为，自由存在于大自然中，只有把自己彻底放开，才能寻得生命的幸福。寄情于山水是中国文人传统的做法，和大自然的交会也使作者获得了短暂的心灵平静。从这个意义上来说，本文也可算得上是作者在现实的夹缝中的一次精神突围。

本文语言灵动飘逸，参差有度，富于诗意。

【思考与练习】

1. 简述徐志摩散文独特的语言艺术特征。
2. 你怎样理解这篇散文表现了“生命和自由的颂歌”？

爱尔克的灯光[1]

巴金

傍晚,我靠着逐渐黯淡的最后的阳光的指引,走过十八年前的故居。这条街的一切,这建筑的一切开始在我眼前隐藏起来,象在躲避一个久别的旧友。但是它们的改变了的面貌于我还是十分亲切。我认识它们,就象认识我自己。还是那样宽的街,宽的房屋。巍峨的门墙代替了太平缸和石狮子,那对常常做我们坐骑的背脊光滑的雄狮也不知逃进了哪座荒山。然而大门开着,照壁上“长宜子孙”四个字却是原样地嵌在那里,似乎连颜色也不曾被风雨剥蚀。[2]我望着那同样的照壁,我被一种奇异的感情抓住了,我仿佛要在这里看出过去的十九个年头,不,我仿佛要在这里寻找十八年以前的辽远的旧梦。

守门的武装兵士用怀疑的眼光看我。他不了解我的心情!他不会认识十八年前的少年人。他却用眼光驱逐一个人的许多亲密的回忆。

黑暗来了。我的眼睛失掉了一切。于是大门闪亮起灯光。灯光并不曾照亮什么,反而在我心上添加了黑暗。我只得失望地走了。我向着来时的路回去。已经走了四五步,我忽然不自主地掉回头,再看那建筑。依旧是阴暗中一线微光。我好象看见一个盛满希望的水碗一下子就落在地上打碎了一般,我苦痛地在心里叫起来,在这被夜幕覆盖着的近代城市的静寂的街中,我仿佛看见了哈立希岛上的灯光。那应该是姐姐爱尔克点的灯笼,她用这灯来给她的航海的兄弟照路,每夜每夜灯光亮在她的窗前,她一直到死都在等待那个出远门的兄弟回来。最后她带着失望进入坟墓。

街道仍然是清静的。忽然一个熟习的声音在我耳边轻轻地唱起了这个欧洲的古传说。在这里不会有人歌咏这样的故事。应该是书本在我心上留下的影响。但是这个时候我想起了自己的事情。

十八年前在一个春天的早晨,我离开这同样城市、同样街道的时候,我也曾有一个姊姊,也曾答应过有一天回来看她,同她谈一些外面的事情。我相信自己的诺言。那时我的姊姊还是一个出阁才只一个多月的新嫁娘,都说她有一个性情温良的丈夫,因此也有长久的幸福的岁月。

然而人的安排终于被“偶然”毁坏了。这应该是一个“意外”。但是这“意外”却毫无怜悯地在年青的心上下着打击。我离家不过一年半光景,就接到了姊姊的死讯。我的哥哥用了颤抖的哭诉的笔叙说了一个善良的女性的悲惨的结局,还说到她死后所得着的冷落的待遇。从此那个作过她丈夫的所谓温良的人改变了,他往一条丧失人性的路走去。他想往上爬,结果却不停地向下面落,终于到了用鸦片来延续生命的地步。对于姊姊,她生前我没有好好地爱过她,死后也不曾做过一样纪念她的事。她寂寞地活着,寂寞地死去。死带走了她的一切,这就是在我们那地方的旧式女子的命运。

我在外面一直跑了十八年。我从没有向人谈过我的姊姊。只有偶尔在梦里我看见了爱尔克的灯光。一年前在上海我常常睁起眼睛做梦。我望着远远的在窗前发亮的灯,我面前横着一片大海,灯光在呼唤我,我恨不得腋下生出翅膀,即刻飞到那边去。沉重的梦压着我的心灵,我好象在同许多无形的魔手挣扎。我望着那灯光,路是那么远,我又没有翅膀。我只有一个渴望:飞!飞!那些熬煎着心的日子!那些可怕的梦魇!

但是我终于出来了。我越过那堆积着象山一样的十八年的长岁月,回到了生我养我而且让我刻印了无数儿时回忆的地方。我走了很多的路。

十九年,似乎一切全变了,又似乎都没有改变。死了许多人,毁了许多家。许多可爱的生命葬入黄土。接着又有许多新的人继续扮演不必要的悲剧。浪费,浪费,还是那许多不必要的浪费——生命,精力,感情,财富,甚至欢笑和眼泪。我去的时候是这样,回来时看见的还是一样情形。关在这个小圈子里我禁不住几次问我自己:难道这十八年全是白费?难道在这许多年中间所改变的就只是装束和名词!我苦痛地搓自己的手,不敢给一个回答。

在这个我永不能忘记的城市里,我度过了五十个傍晚。我花费了自己不少的眼泪和欢笑,也消耗了别人不少的眼泪和欢笑。我匆匆地来,也将匆匆地去。用留恋的眼光看我出生的房屋,这应该是最后的一次了。我的心似乎想在那里寻觅什么。但是我所要的东西不会在那里找到。我不会象我的一个姑母或嫂嫂,设法进到那所已经易了几个主人的公馆,对着园中的花树垂泪,慨叹着一个家族的盛衰。摘吃自己栽种的树上的苦果,这是一个人的本分。我没有跟着那些人走一条路,我当然在这里找不到自己的脚迹。几次走过这个地方,我所看见的还只是那四个字:“长宜子孙”。

“长宜子孙”这四个字的年龄比我的不知大了多少。这也该是我祖父留下的东西罢。最近在家里我还读到他的遗嘱。他用空空两手造就了一份家业。到临死还周到地为儿孙安排了舒适的生活。他叮嘱后人保留着他修建的房屋和他辛苦地搜集起来的书画。但是儿孙们回答他的还是同样的字:分和卖。我很奇怪,为什么这样聪明的老人还不明白一个浅显的道理,财富并不“长宜子孙”,倘使不给他们一个生活技能,不向他们指示一条生活道路!“家”这个小圈子只能摧毁年轻心灵的发育成长,倘使不同时让他们睁起眼睛去看广大世界;财富只能毁灭崇高的理想和善良的气质,要是它只消耗在个人的享乐上面。

“长宜子孙”,我恨不能削去这四个字!许多可爱的年轻生命被摧残了,许多有为的年轻心灵被囚禁了。许多人在这个小圈子里面憔悴地捱着日子。这就是“家”!“甜蜜的家”!这不是我应该来的地方。爱尔克的灯光不会把我引到这里来的。

于是在一个春天的早晨,依旧是十八年前的那些人把我送到门口,这里面少了几个,也多了几个。还是和那次一样,看不见我姊姊的影子,那次是我没有等待她,这次是我找不着她的坟墓。一个叔父和一个堂兄弟到车站送我,十八年前他们也送过我一段路程。

我高兴地来,苦痛地去。汽车离站时我心里的确充满了留恋。但是清晨的微风,路上的尘土,马达的叫吼,车轮的滚动,和广大田野里一片盛开的菜子花,这一切驱散了我的离愁。我不顾同行者的劝告,把头伸到车窗外面,去呼吸广大天幕下的新鲜空气。我很高兴,自己又一次离开了狭小的家,走向广大的世界中去!

忽然在前面田野里一片绿的蚕豆和黄的菜花中间,我仿佛又看见了一线光,一个亮,这还是我常常看见的灯光。这不会是爱尔克的灯里照出来的,我那个可怜的姐姐已经死去了。这一定是我的心灵的灯,它永远给我指示我应该走的路。

1941 年 3 月在重庆

(选自《巴金散文》,人民文学出版社 2007 年版)

【注释】

[1] 本文写于1941年3月，原载1941年4月19日重庆《新蜀报》副刊《蜀道》，最初收入散文集《龙·虎·狗》，后收入《巴金文集》第十卷。

[2] 作者1959年注："1956年12月我终于走进了这个'公馆'。'长宜子孙'四个字果然跟着'照壁'一起消灭了。"

【导读】

巴金（1904—2005），著名作家、翻译家、社会活动家、无党派爱国民主人士，原名李尧棠，字芾甘，另有笔名佩竿、极乐、黑浪、春风等，四川成都人，祖籍浙江嘉兴。巴金出生于封建官僚家庭，五四运动后深受新潮思想的影响，开始了其个人的反封建斗争。1923年赴上海、南京等地求学，1927年旅居巴黎，开始文学创作生涯，先后出版"爱情三部曲"（《雾》《雨》《电》）、"激流三部曲"（《家》《春》《秋》）、《寒夜》、《憩园》等中长篇小说。新中国成立后，巴金曾先后任全国文联副主席、中国作协主席等，"文化大革命"结束后，巴金出版了"内容朴实、感情真挚，充满着忏悔和自省"的五卷本《随想录》，并因此被誉为"二十世纪中国文学的良心"。

本文是一篇融叙事、抒情、议论于一体的散文，情感浓烈，抒情性很强，充满动人的力量，体现了巴金散文的一贯特色。文章构思精巧，结构严谨，成功运用了象征手法，使作品充满了丰富的意蕴，显得意味深长。

文章描写作者离家18年后重访故居时物是人非的复杂心情和所忆所思，以及故居照壁上"长宜子孙"四个字引发的对人生道路的思索。通过叙述逝去的姐姐的悲剧和因为关在家这个小圈子里而发生的许多悲剧，作者揭示了往昔封建家庭的小天地和家族为后人所安排的舒适平坦的生活道路，只能扼杀、摧残年轻心灵的生命活力和理想追求，使他们成为旧制度、旧礼教的牺牲品，指出只有离弃小"家"，"走向广大的世界中去"，才是真正的光明之路。

文章以"灯光"为线索，分别写了几种灯光，即旧居的灯光、爱尔克的灯光和心灵的灯光。旧居的灯光不仅没有照亮作者的心，反而在他的心上添加了黑暗，让他心中的希望破灭了，由此，他联想到了爱尔克的灯光，联想到哈立希岛上那个点亮灯笼等待弟弟回家却最终归于失望的姐姐，联想到自己姐姐的悲剧命运，进而联想到那些在"家"中不断上演的不必要的悲剧和对生命的浪费，由此引发了作者对于封建旧家庭"长宜子孙"观念的深刻批判和否定。在离开旧居奔赴新生活——"走向广大的世界中去"的途中，"我"终于看到了那"指示我应该走的路"的"心灵的灯"。

【思考与练习】

1. 分析作者对"长宜子孙"封建观念的态度及其对人生道路的思考。

2. 试比较"爱尔克的灯光"与"大门内亮起的一线光""我心灵的灯"在文中的不同寓意，并谈谈"爱尔克的灯光"的象征意义。

给我的孩子们

丰子恺

我的孩子们！我憧憬于你们的生活，每天不止一次！我想委曲地说出来，使你们自己晓得。可惜到你们懂得我的话的意思的时候，你们将不复是可以使我憧憬的人了。这是何等可悲哀的事啊！

瞻瞻！你尤其可佩服。你是身心全部公开的真人。你甚么事体（杭州话）都像拼命地用全副精力去对付。小小的失意，像花生米翻落地了，自己嚼了舌头了，小猫不肯吃糕了，你都要哭得嘴唇翻白，昏去一两分钟。外婆普陀去烧香买回来给你的泥人，你何等鞠躬尽瘁地抱他，喂他；有一天你自己失手把他打破了，你的号哭的悲哀，比大人们的破产，失恋，bro-ken-heart（心碎），丧考妣，全军覆没的悲哀都要真切。两把芭蕉扇做的脚踏车，麻雀牌堆成的火车，汽车，你何等认真地看待，挺直了嗓子叫"汪——，""咕咕咕……"，来代替汽笛。宝姐姐讲故事给你听，说到"月亮姐姐挂下一只篮来，宝姐姐坐在篮里吊了上去，瞻瞻在下面看"的时候，你何等激昂地同她争，说"瞻瞻要上去，宝姐姐在下面看！"甚至哭到漫姑面前去求审判。我每次剃了头，你真心地疑我变了和尚，好几时不要我抱。最是今年夏天，你坐在我膝上发现了我腋下的长毛，当作黄鼠狼的时候，你何等伤心，你立刻从我身上爬下去，起初眼瞪瞪地对我端相，继而大失所望地号哭，看看，哭哭，如同对被判定了死罪的亲友一样。你要我抱你到车站里去，多多益善地要买香蕉，满满地擒了两手回来，回到门口时你已经熟睡在我的肩上，手里的香蕉不知落在哪里去了。这是何等可佩服的真率，自然，与热情！大人间的所谓"沉默"，"含蓄"，"深刻"的美德，比起你来，全是不自然的，病的，伪的！

你们每天做火车，做汽车，办酒，请菩萨，堆六面画，唱歌，全是自动的，创造创作的生活。大人们的呼号"归自然！""生活的艺术化！""劳动的艺术化！"在你们面前真是出丑得很了！依样画几笔画，写几篇文的人称为艺术家，创作家，对你们更要愧死！

你们的创作力，比大人真是强盛得多哩：瞻瞻！你的身体不及椅子的一半，却常常要搬动它，与它一同翻倒在地上；你又要把一杯茶横转来藏在抽斗里，要皮球停在壁上，要拉住火车的尾巴，要月亮出来，要天停止下雨。在这等小小的事件中，明明表示着你们的弱小的体力与智力不足以应付强盛的创作欲、表现欲的驱使，因而遭逢失败。然而你们是不受大自然的支配，不受人类社会的束缚的创造者，所以你的遭逢失败，例如火车尾巴拉不住，月亮呼不出来的时候，你们决不承认是事实的不可能，总以为是爹爹妈妈不肯帮你们办到，同不许你们弄自鸣钟同例，所以愤愤地哭了，你们的世界何等广大！

你们一定想：终天无聊地伏在案上弄笔的爸爸，终天闷闷地坐在窗下弄引线的妈妈，是何等无气性的奇怪的动物！你们所视为奇怪动物的我与你们的母亲，有时确实难为了你们，摧残了你们，回想起来，真是不安心得很！

阿宝！有一晚你拿软软的新鞋子，和自己脚上脱下来的鞋子，给凳子的脚穿了，刬袜立在地上，得意地叫"阿宝两只脚，凳子四只脚"的时候，你母亲喊着"龌龊了袜子！"立刻擒你到藤榻上,动手毁坏你的创作。当你蹲在榻上注视你母亲动手毁坏的时候,你的小心里一定感到"母亲这种人,何等杀风景而野蛮"吧!

瞻瞻!有一天开明书店送了几册新出版的毛边的《音乐入门》来。我用小刀把书页一张一张地裁开来,你侧着头,站在桌边默默地看。后来我从学校回来,你已经在我的书架上拿了一本连史纸印的中国装的《楚辞》,把它裁破了十几页,得意地对我说:"爸爸!瞻瞻也会裁了!"瞻瞻!这在你原是何等成功的欢喜,何等得意的作品!却被我一个惊骇的"哼!"字喊得你哭了。那时候你也一定抱怨"爸爸何等不明"吧!

软软!你常常要弄我的长锋羊毫,我看见了总是无情地夺脱你。现在你一定轻视我,想道:"你终于要我画你的画集的封面!"

最不安心的,是有时我还要拉一个你们所最怕的陆露沙医生来,教他用他的大手来摸你们的肚子,甚至用刀来在你们臂上割几下,还要教妈妈和漫姑擒住了你们的手脚,捏住了你们的鼻子,把很苦的水灌到你们的嘴里去。这在你们一定认为是太无人道的野蛮举动吧!

孩子们!你们果真抱怨我,我倒欢喜;到你们的抱怨变为感激的时候,我的悲哀来了!

我在世间,永没有逢到像你们样出肺肝相示的人。世间的人群结合,永没有像你们样的彻底地真实而纯洁,最是我到上海去干了无聊的所谓"事"回来,或者去同不相干的人们做了叫做"上课"的一种把戏回来,你们在门口或车站旁等我的时候,我心中何等惭愧又欢喜!惭愧我为甚么去做这等无聊的事,欢喜我又得暂时放怀一切地加入你们的真生活的团体。

但是,你们的黄金时代有限,现实终于要暴露的。这是我经验过来的情形也是大人们谁也经验过的情形。我眼看见儿时的伴侣中的英雄,好汉,一个个退缩,顺从,妥协,屈服起来,到像绵羊的地步。我自己也是如此。"后之视今,亦犹今之视昔",你们不久也要走这条路呢!

我的孩子们!憧憬于你们的生活的我,痴心要为你们永远挽留这黄金时代在这册子里。然这真不过像"蜘蛛网落花",略微保留一点春的痕迹而已。且到你们懂得我这片心情的时候,你们早已不是这样的人,我的画在世间已无可印证了!这是何等可悲哀的事啊!

(《中国现代文学作品精选》,严家炎等主编,北京大学出版社 2001 年版)

【导读】

丰子恺(1898—1975),我国现代著名漫画家、散文家、教育家,被国际友人誉为"最像艺术家的艺术家"。浙江桐乡人,曾用名丰润、丰仁、婴行,号子恺,字仁,主要作品有《缘缘堂随笔》、《缘缘堂再笔》、《丰子恺书法》、《音乐入门》等。

本文是丰子恺先生为《子恺画集》写的序,作于 1926 年圣诞节,画集中的画表现的都是他的孩子们的日常生活。本文是一篇情真意切的文章,从一个成人的角度反映了一个童真的世界,正因为如此,贯穿在文章中的作者对儿童天真烂漫的童真童趣的憧憬之情和自己无缘拥有这份童心还有孩子们长大后将失去这份童心的悲哀之情就深深地打动着读者的心灵。

文章中提到的三个活泼可爱的小主人公瞻瞻、阿宝、软软正是作者的孩子(丰子恺先生还有一个孩子阿丰,在画集中有表现)。作者列举了几个孩子们充满童真童趣的日常生活场景,从中可以看到作者倾注在孩子们身上的真挚无私的感情。但是,书稿和画集的记录并不仅仅是为孩子们快乐的童年留下回忆录,或是给作者枯燥乏味的生活注入兴奋剂。我们在文中感受到作者在现实和内心的冲撞中的焦灼，进而涉及人生的本质问题。很明显，作者将“真”作为人性的本质，从中提炼出艺术之“真”，而作者持续不断的创作力也来源于这份“真”。

【思考与练习】

1. 本文“以小见大”的写作方法是怎样体现的？

2. 大人眼中的孩子是如此的可爱和可佩，那么孩子眼中的父母呢？请以《给我的父母们》为题写一篇短文。

和尚之喻

邵燕祥

高僧说法，沙弥唪经，自然都是极严肃圣洁、不容亵渎的事。但那属于“空门”内的活动，一般俗人并不关心。

俗人眼中的和尚也世俗化了，或者把红尘中的人际关系投影到和尚们身上，或者借佛门的人事来比方社会的人生，总之是因为一两千年的僧俗之间，毕竟找得到一些相通之处。

不知道佛家在原生地的面貌怎样，反正来到东土，早就首先中国化了。

我小时候接触到的第一个有关和尚的成语是“粥少僧多”，看得出在中国吃饭真是第一等大问题，带着头发如是，落了头发如是。20年代我母亲在小报上发表过题为《粥厂巡礼记》的短文，我见过剪存的报纸还曾经问母亲，和尚也像在粥厂一样领粥喝么？她并不知道庙里的情形。还是后来我到五台山等地庙里，看到可供500人熬粥的大锅时证实了，只是不知道可也是“忙时吃干，闲时吃稀”[1]否。

读古诗，什么“深山埋古寺”，“禅房花木深”，都无人间烟火气；还有海外人们表现出较大兴趣的寒山、拾得的诗，告诉我们的都是喝了大锅粥以后“空灵”的一面。只有民间谚语透露的消息，才使我们知道“一个和尚挑水吃，两个和尚抬水吃，三个和尚没水吃”的矛盾纠葛，知道“当一天和尚撞一天钟”既表明忠于职守的积极负责精神，又表明得过且过、敷衍塞责的消极态度。原来和尚也和我们凡俗的人一样，一个人有闹情绪的时候，二人以上有闹摩擦的时候。一袭袈裟，隔不断人情物理。我们与和尚之间的距离一下就拉近了。假如和尚浑身了无缺点，也就没了这点人情味。

说到人情味，当然要数“不看僧面看佛面”了。我没听僧人说过这句话，倒常听市井小民把这句话挂在口头，不仅冒用“僧面”，并且抬出“佛面”，小自调解纠纷，和稀泥，大至徇私舞弊，通关节，总有点假公济私以至狐假虎威的味道，超出了平常所说人情味的限度了。

但更可怕的则是“歪嘴的和尚”，不管是远来的也罢，就地的也罢，其可怕在于把经念歪。因为过去、现在、未来三世佛，我们都难亲闻謦咳[2]，必得通过和尚念经，才有所了悟。尽管经是真经，一旦念歪，越是信奉得虔诚，越不知“伊于胡底”[3]。过去“放焰口”时有和尚竟吹奏《小寡妇上坟》或其他野曲的，大概也属于这一类，“君子可欺以其方”吧。

人们说民间的谚语中凝结着历代人的经验和智慧。取材于和尚生活的这些精炼的概括，实际上都是“非和尚”所取的一些比喻。给人启示，发人联想。而像“当着和尚骂贼秃”、“和尚头上的虱子——明摆着”一类，侮辱人身，就不可相提并论了。

1988年1月15日

【注释】

[1] 毛泽东在1959年4月29日发表的《致六级干部的公开信》中就“节约粮食问题”作出指示：“要十分抓紧，按人定量。忙时多吃，闲时少吃，闲时半干半稀，杂以番薯、青菜、瓜

豆、芋头之类。”“文化大革命”时期的标语演变为“忙时吃干,闲时吃稀,不忙不闲时吃半干半稀”。

[2] 謦咳(qǐnghāi),义同謦欬(qǐngkài),指咳嗽声,引申为言笑。

[3] 伊:句首助词;于:到;胡:何,哪;底:尽头。“伊于胡底”意即究竟要到什么时候为止。语出《诗经·小雅·小旻》:“我视谋犹,伊于胡底?”文中感叹对“歪经”的信奉越虔诚,其后果将越是不堪设想。

【导读】

邵燕祥(1933—),原籍浙江萧山,当代诗人,著有《到远方去》《在远方》《迟开的花》等多部诗集,上世纪80年代后期开始以杂文名世,先后出版《蜜和刺》《忧乐百篇》等杂文集。

邵燕祥的杂文格调高迈,风骨遒劲。行文于潇洒之中见凝重;立意于平易之中见深邃;嬉笑怒骂,涉笔成趣,施无不可,却无不寄寓了深邃的人生思考。邵燕祥崇理性、重真诚、有胆识,其杂文所以被人称道,主要在于其格调和风骨,在于从此中透出的真情性、真人格。这既是理解人格和文格的关键所在,又是其作品具有较高文化价值和审美价值的根据。

本文从揭示僧、俗两界人情和人性的相通起笔,围绕民间所流传的有关和尚的谚语逐层展开,在列举这些谚语的同时加以细致分析,揭示了隐藏在这些谚语背后的深刻道理,例如“粥少僧多”对吃饭问题重要性的暗示,“当一天和尚撞一天钟”所隐含的或积极或消极两种截然相反的精神或态度,“不看僧面看佛面”所暗含的社会人情的变质,以及“歪嘴的和尚”把经念歪的后果之可怕。借此,作者深刻地批判了社会生活中存在的种种矛盾和不合理的现象,表现出对现实生活的深切关注与细心观察,同时也揭示了民谚之所以取譬于和尚,实在是为了曲折地反映和表达他们对俗世现实的观察和评判。

【思考与练习】

1. 阅读《和尚之喻》全文,试析文章如何通过枚举有关和尚的谚语来逐步加深对社会现实的批判力度。

2. 结合邵燕祥的其他杂文谈谈他的杂文风格。

日出(节选)

曹禺

〔潘经理进,潘经理——一块庞然大物,短发已经斑白,行动很迟缓,然而见着白露,他的年纪,举动态度就突然来得如他自己的儿子一般年青,而他的最小的少爷已经二十出头了。他的秃顶油亮亮的,眼睛瞢瞢的,鼻子像个狮子狗;有两撇胡子,一张大嘴,金质的牙时常在呵呵大笑的时刻,夸耀地闪烁着。他穿一件古铜色的羰皮袍,上面套着是缎坎肩。那上面挂着金表链和翠坠儿。他仿佛将穿好衣服,领扣还未系好,上一边的领子还折在里面,一只手拿着雪茄,皱着眉却又忍不住笑。那样尴尬的神气迎着白露。

潘月亭　白露,我知道你会找我来的！我等了你一夜晚,幸亏李石清来了,跟我谈谈银行的事,不然真不知道怎么过,我叫人看看你,没回来;叫人看看你,没回来。你看我请你吃饭,你不去;我请你跳舞,你不去;我请你——可是(非常屏意)我知道你早晚会找我的。

陈白露　(睨视)你这么相信你的魔力么?

潘月亭　(自负地)可惜,你没有瞧见我年青的时候,那时——(忽然向福)你没有事,在这儿干什么,出去!

王福升　是,潘经理。

〔福下。

潘月亭　(低声)我知道你想我,(自作多情)是不是?你想我。你说,你想我,是不是?(呵呵大笑)

陈白露　嗯！我想你——

潘月亭　是的,我知道,(指点着)你良心好。

陈白露　嗯,我想你跟我办一件事。

潘月亭　(故意皱起眉头)又是办事,又是办事。——你见着我,没有别的,你专门好管这些闲事。

陈白露　你怎么知道的?

潘月亭　福升全告诉我了。

陈白露　你管不管?

潘月亭　(走近小东西)原来是这么个小东西。

小东西　是,老爷。

陈白露　你看她多么可怜。——她——

潘月亭　得了,我都知道,反正总是那么一套。

陈白露　(要挟地)月亭,你管不管?

潘月亭　我管！我管!

陈白露　小东西,你还不谢谢潘经理。

〔小东西正要跪下。

潘月亭 （拦住他）得了，得了。白露，你真会跟我找麻烦。

陈白露 你听！（外面人声）他们好像就在门口。小东西你到（指右面）那屋去。

〔小东西进右屋。

门外男甲声 是这个门口么？

门外男乙声 是！

陈白露 （向潘）他们大概指着我的这个门。

潘月亭 嗯！

门外男甲声 别含糊，你是看见她进了这个门？

门外男乙声 嗯。

门外男甲声 没有出来？

门外女人声 你看你，走到门口又犹疑什么？

门外男丙声 不，弄清楚，别走错了门。

〔男人说话混杂声。

陈白露 月亭，你不能等他们进来，你打开门出去，叫他们滚蛋。

潘月亭 这帮人他们大概都认识我，叫他们走还容易。

陈白露 好，月亭，谢谢你，谢谢你，你真是个好人。

潘月亭 （傻笑）自从我认识你，你第一次说谢谢我。

陈白露 （揶揄地）因为你第一次当好人。

潘月亭 怎么你又挖苦我，白露，你——

陈白露 不要吵了，你打发他们走吧。

潘月亭 好。（转门钮正要开门）

陈白露 可是月亭，你当然知道这个小东西是金八看上的。

潘月亭 金八。什么？（手拿回来）

陈白露 她把金八得罪了。

潘月亭 什么，这是金八看上的人？

陈白露 福升没有告诉你？

潘月亭 没有，没有，你看你，险些做个错事。（逡巡退回）

陈白露 怎么，月亭，你改主意了。

潘月亭 白露，你不知道，金八这个家伙不大讲面子，这个东西有点太霸道。

陈白露 那么，你不管了？

潘月亭 不是我不管，是我不能管，并且这么一个乡下孩子，你又何必——

陈白露 月亭，你不要拦我，你不管就不管，不要拦我。

潘月亭 你看，你看。

门外男丙声 （粗暴地）敲门，她一定在这儿，一定在这儿。

门外男甲声 怎么？

门外男丙声 你看，这不是大妈的手绢？那孩子不是穿着大妈衣服跑的么？

门外女人声 可不是，就是我的手绢。

门外男甲声 那一定是这个门，她一定在这里。开门，开门。

陈白露 （揶揄）你不要怕啊！（正要开门迎出）

潘月亭　（拉住露的手）你别理他们。

门外人声　开门，开门，我们找人。

陈白露　月亭，你先进到那屋去，省得你为难，我要开门。

潘月亭　别，白露。

陈白露　你进去。（指左边）你进去，——我生气了。

潘月亭　好，我进去。

陈白露　快快。

〔潘进左门，白露立刻大开中门。

陈白露　（对门外）你们进来吧！你们找谁？

门外男甲　（穿着黑衣服，戴着黑帽子的）你管我找谁呢，（气汹汹地，对着后边的党羽）进来，你们都进来，搜搜吧。

陈白露　（忽然声色俱厉地）站住，都进来，谁叫你们都进来？你们吃些什么长大的，你们要是横不讲理，这个码头横不讲理的祖宗在这儿呢！（笑）你们是搜私货么？我这儿搜烟土有烟土，搜手枪有手枪，（挺起胸）不含糊你们！（指左屋）我这间屋里有五百两烟土，（指右屋）那间屋里有八十杆手枪。你们说，要什么吧？这点东西总够你们大家玩的。

（门口的人一时吓住了。向门口）进来呀！诸位！（很客气地）你们怎么不进来呀？怎么那么大的人，怕什么呀！

男丙　（懵懵地）进来就进来！这算个什么？

男甲　混蛋！谁叫你进来的，滚出去！

男丙　（颟顸地）滚就滚，这又算什么！

男甲　（笑）您别，别多心。您这生的是哪一家子气！我们没有事也不会到这儿来打搅。我们跑丢了一个小孩子，一个刚混事由的。我们到这儿来也是看看，怕她藏在什么地方，回头吓着您。

陈白露　哦，（恍然）你们这一大帮人赶到我这儿来，是为找一个小姑娘呀！

男甲　（非常关心）那么您大概一定是看见她进来了。

陈白露　对不起，我没有看见。

男甲　可是在您门口我们找着她丢的一个手绢。

陈白露　那她要丢，我有什么法子？

男甲　您不知道，刚才还有人看见她进到您门里来。

陈白露　到我的屋子来，那我可说在头里，她要偷了我的东西，你们可得赔。

男甲　您别打哈哈。我们说不定都是一家子的人。您也帮个忙，我看得出来，您跟金八爷一定也是——

陈白露　金八爷？哦，你们也是八爷的朋友？

男甲　（笑）够不上朋友，常跟他老人家办点小事。

陈白露　那么，好极了，金八爷方才叫我告诉门口的人，叫你们滚开。

男甲　怎么？金八爷跟你会说——

陈白露　（索性做到底）八爷就在这儿。

男甲　（疑惑）在这儿！我们刚送八爷出旅馆。

陈白露　可是你们没看见，他又进来了。

男甲 又进来了？（停顿，看出她的谎）那我们得见见，我们得把这件事告诉他。（回向门口）你们说，对不对？

门口人声 对，对，我们得见见。

陈白露 （镇静）不成！八爷说不愿见人。

男甲 他不会不见我。我要见他，我要见。

陈白露 不成，你不能见。

男甲 不能见，我也得见。（看见露向着右边小东西藏的屋子走）八爷大概就在这个屋子。

陈白露 （忽然跑到左边潘藏匿的房屋门口。故意用两手抵着门框）好，你进到那屋子去吧，只要你不进这屋子来。

男甲 哦，——八奶奶又要跟我们打哈哈，是不是？（向露走来狞笑。凶恶地）躲开！躲开！

陈白露 你大概要做死！（回头向左问）八爷，八爷，你先出来教训教训他们这帮混账东西。

〔门开，潘月亭披着一个睡衣出。

潘月亭 （低声指着门内）白露，吵什么，八爷睡觉了。（望着男甲）咦。黑三？是你，你这是干什么？

男甲 哦，（想不到）潘四爷，您老人家也在这儿。

潘月亭 我刚跟八爷进来，到这儿来歇歇腿，抽口烟，你们在这儿是要造反，怎么啦？

男甲 （嗫嚅）怎么，八爷是在这儿，（笑）——呃呃，是在这儿睡觉了？

潘月亭 怎么，你要进来谈谈么？那么，请进来坐坐吧！（大开门）我烧一口烟，叫金八起来陪陪你好么？

男甲 （赔着笑）潘四爷跟我们开什么心？

潘月亭 不坐坐么？门口那几位不进来歇歇？不么？

男甲 不，不。您看我们也是有公事——

潘月亭 好极了。你们要有事，那就请你们跟我滚蛋，少在这里废话！

男甲 （服从地）是，潘四爷您别生这么大的气！我们得罪的地方您可得多担待着点。（忽然回头向门口的人们）你们看什么，你们这些混蛋还不滚！他妈的这些死人！（又转过笑脸）没有法子！这一群人！回头，潘四爷，八爷醒了之后您可千万别说我们到这儿胡闹来啦。小姐，您得多替我们美言两句。刚才的事您千万一字不提。方才我对您算开的玩笑，是我该死！（自己打自己的嘴巴）该死！该死！

陈白露 好好，快滚吧。

男甲 （谄媚）您出气了吧？好，我们走了。

〔男甲下。

陈白露 （关上门）完了，（自语）我第一次做这么一件痛快事。

潘月亭 完了，我第一次做这么一件荒唐事。

陈白露 好啦，走啦，请金八爷归位吧。

潘月亭 哼！“请神容易送神难”。用这个招牌把他们赶走了倒容易，回头见着金八，我们说不定就有乱子，出麻烦。

陈白露　今天不管明天事。反正这事好玩的很。

潘月亭　好玩?

陈白露　我看什么事都“好玩”,你说是不是?(呵欠)我真有点累了,(忽然瞥见地上的日影)喂!你看,你看!

潘月亭　什么?什么?

陈白露　太阳,太阳,——太阳都出来了。(跑到窗前)

潘月亭　(干涩地)太阳出来就出来了,这有什么喊头。

陈白露　(对着日光,外面隐隐有雀噪声)你看,满天的云彩,满天的亮——喂。你听。麻雀!(窗外吱吱雀噪声)春天来了。(满心欢悦,手舞足蹈地)哦!我喜欢太阳,我喜欢春天,我喜欢年青,我喜欢我自己。哦,我喜欢!

(长长吸一口冷气)

潘月亭　(不感觉兴趣地)喜欢就喜欢得了,说什么!(忽然地)白露,这屋子太冷了,你要冻着,我跟你关上窗户。

陈白露　(执拗地)不,我不关!我不关!

潘月亭　好,好,好,不关就不关吧。你这孩子,我真没有办法。我对我的亲生女儿也没有这么体贴过。

陈白露　(回过头来)这有什么稀奇,我要是你的亲生女儿,你还会这么体贴我?你说是不是?

潘月亭　说得好,说得透彻。(恳求)可是你关上窗户吧,我要着……着……(张嘴翕鼻,要打喷嚏的样子)着……着……阿提(大声一个喷嚏)你看,我已经着凉了。

陈白露　(忽从窗户回来)这个傻孩子,你怎么早不说?

潘月亭　(得意地)那么你可以关上窗户吧。

陈白露　(摇头)不,不,我跟你多加衣服。来,你先坐下,你披上我的大衣,围上我的围巾,脚上盖着皮袍子,你再拿着我这个热水袋,你看,这不好了么?(弄得老头奇形怪状地堆在沙发上)我真喜欢你,你真像我的父亲,哦,我可怜的老爸爸!你尽在我这儿受委屈了。

潘月亭　(推开她)白露,(要立起来)我不要你叫我老爸爸。

陈白露　(推他跌在沙发里)我喜欢叫你是我的老爸爸,我要叫你是我的老爸爸。

潘月亭　(抗议地)我不老,你为什么叫我老爸爸。

陈白露　(一面笑,一面把头猫似的偎过来擦过去)我要叫,我偏要叫,老爸爸!老爸爸!

潘月亭　(反而高兴起来)你要叫,就随你叫吧,也好,叫吧!叫得好,叫得好。(眉开眼笑地)

陈白露　(忽然)月亭。你好好地坐着。(把他身上一堆衣服拢好,又塞一塞)你这样就像我的小 baby,我跟你唱个摇篮歌吧。

潘月亭　(莫名其妙)摇篮歌?(摸着自己的斑白胡子)不,不好。

陈白露　那我跟你念一段小说听,你听着。(拿起一本很精致的书)

潘月亭　(读着白露手里的书的名字)《日出》,不好,不好,这个名字第一个就不好。

陈白露　(撒娇)不好你也得听。

潘月亭　我不听,我不爱听。

陈白露　(又执拗起来)我要你听,我偏要你听!

潘月亭　（望着白露，满肚子委屈，叹一口气）唉，你念吧！我听，我听。

陈白露　（翻阅书本，念）"……太阳升起来了，黑暗留在后面。"

潘月亭　（欠伸）不通，不通，没有一点道理。

陈白露　（不理他，念下去）"……但是太阳不是我们的，我们要睡了。"

潘月亭　（深深一个呵欠）也不通，不过后头这一句话还有点意思。

一九三四年

（《曹禺文集》第一卷，中国戏剧出版社 1988 年版）

【导读】

曹禺（1910—1996），中国现代杰出的戏剧家。湖北潜江人，生于天津一个没落的封建官僚家庭，原名万家宝。代表作品有《雷雨》、《日出》、《原野》、《北京人》等。

《日出》是曹禺的第二个剧本，也是中国现代戏剧史上的名篇。剧本截取了现代大都市的两个环境：高级大旅馆和三等妓院，将剧中人物分为"有余者"和"不足者"两类，用人生的零碎的描写方法来"阐明一个观念"，即"损不足以奉有余"。陈白露是剧本的主要人物，作者通过她的遭遇（电影明星，社交名媛，最后自杀）给读者展示了一幅幅光怪陆离的生存图景。剧本结束时，在明亮阔大的"日出"背景中出现的劳动者的夯歌，显示了作者对新的人生形式的呼唤。

本文节选自剧本的第一幕，中心事件是陈白露救助小东西。陈白露本是"娜拉式"的新女性，爱情幻灭后，她无法抵御金钱的诱惑和腐蚀，投入了银行家潘月亭的怀抱。但她始终没有丧失是非心和爱憎感，对小东西的救助表现了她的聪慧机智及情感深处仍存留着的率真热情。她是个灵魂被现代文明唤醒，却又深陷于现代都市的物质泥淖而不能自拔的人。剧本中出现的陈白露的自吟"太阳升起来，黑暗留在后面。但是太阳不是我们的，我们要睡了"暗示着：尽管她与"有余者"有着本质的区别，但也终将被"黑暗"吞没，被"太阳"抛弃，被滚滚向前的历史潮流像泥沙般淘汰。

曹禺一直致力于人性的刻画。陈白露在成为社交名媛之前的生活经历暗合着"五四"时自主追求爱情婚姻后的走向的历史潮流，从这个意义上说，陈白露的婚后生活不容忽视，它们共同构成了读者认识陈白露的基础，也给读者提供了如何看待爱情和婚姻的丰富资料。

【思考与练习】

1. 阅读《日出》全剧，分析陈白露悲剧的产生原因。
2. 结合曹禺的其他作品，分析其戏剧创作的特点。

伤　　逝
——涓生的手记

鲁迅

如果我能够，我要写下我的悔恨和悲哀，为子君，为自己。

会馆里的被遗忘在偏僻里的破屋是这样的寂静和空虚，时光过得真快，我爱子君，仗着她逃出这寂静和空虚，已经满一年了。事情又这么不凑巧，我重来时，偏偏空着的又只有这一间屋。依然是这样的破窗，这样的窗外的半枯的槐树和老紫藤，这样的窗前的方桌，这样的败壁，这样的靠壁的板床。深夜中独自躺在床上，就如我未曾和子君同居以前一般，过去一年中的时光全被消灭，全未有过，我并没有曾经从这破屋子搬出，在吉兆胡同创立了满怀希望的小小的家庭。

不但如此。在一年之前，这寂静和空虚是并不这样的，常常含着期待；期待子君的到来。在久待的焦躁中，一听到皮鞋的高底尖触着砖路的清响，是怎样地使我骤然生动起来呵！于是就看见带着笑涡的苍白的圆脸，苍白的瘦的臂膊，布的有条纹的衫子，玄色的裙。她又带了窗外的半枯的槐树的新叶来，使我看见，还有挂在铁似的老干上的一房一房的紫白的藤花。

然而现在呢，只有寂静和空虚依旧，子君却决不再来了，而且永远，永远地！……

子君不在我这破屋里时，我什么也看不见。在百无聊赖中，随手抓过一本书来，科学也好，文学也好，横竖什么都一样；看下去，看下去，忽而自己觉得，已经翻了十多页了，但是毫不记得书上所说的事。只是耳朵却分外地灵，仿佛听到大门外一切往来的履声，从中便有子君的，而且橐橐地逐渐临近，——但是，往往又逐渐渺茫，终于消失在别的步声的杂沓中了。我憎恶那不像子君鞋声的穿布底鞋的长班的儿子，我憎恶那太像子君鞋声的常常穿着新皮鞋的邻院的搽雪花膏的小东西！

莫非她翻了车么？莫非她被电车撞伤了么？……

我便要取了帽子去看她，然而她的胞叔就曾经当面骂过我。

蓦然，她的鞋声近来了，一步响于一步，迎出去时，却已经走过紫藤棚下，脸上带着微笑的酒窝。她在她叔子的家里大约并未受气；我的心宁帖了，默默地相视片时之后，破屋里便渐渐充满了我的语声，谈家庭专制，谈打破旧习惯，谈男女平等，谈伊孛生，谈泰戈尔，谈雪莱……。她总是微笑点头，两眼里弥漫着稚气的好奇的光泽。壁上就钉着一张铜板的雪莱半身像，是从杂志上裁下来的，是他的最美的一张像。当我指给她看时，她却只草草一看，便低了头，似乎不好意思了。这些地方，子君就大概还未脱尽旧思想的束缚，——我后来也想，倒不如换一张雪莱淹死在海里的记念像或是伊孛生的罢；但也终于没有换，现在是连这一张也不知那里去了。

“我是我自己的，他们谁也没有干涉我的权利！”

这是我们交际了半年，又谈起她在这里的胞叔和在家的父亲时，她默想了一会之后，分明地，坚决地，沉静地说了出来的话。其时是我已经说尽了我的意见，我的身世，我的缺点，很少隐瞒；她也完全了解的了。这几句话很震动了我的灵魂，此后许多天还在耳中发响，而且说不出的狂喜，知道中国女性，并不如厌世家所说那样的无法可施，在不远的将来，便要看见辉煌的曙色的。

送她出门，照例是相离十多步远；照例是那鲇鱼须的老东西的脸又紧贴在脏的窗玻璃上了，连鼻尖都挤成一个小平面；到外院，照例又是明晃晃的玻璃窗里的那小东西的脸，加厚的雪花膏。她目不邪视地骄傲地走了，没有看见；我骄傲地回来。

“我是我自己的，他们谁也没有干涉我的权利！”这彻底的思想就在她的脑里，比我还透澈，坚强得多。半瓶雪花膏和鼻尖的小平面，于她能算什么东西呢？

我已经记不清那时怎样地将我的纯真热烈的爱表示给她。岂但现在，那时的事后便已模胡，夜间回想，早只剩了一些断片了；同居以后一两月，便连这些断片也化作无可追踪的梦影。我只记得那时以前的十几天，曾经很仔细地研究过表示的态度，排列过措辞的先后，以及倘或遭了拒绝以后的情形。可是临时似乎都无用，在慌张中，身不由己地竟用了在电影上见过的方法了。后来一想到，就使我很愧恧，但在记忆上却偏只有这一点永远留遗，至今还如暗室的孤灯一般，照见我含泪握着她的手，一条腿跪了下去……。

不但我自己的，便是子君的言语举动，我那时就没有看得分明；仅知道她已经允许我了。但也还仿佛记得她脸色变成青白，后来又渐渐转作绯红，——没有见过，也没有再见的绯红；孩子似的眼里射出悲喜，但是夹着惊疑的光，虽然力避我的视线，张皇地似乎要破窗飞去。然而我知道她已经允许我了，没有知道她怎样说或是没有说。

她却是什么都记得：我的言辞，竟至于读熟了的一般，能够滔滔背诵；我的举动，就如有一张我所看不见的影片挂在眼下，叙述得如生，很细微，自然连那使我不愿再想的浅薄的电影的一闪。夜阑人静，是相对温习的时候了，我常是被质问，被考验，并且被命复述当时的言语，然而常须由她补足，由她纠正，像一个丁等的学生。

这温习后来也渐渐稀疏起来。但我只要看见她两眼注视空中，出神似的凝想着，于是神色越加柔和，笑窝也深下去，便知道她又在自修旧课了，只是我很怕她看到我那可笑的电影的一闪。但我又知道，她一定要看见，而且也非看不可的。

然而她并不觉得可笑。即使我自己以为可笑，甚而至于可鄙的，她也毫不以为可笑。这事我知道得很清楚，因为她爱我，是这样地热烈，这样地纯真。

去年的暮春是最为幸福，也是最为忙碌的时光。我的心平静下去了，但又有别一部分和身体一同忙碌起来。我们这时才在路上同行，也到过几回公园，最多的是寻住所。我觉得在路上时时遇到探索，讥笑，猥亵和轻蔑的眼光，一不小心，便使我的全身有些瑟缩，只得即刻提起我的骄傲和反抗来支持。她却是大无畏的，对于这些全不关心，只是镇静地缓缓前行，坦然如入无人之境。

寻住所实在不是容易事，大半是被托辞拒绝，小半是我们以为不相宜。起先我们选择得很苛酷，——也非苛酷，因为看去大抵不像是我们的安身之所；后来，便只要他们能相容了。

看了二十多处,这才得到可以暂且敷衍的处所,是吉兆胡同一所小屋里的两间南屋;主人是一个小官,然而倒是明白人,自住着正屋和厢房。他只有夫人和一个不到周岁的女孩子,雇一个乡下的女工,只要孩子不啼哭,是极其安闲幽静的。

我们的家具很简单,但已经用去了我的筹来的款子的大半;子君还卖掉了她唯一的金戒指和耳环。我拦阻她,还是定要卖,我也就不再坚持下去了;我知道不给她加入一点股分去,她是住不舒服的。

和她的叔子,她早经闹开,至于使他气愤到不再认她做侄女;我也陆续和几个自以为忠告,其实是替我胆怯,或者竟是嫉妒的朋友绝了交。然而这倒很清静。每日办公散后,虽然已近黄昏,车夫又一定走得这样慢,但究竟还有二人相对的时候。我们先是沉默的相视,接着是放怀而亲密的交谈,后来又是沉默。大家低头沉思着,却并未想着什么事。我也渐渐清醒地读遍了她的身体,她的灵魂,不过三星期,我似乎于她已经更加了解,揭去许多先前以为了解而现在看来却是隔膜,即所谓真的隔膜了。

子君也逐日活泼起来。但她并不爱花,我在庙会时买来的两盆小草花,四天不浇,枯死在壁角了,我又没有照顾一切的闲暇。然而她爱动物,也许是从官太太那里传染的罢,不一月,我们的眷属便骤然加得很多,四只小油鸡,在小院子里和房主人的十多只在一同走。但她们却认识鸡的相貌,各知道那一只是自家的。还有一只花白的叭儿狗,从庙会买来,记得似乎原有名字,子君却给它另起了一个,叫作阿随。我就叫它阿随,但我不喜欢这名字。

这是真的,爱情必须时时更新,生长,创造。我和子君说起这,她也领会地点点头。

唉唉,那是怎样的宁静而幸福的夜呵!

安宁和幸福是要凝固的,永久是这样的安宁和幸福。我们在会馆里时,还偶有议论的冲突和意思的误会,自从到吉兆胡同以来,连这一点也没有了;我们只在灯下对坐的怀旧谭中,回味那时冲突以后的和解的重生一般的乐趣。

子君竟胖了起来,脸色也红活了;可惜的是忙。管了家务便连谈天的工夫也没有,何况读书和散步。我们常说,我们总还得雇一个女工。

这就使我也一样地不快活,傍晚回来,常见她包藏着不快活的颜色,尤其使我不乐的是她要装作勉强的笑容。幸而探听出来了,也还是和那小官太太的暗斗,导火线便是两家的小油鸡。但又何必硬不告诉我呢?人总该有一个独立的家庭。这样的处所,是不能居住的。

我的路也铸定了,每星期中的六天,是由家到局,又由局到家。在局里便坐在办公桌前钞,钞,钞些公文和信件;在家里是和她相对或帮她生白炉子,煮饭,蒸馒头。我的学会了煮饭,就在这时候。

但我的食品却比在会馆里时好得多了。做菜虽不是子君的特长,然而她于此却倾注着全力;对于她的日夜操心,使我也不能不一同操心,来算作分甘共苦。况且她又这样地终日汗流满面,短发都粘在脑额上;两只手又只是这样地粗糙起来。

况且还要饲阿随,饲油鸡,……都是非她不可的工作。

我曾经忠告她:我不吃,倒也罢了;却万不可这样地操劳。她只看了我一眼,不开口,神色却似乎有点凄然;我也只好不开口。然而她还是这样地操劳。

我所豫期的打击果然到来。双十节的前一晚,我呆坐着,她在洗碗。听到打门声,我去开门时，是局里的信差，交给我一张油印的纸条。我就有些料到了，到灯下去一看，果然，印着的就是：

奉

局长谕史涓生着毋庸到局办事

秘书处启 十月九号

这在会馆里时，我就早已料到了；那雪花膏便是局长的儿子的赌友，一定要去添些谣言，设法报告的。到现在才发生效验，已经要算是很晚的了。其实这在我不能算是一个打击，因为我早就决定，可以给别人去钞写，或者教读，或者虽然费力，也还可以译点书，况且《自由之友》的总编辑便是见过几次的熟人，两月前还通过信。但我的心却跳跃着。那么一个无畏的子君也变了色，尤其使我痛心；她近来似乎也较为怯弱了。

"那算什么。哼，我们干新的。我们……。"她说。

她的话没有说完；不知怎地，那声音在我听去却只是浮浮的；灯光也觉得格外黯淡。人们真是可笑的动物，一点极微末的小事情，便会受着很深的影响。我们先是默默地相视，逐渐商量起来，终于决定将现有的钱竭力节省，一面登"小广告"去寻求钞写和教读，一面写信给《自由之友》的总编辑，说明我目下的遭遇，请他收用我的译本，给我帮一点艰辛时候的忙。

"说做，就做罢！来开一条新的路！"

我立刻转身向了书案，推开盛香油的瓶子和醋碟，子君便送过那黯淡的灯来。我先拟广告；其次是选定可译的书，迁移以来未曾翻阅过，每本的头上都满漫着灰尘了；最后才写信。

我很费踌躇，不知道怎样措辞好，当停笔凝思的时候，转眼去一瞥她的脸，在昏暗的灯光下，又很见得凄然。我真不料这样微细的小事情，竟会给坚决的，无畏的子君以这么显著的变化。她近来实在变得很怯弱了，但也并不是今夜才开始的。我的心因此更缭乱，忽然有安宁的生活的影像——会馆里的破屋的寂静，在眼前一闪，刚刚想定睛凝视，却又看见了昏暗的灯光。

许久之后，信也写成了，是一封颇长的信；很觉得疲劳，仿佛近来自己也较为怯弱了。于是我们决定，广告和发信，就在明日一同实行。大家不约而同地伸直了腰肢，在无言中，似乎又都感到彼此的坚忍倔强的精神，还看见重新萌芽起来的将来的希望。

外来的打击其实倒是振作了我们的新精神。局里的生活，原如鸟贩子手里的禽鸟一般，仅有一点小米维系残生，决不会肥胖；日子一久，只落得麻痹了翅子，即使放出笼外，早已不能奋飞。现在总算脱出这牢笼了，我从此要在新的开阔的天空中翱翔，趁我还未忘却了我的翅子的扇动。

小广告是一时自然不会发生效力的；但译书也不是容易事，先前看过，以为已经懂得的，一动手，却疑难百出了，进行得很慢。然而我决计努力地做，一本半新的字典，不到半月，边上便有了一大片乌黑的指痕，这就证明着我的工作的切实。《自由之友》的总编辑曾经说过，他的刊物是决不会埋没好稿子的。

可惜的是我没有一间静室，子君又没有先前那么幽静，善于体贴了，屋子里总是散乱着碗碟，弥漫着煤烟，使人不能安心做事，但是这自然还只能怨我自己无力置一间书斋。然而又加以阿随，加以油鸡们。加以油鸡们又大起来了，更容易成为两家争吵的引线。

加以每日的“川流不息”的吃饭；子君的功业，仿佛就完全建立在这吃饭中。吃了筹钱，筹来吃饭，还要喂阿随，饲油鸡；她似乎将先前所知道的全都忘掉了，也不想到我的构思就常常为了这催促吃饭而打断。即使在坐中给看一点怒色，她总是不改变，仍然毫无感触似的大嚼起来。

使她明白了我的作工不能受规定的吃饭的束缚，就费去五星期。她明白之后，大约很不高兴罢，可是没有说。我的工作果然从此较为迅速地进行，不久就共译了五万言，只要润色一回，便可以和做好的两篇小品，一同寄给《自由之友》去。只是吃饭却依然给我苦恼。菜冷，是无妨的，然而竟不够；有时连饭也不够，虽然我因为终日坐在家里用脑，饭量已经比先前要减少得多。这是先去喂了阿随了，有时还并那近来连自己也轻易不吃的羊肉。她说，阿随实在瘦得太可怜，房东太太还因此嗤笑我们了，她受不住这样的奚落。

于是吃我残饭的便只有油鸡们。这是我积久才看出来的，但同时也如赫胥黎的论定“人类在宇宙间的位置”一般，自觉了我在这里的位置：不过是叭儿狗和油鸡之间。

后来，经多次的抗争和催逼，油鸡们也逐渐成为肴馔，我们和阿随都享用了十多日的鲜肥；可是其实都很瘦，因为它们早已每日只能得到几粒高粱了。从此便清静得多。只有子君很颓唐，似乎常觉得凄苦和无聊，至于不大愿意开口。我想，人是多么容易改变呵！

但是阿随也将留不住了。我们已经不能再希望从什么地方会有来信，子君也早没有一点食物可以引它打拱或直立起来。冬季又逼近得这么快，火炉就要成为很大的问题；它的食量，在我们其实早是一个极易觉得的很重的负担。于是连它也留不住了。

倘使插了草标到庙市去出卖，也许能得几文钱罢，然而我们都不能，也不愿这样做。终于是用包袱蒙着头，由我带到西郊去放掉了，还要追上来，便推在一个并不很深的土坑里。

我一回寓，觉得又清静得多多了；但子君的凄惨的神色，却使我很吃惊。那是没有见过的神色，自然是为阿随。但又何至于此呢？我还没有说起推在土坑里的事。

到夜间，在她的凄惨的神色中，加上冰冷的分子了。

“奇怪。——子君，你怎么今天这样儿了？”我忍不住问。

“什么？”她连看也不看我。

“你的脸色……。”

“没有什么，——什么也没有。”

我终于从她言动上看出，她大概已经认定我是一个忍心的人。其实，我一个人，是容易生活的，虽然因为骄傲，向来不与世交来往，迁居以后，也疏远了所有旧识的人，然而只要能远走高飞，生路还宽广得很。现在忍受着这生活压迫的苦痛，大半倒是为她，便是放掉阿随，也何尝不如此。但子君的识见却似乎只是浅薄起来，竟至于连这一点也想不到了。

我拣了一个机会，将这些道理暗示她；她领会似的点头。然而看她后来的情形，她是没有懂，或者是并不相信的。

天气的冷和神情的冷，逼迫我不能在家庭中安身。但是，往那里去呢？大道上，公园里，虽然没有冰冷的神情，冷风究竟也刺得人皮肤欲裂。我终于在通俗图书馆里觅得了我的天堂。

那里无须买票；阅书室里又装着两个铁火炉。纵使不过是烧着不死不活的煤的火炉，但单是看见装着它，精神上也就总觉得有些温暖。书却无可看：旧的陈腐，新的是几乎没有的。

好在我到那里去也并非为看书。另外时常还有几个人,多则十余人,都是单薄衣裳,正如我,各人看各人的书,作为取暖的口实。这于我尤为合式。道路上容易遇见熟人,得到轻蔑的一瞥,但此地却决无那样的横祸,因为他们是永远围在别的铁炉旁,或者靠在自家的白炉边的。

那里虽然没有书给我看,却还有安闲容得我想。待到孤身枯坐,回忆从前,这才觉得大半年来,只为了爱,——盲目的爱,——而将别的人生的要义全盘疏忽了。第一,便是生活。人必生活着,爱才有所附丽。世界上并非没有为了奋斗者而开的活路;我也还未忘却翅子的扇动,虽然比先前已经颓唐得多……。

屋子和读者渐渐消失了,我看见怒涛中的渔夫,战壕中的兵士,摩托车中的贵人,洋场上的投机家,深山密林中的豪杰,讲台上的教授,昏夜的运动者和深夜的偷儿……。子君,——不在近旁。她的勇气都失掉了,只为着阿随悲愤,为着做饭出神;然而奇怪的是倒也并不怎样瘦损……。

冷了起来,火炉里的不死不活的几片硬煤,也终于烧尽了,已是闭馆的时候。又须回到吉兆胡同,领略冰冷的颜色去了。近来也间或遇到温暖的神情,但这却反而增加我的苦痛。记得有一夜,子君的眼里忽而又发出久已不见的稚气的光来,笑着和我谈到还在会馆时候的情形,时时又很带些恐怖的神色。我知道我近来的超过她的冷漠,已经引起她的忧疑来,只得也勉力谈笑,想给她一点慰藉。然而我的笑貌一上脸,我的话一出口,却即刻变为空虚,这空虚又即刻发生反响,回向我的耳目里,给我一个难堪的恶毒的冷嘲。

子君似乎也觉得的,从此便失掉了她往常的麻木似的镇静,虽然竭力掩饰,总还是时时露出忧疑的神色来,但对我却温和得多了。

我要明告她,但我还没有敢,当决心要说的时候,看见她孩子一般的眼色,就使我只得暂且改作勉强的欢容。但是这又即刻来冷嘲我,并使我失却那冷漠的镇静。

她从此又开始了往事的温习和新的考验,逼我做出许多虚伪的温存的答案来,将温存示给她,虚伪的草稿便写在自己的心上。我的心渐被这些草稿填满了,常觉得难于呼吸。我在苦恼中常常想,说真实自然须有极大的勇气的;假如没有这勇气,而苟安于虚伪,那也便是不能开辟新的生路的人。不独不是这个,连这人也未尝有!

子君有怨色,在早晨,极冷的早晨,这是从未见过的,但也许是从我看来的怨色。我那时冷冷地气愤和暗笑了;她所磨练的思想和豁达无畏的言论,到底也还是一个空虚,而对于这空虚却并未自觉。她早已什么书也不看,已不知道人的生活的第一着是求生,向着这求生的道路,是必须携手同行,或奋身孤往的了,倘使只知道捶着一个人的衣角,那便是虽战士也难于战斗,只得一同灭亡。

我觉得新的希望就只在我们的分离;她应该决然舍去,——我也突然想到她的死,然而立刻自责,忏悔了。幸而是早晨,时间正多,我可以说我的真实。我们的新的道路的开辟,便在这一遭。

我和她闲谈,故意地引起我们的往事,提到文艺,于是涉及外国的文人,文人的作品:《诺拉》,《海的女人》。称扬诺拉的果决……。也还是去年在会馆的破屋里讲过的那些话,但现在已经变成空虚,从我的嘴传入自己的耳中,时时疑心有一个隐形的坏孩子,在背后恶意地刻毒地学舌。

她还是点头答应着倾听,后来沉默了。我也就断续地说完了我的话,连余音都消失在虚空中了。

"是的。"她又沉默了一会,说,"但是,……涓生,我觉得你近来很两样了。可是的?你,——你老实告诉我。"

我觉得这似乎给了我当头一击,但也立即定了神,说出我的意见和主张来:新的路的开辟,新的生活的再造,为的是免得一同灭亡。

临末,我用了十分的决心,加上这几句话:

"……况且你已经可以无须顾虑,勇往直前了。你要我老实说;是的,人是不该虚伪的。我老实说罢:因为,因为我已经不爱你了!但这于你倒好得多,因为你更可以毫无挂念地做事……。"

我同时豫期着大的变故的到来,然而只有沉默。她脸色陡然变成灰黄,死了似的;瞬间便又苏生,眼里也发了稚气的闪闪的光泽。这眼光射向四处,正如孩子在饥渴中寻求着慈爱的母亲,但只在空中寻求,恐怖地回避着我的眼。

我不能看下去了,幸而是早晨,我冒着寒风径奔通俗图书馆。

在那里看见《自由之友》,我的小品文都登出了。这使我一惊,仿佛得了一点生气。我想,生活的路还很多,——但是,现在这样也还是不行的。

我开始去访问久已不相闻问的熟人,但这也不过一两次;他们的屋子自然是暖和的,我在骨髓中却觉得寒冽。夜间,便蜷伏在比冰还冷的冷屋中。

冰的针刺着我的灵魂,使我永远苦于麻木的疼痛。生活的路还很多,我也还没有忘却翅子的扇动,我想。——我突然想到她的死,然而立刻自责,忏悔了。

在通俗图书馆里往往瞥见一闪的光明,新的生路横在前面。她勇猛地觉悟了,毅然走出这冰冷的家,而且,——毫无怨恨的神色。我便轻如行云,漂浮空际,上有蔚蓝的天,下是深山大海,广厦高楼,战场,摩托车,洋场,公馆,晴明的闹市,黑暗的夜……。

而且,真的,我豫感得这新生面便要来到了。

我们总算度过了极难忍受的冬天,这北京的冬天;就如蜻蜓落在恶作剧的坏孩子的手里一般,被系着细线,尽情玩弄,虐待,虽然幸而没有送掉性命,结果也还是躺在地上,只争着一个迟早之间。

写给《自由之友》的总已经有三封信,这才得到回信,信封里只有两张书券:两角的和三角的。我却单是催,就用了九分的邮票,一天的饥饿,又都白挨给于己一无所得的空虚了。

然而觉得要来的事,却终于来到了。

这是冬春之交的事,风已没有这么冷,我也更久地在外面徘徊;待到回家,大概已经昏黑。就在这样一个昏黑的晚上,我照常没精打采地回来,一看见寓所的门,也照常更加丧气,使脚步放得更缓。但终于走进自己的屋子里了,没有灯火;摸火柴点起来时,是异样的寂寞和空虚!

正在错愕中,官太太便到窗外来叫我出去。

"今天子君的父亲来到这里,将她接回去了。"她很简单地说。

这似乎又不是意料中的事,我便如脑后受了一击,无言地站着。

"她去了么?"过了些时,我只问出这样一句话。

"她去了。"

"她,——她可说什么?"

"没说什么。单是托我见你回来时告诉你,说她去了。"

我不信;但是屋子里是异样的寂寞和空虚。我遍看各处,寻觅子君;只见几件破旧而黯淡的家具,都显得极其清疏,在证明着它们毫无隐匿一人一物的能力。我转念寻信或她留下的字迹,也没有;只是盐和干辣椒,面粉,半株白菜,却聚集在一处了,旁边还有几十枚铜元。这是我们两人生活材料的全副,现在她就郑重地将这留给我一个人,在不言中,教我借此去维持较久的生活。

我似乎被周围所排挤,奔到院子中间,有昏黑在我的周围;正屋的纸窗上映出明亮的灯光,他们正在逗着孩子玩笑。我的心也沉静下来,觉得在沉重的迫压中,渐渐隐约地现出脱走的路径:深山大泽,洋场,电灯下的盛筵;壕沟,最黑最黑的深夜,利刃的一击,毫无声响的脚步……。

心地有些轻松,舒展了,想到旅费,并且嘘一口气。

躺着,在合着的眼前经过的豫想的前途,不到半夜已经现尽;暗中忽然仿佛看见一堆食物,这之后,便浮出一个子君的灰黄的脸来,睁了孩子气的眼睛,恳托似的看着我。我一定神,什么也没有了。

但我的心却又觉得沉重。我为什么偏不忍耐几天,要这样急急地告诉她真话的呢?现在她知道,她以后所有的只是她父亲——儿女的债主——的烈日一般的严威和旁人的赛过冰霜的冷眼。此外便是虚空。负着虚空的重担,在严威和冷眼中走着所谓人生的路,这是怎么可怕的事呵!而况这路的尽头,又不过是——连墓碑也没有的坟墓。

我不应该将真实说给子君,我们相爱过,我应该永久奉献她我的说谎。如果真实可以宝贵,这在子君就不该是一个沉重的空虚。谎语当然也是一个空虚,然而临末,至多也不过这样地沉重。

我以为将真实说给子君,她便可以毫无顾虑,坚决地毅然前行,一如我们将要同居时那样。但这恐怕是我错误了。她当时的勇敢和无畏是因为爱。

我没有负着虚伪的重担的勇气,却将真实的重担卸给她了。她爱我之后,就要负了这重担,在严威和冷眼中走着所谓人生的路。

我想到她的死……。我看见我是一个卑怯者,应该被摈于强有力的人们,无论是真实者,虚伪者。然而她却自始至终,还希望我维持较久的生活……。

我要离开吉兆胡同,在这里是异样的空虚和寂寞。我想,只要离开这里,子君便如还在我的身边;至少,也如还在城中,有一天,将要出乎意表地访我,像住在会馆时候似的。

然而一切请托和书信,都是一无反响;我不得已,只好访问一个久不问候的世交去了。他是我伯父的幼年的同窗,以正经出名的拔贡,寓京很久,交游也广阔的。

大概因为衣服的破旧罢,一登门便很遭门房的白眼。好容易才相见,也还相识,但是很冷落。我们的往事,他全都知道了。

"自然,你也不能在这里了,"他听了我托他在别处觅事之后,冷冷地说,"但那里去呢?

很难。——你那，什么呢，你的朋友罢，子君，你可知道，她死了。”

我惊得没有话。

“真的?”我终于不自觉地问。

“哈哈。自然真的。我家的王升的家，就和她家同村。”

“但是，——不知道是怎么死的?”

“谁知道呢。总之是死了就是了。”

我已经忘却了怎样辞别他，回到自己的寓所。我知道他是不说谎话的；子君总不会再来的了，像去年那样。她虽是想在严威和冷眼中负着虚空的重担来走所谓人生的路，也已经不能。她的命运，已经决定她在我所给与的真实——无爱的人间死灭了！

自然，我不能在这里了；但是，“那里去呢?”

四围是广大的空虚，还有死的寂静。死于无爱的人们的眼前的黑暗，我仿佛一一看见，还听得一切苦闷和绝望的挣扎的声音。

我还期待着新的东西到来，无名的，意外的。但一天一天，无非是死的寂静。

我比先前已经不大出门，只坐卧在广大的空虚里，一任这死的寂静侵蚀着我的灵魂。死的寂静有时也自己战栗，自己退藏，于是在这绝续之交，便闪出无名的，意外的，新的期待。

一天是阴沉的上午，太阳还不能从云里面挣扎出来；连空气都疲乏着。耳中听到细碎的步声和咻咻的鼻息，使我睁开眼。大致一看，屋子里还是空虚；但偶然看到地面，却盘旋着一匹小小的动物，瘦弱的，半死的，满身灰土的……。

我一细看，我的心就一停，接着便直跳起来。

那是阿随。它回来了。

我的离开吉兆胡同，也不单是为了房主人们和他家女工的冷眼，大半就为着这阿随。但是，“那里去呢?”新的生路自然还很多，我约略知道，也间或依稀看见，觉得就在我面前，然而我还没有知道跨进那里去的第一步的方法。

经过许多回的思量和比较，也还只有会馆是还能相容的地方。依然是这样的破屋，这样的板床，这样的半枯的槐树和紫藤，但那时使我希望，欢欣，爱，生活的，却全都逝去了，只有一个虚空，我用真实去换来的虚空存在。

新的生路还很多，我必须跨进去，因为我还活着。但我还不知道怎样跨出那第一步。有时，仿佛看见那生路就像一条灰白的长蛇，自己蜿蜒地向我奔来，我等着，等着，看看临近，但忽然便消失在黑暗里了。

初春的夜，还是那么长。长久的枯坐中记起上午在街头所见的葬式，前面是纸人纸马，后面是唱歌一般的哭声。我现在已经知道他们的聪明了，这是多么轻松简截的事。

然而子君的葬式却又在我的眼前，是独自负着虚空的重担，在灰白的长路上前行，而又即刻消失在周围的严威和冷眼里了。

我愿意真有所谓鬼魂，真有所谓地狱，那么，即使在孽风怒吼之中，我也将寻觅子君，当面说出我的悔恨和悲哀，祈求她的饶恕；否则，地狱的毒焰将围绕我，猛烈地烧尽我的悔恨和悲哀。

我将在孽风和毒焰中拥抱子君，乞她宽容，或者使她快意……。

但是，这却更虚空于新的生路；现在所有的只是初春的夜，竟还是那么长。我活着，我总得向着新的生路跨出去，那第一步，——却不过是写下我的悔恨和悲哀，为子君，为自己。

我仍然只有唱歌一般的哭声，给子君送葬，葬在遗忘中。

我要遗忘；我为自己，并且要不再想到这用了遗忘给子君送葬。

我要向着新的生路跨进第一步去，我要将真实深深地藏在心的创伤中，默默地前行，用遗忘和说谎做我的前导……。

一九二五年十月二十一日毕

（《鲁迅著译编年全集》，王世家、止庵编，人民出版社 2009 年版）

【导读】

鲁迅（1881—1936），现代著名思想家、文学家、革命家。浙江绍兴人，原名周树人，鲁迅是他 1918 年发表第一篇白话小说《狂人日记》时所使用的笔名。其著述甚丰，主要作品有短篇小说集《呐喊》、《彷徨》、《故事新编》，散文集《朝花夕拾》，散文诗集《野草》，杂文集多本。

本文选自《彷徨》，是鲁迅唯一一篇以青年的恋爱和婚姻为题材的小说。作品通过涓生充满悔恨的口吻，回忆了他和子君之间爱情的聚合悲欢。他们的爱情挣破了封建礼教的桎梏，却在经济的窘困面前止步，最后子君死去，独留涓生在世上孑孑前行。

鲁迅在《娜拉走后怎样》中说过："人生最苦痛的是梦醒后无路可走。"子君和涓生的确从昏暗的梦境中醒来了，但清醒后的路怎么走？从作品中看，涓生在外维持生计，子君在家操持家务，日复一日的缺乏交流，终于使爱情走到了尽头。表面上看来，是经济的窘困导致了他们之间的隔膜，但爱情破灭的真正原因却在于他们自身的缺陷：软弱、平庸、目光短浅、狭隘自私。涓生沉迷于子君的果断勇敢，子君醉心于涓生的思想新颖，爱情是什么却不甚了了，所以他们之间的"爱情"是盲目的、虚幻的。子君和涓生的结合顶着世俗巨大的压力，所以同居后直接导致了人际关系的疏离进而主体性的丧失。涓生曾反省道："人必须生活着，爱才有所附丽。""生活"并不仅仅指物质，更多的是指向个体在社会群体中的位置、价值及意义。

小说采用第一人称，以"涓生的手记"娓娓道来，显示了作者"格式的特别"，而小说宣告的自由恋爱的破产，则显示了作者"表现的深切"。在任何一个时代，对读者关于恋爱婚姻的启示都是无穷的。小说结尾，涓生在悔恨和悲哀中却不忘"新的生路"，是作者"反抗绝望"的生存哲学的体现。

【思考与练习】

1. 如何看待涓生和子君的爱情？

2. 周作人曾说："《伤逝》不是普通恋爱小说，乃是假借了男女的死亡来哀悼兄弟恩情的断绝的，我这样说，或者世人都要以我为妄吧。但是我有我的感觉，深信这是不大会错的。"请谈谈你的认识。

断 魂 枪

老舍

“生命是闹着玩，事事显出如此；从前我这么想过，现在我懂得了。”

沙子龙的镖局已改成客栈。

东方的大梦没法子不醒了。炮声压下去马来与印度野林中的虎啸。半醒的人们，揉着眼，祷告着祖先与神灵；不大会儿，失去了国土、自由与权利。门外立着不同面色的人，枪口还热着。他们的长矛毒弩，花蛇斑彩的厚盾，都有什么用呢；连祖先与祖先所信的神明全不灵了啊！龙旗的中国也不再神秘，有了火车呀，穿坟过墓的破坏着风水。枣红色多穗的镖旗，绿鲨皮鞘的钢刀，响着串铃的口马，江湖上的智慧与黑话，义气与声名，连沙子龙，他的武艺，事业，都梦似的变成昨夜的。今天是火车，快枪，通商与恐怖。听说，有人还要杀下皇帝的头呢！

这是走镖已没有饭吃，而国术还没被革命党与教育家提倡起来的时候。

谁不晓得沙子龙是利落，短瘦，硬棒，两眼明得象霜夜的大星？可是，现在他身上放了肉。镖局改了客栈，他自己在后小院占着三间北房，大枪立在墙角，院子里有几只楼鸽。只是在夜间，他把小院的门关好，熟习熟习他的“五虎断魂枪”。这条枪与这套枪，二十年的工夫，在西北一带，给他创出来：“神枪沙子龙”五个字，没遇见过敌手。现在，这条枪与这套枪不会再替他增光显胜了；只是摸摸这凉，滑，硬而发颤的杆子，使他心中少难过一些而已。只有在夜间独自拿起枪来，才能相信自己还是“神枪沙”。在白天，他不大谈武艺与往事；他的世界已被狂风吹了走。

在他手下创练起来的少年们还时常来找他。他们大多数是没落子的，都有点武艺，可是没地方去用。有的在庙会上去卖艺：踢两趟腿，练套家伙，翻几个跟头，附带着卖点大力丸，混个三吊两吊的。有的实在闲不起了，去弄筐果子，或挑些毛豆角，赶早儿在街上论斤吆喝出去。那时候米贱肉贱，肯卖膀子力气本来可以混个肚儿圆；他们可是不成：肚量既大，而且得吃口管事儿的；干饽饽、辣饼子咽不下去。况且他们还时常去走会：五虎棍，开路，太狮少狮……虽然算不了什么——比起走镖来——可是到底有个机会活动活动，露露脸。是的，走会捧场是买脸的事，他们打扮的得象个样儿，至少得有条青洋绉裤子，新漂白细市布的小褂，和一双鱼鳞洒鞋——顶好是青缎子抓地虎靴子。他们是神枪沙子龙的徒弟——虽然沙子龙并不承认——得到处露脸，走会得赔上俩钱，说不定还得打场架。没钱，上沙老师那里去求。沙老师不含糊，多少不拘，不让他们空着手儿走。可是，为打架或献技去讨教一个招数，或是请给说个对子——什么空手夺刀，或虎头钩进枪——沙老师有时说句笑话，马虎过去：“教什么？拿开水浇吧！”有时直接把他们逐出去。他们不大明白沙老师是怎么了，心中也有点不乐意。

可是，他们到处为沙老师吹腾，一来是愿意使人知道他们的武艺有真传授，受过高人的指教；二来是为激动沙老师：万一有人不服气而找上老师来，老师难道还不露一两手真的么？

所以:沙老师一拳就砸倒了个牛！沙老师一脚把人踢到房上去,并没使多大的劲！他们谁也没见过这种事,但是说着说着,他们相信这是真的了,有年月,有地方,千真万确,敢起誓！

王三胜——沙子龙的大伙计——在土地庙拉开了场子,摆好了家伙。抹了一鼻子茶叶末色的鼻烟,他抡了几下竹节钢鞭,把场子打大一些。放下鞭,没向四围作揖,叉着腰念了两句:“脚踢天下好汉,拳打五路英雄!”向四围扫了一眼:“乡亲们,王三胜不是卖艺的;玩艺儿会几套,西北路上走过镖,会过绿林中的朋友。现在闲着没事,拉个场子陪诸位玩玩。有爱练的尽管下来,王三胜以武会友,有赏脸的,我陪着。神枪沙子龙是我的师傅;玩艺地道！诸位,有愿下来的没有?”他看着,准知道没人敢下来,他的话硬,可是那条钢鞭更硬,十八斤重。

王三胜,大个子,一脸横肉,努着对大黑眼珠,看着四围。大家不出声。他脱了小褂,紧了紧深月白色的腰里硬,把肚子杀进去。给手心一口吐沫,抄起大刀来:

“诸位,王三胜先练趟瞧瞧。不白练,练完了,带着的扔几个;没钱,给喊个好,助助威。这儿没生意口。好,上眼!”

大刀靠了身,眼珠努出多高,脸上绷紧,胸脯子鼓出,象两块老桦木根子。一跺脚,刀横起,大红缨子在肩前摆动。削砍劈拔,蹲越闪转,手起风生,忽忽直响。忽然刀在右手心上旋转,身弯下去,四围鸦雀无声,只有缨铃轻叫。刀顺过来,猛的一个踩泥,身子直挺,比众人高着一头,黑塔似的。收了势:“诸位!”

一手持刀,一手叉腰,看着四围。稀稀的扔了几个铜钱,他点点头“诸位!”他等着,等着,地上依旧是那几个亮而削薄的铜钱,外层的人偷偷散去。他咽了口气:“没人懂!”他低声的说,可是大家全听见了。

“有功夫!”西北角上一个黄胡子老头儿答了话。

“啊?”王三胜好似没听明白。

“我说:你——有——功——夫!”老头子的语气很不得人心。

放下大刀,王三胜随着大家的头往西北看。谁也没看起这个老人:小干巴个儿,披着件粗蓝布大衫,脸上窝窝瘪瘪,眼陷进去很深,嘴上几根细黄胡,肩上扛着条小黄草辫子,有筷子那么细,而绝对不象筷子那么直顺。王三胜可是看出这老家伙有功夫,脑门亮,眼睛亮——眼眶虽深,眼珠可黑得象两口小井,深深的闪着黑光。王三胜不怕:他看得出别人有功夫没有,可更相信自己的本事,他是沙子龙手下的大将。

“下来玩玩,大叔!”王三胜说得很得体。

点点头,老头儿往里走。这一走,四外全笑了。他的胳臂不大动;左脚往前迈,右脚随着拉上来,一步步的向前拉扯,身子整着,象是患过瘫痪病。蹭到场中,把大衫扔在地上,一点没理会四围怎样笑他。

“神枪沙子龙的徒弟,你说?好,让你使枪吧;我呢?”老头子非常的干脆,很象久想动手。

人们全回来了,邻场耍狗熊的无论怎么敲锣也不中用了。

“三截棍进枪吧?”王三胜要看老头子一手,三截棍不是随便就拿得起来的家伙。

老头子又点点头,拾起家伙来。

王三胜努着眼,抖着枪,脸上十分难看。

老头子的黑眼珠更深更小了,象两个香火头,随着面前的枪尖儿转,王三胜忽然觉得不舒服,那俩黑眼珠似乎要把枪尖吸进去！四外已围得风雨不透,大家都觉出老头子确是有威。为躲那对眼睛,王三胜耍了个枪花。老头子的黄胡子一动:“请!”王三胜一扣枪向前躬步，枪尖奔了老头子的喉头去，枪缨打了一个红旋。老人的身子忽然活展了，将身微偏，让过枪尖，前把一挂，后把撩王三胜的手，拍，拍，两响，王三胜的枪撒了手。场外叫了好。王三胜连脸带胸口全紫了，抄起枪来；一个花子，连枪带人滚了过来，枪尖奔了老人的中部。老头子的眼亮得发着黑光；腿轻轻一屈，下把掩裆，上把打着刚要抽回的枪杆；拍，枪又落在地上。

场外又是一片彩声。王三胜流了汗，不再去拾枪，努着眼，木在那里。老头子扔下家伙，拾起大衫，还是拉拉着腿，可是走得很快了。大衫搭在臂上，他过来拍了王三胜一下：

"还得练哪，伙计！"

"别走！"王三胜擦着汗："你不离，姓王的服了！可有一样，你敢会会沙老师？"

"就是为会他才来的！"老头子的干巴脸上皱起点来，似乎是笑呢。"走；收了吧；晚饭我请！"

王三胜把兵器拢在一处，寄放在变戏法二麻子那里，陪着老头子往庙外走。后面跟着不少人，他把他们骂散。

"你老贵姓？"他问。

"姓孙哪，"老头子的话与人一样，都那么干巴。"爱练；久想会会沙子龙。"沙子龙不把你打扁了！王三胜心里说。他脚底下加了劲，可是没把孙老头落下。他看出来，老头子的腿是老走着查拳门中的连跳步；交起手来，必定很快。但是，无论他怎么快，沙子龙是没对手的。准知道孙老头要吃亏，他心中痛快了些，放慢了些脚步。

"孙大叔贵处？"

"河间的，小地方。"孙老者也和气了些："月棍年刀一辈子枪，不容易见功夫，说真的，你那两手就不坏！"

王三胜头上的汗又回来了，没言语。

到了客栈，他心中直跳，唯恐沙老师不在家，他急于报仇。他知道老师不爱管这种事，师弟们已碰过不少回钉子，可是他相信这回必定行，他是大伙计，不比那些毛孩子；再说，人家在庙会上点名叫阵，沙老师还能丢这个脸么？

"三胜，"沙子龙正在床上看着本《封神榜》，"有事吗？"

三胜的脸又紫了，嘴唇动着，说不出话来。

沙子龙坐起来，"怎么了，三胜？"

"栽了跟头！"

只打了个不甚长的哈欠，沙老师没别的表示。

王三胜心中不平，但是不敢发作；他得激动老师："姓孙的一个老头儿，门外等着老师呢；把我的枪，枪，打掉了两次！"他知道"枪"字在老师心中有多大分量。没等吩咐，他慌忙跑出去。

客人进来，沙子龙在外间屋等着呢。彼此拱手坐下，他叫三胜去泡茶。三胜希望两个老人立刻交了手，可是不能不沏茶去。孙老者没话讲，用深藏着的眼睛打量沙子龙。沙很客气：

"要是三胜得罪了你，不用理他，年纪还轻。"

孙老者有些失望，可是看出沙子龙的精明。他不知怎样好了，不能拿一个人的精明断定他的武艺。"我来领教领教枪法！"他不由得说出来。

沙子龙没接碴儿。王三胜提着茶壶走进来——急于看二人动手，他没管水开了没有，就沏在壶中。

“三胜，”沙子龙拿起个茶碗来，“去找小顺们去，天汇见，陪孙老者吃饭。”“什么？”王三胜的眼珠几乎掉出来。看了看沙老师的脸，他敢怒而不敢言的说了声“是啦！”走出去，撅着大嘴。

“教徒弟不易！”孙老者说。

“我没收过徒弟。走吧，这个水不开！茶馆去喝，喝饿了就吃。”沙子龙从桌子上拿起缎子褡裢，一头装着鼻烟壶，一头装着点钱，挂在腰带上。

“不，我还不饿！”孙老者很坚决，两个“不”字把小辫从肩上抡到后边去。

“说会子话儿。”

“我来为领教领教枪法。”

“功夫早搁下了，”沙子龙指着身上，“已经放了肉！”

“这么办也行，”孙老者深深的看了沙老师一眼：“不比武，教给我那趟五虎断魂枪。”

“五虎断魂枪？”沙子龙笑了：“早忘净了！早忘净了！告诉你，在我这儿住几天，咱们逛逛各处，临走，多少送点盘缠。”

“我不逛，也用不着钱，我来学艺！”孙老者立起来，“我练趟给你看看，看够得上学艺不够！”一屈腰已到了院中，把楼鸽都吓飞起去。拉开架子，他打了趟查拳：腿快，手飘洒，一个飞脚起去，小辫儿飘在空中，象从天上落下来一个风筝；快之中，每个架子都摆得稳，准，利落；来回六趟，把院子满都打到，走得圆，接得紧，身子在一处，而精神贯串到四面八方。抱拳收势，身儿缩紧，好似满院乱飞的燕子忽然归了巢。

“好！好！”沙子龙在台阶上点着头喊。

“教给我那趟枪！”孙老者抱了抱拳。

沙子龙下了台阶，也抱着拳：“孙老者，说真的吧；那条枪和那套枪都跟我入棺材，一齐入棺材！”

“不传？”

“不传！”

孙老者的胡子嘴动了半天，没说出什么来。到屋里抄起蓝布大衫，拉拉着腿：“打搅了，再会！”

“吃过饭走！”沙子龙说。

孙老者没言语。

沙子龙把客人送到小门，然后回到屋中，对着墙角立着的大枪点了点头。

他独自上了天汇，怕是王三胜们在那里等着。他们都没有去。

王三胜和小顺们都不敢再到土地庙去卖艺，大家谁也不再为沙子龙吹腾；反之，他们说沙子龙栽了跟头，不敢和个老头儿动手；那个老头子一脚能踢死个牛。不要说王三胜输给他，沙子龙也不是“个儿”。不过呢，王三胜到底和老头子见了个高低，而沙子龙连句硬话也没敢说。“神枪沙子龙”慢慢似乎被人们忘了。

夜静人稀，沙子龙关好了小门，一气把六十四枪刺下来；而后，拄着枪，望着天上的群星，想起当年在野店荒林的威风，叹一口气，用手指慢慢摸着凉滑的枪身，又微微一笑：“不传！不传！”

（《中国现代文学作品精选》，严家炎等主编，北京大学出版社 2001 年版）

【导读】

老舍(1899—1966),原名舒庆春,字舍予,原籍北京,满族人,与茅盾、巴金齐名,同为现代长篇小说大家。他生于北京城的一个贫民家庭,非常熟悉社会底层的市民生活,喜爱流传于市井巷里的戏曲和民间说唱艺术,这对他以后的创作产生了很大的影响,成为他的“京味小说”的源头。他对多种文艺体裁都进行过广泛的实践,尤以小说,特别是长篇小说的创作影响巨大,此外,还写过杂文、鼓词、新诗、旧剧、民歌。20 世纪 50 年代以话剧作品蜚声文坛。代表作《二马》、《骆驼祥子》、《四世同堂》、《茶馆》等。老舍是多产作家,一生共写了一千多篇(部)作品,七八百万字。

本文堪称老舍短篇小说中的精品。《断魂枪》主要写拳师沙子龙在近代社会急剧变化中的复杂心态。沙子龙有着自创的断魂枪法,当年行走野店荒林是何等的威风,如今在火车、快枪的时代,“他的武艺,事业,都梦似的变成昨夜的。”老舍善于把个人命运和时代变迁的历史大背景结合起来,在短小的篇幅里营造出大格局。小说开始于一句:“沙子龙的镖局已改成客栈。”这本来可以是平淡无奇的叙述,但放在西方列强的枪炮惊破“东方大梦”的大背景下,内涵和寓意就大不同了。沙子龙的职业更换,他震动江湖的武艺和名声,他行走于荒林野店里的豪放事业,之所以如梦幻般一去不返,与西方列强入侵后引发的中国社会变动密切相关,是历史大变局的反映。

祖先信奉的神灵都不再灵验,“走镖已没有饭吃”,沙子龙不再留恋保镖的旧业,他不仅及时把镖局改成了客栈,连他的武艺,包括他自创的绝技“五虎断魂枪”,也弃之一旁,甚至旧日镖局里的徒弟前来求教,他也不肯指点传授,他“只有在夜间独自拿起枪来,才能相信自己还是‘神枪沙’。在白天,他不大谈武艺与往事;他的世界已被狂风吹了走”。小说在艺术处理上颇为圆润老到,两次写到沙子龙在夜静人稀时面对天上的群星一气刺出六十四枪的场面。第一次是简要叙述,是铺垫性的;第二次则进行了有声有色的描写,且放置在结尾,真是神来之笔。“五虎断魂枪”究竟怎样高妙,始终是影影绰绰的神龙见首不见尾。当“神枪沙子龙”遭到徒弟的奚落后,他选了个“夜静人稀”的时候,“一气把六十四枪刺下来”,望星空,遥想当年驰骋武林、野店荒林的威风,不能自拔。想起如今的世道,只有感叹命运的无奈。他“用手指慢慢摸着凉滑的枪身”,微笑里甩出斩钉截铁的四个字“不传!不传!”全篇便戛然而止。“不传!不传!”把沙子龙的无奈和悲愤之情表现得淋漓尽致,也使小说的结构产生了一种张力,增添了无限的悲怆意味。

与沙子龙不同的是,《断魂枪》里还出现了一位孙姓老者,他乐观、坚韧,为学习传统的武林绝技而风尘仆仆地奔走江湖。在老舍的艺术构思中,孙姓老者使沙子龙的形象得到补充,受到诘问,也使这篇小说由“单声部”叙述变成了“复调”叙述。

【思考与练习】

1. 分析小说中沙子龙的人物形象。
2. 分析这篇小说的艺术特色。

萧　萧

沈从文

乡下人吹唢呐接媳妇，到了十二月是成天会有的事情。

唢呐后面一顶花轿，两个伕子平平稳稳的抬着。轿中人被铜锁锁在里面，虽穿了平时没上过身的体面红绿衣裳，也仍然得荷荷大哭。在这些小女人心中，做新娘子，从母亲身边离开，且准备做他人的母亲，从此必然将有许多新事情等待发生象做梦一样，将同一个陌生男子汉在一个床上睡觉，做着承宗接祖的事情。这些事想起来，当然有些害怕，所以照例觉得要哭哭，于是就哭了。

也有做媳妇不哭的人，萧萧做媳妇就不哭。这小女子没有母亲，从小寄养到伯父种田的庄子上，终日提个小竹兜箩，在路旁田坎捡狗屎挑野菜。出嫁只是从这家转到那家。因此到那一天，这女人还只是笑。她又不害羞，又不怕。她是什么事也不知道，就做了人家的新媳妇了。

萧萧做媳妇时年纪十二岁，有一个小丈夫，年纪还不到三岁。丈夫比她年少九岁，断奶还不多久。按地方规矩，过了门，她喊他作弟弟。她每天应作的事是抱弟弟到村前柳树下去玩，到溪边去玩，饿了，喂东西吃，哭了，就哄他，摘南瓜花或狗尾草戴到小丈夫头上，或者亲嘴，一面说："弟弟，哪，啵再来，啵。"在那肮脏的小脸上亲了又亲，孩子于是便笑了。孩子一欢喜兴奋，行动粗野起来，会用短短的小手乱抓萧萧的头发。那是平时不大能收拾蓬蓬松松在头上的黄发。有时候，垂到脑后那条小辫儿被拉得太久，把红绒线结也弄松了，生了气，就挞那弟弟几下，弟弟自然哇的哭出声来。萧萧于是也装成要哭的样子，用手指着弟弟的哭脸，说："哪，人不讲理，可不行！哪能这样动手动脚，长大了不是要杀人放火！"

天晴落雨日子混下去，每日抱抱丈夫，也帮家中作点杂事，能动手的就动手，又时常到溪沟里去洗衣，搓尿片，一面还捡拾有花纹的田螺给坐在身边的小丈夫玩。到了夜里睡觉，便常常做这种年龄人所做的梦，梦到后门角落或别的什么地方捡得大把大把铜钱，吃好东西，爬树，自己变成鱼到水中各处溜。或一时仿佛身子很小很轻，飞到天上众星中，没有一个人，只是一片白，一片金光，于是大喊"妈！"人就吓醒了。醒来心还只是跳。吵了隔壁的人，不免骂着："疯子，你想什么！白天玩得疯，晚上就做梦！"萧萧听着却不作声，只是咕咕的笑。也有很好很爽快的梦，为丈夫哭醒的事情。那丈夫本来晚上在自己母亲身边睡，有时吃多了，或因另外情形，半夜大哭，起来放水拉稀是常有的事。丈夫哭到婆婆无可奈何，于是萧萧轻脚轻手爬起床来，睡眼蒙眬走到床边，把人抱起，给他看月亮，看星光；或者互相觑着，孩子气的"嗨嗨，看猫呵"那样喊着哄着，于是丈夫笑了。玩一会会，困倦起来，慢慢的合上眼。人睡定后，放上床，站在床边看着，听远处一传一递的鸡叫，知道天快到什么时候了，于是仍然蜷到小床上睡去。天亮后，虽不做梦，却可以无意中闭眼开眼，看一阵在面前空中变幻无端的黄边紫心葵花，那是一种真正的享受。

萧萧嫁过了门，做了拳头大的丈夫的小媳妇，一切并不比先前受苦，这只看她一年来身体发育就可明白。风里雨里过日子，象一株长在园角落不为人注意的蓖麻，大叶大枝，日增茂盛。这小女人简直是全不为丈夫设想那么似的，一天比一天长大起来了。

夏夜光景说来如做梦。大家饭后坐到院中心歇凉，挥摇蒲扇，看天上的星同屋角的萤，听南瓜棚上纺织娘子咯咯咯拖长声音纺车，远近声音繁密如落雨，禾花风翛翛吹到脸上，正是让人在各种方便中说笑话的时候。

萧萧好高，一个人常常爬到草料堆上去，抱了已经熟睡的丈夫在怀里，轻轻的轻轻的随意唱着自编的四句头山歌。唱来唱去却把自己也催眠起来，快要睡去了。

在院坝中，公公婆婆，祖父祖母，另外还有帮工汉子两个，散乱的坐在小板凳上，摆龙门阵学古，轮流下去打发上半夜。

祖父身边有个烟包，在黑暗中放光。这用艾蒿作成的烟包，是驱逐长脚蚊得力东西，蜷在祖父脚边，犹如一条乌梢蛇。间或又拿起来晃那么几下。

想起白天场上的事情，祖父开口说话：

“我听三金说，前天又有女学生过身。”

大家就哄然笑了。

这笑的意义何在？只因为大家印象中，都知道女学生没有辫子，留下个鹌鹑尾巴，象个尼姑，又不完全象。穿的衣服象洋人，又不是洋人。吃的，用的……总而言之，事事不同，一想起来就觉得怪可笑！

萧萧不大明白，她不笑。所以老祖父又说话了。他说：

“萧萧，你长大了，将来也会做女学生！”

大家于是更哄然大笑起来。

萧萧为人并不愚蠢，觉得这一定是不利于己的一件事情，所以接口便说：

“爷爷，我不做女学生。”

“你象个女学生，不做可不行。”

“我不做。”

众人有意取笑，异口同声说：“萧萧，爷爷说得对，你非做女学生不行！”

萧萧急得无可如何，“做就做，我不怕。”其实做女学生有什么不好，萧萧全不知道。女学生这东西，在本乡的确永远是奇闻。每年一到六月天，据说放“水假”日子一到，照例便有三三五五女学生，由一个荒谬不经的热闹地方来，到另一个远地方去，取道从本地过身。从乡下人眼中看来，这些人都近于另一世界中活下的人，装扮奇奇怪怪，行为更不可思议。这种女学生过身时，使一村人都可以说一整天的笑话。

祖父是当地一个人物，因为想起所知道的女学生在大城中的生活情形，所以说笑话要萧萧也去作女学生。一面听到这话，就感觉一种打哈哈趣味，一面还有那被说的萧萧感觉一种惶恐，说这话的不为无意义了。

女学生由祖父方面所知道的是这样一种人：她们穿衣服不管天气冷热，吃东西不问饥饱，晚上交到子时才睡觉，白天正经事全不做，只知唱歌打球，读洋书。她们都会花钱，一年用的钱可以买十六只水牛。她们在省里京里想往什么地方去时，不必走路，只要钻进一个大匣子中，那匣子就可以带她到地。城市中还有各种各样的大小不同匣子，都用机器开动。她们在学校，男女在一处上课读书，人熟了，就随意同那男子睡觉，也不要媒人，也不要财礼，名叫“自由”。她们也做做州县官，带家眷上任，男子仍然喊作“老爷”。小孩子叫“少爷”。她们自己不养牛，却吃牛奶羊奶，如小牛小羊；买那奶时是用铁罐子盛的。她们无事时到一个唱戏地方去，那地方完全象个大庙，从衣袋中取出一块洋钱来（那洋钱在乡下可买五只母鸡），买了一小方纸片儿，拿了那纸片到里面去，就可以坐下看洋人扮演影子戏。她们被冤了，不赌咒，不哭。她们年纪有老到二十四岁还不肯嫁人的，有老到三十四十居然还好意思嫁人的。她们不怕男子，男子不能使她们受委屈，一受委屈就上衙门打官司，要官罚男子的款，这笔钱她有时独占自己花用，有时和官平分。她们不洗衣煮饭，也不养猪喂鸡；有了小孩子，也只花五块钱或十块钱一月，雇个人专管小孩，自己仍然整天看戏打牌，或者读那些没有用处的闲书……

总而言之，说来事事都稀奇古怪，和庄稼人不同，有的简直还可说岂有此理。这时经祖父一为说明，听过这话的萧萧，心中却忽然有了一种模模糊糊的愿望，以为倘若她也是个女学生，她是不是照祖父说的女学生一个样子去做那些事情？不管好歹，女学生并不可怕，因此一来却已为这乡下姑娘初次体念到了。

因为听祖父说起女学生是怎样的人物，到后萧萧独自笑得特别久。笑够了时，她说：

“爷爷，明天有女学生过路，你喊我，我要看看。”

“你看，她们捉你去作丫头。”

“我不怕她们。”

“她们读洋书念经你也不怕？”

“念观音菩萨消灾经，念紧箍咒，我都不怕。”

“她们咬人，和做官的一样，专吃乡下人，吃人骨头渣渣也不吐，你不怕？”

萧萧肯定的回答说：“也不怕。”

可是这时节萧萧手上所抱的丈夫，不知为甚么，在睡梦中哭了，媳妇于是用作母亲的声势，半哄半吓的说：

“弟弟，弟弟，不许哭，不许哭，女学生咬人来了。”

丈夫还仍然哭着，得抱起各处走走。萧萧抱着丈夫离开了祖父，祖父同人说另外一样古话去了。

萧萧从此以后心中有个“女学生”。做梦也便常常梦到女学生，且梦到同这些人并排走路。仿佛也坐过那种自己会走路的匣子，她又觉得这匣子并不比自己跑路更快。在梦中那匣子的形体同谷仓差不多，里面还有小小灰色老鼠，眼珠子红红的，各处乱跑，有时钻到门缝里去，把个小尾巴露在外边。

因为有这样一段经过，祖父从此喊萧萧不喊“小丫头”，不喊“萧萧”，却唤作“女学生”。在不经意中萧萧答应得很好。

乡下的日子也如世界上一般日子，时时不同。世界上人把日子糟蹋，和萧萧一类人家把日子吝惜是同样的，各有所得，各属分定。许多城市中文明人，把一个夏天完全消磨到软绸衣服、精美饮料以及种种好事情上面。萧萧的一家，因为一个夏天的劳作，却得了十多斤细麻，二三十担瓜。

做小媳妇的萧萧，一个夏天中，一面照料丈夫，一面还绩了细麻四斤。到秋八月工人摘瓜,在瓜间玩,看硕大如盆、上面满是灰粉的大南瓜,成排成堆摆到地上,很有趣味。时间到摘瓜,秋天真的已来了,院子中各处有从屋后林子里树上吹来的大红大黄木叶。萧萧在瓜旁站定,手拿木叶一束,为丈夫编小小笠帽玩。

工人中有个名叫花狗,年纪二十三岁,抱了萧萧的丈夫到枣树下去打枣子。小小竹竿打在枣树上,落枣满地。

“花狗大,莫打了,太多了吃不完。”

虽听到这样喊,还不歇手。到后,仿佛完全因为丈夫要枣子,花狗才不听话。萧萧于是又警告她那小丈夫:

“弟弟,弟弟,来,不许捡了。吃多了生东西肚子痛!”

丈夫听话,兜了大堆枣子向萧萧身边走来,请萧萧吃枣子。

“姐姐吃,这是大的。”

“我不吃。”

“要吃一颗!”

她两手哪里有空!木叶帽正在制边,工夫要紧,还正要个人帮忙!

“弟弟,把枣子喂我口里。”

丈夫照她的命令作事,作完了觉得有趣,哈哈大笑。

她要他放下枣子帮忙捏紧帽边,便于添加新木叶。

丈夫照她吩咐作事,但老是顽皮的摇动,口中唱歌。这孩子原来象一只猫,欢喜时就得捣乱。

“弟弟,你唱的是什么?”

“我唱花狗大告我的山歌。”

“好好的唱一个给我听。”

丈夫于是帮忙拉着帽边,一面就唱下去,照所记到的歌唱:

天上起云云起花,
包谷林里种豆荚,
豆荚缠坏包谷树,
娇妹缠坏后生家。
天上起云云重云,
地下埋坟坟重坟,
娇妹洗碗碗重碗,
娇妹床上人重人。

歌中意义丈夫全不明白,唱完了就问萧萧好不好。萧萧说好,并且问跟谁学来的。她知道是花狗教他的,却故意盘问他。

“花狗大告我,他说还有好多歌,长大了再教我唱。”

听说花狗会唱歌,萧萧说:

“花狗大,花狗大,你唱一个好听的歌我听听。”

那花狗,面如其心,生长得不很正气,知道萧萧要听歌,人也快到听歌的年龄了,就给她唱“十岁娘子一岁夫”。那故事说的是妻年大,可以随便到外面作一点不规矩事情;夫年小,只知吃奶,让他吃奶。这歌丈夫完全不懂,懂到一点儿的是萧萧。把歌听过后,萧萧装成“我

全明白"那种神气,她用生气的样子,对花狗说:

"花狗大,这个不行,这是骂人的歌!"

花狗分辩说:"不是骂人的歌。"

"我明白,是骂人的歌。"

花狗难得多说话,歌已经唱过了,错了赔礼,只有不再唱。他看她已经有点懂事了,怕她回头告祖父,会挨顿臭骂,就把话支吾开,扯到"女学生"上头去。他问萧萧,看没看过女学生习体操唱洋歌的事情。

若不是花狗提起,萧萧几乎已忘却了这事情。这时又提到女学生,她问花狗近来有没有女学生过路,她想看看。

花狗一面把南瓜从棚架边抱到墙角去,告她女学生唱歌的事,这些事的来源还是萧萧的那个祖父,他在萧萧面前说了点大话,说他曾经到官路上见过四个女学生,她们都拿得有旗子,走长路流汗喘气之中仍然唱歌,同军人所唱的一模一样。不消说,这自然完全是胡诌的,可是那故事把萧萧可乐坏了。因为花狗说这个就叫作"自由"。

花狗是起眼动眉毛、一打两头翘、会说会笑的一个人,听萧萧带着歆羡口气说:"花狗大,你膀子真大。"他就说:

"我不止膀子大。"

"你身个子也大。"

"我全身无处不大。"

萧萧还不大懂得这个话的意思,只觉得憨而好笑。

到萧萧抱了她的丈夫走去以后,同花狗在一起摘瓜,取名字叫哑巴的,开了平时不常开的口。

"花狗,你少坏点。人家是十三岁黄花女,还要等十年才圆房!"

花狗不做声,打了那伙计一巴掌,走到枣树下捡落地枣去了。

到摘瓜的秋天,日子计算起来,萧萧过丈夫家有一年半了。

几次降霜落雪,几次清明谷雨,一家中人都说萧萧是大人了。天保佑,喝冷水,吃粗粝饭,四季无疾病,倒发育得这样快。婆婆虽生来象一把剪子,把凡是给萧萧暴长的机会都剪去了,但乡下的日头同空气都帮助人长大,却不是折磨可以阻拦得住。

萧萧十五岁时已高如成人,心却还是一颗糊糊涂涂的心。

人大了一点,家中做的事也多了一点。绩麻、纺车、洗衣、照料丈夫以外,打猪草推磨一些事情也要作,还有浆纱织布。凡事都学,学学就会了。乡下习惯凡是行有余力的都可从劳作中攒点本分私房,两三年来仅仅萧萧个人份上所聚集的粗细麻和纺就的棉纱,也够萧萧坐到土机上抛三个月的梭子了。

丈夫早断了奶。婆婆有了新儿子,这五岁儿子就象归萧萧独有了。不论做什么,走到什么地方去,丈夫总跟在身边。丈夫有些方面很怕她,当她如母亲,不敢多事。他们俩实在感情不坏。

地方稍稍进步,祖父的笑话转到"萧萧你也把辫子剪去好自由"那一类事上去了。听着这话的萧萧,某个夏天也看过了一次女学生,虽不把祖父笑话认真,可是每一次在祖父说过这笑话以后,她到水边去,必不自觉的用手捏着辫子末梢,设想没有辫子的人那种神气,那点趣味。

打猪草,带丈夫上螺蛳山的山阴是常有的事。

小孩子不知事,听别人唱歌也唱歌。一开腔唱歌,就把花狗引来了。

花狗对萧萧生了另外一种心,萧萧有点明白了,常常觉得惶恐不安。但花狗是男子,凡是男子的美德恶德都不缺少,劳动力强,手脚勤快,又会玩会说,所以一面使萧萧的丈夫非常欢喜同他玩,一面一有机会即缠在萧萧身边,且总是想方设法把萧萧那点惶恐减去。

山大人小,到处是树林蒙茸,平时不知道萧萧所在,花狗就站在高处唱歌逗萧萧身边的丈夫;丈夫小口一开,花狗穿山越岭就来到萧萧面前了。

见了花狗,小孩子只有欢喜,不知其他。他原要花狗为他编草虫玩,做竹箫哨子玩,花狗想方法支使他到一个远处去找材料,便坐到萧萧身边来,要萧萧听他唱那使人开心红脸的歌。她有时觉得害怕,不许丈夫走开;有时又象有了花狗在身边,打发丈夫走去反倒好一点。终于有一天,萧萧就这样给花狗把心窍子唱开,变成个妇人了。

那时节,丈夫走到山下采刺莓去了,花狗唱了许多歌,到后却向萧萧唱:

娇家门前一重坡,
别人走少郎走多,
铁打草鞋穿烂了,
不是为你为那个?

末了却向萧萧说:“我为你睡不着觉。”他又说他赌咒不把这事情告给人。听了这些话仍然不懂什么的萧萧,眼睛只注意到他那一对粗粗的手膀子,耳朵只注意到他最后一句话。末了花狗大便又唱了许多歌给她听。她心里乱了。她要他当真对天赌咒,赌过了咒,一切好象有了保障,她就一切尽他了。到丈夫返身时,手被毛毛虫蜇伤,肿了一大片,走到萧萧身边,萧萧捏紧这一只小手,且用口去呵它,吮它,想起刚才的糊涂,才仿佛明白自己做了一点不大好的糊涂事。

花狗诱她做坏事情是麦黄四月,到六月,李子熟了,她欢喜吃生李子。她觉得身体有点特别,在山上碰到花狗,就将这事情告给他,问他怎么办。

讨论了多久,花狗全无主意。虽以前自己当天赌得有咒,也仍然无主意。原来这家伙个子大,胆量小。个子大容易做错事,胆量小做了错事就想不出办法。

到后,萧萧捏着自己那条乌梢蛇似的大辫子,想起城里了,她说:

“花狗大,我们到城里去自由,帮帮人过日子,不好么?”

“那怎么行?到城里去做什么?”

“我肚子大了。”

“我们找药去。场上有郎中卖药。”

“你赶快找药来,我想……”

“你想逃到城里去自由,不成的。人生面不熟,讨饭也有规矩,不能随便!”

“你这没有良心的,你害了我,我想死!”

“我赌咒不辜负你。”

“负不负我有什么用,帮我个忙,赶快拿去肚子里这块肉吧。我害怕!”

花狗不再做声,过了一会,便走开了。不久丈夫从他处拿了大把山里红果子回来,见萧萧一个人坐在草地上眼睛红红的。丈夫心中纳罕。看了一会,问萧萧:

“姐姐,为甚么哭?”

“不为甚么,灰尘落到眼睛窝里,痛。”

“我吹吹吧。”

“不要吹。”

“你瞧我,得这些这些。”

他把手中拿的和从溪中捡来放在衣口袋里的小蚌、小石头全部陈列到萧萧面前,萧萧泪眼婆娑看了一会,勉强笑着说:“弟弟,我们要好,我哭你莫告家中。告家中我可要生气!”到后这事情家中当真就无人知道。

过了半个月,花狗不辞而行,把自己所有的衣裤都拿去了。祖父问同住的长工哑巴,知不知道他为什么走路,走哪儿去?是上山落草,还是作薛仁贵投军?哑巴只是摇头,说花狗还欠了他两百钱,临走时话都不留一句,为人少良心。哑巴说他自己的话,并没有把花狗走的理由说明。因此这一家稀奇一整天,谈论一整天。不过这工人既不偷走物件,又不拐带别的,这事情过后不久,自然也就把他忘掉了。

萧萧仍然是往日的萧萧。她能够忘记花狗就好了。但是肚子真有些不同了,肚中东西总在动,使她常常一个人干着急,尽做怪梦。

她脾气坏了一点,这坏处只有丈夫知道,因为她对丈夫似乎严厉苛刻了好些。

仍然每天同丈夫在一处,她的心,想到的事自己也不十分明白。她常想,我现在死了,什么都好了。可是为什么要死?她还很高兴活下去,愿意活下去。

家中人不拘谁在无意中提起关于丈夫弟弟的话,提起小孩子,提起花狗,都像使这话如拳头,在萧萧胸口上重重一击。

到九月,她担心人知道更多了,引丈夫庙里去玩,就私自许愿,吃了一大把香灰。吃香灰,被她丈夫看见了,丈夫问这是做甚么,萧萧就说肚子痛,应当吃这个。虽说求菩萨保佑,菩萨当然没有如她的希望,肚子中的东西依旧在慢慢的长大。

她又常常往溪里去喝冷水,给丈夫看见时,丈夫问她,她就说口渴。

一切她所想到的方法都没有能够使她同自己不欢喜的东西分开。大肚子只有丈夫一人知道,他却不敢告这件事给父母晓得。因为时间长久,年龄不同,丈夫有些时候对于萧萧的怕同爱,比对于父母还深切。

她还记得花狗赌咒那一天里的事情,如同记着其他事情一样。到秋天,屋前屋后毛毛虫都结茧,成了各种好看蝶蛾。丈夫象故意折磨她一样,常常提起几个月前被毛毛虫螫手的旧话,使萧萧心里难过。她因此极恨毛毛虫,见了那小虫就想用脚去踹。

有一天,又听人说有好些女学生过路,听过这话的萧萧,睁了眼做过一阵梦,愣愣的对日头出处痴了半天。

萧萧步花狗后尘,也想逃走,收拾一点东西预备跟了女学生走的那条路上城。但没有动身,就被家里人发觉了。这种打算照乡下人说来是一件大事,于是把她两手捆了起来,丢在灶屋边,饿了一天。

家中追究这逃走的根源,才明白这个十年后预备给小丈夫生儿子继香火的萧萧肚子已被另一个人抢先下了种。这在一家人生活中真是了不得的一件大事!一家人的平静生活,为这件新事全弄乱了。生气的生气,流泪的流泪,骂人的骂人,各按本分乱下去。悬梁,投水,吃毒药,被禁困着的萧萧,诸事漫无边际的全想到了,究竟是年纪太小,舍不得死,却不曾做。于是祖父从现实出发，想出个聪明主意，把萧萧关在房里，派人好好看守着，请萧萧本族的人来说话，照规矩看是"沉潭"还是"发卖"？萧萧家中人要面子，就沉潭淹死了她；舍不得就发卖。萧萧只有一个伯父，在近处庄子里为人种田，去请他时先还以为是吃酒，到了才知道这样丢脸事情，弄得这老实忠厚的家长手足无措。

大肚子作证，什么也没有可说。照习惯，沉潭多是读过"子曰"的族长爱面子才作出的蠢事。伯父不读"子曰"，不忍把萧萧当牺牲，萧萧当然应当嫁人做"二路亲"了。

这也是一种处罚，好象极其自然，照习惯受损失的是丈夫家里，然而却可以在发卖上收回一笔钱，作为损失赔偿。那伯父把这事情告给了萧萧，就要走路。萧萧拉着伯父衣角不放，只是幽幽的哭。伯父摇了一会头，一句话不说，仍然走了。

一时没有相当的人家来要萧萧，送到远处去也得有人，因此暂时就仍然在丈夫家中住下。这件事情既经说明白，照乡下规矩，倒又象不甚么要紧，只等待处分，大家反而释然了。先是小丈夫不能再同萧萧在一处，到后又仍然如月前情形，姐弟一般有说有笑的过日子了。

丈夫知道了萧萧肚子中有儿子的事情，又知道因为这样萧萧才应当嫁到远处去。但是丈夫并不愿意萧萧去，萧萧自己也不愿意去。大家全莫名其妙，只是照规矩象逼到要这样做，不得不做。究竟是谁定的规矩，是周公还是周婆，也没有人说得清楚。

在等候主顾来看人，等到十二月，还没有人来，萧萧只好在这人家过年。

萧萧次年二月间，十月满足，坐草生了一个儿子，团头大眼，声响洪壮。大家把母子二人，照料得好好的，照规矩吃蒸鸡同江米酒补血，烧纸谢神。一家人都欢喜那儿子。

生下的既是儿子，萧萧不嫁别处了。到萧萧正式同丈夫拜堂圆房时，儿子已经年纪十岁，有了半劳动力，能看牛割草，成为家中生产者的一员了。平时喊萧萧丈夫作大叔，大叔也答应从不生气。

这儿子名叫牛儿，牛儿十二岁时也接了亲，媳妇年长六岁。媳妇年纪大，方能诸事做帮手，对家中有帮助。唢呐到门前时，新娘在轿中呜呜的哭着，忙坏了那个祖父，曾祖父。

这一天，萧萧刚坐月子不久，孩子才满三月，抱了自己新生的毛毛，在屋前榆蜡树篱笆间看热闹，同十年前抱丈夫一个样子。小毛毛哭了，唱歌一般地哄着他：

"哪，毛毛，看，花轿来了。看，新娘子穿花衣，好体面！不许闹，不讲道理不成的！不讲理我要生气的！看看，女学生也来了！明天长大了，我们讨个女学生媳妇！"

一九二九年作
一九五七年二月校改字句
（《中国现代文学作品精选》，严家炎等主编，北京大学出版社 2001 年版）

【导读】

沈从文（1902—1988），原名沈岳焕，湖南凤凰（今属湘西土家族苗族自治州）人，现代著名作家。作品主要有：短篇小说集《蜜柑》、《雨后及其他》、《神巫之爱》、《旅店及其他》、《石子船》、《八骏图》，中篇小说《边城》，长篇小说《旧梦》、《长河》，散文集《记胡也频》、《记丁玲》、《从文自传》、《湘行散记》、《湘西》，论文集《沫沫集》、《废邮存底》、《云南看云集》等。沈从文主要的文学贡献在于他用小说语言建立起风格独特的"湘西世界"。他从小生活在湘西边城，熟悉那块广袤土地的风土人情，具有一种天生的浪漫情怀。他 14 岁入地方行伍，过早地目睹湘西兵士的豪爽雄武和战争的残酷暴戾，这使得他形成了追求美好人生的艺术品格。

小说《萧萧》是沈从文短篇小说的精品。这个女孩子才12岁，从小没有了母亲，寄养在伯父种田的庄子上，出嫁，就是从这家转到那家。有一个小丈夫，年纪还不到3岁，不过她也不为这婚姻愁烦，她不懂得愁烦，因为没有受过教育，萧萧不可能去反抗她的婚姻。沈从文笔下的萧萧，是近乎完全自然的，听从的是自然人性的召唤。在抱抱丈夫、做杂事中，像棵蓖麻一样长大起来。小说写的萧萧的成长，是一种原生的、自然的成长，她没念过书，对于身处其中的婚姻制度、礼法制度从来没有过自觉的反抗，但是，出于成长中的自然的人性，对于婚姻，萧萧以天然的人性来对抗，对于礼法，家人以农人纯朴的天性来对抗。这样的对抗，都是不自觉的，甚至是自我抑制的，却与制度不可避免地冲撞在一起。于是男小女大的婚姻中存在的矛盾暗暗呈现出来。在这个小说中，矛盾都被放在情节与细节之后，作者从不正面描写冲突，但是萧萧在丈夫与花狗之间的关系，却有了微妙的变化："她有时觉得害怕，不许丈夫走开；有时又象有了花狗在身边，打发丈夫走去反倒好一点。"这一句淡淡的点染，说出这个糊糊涂涂的女孩子心里，隐隐地有了害怕与快乐的争执。在人性与制度的对抗中，沈从文写的是人性的胜利。这样的力量看上去弱小而偶然，沈从文不动声色地在搭建的，是他心中爱与美的，永恒的"人性的希腊小庙"。沈从文用《萧萧》谱出了一曲牧歌，虽然调子中也有沉痛与疑问，但总体却是明朗的、优美的。

【思考与练习】

1. 分析《萧萧》的艺术风格。
2. 谈谈你对萧萧这个人物的认识。

外国诗文阅读

荷马史诗(节选)

荷马

赫克托耳站在那里全神贯注的作着内心的辩论,阿喀琉斯就向他走近来了,戴着他那闪亮的头盔,像个战神的模样,雄赳赳地准备着战斗。在他的右边肩膀上,摆荡着那支可怕的珀利翁山桦木杆的枪,他身上的铜装闪耀得像一片烈火,或是刚刚上升的太阳。赫克托耳抬起头来一眼看见他,就开始簌簌发抖。他没有勇气再战下去了;他就离开了城门,惶恐万状地逃开去。可是那珀琉斯的儿子凭他的脚力快,一个闪电似的就追上去了。轻得像羽族当中最最快的山鹰打个回旋去追一只胆小的鸽子,一路尖叫着紧紧跟随,偶尔还突然来一个猛扑,那阿喀琉斯也就这样前去紧紧追赶的;那赫克托耳呢,也正像一只鸽子飞在她的敌人前头,绕着特洛伊的城墙脚下在阿喀琉斯前面用尽他的脚力在逃跑。他们跑过了瞭望台和那迎风摇曳的无花果树,就离开了城墙一段路,沿着那车道跑了,这样就跑到了那两道可爱的泉水,就是那条斯卡曼得洛斯汹涌河流发源的地方。那两道泉水当中,有一道水是热的,蒸汽从那里升起来,浮在上头好像烈火上的烟。还有那一道泉水,就连夏天涌上来的时候也冷得像是雹子,或者像是雪,或者像是水结成的冰。紧靠着两道泉水,竖着一些广阔而美丽的石槽,在阿开亚人没有到来的太平日子里,特洛伊人的妻子们和可爱的女儿们一向都在里边洗她们那种有光泽的衣服。就打这地方,经过了那一场追逐:前面逃的是赫克托耳,后面追的是阿喀琉斯——逃的人固然英勇,追的人可比他还强得多。那种步子是像疯狂一般的。这并不是一场平常的赛跑,并不是拿一头献祭的牲口或是一面皮革的盾牌作奖品的。他们是在争夺那驯马的赫克托耳的性命呢,为了这个他们都撒开飞脚在普里阿摩斯那个城市的周围绕了三匝,正如在替一个战士举行葬仪的竞技场上,两匹赛马的壮马为着那一个三脚鼎或是一个女人的辉煌奖品绕着那个场子拼命地飞跑一般。

所有的神都在看他们,默默地,后来那人与神之父方才叹了一口气向着其他的神说道:“我的心里有一块温暖的地方给予现在在我眼前绕着特洛伊的城墙被追逐的这个人。我替赫克托耳伤心。他在那伊得山的崎岖山顶以及特洛伊的高堡垒上头,都曾拿许多头牛的大腿来孝敬过我。可是现在那伟大的阿喀琉斯正在普里阿摩斯的城市周围拼命追逐他。你们想一想,神们,帮助我决定一下,我们去救他的性命呢,或者是就在今天让一个好人去倒在那珀琉斯之子阿喀琉斯的手下。”

“父啊!”闪眼的雅典娜嚷道,“你在说什么话呀?难道你,明亮的闪电和黑云之神,打算赦免一个早已判定死刑的凡人的死的痛苦吗?你喜欢这样你就这样做,可是不要想望我们其余的神来赞成你。”

“你放心,特里同的女神,我的亲爱的孩子,”那行云之神宙斯说道,“我并不是真的要保全他。你可以信赖我对于你的好意。你看怎样适当就怎样办吧,而且立刻就行动起来。”那雅典娜本来就已心痒巴巴地想要干她的一角,现在得到宙斯的鼓励,就从俄林波斯峰顶飞了下去了。

这时候,捷足的阿喀琉斯继续对赫克托耳作无情的追逐。比如一头猎犬已经把一只小鹿从它山间的窝里赶了动身,就一直追赶着它,通过了草莽和空谷,即使它到丛林里去藏躲起来,他也要跑上前去,嗅出他的踪迹,找到他的猎物,当时那捷足的阿喀琉斯也正像这样,无论赫克托耳使什么诡计,也不能把他摆脱。不止一次的,赫克托耳想要向达耳达尼亚的城门那边冲过去,希望他挨着那高城墙的脚下走时,城头上的弓箭手会把他的追逐者射开,因而可以保性命,谁知阿喀琉斯一径都占着那条靠城墙的路,赫克托耳每次想要靠过来,他都把他挡回空旷的一边去。然而他始终都追不着赫克托耳,正如赫克托耳始终都摆脱不了他一般。这就像是一个梦魇里的一场追逐,无论追逐的人和被追逐的人都动不得手脚。

你也许要问,死神既然紧紧跟在赫克托耳的后面,他又怎么能逃避的呢?他之所以能逃避,只是靠阿波罗的最后的干涉,因为那一位神最后一次到他身边来,重新振作起他的力气,给予他迅速的脚力。而且,阿喀琉斯又曾经用他的头部动作向他的部下发过信号,不许他们向他的猎物放箭,因为他怕有人要着先鞭,一箭把赫克托耳射中了,抢过那个荣誉去。但是,等到他们第四次到达那泉水的时候,天父就把他的金天秤拿出来,在两个秤盘上都放上死刑的判决,一盘给阿喀琉斯,一盘给那驯马的赫克托耳,然后他拿住秤杆的中心把它擎起来。那支秤杆向赫克托耳的方向倾倒下去,表示他被判定了死刑。他是一个死人了。福玻斯·阿波罗就丢开了他,同时闪眼女神雅典娜也到阿喀琉斯的身边去说要紧话。"显赫的阿喀琉斯,宙斯的宠子,"她说道,"咱们的机会已经到来,可以让阿开亚的军队带一个光荣的胜利回船去了。赫克托耳是要一直打到死为止的,可是你我就要去把他杀掉。现在他是无可逃遁了,无论那射王阿波罗怎样出力,怎样趴到他父亲戴法宝的宙斯的脚下去。现在你且站住了歇歇气儿,我到赫克托耳那里去劝他来跟你战斗。"

阿喀琉斯觉得很高兴,就照她的话做了。他拄着他的铜头枪站在那儿,雅典娜为着她的目的借用得伊福玻斯的相貌和不倦的声音,从他身边走到赫克托耳那儿去向他打招呼。"我的亲爱的兄弟,"她对赫克托耳说道,"那捷足的阿喀琉斯那么快地绕着城圈子追赶你,一定把你累乏了。咱们站下来,就在这儿一起跟他对敌吧。"

"得伊福玻斯,"那头盔闪亮的伟大的赫克托耳说道,"在赫卡柏和普里阿摩斯给我的所有兄弟当中,我一径都是最最爱你的。可是从今以后我要更加觉得你好了,因为其余的人都躲在城里不出来,只有你见我有难敢从城里出来帮助我。"

"亲爱的兄弟,"闪眼的雅典娜说道,"我可以老实告诉你,咱们的父王和母后曾经轮流着劝告我,哀求我,要我呆在城里不出来。我的部下也在那里,也这样劝告我——他们大家都怕阿喀琉斯怕得那个样儿的。可是我替你急坏了呢。现在咱们放开胆去向他攻击,咱们枪下不可以容情。咱们马上就可以见分晓,到底是阿喀琉斯杀了咱们两个人,带着咱们的血污铠甲回楼船去呢,还是他自己被你的枪所征服。"雅典娜的巧计成功了,她就引诱他走上前去。赫克托耳和阿喀琉斯彼此遭遇了。

(《伊利昂纪》,荷马著,傅东华译,人民文学出版社 1959 年版)

【导读】

荷马史诗是欧洲文学史上早期的重要作品,也是古希腊文学辉煌的重要代表。

荷马，生卒年不详，对于他生活的时代，他的创作，甚至是否真有其人，在后世还引发过广泛的争议，形成所谓的“荷马问题”。据后人考证，荷马确有其人，而且是一位盲诗人，大约生活在公元前9世纪。

荷马史诗由《伊利昂纪》和《奥德修纪》两部分组成，其中前者描写了特洛伊战争本身。该部分一共有二十四卷，一万五千多行。史诗并没有对十年战争作一一描述，而是截取了第十年最后几十天的事件，以希腊大将“阿喀琉斯的愤怒”为中心线索，写了阿喀琉斯为朋友复仇，在战场上杀死了特洛伊的统帅赫克托耳。以上节选便来自这个部分，它详细地交代了阿喀琉斯与赫克托耳之间的正面交锋，虽然赫克托耳是特洛伊的头等勇士，但在阿喀琉斯面前却明显处于下风，只能选择逃逸的方式来躲避对方的追捕。在双方胜负未定的情况下，由宙斯通过比秤的方式决定了二者的命运。随后赫克托耳中了雅典娜设下的巧计，放弃了逃遁，决心与阿喀琉斯正面交锋。这也直接决定了战争局势的最终结果。

史诗塑造了众多的英雄形象。比如被誉为“希腊第一英雄”的阿喀琉斯，他多方面的特点集于一身：一是重视荣誉。神谕说他有两种命运：要么在家平安长寿，要么在战场上牺牲。而阿喀琉斯看重荣誉，毅然选择了第二条道路。二是极度任性。他心爱的女俘被统帅抢走后，他不甘受辱而离开战场，使希腊军队遭受重大损失。尽管后来统帅向他赔罪，但他却不肯罢休。三是看重友情。在他的朋友替他上战场阵亡后，他化愤怒和悲痛为力量，立即和统帅和解，并重上战场为朋友复了仇。四是暴烈残忍。他杀死敌方统帅后，不顾对方死前的恳求，将对方的尸体拖在战车后面，以发泄仇恨。五是富有同情心。他在看到白发苍苍的特洛伊老国王垂泪求他归还儿子尸体时，他的怜悯之心油然而生，愤怒顿时化为同情，遂将尸体归还。阿喀琉斯所具有的多重性格显示出这一形象的真实可信，生动感人。另一个突出的英雄是赫克托耳。他作为特洛伊统帅，更富于悲情色彩。他明知道特洛伊一方将要失败，国破家亡的命运难以摆脱，但仍坚持抗争。他深感自己身上责任和义务的重大，也正是这种强烈而深重的责任感，留给人的印象尤为深刻。当他准备出战时，他的妻子抱着他们的独子，流着泪水再三哀求他退出战场，可是他却说：“我如果也像一个懦夫那么藏起来，不肯去打仗，那我就永远没有面目见特洛伊人和那些拖长袍的特洛伊妇女了……我一直都像一个好军人那么训练自己，要身先士卒，去替我父亲和自己赢得光荣。”在伤感之余，他依然告别了妻子，义无反顾地投身于战场，最终壮烈地牺牲。至此，史诗把赫克托耳的悲剧色彩渲染到了极致。

在艺术上，史诗取得了杰出的成就，很值得后人研究和借鉴。首先，在题材处理及谋篇布局上显得非常巧妙。即让故事围绕着一段时间，一个中心人物而展开。如《伊利昂纪》中，着重讲述了10年战争中最后4天发生的重要事件，并以两次“阿喀琉斯的愤怒”为中心展开故事，情节结构显得集中紧凑，严谨完整。其次，在人物的性格刻画上显示出功力。史诗中的几个主要人物都可谓性格鲜明。如阿喀琉斯的英勇善战、赫克托耳的勇敢坚强让人印象深刻。而且这些人物的性格并非只有一面，而是具有多重性和复杂性。再者，作品中故事内容的讲述具有明快、生动的特征。早期古希腊文学的表述往往过于单调，比如诗中的人物赫拉是“白臂膀的女神赫拉”，这一方面显露了文学发展初期词汇贫乏的弱点，另一方面又反映出这个人物或事物的突出特点。最后，诗中广泛运用了“荷马式的比喻”。这些比喻在诗中多达几百处，几乎都是从日常生活和自然现象中选取，让人感觉既贴切，又形象，比喻的运用使描写更接近于现实，给读者以身临其境之感。

【思考与练习】

1. 根据选文分析荷马史诗的主题。
2. 比较一下阿喀琉斯和赫克托耳两位英雄形象有何异同。
3. 归纳荷马史诗在叙事上的特征。

致恰达耶夫

普希金

爱情，希望，平静的光荣
并不能长久地把我们欺诳，
就是青春的欢乐，
也已经像梦，像朝雾一样消亡；
但我们的内心还燃烧着愿望，
在残暴的政权的重压之下，
我们正怀着焦急的心情
在倾听祖国的召唤。
我们忍受着期望的折磨，
等候那神圣的自由时光，
正像一个年轻的恋人
在等候那真诚的约会一样。
现在我们的内心还燃烧着自由之火，
现在我们为了荣誉献身的心还没有死亡，
我的朋友，我们要把我们心灵的
美好的激情，都呈现给我们的祖国！
同志，相信吧：迷人的幸福的星辰
就要上升，射出光芒，
俄罗斯就要从睡梦中苏醒，
在专制暴政的废墟上，
将会写上我们姓名的字样！

（《普希金诗选》，戈宝权译，浙江文艺出版社 2001 年版）

【导读】

普希金（1799—1837），俄国文学史上的伟大诗人。在 19 世纪的俄罗斯文学中，他既是浪漫主义文学的开拓者，又是批判现实主义文学的奠基人。一生创作甚丰，其中诗歌主要有《自由颂》和《致恰达耶夫》，小说主要有《叶甫盖尼·奥涅金》和《上尉的女儿》。

《致恰达耶夫》是普希金早期创作中具有代表性的诗篇，可谓一首极具政治色彩的“自由的颂歌”，也是俄罗斯诗歌艺术中的瑰宝。该诗作于 1818 年，当时俄国正处在沙皇专制统治最黑暗的时代，广大的俄国人民备受残酷的压迫，生活在水深火热之中。诗人在写这首诗时，已在俄国外交部供职，经常混迹于上流社会。然而，贵族阶级的奢华生活使他感到寂寞、厌倦，舞会上的鲜花、美酒以及华尔兹的旋律，并没有淹没诗人青春理想的火焰。所以，在诗人眼中，往昔令人陶醉的爱情、荣誉都像梦和朝雾一样消失了，代之而起的是苦苦的期待，期待着神圣的自由时刻的到来，这正如诗中所写的："正像一个年轻的恋人，在等候那真诚的约会一样。"

在诗歌主题方面，诗人主要表达了两方面的思想：一是反对沙皇俄国的专制暴政，并追求真理，向往自由。在诗人眼中，俄国农奴制既反动又落后，沙皇所奉行的专制政策使众多有理想并追求进步的青年备感压抑。不过在诗中，诗人已经表现出乐观的心态，洋溢着蓬勃的青春朝气，以及为祖国献身的雄心壮志。诗中的另一个主题思想是表达诗人对"荣誉"的强烈追求。在普希金生活的时代，广大进步青年都向往获得荣誉，从中实现自我的人生价值。在他们看来，荣誉是最重要的，甚至胜过个人的生命。如果没有获得荣誉或者丧失了荣誉，那活在这个世上也就失去了意义。因此诗人才说："现在我们为了荣誉献身的心还没有死亡。"

在艺术表现上，该诗独具特色。首先是在格律的运用上别具一格。全诗押韵错落有致。其次是比喻、拟人等手法的成功使用。最后是在诗风方面，诗人实现了诗歌抒情性与庄重性的融合。一般而言，赠诗性质的抒情诗只讲求私人的感情抒发，政治性的抒情诗则强调政治色彩而忽略抒情。普希金的这首诗恰到好处地弥补了二者的不足，还引发了广泛的共鸣。

【思考与练习】

1. 分析一下作者写这首诗歌的心境。
2. 请体会一下这首诗直抒胸臆的特点。

窗前晨景

艾略特

地下室厨房里，她们正把早点盘子洗得乒乓响，
沿着众人践踏的街道边沿，
我感到女仆们潮湿的灵魂
在地下室前的大门口沮丧地发芽。

一阵阵棕色波浪般的雾从街的尽头
向我抛上一张张扭曲的脸，
又从一位穿着泥污的裙子的行人的脸上
撕下一个空洞的微笑，微笑逗留在半空，
然后沿着屋顶一线消失了。

（《外国文学作品选》上，裘小龙译，高等教育出版社 2005 年版）

【导读】

托马斯·斯特恩斯·艾略特（1888—1965），英国诗人，剧作家和评论家，西方后期象征主义诗歌的代表。1921 年，他完成长诗《荒原》，产生了巨大的反响，奠定了他作为西方 20 世纪伟大诗人的地位。艾略特还是英美“新批评派”的奠基人之一。1948 年，“由于他对当代诗歌的卓越贡献和所起的先锋作用”，艾略特获得诺贝尔文学奖。

《窗前晨景》是一首很能体现艾略特的理论主张和创作风格的有名的小诗。艾略特认为，诗人表达思想感情不能像哲学家或技巧不高明的诗人那样直接说出，而要为作家的思想感情找到“客观对应物”，要用知觉来表达思想。这首诗借助语言的跳跃和陌生化组接，实现“思想的知觉化”。全诗共两小节，描绘了两幅画面。该诗题为“窗前晨景”，按读者的阅读习惯，一般会想到朝霞、清新的空气、小鸟的鸣叫等场景，但诗人一反常态，写日常生活的琐碎无聊，甚至是惹人生厌的场景。

第一节，写的是地下室餐厅里刷盘子的女佣的工作场景，地下室是潮湿、阴暗的，女佣长期待在这里，灵魂也潮湿了，甚至发了芽。餐厅则暗示人们最低级的生理欲求，因此，女佣洗盘子的声音也是乒乓响，没有美感，让人生厌。“沿着众人践踏的街道边沿”，则是强调诗人的这种感觉的普遍性，路上的行人和女佣一样，灵魂潮湿，精神空虚。

第二节，诗人将目光转向街道。“一阵阵棕色波浪般的雾从街的尽头，向我抛上一张张扭曲的脸”，棕色波浪般的雾是潮湿而肮脏的，它迅捷地向诗人掷来，让他避之不及，在肮脏的雾的笼罩下，人们的脸也歪了。接着，诗人看到一个穿裙子的过路人，但这裙子溅满污泥，诗人的厌恶之情自不待言。就在这时，诗人发现她笑了一下，这笑在诗人看来确实如此生硬，仿佛是贴在脸上的一张纸，从脸上撕下来一般，它是这样空洞，甚至在空中飘荡起来，沿

着屋顶那条水平线消失了。在这一节中，诗人描绘的环境是丑恶的，行人的相貌是怪异的，衣着是肮脏的，表情是生硬的，折射出现代人世俗生活的令人生厌、精神的空虚无聊。但诗人没有明说，而是通过“棕色波浪般的雾”、“扭曲的脸”、“泥污的裙子”、“撕下一个空洞的微笑”等描述，将思想感情具象化了。诗人通过这些“丑”的意象来表达他对现代社会和现代人的认识和感受。

《窗前晨景》所表达的诗人对现代社会的感受并非毫无根据。20 世纪初的西方社会进入现代工业社会后，生活是城市式的、世俗化的，世界变得复杂而生疏，每个人成为孤立的存在，个人与个人、个人与社会产生了疏离感、陌生感，个体感到孤独、无依无靠。《窗前晨景》中，人如行尸走肉，轻飘飘的没有重量，灵魂空虚，早已不是什么“宇宙的精华、万物的灵长”，精神的丧失使人变得如虫豸一般卑微。

在艺术表现上，这首诗语言的跳跃和陌生化组接，挑战了传统的审美习惯，在给读者带来新鲜的审美感受的同时，也在一定程度上带来了诗歌意义的模糊与不确定性以及理解上的困难。我们在读这样的诗时，一方面通过诗句从整体上感受诗人的思想情绪，另一方面通过细读，发现诗中意象的内在联系及诗人情感的走向。

【思考与练习】

1. 《窗前晨景》描写了现代都市人怎样的病态特征？能给你带来什么启示？

2. 请体会分析诗歌意象（潮湿的灵魂、沮丧地发芽、撕下一个空洞的微笑等）的表达效果。

巴尔扎克葬词

雨果

各位先生：

现在被葬入坟墓的这个人，举国哀悼他。对我们来说，一切虚构都消失了。从今以后，众目仰望的将不是统治者，而是思想家。一位思想家不存在了，举国为之震惊。今天，人民哀悼一位天才之死，国家哀悼一位天才之死。

诸位先生，巴尔扎克这个名字将长留于我们这一时代，也将流转于后世的光辉业绩之中。巴尔扎克先生属于19世纪拿破仑之后的、强有力的作家之列。正如17世纪，一群显赫的作家涌现在黎塞留之后一样——就像文明发展中，出现了一种规律，促使武力统治者之后，出现精神统治者一样。

在最伟大的人物中间，巴尔扎克是名列前茅者；在最优秀的人物中间，巴尔扎克是佼佼者之一。他才华卓越，至善至美，但他的成就不是眼下说得尽的。他的所有作品仅仅形成了一部书，一部有生命的、光亮的、深刻的书。我们在这里看见，我们的整个现代文明的走向，带着我们说不清楚的、同现实打成一片的惊惶与恐怖。一部了不起的书，他题作“喜剧”，其实就是题作“历史”也没有什么，这里有一切的形式和一切的风格，超过塔西陀，上溯到苏埃通，越过博马舍，直达拉伯雷；一部既是观察又是想象的书，这里有大量的真实、亲切、家常、琐碎、粗鄙。但是，有时通过突然撕破表面、充分揭示形形色色的现实，让人马上看到最阴沉和最悲壮的理想。

愿意也罢，不愿意也罢，同意也罢，不同意也罢，这部庞大而又奇特的作品的作者，不自觉地加入了革命作家的强大行列。巴尔扎克笔直地奔向目标，抓住了现代社会进行肉搏。他从各方面揪过来一些东西，有虚像，有希望，有呼喊，有假面具。他发掘内心，解剖激情。他探索人、灵魂、心、脏腑、头脑和各个人的深渊。巴尔扎克由于他自由的天赋和强壮的本性，由于他具有我们时代的聪明才智，身经革命，更看出了什么是人类的末日，也更了解什么是无意。于是面带微笑，泰然自若，进行了令人生畏的研究，但仍然游刃有余。他的这种研究不像莫里哀那样陷入忧郁，也不像卢梭那样愤世嫉俗。

这就是他在我们中间的工作。这就是他给我们留下来的作品，崇高而又扎实的作品，金刚岩层堆积起来的雄伟的纪念碑！从今以后，他的声名在作品的顶尖熠熠发光。伟人们为自己建造了底座，未来负起安放雕像的责任。

他的去世惊呆了巴黎。他回到法兰西有几个月了。他觉得自己不久于人世，希望再看一眼他的祖国，就像一个人出门远行之前，再来拥抱一下自己的母亲一样。

他的一生是短促的，然而也是饱满的，作品比岁月还多。

唉！这位惊人的、不知疲倦的作家，这位哲学家，这位思想家，这位诗人，这位天才，在同我们一起旅居在这世上的期间，经历了充满风暴和斗争的生活，这是一切伟大人物的共同命运。今天，他安息了，他走出了冲突与仇恨。在他进入坟墓的这一天，他同时也步入了荣誉的宫殿。从今以后,他将和祖国的星星一起,熠熠闪耀于我们上空的云层之上。

站在这里的诸位先生,你们心里不羡慕他吗?

各位先生,面对着这样一种损失,不管我们怎样悲痛,就忍受一下这样的重大打击吧。打击再伤心,再严重,也先接受下来再说吧。在我们这样一个时代里,一个伟人的逝世,不时地使那些疑虑重重、受怀疑论折磨的人,对宗教产生动摇。这也许是一桩好事,这也许是必要的。上天在让人民面对崇高的奥秘,并对死亡加以思考的时候,知道自己做的是什么;死亡是伟大的平等,也是伟大的自由。

上天知道自己做的是什么,因为这是最高的教训。当一个崇高的英灵,庄严地走进另一世界的时候;当一个人张开他的有目共睹的、天才的翅膀,久久飞翔在群众的上空,忽而展开另外的、看不见的翅膀,消失在未知之乡的时候。我们的心中,只能充满严肃和诚挚。

不,那不是未知之乡!我在另一个沉痛的场合已经说过,现在我也永不厌烦地还要再说——这不是黑夜,而是光明!这不是结束,而是开始!这不是虚无,而是永恒!我说的难道不是真话吗,听我说话的诸位先生?这样的坟墓,就是不朽的明证!面对某些鼎鼎大名的、与世长辞的人物,人们更清晰地感到这个睿智的人的神圣使命,他经历人世是为了受苦和净化,大家称他为大丈夫。而且心想,生前凡是天才的人,死后就不可能不化作灵魂!

(《中外演说名篇选》,陈占元译,广东人民出版社 1985 年版)

【导读】

巴尔扎克(1799—1850)和雨果(1802—1885)同为 19 世纪法国文坛的泰斗。其中,巴尔扎克是法国现实主义文学的代表,他的文学巨著《人间喜剧》是世界文学史上罕见的宏伟之作。雨果是法国浪漫主义文学的代表。他的文艺生涯长达 60 余年,创作了大量的小说、诗歌、戏剧及各种评论性文章,可谓成果甚丰,在文学创作上以两部长篇小说《巴黎圣母院》和《悲惨世界》最为有名。

巴尔扎克和雨果生活在同一时代,对文学的爱好和执着追求使他们交往甚密并成为朋友。雨果为巴尔扎克的溘然长逝而深感悲痛,也为巴尔扎克生平所取得的业绩倍感自豪,同时他也对人生的意义做了诸多思索。1850 年 8 月 20 日,巴尔扎克的葬礼在巴黎城郊的拉雪兹神甫公墓举行,雨果向前来送葬的法国公众发表了这篇著名演说。

《巴尔扎克葬词》是一篇优美的抒情散文,更是一篇文学性很强的演说稿。与常见的逝世演说词不同,雨果的陈词没有低沉的调子和哀婉的言语,而是充满了高亢和庄重,他如数家珍地罗列了巴尔扎克作出的贡献,渲染出其悼念之情,言之切切,令人感动。

这篇葬词在内容上可分为四个部分。第一部分是总述,作者一开始便告知了巴尔扎克逝世的消息,由此引发听者对逝者的悼念。同时雨果也给逝者很高的定位,称赞对方是一位“天才”。第二部分作者高度评价了巴尔扎克在生前作出的卓越贡献,阐明了他之所以被称为“天才”是缘于他的创作。第三部分作者展望未来,预估了巴尔扎克的历史地位和巨大影响,他在充分肯定巴尔扎克过去做出的丰功伟绩之后,很自然地从立足现在,到展望未来。第四部分作者在追悼逝者之余,还表达了自己对于生与死的看法。

在艺术上,这篇文章的最大特点是采用了充满个性的激情化的语言,这种激情充满着无穷的力量,能使人们心中那份沉甸甸的感伤和怅惘淡化,这一切可通过作者的言说感受至深。雨果以激情化的语言评说逝者,表达其哀痛之情,同时透过他的语言,我们也能感受到他的深邃而博大的思想以及崇高而光辉的人格。

【思考与练习】

1. 分析这篇悼文的独特之处。
2. 归纳一下作者对巴尔扎克有哪几方面的评价。
3. 分析这篇抒情散文的“优美”体现在何处。

哈姆莱特(节选)

莎士比亚

第三幕第一场　城堡中一室

[哈姆莱特上。

哈姆莱特　生存还是毁灭,这是一个,值得考虑的问题:默然忍受命运的暴虐的毒箭,或是挺身反抗人世的无涯的苦难,通过斗争把它们扫清,这两种行为,哪一种更高贵？死了,睡着了,什么都完了。要是在这一种睡眠之中,我们心头的创痛以及其他无数血肉之躯所不能避免的打击,都可以从此消失,那正是我们求之不得的结局。死了,睡着了,睡着了也许还会做梦。嗯,阻碍就在这儿:因为我们摆脱了这一具腐朽的皮囊以后,在那死的睡眠里,究竟将要做些什么梦,那不能不使我们踌躇顾虑。人们甘心久困于患难之中,也就是为了这个缘故谁愿意忍受人世的鞭挞和讥嘲、压迫者的凌辱、傲慢者的冷眼、被轻蔑的爱情的惨痛、法律的迁延、官吏的横暴和费尽辛勤所换来的小人的鄙视,要是他只要用一柄小小的刀子,就可以清算他自己的一生？谁愿意负着这样的重担,在烦劳的生命的压迫下呻吟流汗,倘不是因为惧怕不可知的死后,惧怕那从来不曾有一个旅人回来过的神秘之国,是它迷惑了我们的意志,使我们宁愿忍受目前的折磨,不敢向我们不知道的痛苦飞去？这样,重重的顾虑使我们全变成了懦夫,决心的赤热的光彩,被审慎的思维盖上了一层灰色,伟大的事业在这一种考虑之下,也会逆流而退,失去了行动的意义。且慢！美丽的奥菲利亚！——女神,在你的祈祷之中,不要忘记替我忏悔我的罪孽。

奥菲利亚　我的好殿下,您这许多天来贵体安好吗?

哈姆莱特　谢谢您,很好,很好,很好。

奥菲利亚　殿下,我有几件您送给我的纪念品,我早就想把它们还给您,请您现在收回去吧。

哈姆莱特　不,我不要;我从来没有给你什么东西。

奥菲利亚　殿下,我记得很清楚您把它们送给了我,那时候您还向我说了许多甜言蜜语,使这些东西格外显得贵重。现在它们的芳香已经消散,请您拿回去吧,因为在有骨气的人看来,送礼的人要是变了心,礼物虽贵,也会失去了价值。拿去吧,殿下。

哈姆莱特　哈哈！你贞洁吗?

奥菲利亚　殿下!

哈姆莱特　你美丽吗?

奥菲利亚　殿下是什么意思?

哈姆莱特　要是你既贞洁又美丽,那么你的贞洁应该断绝跟你的美丽来往。

奥菲利亚　殿下,难道美丽除了贞洁以外,还有什么更好的伴侣吗?

哈姆莱特　嗯,真的。因为美丽可以使贞洁变成淫荡,贞洁却未必能使美丽受它自己的感化。这句话从前像是怪诞之谈,可是现在时间已经把它证实了。我的确曾经爱过你。

奥菲利亚 真的,殿下,您曾经使我相信您爱我。

哈姆莱特 你当初就不应该相信我,因为美德不能熏陶我们罪恶的本性。我没有爱过你。

奥菲利亚 那么我真是受了骗了。

哈姆莱特 进尼姑庵去吧。为什么你要生一群罪人出来呢?我自己还不算是一个顶坏的人。可是我可以指出我的许多过失,一个人有了那些过失,他的母亲还是不要生下他来得好。我很骄傲,有仇必报,富于野心,我的罪恶是那么多,连我的思想也容纳不下,我的想象也不能给它们形象,甚至于我都没有充分的时间可以把它们实行出来。像我这样的家伙,匍匐于天地之间,有什么用处呢?我们都是些十足的坏人,一个也不要相信我们,进尼姑庵去吧。你的父亲呢?

奥菲利亚 在家里,殿下。

哈姆莱特 把他关起来,让他只好在家里发发傻劲。再会!

奥菲利亚 哎哟,天哪!救救他!

哈姆莱特 要是你一定要嫁人,我就把这一个诅咒送给你做嫁奁:尽管你像冰一样坚贞,像雪一样纯洁,你还是逃不过谗人的诽谤。进尼姑庵去吧,去,再会!或者要是你必须嫁人的话,就嫁给一个傻瓜吧,因为聪明人都明白你们会叫他们变成怎样的怪物,进尼姑庵去吧,去,越快越好。再会!

奥菲利亚 天上的神明啊,让他清醒过来吧!

哈姆莱特 我也知道你们会怎样涂脂抹粉。上帝给了你们一张脸,你们又替自己另外造了一张。你们艳视媚行,淫声浪气,替上帝造下的生物乱取名字。卖弄你们不懂事的风骚。算了吧,我再也不敢领教了,它已经使我发了狂。我说,我们以后再也不要结什么婚了。已经结过婚的,除了一个人以外,都可以让他们活下去;没有结婚的不准再结婚,进尼姑庵去吧,去。(下)

奥菲利亚 啊,一颗多么高贵的心是这样陨落了!朝臣的眼睛、学者的辩舌、军人的利剑、国家所瞩望的一朵娇花;时流的明镜、人伦的雅范、举世瞩目的中心,这样无可挽回地陨落了!我是一切妇女中间最伤心而不幸的,我曾经从他音乐一般的盟誓中吮吸芬芳的甘蜜,现在却眼看着他的高贵无上的理智,像一串美妙的银铃失去了谐和的音调,无比的青春美貌,在疯狂中凋谢!啊!我好苦,谁料过去的繁华,变作今朝的泥土!

[国王及波罗涅斯重上。

国王 恋爱!他的精神错乱不像是为了恋爱,他说的话虽然有些颠倒,也不像是疯狂。他有些什么心事盘踞在他的灵魂里,我怕它也许会产生危险的结果,为了防止万一,我已经当机立断,决定了一个办法:他必须立刻到英国去,向他们追索延宕未纳的贡物。也许他到海外各国游历一趟以后,时时变换的环境,可以替他排解去这一桩使他神思恍惚的心事。你看怎么样?

波罗涅斯 那很好,可是我相信他的烦闷的根本原因,还是为了恋爱上的失意。啊,奥菲利亚!你不用告诉我们哈姆莱特殿下说些什么话;我们全都听见了。陛下,照您的意思办吧。可是您要是认为可以的话,不妨在戏剧终场以后,让他的母后独自一人跟他在一起,恳求他向她吐露他的心事;她必须很坦白地跟他谈谈,我就找一个所在听他们说些什么。要是她也探听不出他的秘密来，您就叫他到英国去，或者凭着您的高见，把他关禁在一个适当的地方。

国王　就这样吧，大人物的疯狂是不能听其自然的。（同下）

……

第三场　城堡中一室

［国王、罗森格兰兹及吉尔登斯吞上。

国王　我不喜欢他。纵容他这样疯闹下去，对于我是一个很大的威胁。所以你们快去准备起来吧。我马上叫人办好你们要递送的文书，同时打发他跟你们一块儿到英国去。就我的地位而论，他的疯狂每小时都可以危害我的安全，我不能让他留在我的近旁。

吉尔登斯吞　我们就去准备起来。许多人的安危都寄托在陛下身上，这一种顾虑是最圣明不过的。

罗森格兰兹　每一个庶民都知道怎样远避祸患，一个身负天下重寄的人，尤其应该时刻不懈地防备危害的袭击。君主的薨逝不仅是个人的死亡，它像一个漩涡一样，凡是在他的近旁的东西，都要被它卷去同归于尽；又像一个矗立在最高山峰的巨轮，它的轮辐上连附着无数的小物件，当巨轮轰然崩裂的时候，那些小物件也跟着它一齐粉碎。国王的一声叹息，总是随着全国的呻吟。

国王　请你们准备立刻出发，因为我们必须及早制止这一种公然的威胁。

罗森格兰兹　我们就去赶紧准备。

（罗森格兰兹、吉尔登斯吞同下）

［波罗涅斯上。

波罗涅斯　陛下，他到他母亲房间里去了。我现在就去躲在帷幕后面，听他们怎么说。我可以断定她一定会把他好好教训一顿的。您说得很不错，母亲对于儿子总有几分偏心，所以最好有一个第三者躲在旁边偷听他们的谈话。再会，陛下；在您未睡以前，我还要来看您一次，把我所探听到的事情告诉您。

国王　谢谢你，贤卿。（波罗涅斯下）啊！我的罪恶的戾气已经上达于天，我的灵魂上负着一个元始以来最初的诅咒，杀害兄弟的暴行！我不能祈祷，虽然我的愿望像决心一样强烈，我的更坚强的罪恶击败了我的坚强的意愿。像一个人同时要做两件事情，我因为不知道先从什么地方下手而徘徊歧途，结果反弄得一事无成。要是这一只可诅咒的手上染满了一层比它本身还厚的兄弟的血，难道天上所有的甘霖，都不能把它洗涤得像雪一样的白吗？慈悲的使命，不就是宽宥罪恶吗？祈祷的目的，不是一方面预防我们的堕落，一方面救拔我们于已堕落之后吗？那么我要仰望上天，我的过失已经犯下了。可是唉！哪一种祈祷才是我所适用的呢？“求上帝赦免我的杀人重罪”吗？那不能，因为我现在还占有着那些引起我的犯罪动机的目的物。我的王冠，我的野心和我的王后。非分攫取的利益还在手里，就可以幸邀宽恕吗？在这个贪污的人世，罪恶的镀金的手也许可以把公道推开不顾，暴徒的赃物往往成为枉法的贿赂。可是天上却不是这样的，在那边一切都无可遁避，任何行动都要显现它的真相，我们必须当面为我们自己的罪恶作证。那么怎么办呢？还有什么法子好想呢？试一试忏悔的力量吧。什么事情是忏悔所不能做到的？可是对于一个不能忏悔的人，它又有什么用呢？啊，不幸的处境！啊，像死亡一样黑暗的心胸！啊，越是挣扎，越是不能脱身的胶住了的灵魂！救救我，天使们！试一试吧：屈下来，顽强的膝盖，钢丝一样的心弦，变得像新生之婴的筋肉一样柔嫩吧！但愿一切转祸为福！（退后跪祷）

［哈姆莱特上。

哈姆莱特 他现在正在祈祷，我决定现在就干，让他上天堂去，我也算报了仇了。不，那还要考虑一下：一个恶人杀死我的父亲。我，他的独生子，却把这个恶人送上天堂。啊，这简直是以恩抱怨了。他用卑鄙的手段，在我父亲满心俗念、罪孽正重的时候乘其不备把他杀死。虽然谁也不知道在上帝面前，他的身前的善恶如何相抵，可是照我们一般的推想，他的孽债多半是很重的。现在他正在洗涤他的灵魂，要是我在这时候结果了他的性命，那么天国的路是为他开放着，这样还算是复仇吗？不！收起来，我的剑，等候一个更残酷的机会吧。当他在酒醉以后，在愤怒之中，或是在乱伦纵欲的时候，有赌博、咒骂或是其他邪恶的行为的中间，我就要叫他颠踬在我的脚下，让他幽深黑暗不见天日的灵魂永堕地狱。我的母亲在等我。这一服续命的药剂不过延长了你临死的痛苦。（下）

［国王起立上前。

国王 我的言语高高飞起，我的思想滞留地下，没有思想的言语永远不会上升天界。（下）

（《外国文学作品选》上，朱生豪译，高等教育出版社 2005 年版）

【导读】

威廉·莎士比亚（1564—1616）是文艺复兴时期英国伟大的戏剧家和诗人，人文主义杰出的代表。同时代人本·琼生称誉他是“时代的灵魂”，“不属于一个时代，而属于所有的世纪”。

《哈姆莱特》是莎士比亚悲剧代表作之一。它与《奥赛罗》、《李尔王》、《麦克白》一起被称为莎士比亚的“四大悲剧”。该剧取材于丹麦王子为父报仇的故事，此故事最早见于 12 世纪末丹麦历史学家萨克索·格拉马提卡斯《丹麦史》中。

悲剧的中心人物哈姆莱特是文艺复兴时期一个处于理想与现实矛盾中的人文主义者形象。他离开丹麦到德国威登堡大学读书，在那里接受了人文主义思想的熏陶，具有当时人文主义者的民主意识和人性光辉。然而，这样一个对人和社会充满理想、满怀信心的优秀青年，回国后却一连遭受父死、母嫁、叔叔篡位的三重打击。在理想与现实的矛盾下，哈姆莱特陷入深刻的精神危机，原来天神般的父亲被一个丑怪似的小人所取代，原本圣洁高贵的母亲在丈夫尸骨未寒时就投入奸王的怀抱，奥菲莉亚受父亲利用做了奸王的工具，老同学也成了敌人的帮凶。所有这一切把他对正义、忠诚、爱情、友谊、家庭等的美好信念击得粉碎。所以，他一方面赞美人是“宇宙的精华，万物的灵长”，另一方面是对人的深深的诅咒：“这一个泥土塑成的生命算得了什么？人类不能使我发生兴趣，不，女人也不能使我发生兴趣，虽然从你现在的微笑之中，我可以看到你在这样想。”在这严酷的现实面前，哈姆莱特理想幻灭，陷入深沉的忧郁之中。

哈姆莱特的任务是为父报仇，但作为王子，他又要担负起“重整乾坤”的使命。对哈姆莱特而言，“重整乾坤”不仅仅是要与以克劳狄斯为首的封建恶势力作斗争，更要与人自身的恶作斗争，因为人只是“泥塑的生命”，更加上“人世的鞭挞和讥嘲、压迫者的凌辱、傲慢者的冷眼、被轻蔑的爱情的惨痛、法律的迁延、官吏的横暴和费尽辛勤所换来的小人的鄙视……”人的生命不仅是无意义的，而且是痛苦的，生的彼岸——死亡也是神秘恐怖的，因此，哈姆莱特陷入“生存还是毁灭”的痛苦的思索。

“生存还是毁灭”，即著名的哈姆莱特命题。哈姆莱特之所以会有“生存还是毁灭”的困惑，是与文艺复兴时期西方的社会生活、思想观念的变化息息相关的。在中世纪，人们对上帝的虔诚信仰使人像婴儿在母亲的怀抱一样获得心灵的平静和安全感，但这是以人丧失自我意识为代价的。文艺复兴以后的人，从上帝的束缚中解脱出来，获得了自我意识，认识到人自身的伟大，因此，这是一个需要巨人也产生巨人的时代。莎士比亚说：“我就是我。”每一个人都是丰满的个体，但是，这种乐观情绪很快被严峻的现实驱走了。人虽然获得了独立性，但现实不是伊甸园，于是在精神上充满焦虑、困惑与迷茫，找不到人生的意义与价值。

在哈姆莱特看来，人生是痛苦的，没有意义的，“谁愿意负着这样的重担，在烦劳的生命的压迫下呻吟流汗？”哈姆莱特想到了自杀。按基督教教义，人是属于上帝的，人生而有罪，人的一生就是赎罪的过程，向上帝靠拢的过程，人没有自杀的权利，否则就是违抗上帝的行为。哈姆莱特想到自杀，说明他自我意识的觉醒。但是，死后的世界又让哈姆莱特心存恐惧，“倘若不是因为惧怕不可知的死后，惧怕从来不曾有一个旅人回来过的神秘之国。是它迷惑了我们的意志，使我们宁愿忍受目前的折磨，不敢向我们所不知道的痛苦飞去”。这种生不得生、死不得死的矛盾，正是哈姆莱特所面临的窘境。迷惘、焦虑、犹疑的情绪始终伴随哈姆莱特为父复仇的全过程，也使哈姆莱特一而再、再而三地延宕复仇，《哈姆莱特》一剧的复杂性、深刻性也由此而来。哈姆莱特说：“重重顾虑使我们变成懦夫，决心的赤热的光彩被审慎的思维罩上了一层灰色，伟大的事业在这种考虑之下，也会逆流而退，失去了行动的意义。”可见，哈姆莱特的犹豫、痛苦、迷惘，不仅仅是因为阻碍他复仇的外部势力太过强大，更多的来自他对人的邪恶、生命的渺小、灵魂的无所归依的清醒认识。这种迷惘、痛苦正是西方文艺复兴信仰断裂时期——基督教信仰衰落，而建立在自然科学基础上的理性尚未成熟之时的迷惘、困惑。

《哈姆莱特》代表了莎士比亚戏剧艺术的最高成就。在情节安排上，突出地表现了莎剧情节的生动性与丰富性的特点。在人物形象塑造上，剧中人物形象栩栩如生、个性鲜明，性格丰富复杂。在戏剧语言上，莎士比亚的戏剧语言丰富多彩，具有个性化、形象化特征。

【思考与练习】

1. 分析哈姆莱特性格的矛盾性。
2. 以《哈姆莱特》为例，分析莎士比亚戏剧的艺术成就。
3. 分析产生哈姆莱特这一典型形象的社会时代原因。

二 十 年 后

欧·亨利

纽约的一条大街上，一位值勤的警察正沿街走着。一阵冷飕飕的风向他迎面吹来。已近夜间10点，街上的行人寥寥无几了。

在一家小店铺的门口，昏暗的灯光下站着一个男子。他的嘴里叼着一支没有点燃的雪茄烟。警察放慢了脚步，认真地看了他一眼，然后，向那个男子走了过去。

“这儿没有出什么事，警官先生。”看见警察向自己走来，那个男子很快地说，“我只是在这儿等一位朋友罢了。这是20年前定下的一个约会。你听了觉得稀奇，是吗？好吧，如果有兴致听的话，我来给你讲讲。大约20年前，这儿，这个店铺现在所占的地方，原来是一家餐馆……”

“那餐馆5年前就被拆除了。”警察接上去说。

男子划了根火柴，点燃了叼在嘴上的雪茄。借着火柴的亮光，警察发现这个男子脸色苍白，右眼角附近有一块小小的白色的伤疤。

“20年前的今天晚上，”男子继续说，“我和吉米·维尔斯在这儿的餐馆共进晚餐。哦，吉米是我最要好的朋友。我们俩都是在纽约这个城市里长大的。从孩提时候起，我们就亲密无间，情同手足。当时，我正准备第二天早上就动身到西部去谋生。那天夜晚临分手的时候，我们俩约定：20年后的同一日期、同一时间，我们俩将来到这里再次相会。”

“这听起来倒挺有意思的。”警察说，“你们分手以后，你就没有收到过你那位朋友的信吗？”

“哦，收到过他的信。有一段时间我们曾相互通信。”那男子说，“可是一两年之后，我们就失去了联系。你知道，西部是个很大的地方。而我呢，又总是不断地东奔西跑。可我相信，吉米只要还活着，就一定会来这儿和我相会的。他是我最信得过的朋友啦。”

说完，男子从口袋里掏出一块小巧玲珑的金表。表上的宝石在黑暗中闪闪发光。“九点五十七分了。”

他说，“我们上一次是十点整在这儿的餐馆分手的。”

“你在西部混得不错吧？”警察问道。

“当然！吉米的光景要是能赶上我的一半就好了。啊，实在不容易啊！这些年来，我一直不得不东奔西跑……”

又是一阵冷飕飕的风穿街而过。接着，一片沉寂。他们俩谁也没有说话。过了一会儿，警察准备离开这里。

“我得走了，”他对那个男子说，“我希望你的朋友很快就会到来。假如他不准时赶来，你会离开这儿吗？”

“不会的。我起码要再等他半个小时。如果吉米他还活在人间，他到时候一定会来到这儿的。就说这些吧，再见，警官先生。”

"再见,先生。"警察一边说着,一边沿街走去,街上已经没有行人了,空荡荡的。

男子又在这店铺的门前等了大约二十分钟的光景,这时候,一个身材高大的人急匆匆地径直走来。他穿着一件黑色的大衣,衣领向上翻着,盖住了耳朵。

"你是鲍勃吗?"来人问道。

"你是吉米·维尔斯?"站在门口的男子大声地说,显然,他很激动。

来人握住了男子的双手。"不错,你是鲍勃。我早就确信我会在这儿见到你的。啧,啧,啧!20 年是个不短的时间啊!你看,鲍勃!原来的那个饭馆已经不在啦!要是它没有被拆除,我们再一块儿在这里面共进晚餐该多好啊!鲍勃,你在西部的情况怎么样?"

"喔,我已经设法获得了我所需要的一切东西。你的变化不小啊,吉米。我原来根本没有想到你会长这么高的个子。"

"哦,你走了以后,我是长高了一点儿。"

"吉米,你在纽约混得不错吧?"

"一般,一般。我在市政府的一个部门里上班,坐办公室。来,鲍勃,咱们去转转,找个地方好好叙叙往事。"

这条街的街角处有一家大商店。尽管时间已经不早了,商店里的灯还在亮着。来到亮处以后,这两个人都不约而同地转过身来看了看对方的脸。

突然间,那个从西部来的男子停住了脚步。

"你不是吉米·维尔斯。"他说,"20 年的时间虽然不短,但它不足以使一个人变得容貌全非。"从他说话的声调中可以听出,他在怀疑对方。

"然而,20 年的时间却有可能使一个好人变成坏人。"高个子说,"你被捕了,鲍勃。芝加哥的警方猜到你会到这个城市来的,于是他们通知我们说,他们想跟你'聊聊'。好吧,在我们还没有去警察局之前,先给你看一张条子,是你的朋友写给你的。"

鲍勃接过便条。读着读着,他微微地颤抖起来。便条上写着:

鲍勃:刚才我准时赶到了我们的约会地点。当你划着火柴点烟时,我发现你正是那个芝加哥警方所通缉的人。不知怎么的,我不忍自己亲自逮捕你,只得找了个便衣警察来做这件事。

(《欧·亨利短篇小说选》,王永年译,人民文学出版社 2002 年版)

【导读】

欧·亨利(1862—1910)是 19 世纪美国著名的短篇小说家,他与法国的莫泊桑、俄国的契诃夫并称为"世界三大短篇小说巨匠"。欧·亨利一生中给读者留下了近三百篇的短篇小说,这些小说多数以美国中下层人民的生活为背景,其中有不少是读者耳熟能详的杰作,例如《警察与赞美诗》、《麦琪的礼物》、《黄雀在后》、《同病相怜》、《带家具出租的房间》、《最后一片叶子》等。

《二十年后》是欧·亨利小说中较为简短的一篇,内容也非常简单:讲述了一对在纽约长大的好朋友鲍勃和吉米,在分离前立下了一个二十年后见面的约定。二十年后,这对好友都按时赴约。但等待他们的不是重逢的喜悦,因为命运已把他们放在了法律天平的两端——鲍勃是警方正在通缉的要犯,而吉米却是接到命令努力追捕"狡猾的鲍勃"的警察!这样的局面显然不是吉米愿意面对的,想必他的内心极度矛盾而复杂:是保持对挚友的忠诚,还是履行自己作为警察的职责？而结果是他选择了后者。

要理解整篇小说需紧密结合时代背景。当时的美国正处于从自由资本主义向垄断资本主义过渡的时期，社会中贫富差距不断扩大，社会矛盾日益尖锐，人性的自然本真被金钱和利益慢慢吞噬。即便是在美国西部相对自由的环境中，人们为了生存和发展，也会不择手段。而欧·亨利通过故事中精心安排的“二十年之约”，将当时的社会背景巧妙地通过主人公的不同身份来展开。二十年前，性格保守的杰米选择留在纽约，却最终成为虚伪冷漠、善于伪装的警察；而不安于现状、敢于打拼的热血青年鲍勃，后来却沦为阶下之囚。作者通过对两位主人公人性矛盾的设置，无情地鞭挞了资本主义社会对人性的扭曲，表达了作者对人性温情的呼唤。

欧·亨利的小说有着与众不同的创作风格，他善于埋下伏笔，引出矛盾，然后在结尾处突然让人物的命运发生出人意料的变化，这种戏剧化的效果往往使读者的心境先是陡然逆转而后又豁然开朗。他在自己的小说中娴熟自然地运用这种技巧，呈现出一个又一个不同寻常、发人深思的结尾。同样，《二十年后》的结尾也是出其不意。一直与鲍勃交谈的警察竟然是他朝思暮想的好朋友吉米，也是最终将他送进监狱的人。如果说读者一直沉浸在欧·亨利精心铺垫的故事情节中，心中必然一边赞赏鲍勃对友谊的忠诚，一边猜测吉米没有按时赴约的原因。故事的结局直到最后一段才真正揭晓，吉米用一张小纸条道破了真相，读者也恍然大悟。尽管欧·亨利笔下的人物都是命运坎坷、大多结局悲哀，但是悲哀之中总是闪耀着人性的光辉，这就是所谓的“含泪的微笑”。

【思考与练习】

1. 你怎么看待鲍勃和吉米这两个人物？
2. 分析欧·亨利小说有哪些特色。

下编

应用与鉴赏

第一章　文学写作

一部优秀的文学作品是一个时代的缩影，它反映了一个时代千姿百态的社会风俗，表达了一个时代人民内心深处的声音。好的文学作品浓缩了时代的精神，传承了作者对于时代的感悟，是人类文明得以延续不可或缺的部分。再伟大的作品，其基本构成也都是大家习以为常的文字符号，这些符号如何通过精妙的排列组合，形成脍炙人口、打动人心的佳作，正是作者的文字运用水平和写作能力的体现。本章将论述文学写作所必备的基础知识，并根据文学体裁分成诗歌、散文、戏剧、小说等几个部分，结合其各自的特点分别阐述文学创作的基本要领。

第一节　文学写作基础知识

要创作出好的文学作品，必须具备扎实的写作基础，这个基础主要是从材料、主题、结构、语言等几个方面体现，一篇优秀的文学作品必然会从这几个方面入手，进行写作素材的搜集、整理，主题的提炼、升华，行文结构的巧妙构思，语言的提炼、筛选，最后才能通过文字符号达成作者思想的完美表达，才能真正给读者以感悟和启发。所以，只有在动笔写作之前，对于写作的基础知识有了充分的了解和掌握，才能创作出优秀的文学作品。

一、素材搜集与材料认知

一个优秀的作者，如果不在社会生活中不断地博采和积累，真正等到写作的时候，就可能有“巧妇难为无米之炊”之虞，纵使你运用了巧夺天工的语言，也难以创作出打动人心的作品。蒲松龄为了创作《聊斋志异》，除了博览群书，还曾背着席子到乡间路边摆茶摊，遇见过路的人便请他们喝茶，听他们讲述各种口口相传的奇闻怪事，在仔细聆听之余，他还在一旁认真地做好记录。美国作家杰克·伦敦成名后仍然广交各种人物，工人、农民、流浪者、乞丐甚至小偷都成为他家的座上客。他请他们吃饭，跟他们聊天，把和他们的各种谈话记录下来。在这些笔记里既有精彩的语言词汇，又有动人的故事，还有人物和风景的速写。这位勤奋的小说家在十六年的创作过程中，写了十九部长篇小说和一百五十部短篇小说，直到去世，他所搜集储存的丰富素材还没有用完。

对于素材的搜集，作家必须拥有一颗对生活敏感的心灵和一种勤奋的态度。作家有时零星地从别人口头获得一些资料或是某一件事的粗略轮廓，就必须感知这个素材对于写作的帮助大小和重要程度，这点素材哪怕是激起了任何一点小小的灵感，也有必要做进一步的调查、探访和搜集。老舍先生对于《骆驼祥子》的创作灵感就来源于他听到的一位朋友的几句闲谈，这在他回忆《骆驼祥子》的创作时讲得很明白：“记得是在民国二十三年春天吧，山大的一位朋友跟我闲聊，随便地谈到他在北平时曾用过一个车夫。这个车夫自己买了车，又卖掉，如此三起三落，到末了还是受穷。听了这几句简单的叙述，我当时就说：‘这颇可以写一篇小说。’紧跟着，朋友又说：有一个车夫被军队抓了去，哪知道，转祸为福，他趁着军队转移之际，偷偷地牵回三匹骆驼……我只记住了车夫与骆驼。这便是《骆驼祥子》的故事的核心。”

老舍从朋友处获得了故事的“核心”之后，便着手努力搜集关于老北京人力车夫的各种素材，除了自己搜集之外，他还请许多朋友为他定期或不定期地讲述北京的各种风俗习惯。由于祥子在作者心目中酝酿的时间长，搜集的素材多，“所以一落笔便准确，不蔓不枝，没有什么敷衍的地方。”

通常，搜集到好的写作素材要注意以下几个方面：

1. 观察生活

观察是一种有目的的知觉活动，对于写作而进行的有目的的观察尤其如此。进行写作观察之前通常要有一定的计划和安排，需要花费较长时间。可以说，写作之前的观察是对生活的一个再认识的过程，同时也是一种社会生活的体验方式。甚至观察本身就是一种写作行为，它为之后的写作成文做了构思，有的作者在观察的同时就已经形成了腹稿。在这种再认识和体验的过程中，作者在进行着积极的思维运动，进行着与写作主题相关的思考。相比较于仅仅是看一看、游览式的，不以写作为目的的观察，这是一种有目的的、在主观意识引导下的行为。通过观察，作者不仅更加深入地了解了与主题相关的社会生活，重新认识和深化了创作主题，也搜集到今后创作中可能用得到的相关素材。因此，善于观察，具备一定的生活观察能力是一个优秀的作者必须具备的基本能力，也是形成好的文学作品的必要条件。

那么，如何培养自己的写作观察能力呢？

首先，要做好观察计划和观察记录。事先制订观察计划，按计划进行观察，能更加有针对性、更加有效地发现生活，有利于将观察按部就班地进行下去。观察中勤作观察笔记，观察后须进行整理、归类，以便使用观察获得的材料。

其次，要带着写作主题去观察。每个作者在创作之初，心里都有一个初步的创作构想，带着这个构想去进行写作观察，能使观察更加有的放矢，也方便作者不断地修正或重构自己的写作主题，从而使之后创作的作品更加贴近生活，更加打动人心。

最后，观察中要充分利用各种感官，充分发挥作者的主观能动性。既然是观察，利用眼睛的视觉功能当然是最主要的观察方式。相关的科学研究表明，常人从周围环境中所接收的信息，80%以上是通过视觉通道输入的，其次是依靠听觉输入。但是，依靠视觉的观察并不是写作观察的全部，还必须动用身体其他感觉器官，包括听觉、嗅觉、味觉、触觉等，才能使观察更加细致、全面。

2. 调查

调查指的是人们有目的有计划地收集材料、认识事物的活动。“调查”往往和“研究”联系在一起，因为这种收集材料、认识事物的活动必须是较为系统的，最后的结果应该是寻找到事物的一些规律性的东西。调查研究应遵循的原则是：有的放矢，实事求是。所谓有的放矢，就是要明确你的调查目标，在调查时做到心中有数。所谓实事求是，就是必须通过实地调查了解，占有翔实的材料。只有材料真实，才能形成正确的印象和结论。

在调查中还应注意以下几个方面：

首先，做好调查前的准备工作。这个准备工作既包括思想上的准备，又包括工具上的准备。思想准备即是说在调查之前要对调查对象、调查目标有个设想，做得仔细的，还可以列一个调查提纲，拟好需要了解的具体方面，初步设定一些问题，这样在进行实际调查的时候就能够做到有条不紊，抽出更多的心思去发现生活中的细节。工具上的准备主要是记录工具的准备,最基本的是纸和笔,有些时候还要用到照相机、摄像机等器材,注意使用之前要及时给这些电器充满电。做好这些准备工作,是调查顺利进行的前提。

其次,尽量多地掌握第一手资料。第一手资料是作者亲身经历和亲自搜集到的资料,中间没有经过其他间接的环节。第一手资料除了能够更加清晰、更加真实地还原调查对象的原貌外,还能给作者带来更加直接的印象,带来更多的思想冲击,在以后的写作中,这一部分就可能更加生动、翔实。所以,直接获得第一手资料在作者的调查过程中显得十分重要。

最后,注意核实第一手资料之外的间接资料。除了第一手资料外,有些重要的信息或是重大的事件也可能会引起作者的兴趣,让他们觉得在以后的文学创作中应该会用得上,但是这些信息是通过看别人的记录或听他人的口述知道的,通过这样的方式得到的资料可能不全面,没有细节,也不够生动,甚至可能不真实。在这种情况下,作者要对到手的材料进行多方核实,最好是顺藤摸瓜,找到事实的源头进行了解。如果一个材料能够激发作者极大的兴趣,作者却没能够进行充分的调查了解,搜集的信息不够充分,那么,在以后的创作过程中可能会因为一些细节问题而很纠结,带来创作上的遗憾。

3. 阅读

社会生活是作者进行文学创作的唯一源泉,这是毋庸置疑的。前面所说的在进行创作之前要进行生活观察和生活调查,就是这个道理。但是,社会生活变化万千,各种新鲜事物层出不穷,作者无法一一进行调查。还有一些社会现实已经成为过去,但是对现在的社会生活仍然有一定的指导意义,对于作者的创作仍然具有借鉴和参考的价值,而作者是无法回到过去的社会环境中进行调查的,这就显现出另外一种了解社会现实的方法的重要性,那就是进行阅读,通过阅读,从其他作者的字里行间解读社会现象,从而为自己的文学创作所用。进行积极而有效的阅读,能够使作者的创作过程事半功倍,因为凡事亲历亲为的亲身观察和调查都是很费时间和精力的,而通过阅读却可以足不出户而知天下事。

那么,对于文学创作来说,怎样阅读才是有效的呢?

首先是名篇佳作的阅读。名篇佳作都是由各个时代的作家根据其社会体验、社会调查提炼而成,不但文字优美,同时作品中也集中反映了各个时代的社会现实和社会矛盾,通过对名篇佳作的赏析,不但可以了解社会变迁,人情世故,风俗习惯,人文景观,自然风光,同时也可以学习作者的切入角度、行文结构,对于不同事物的表现手法,或者对类似事物的不同表现手法等,这些对于初学者创作自己的文学作品,都是值得借鉴的。

其次,阅读的范围既要"广",又要"精"。所谓"广",就是要阅览群书,博古通今。与文学相关的书籍要看,与文学不沾边的内容也要知晓。既要知道文学理论,表现手法,又要了解社会百态,理工农医。因为现实生活中的每一点知识,每一门学科,都是对现实世界的某一方面的反映,都有可能在作者的文学作品中有所体现。因此,心中有了一个百科全书式的了解,可以给文学创作带来极大的方便,可以使作者在进行文学创作时信手拈来,可以使作品内容充实而不落窠臼。所谓"精",即在博览群书的同时,也要有所侧重,毕竟一个人的时间和精力有限,不可能所有的著作都阅读,所有的学科都精通。因此,在各种知识都有所涉猎的基础之上,也可以对一些自己感兴趣的门类做进一步深入的了解。阅读的"广"度和"精"度要有机地结合,只有"广"度而没有"精"度,所得必然杂乱而肤浅,只有"精"度而缺乏"广"度,也会使作品显得片面而不够丰富。因此说,阅读的"广"和"精"相辅相成方能相得益彰。

最后,在进行阅读的同时要做好读书笔记。做笔记的好处对于每一个善于阅读的人而言都是非常明白的。笔记的内容既可以是内容的归纳整理,阅读之后的心得体会,又可以是优美文字的转录摘抄。几十万字甚至上百万字的作品,我们可以通过整理笔记的方式使其阅读起来更加有条理,印象更加深刻。所以前人常说"不动笔墨不读书",足以说明做好笔记对于阅读的重要性。

4. 分析

分析是思维的深化和具体化,写作中的分析就是要对观察、调查和阅读所得到的写作素材,进行分析、比较、归纳、综合的研究工作。这种分析工作之所以必要,是因为感觉到了的东西,我们不能立刻理解它,只有理解了的东西才能更深刻地感觉它。

分析,并非是在观察、调查和阅读之后才开始的。事实上,在观察、调查和阅读的过程中,我们就已经在不自觉地进行着分析。当然,分析的工作在观察、调查、阅读之后的构思过程中显得更为突出。这种分析工作主要表现为材料的整理、鉴别和观点的概括、提炼。材料如果不经过整理、鉴别,材料的性质、真伪、主次、轻重就不清楚,也就无法选择,更不能使用。所以,材料的整理、鉴别是材料的选择、使用的基础,对于写作的成功与否,是很重要的。

那么,怎样整理、鉴别材料呢?材料的整理通常就是把材料进行分类,这个分类可以按来源分,也可以按时间分,还可以按材料的类型分,具体要根据作者的需要来整理,比较特殊的,还可以按正面材料和反面材料、直接材料和间接材料等分类方法来进行整理。材料的鉴别就是对搜集到的材料进行真假辨别,对可能利用的程度以及如何运用到自己的作品中的思考等做进一步的分析。

总之,一个优秀的作者只有在自己的思想素材库中进行丰富的储备,才能写出厚实的、具有感染力的作品来。作者有了大量的思想储备之后,才能够去粗取精、去伪存真,从而创作出伟大的作品来。

二、确立鲜明的主题

列夫·托尔斯泰认为,艺术品中最重要的东西,是它应当有一个焦点才成,就是说,应当有这样一个点:所有光集中在这一点上,或者从这一点放射出去。这个焦点就是文章的主题,就是作品所折射出的中心思想,可见确立鲜明的主题对于文章的重要性,其地位不啻于文章的灵魂。

主题是作者通过对现实的观察、体验、分析、研究以及对材料的处理、提炼而得出的思想结晶。它既包含所反映的现实生活本身所蕴含的客观意义,又集中体现了作者对客观事物的主观认识、理解和评价。主题渗透、贯穿于文章的全部内容,体现着作者写作的主要意图,包含着作者对文章中所反映的客观事物的基本认识、理解和评价。换一个角度来说,主题是读者对搜集到的素材进行整理、分析后所得出的一种独特理解,是从已知的各种材料中提炼而得的思想的精华,是写作过程中对于文章的统领,是能够和人类的心灵产生共鸣的东西。主题决定文章和作品的质量高低、价值大小、作用强弱,是文章和作品的统帅。

主题的确立必然是在进行素材的搜集整理和材料阅读、分析等一系列过程之后,此时作者通常会在脑海里形成很多跟材料相关的印象、观点、思想等,然而这些观点和思维都还不是很明确,还只是处在创作的混沌状态,因此在后续的文学创作中,经由观点的概括与提炼,进一步确立鲜明的写作主题十分重要。那么,如何确立主题呢?对于主题的确立有以下几个基本要求:正确,集中,深刻,新颖。所谓“正确”即是指文章表达的主题要洋溢着乐观的主调,迸发着不畏困难的勇气和豪情,寄予着对美好理想生活的追求和向往,表现着关注国事民生的热情和胸怀。“集中”即是说主题的确立必须明确、唯一,不论文章的表达形式如何,其表达的核心思想只能有一个,不然行文就会失去目标,给读者带来散漫的感觉。“深刻”是指文章立意符合客观事物的特点和规律,思维越过感性和浅显认识,而指向对理性的分析和探究,或发掘现实事件中最具价值的东西,或揭示事物的矛盾本质。“新颖”要本着“人无我有,人有我新”的思想,突破惯有的框框,打破常规,克服思维的惰性,敢于进行逆向求异性思维,吸引读者的眼球,给人以新的有益的启迪。

要做到确立文章主题的几个基本要求,形成对观点的概括、提炼,其根本还是在于对素材的搜集,对材料的掌握,主要体现为对一般的吸收和对特殊的摒弃,即在大量的同类事物中,通过鉴别、比较,剖开其表面现象,摒除其偶然的因素和非本质的细节,把握此类事物的特征。总之,作者只有通过对素材进行深入分析,才能对社会有所思考,从而形成初步的观点,再通过对观点进行加工提炼,形成文章的主题。

三、优化行文结构

我国是一个文化大国,写作历史源远流长,对于写作时的章法结构早有论述,如《周易》中就提出过“言有序”的主张,开辟了中国写作结构理论的先河。中国古代向来都有“文章以体制为先”的说法,大多数写作理论也往往是在特定文体的前提下分析文章结构的。

实际上,“结构”一词是一个兼有名词性和动词性的词汇。在名词的意义上,结构是指系统中各组成要素之间的相互联接方式;在动词的意义上,结构则是指构成事物的各要素之间的联结过程,具有建构的性质。一般来说,行文结构都同时具备这两方面的意义和品质。

进行文学创作时构思一个完整的行文结构,最大的作用就是使文章具有整体性。我们之所以强调结构的整体性特质,主要目的在于突出整体功能对局部功能的决定作用,由整体的规划来充分发挥局部的作用。好的行文结构可以让抒情、议论、描写或比喻、拟人、夸张等具体的写作表现部分更好地为整体服务,可以说,系统中的每一个部分只有在这个特定的结构中才有意义,才能更好地发挥作用。

文章的结构方式是多种多样的,但最基本的有以下几种。

1. 横式结构

也称并列结构。在记叙性文章或作品中,按照空间变换的顺序安排层次,按照材料的性质分类安排层次,或者对于不同的人物或事件进行平叙,都属于横式结构。如魏巍《谁是最可爱的人》中的书堂站战斗,马玉祥在大火中抢救朝鲜儿童,某战士吃一口炒面就一口雪,是发生在不同地点的三件事,在文章中平叙出来,构成三个层次,属于横式结构。在议论性文章中,如毛泽东《论十大关系》,各个层次之间呈并列关系,属于横式结构。在写作中,采用横式结构安排层次,必须清楚地把握材料之间的内在逻辑性,分之能独立,合之能成篇,不得随意更改写作角度或分类标准。

2. 纵式结构

也称递进结构。以情节发展为顺序,以时间推移为顺序,以作者认识的发展为顺序来安排层次,都属于纵式结构。如墨子的《非攻》,由“窃其桃李”到“攘人犬豕鸡豚”,到“取人马牛”,到“杀不辜人”,由“杀一人”到“杀十人”,到“杀百人”,到“攻国”,层层递进。鲁迅的

《药》,从华老栓买“药”、华小栓吃“药”,写到茶客们谈“药”,最后写华大妈上坟,时间线索非常清楚。在写作中,采用纵式结构来安排层次,必须线索清楚,脉络分明,环环相扣,层层深入,不可节外生枝。

3. 纵横交叉式结构

纵结构和横结构是文学写作结构的基本型,在实际写作过程中,仅用标准的纵结构、横结构的时候往往并不多。在复杂的文章中,多呈现出的是纵横交叉的写作结构。所谓纵横交叉式结构,即在文学作品中,以时间推移为“经线”,空间变换为“纬线”,或以空间变换为“经线”,以时间推移为“纬线”,纵横交叉地安排结构。这样的结构在有较多场景的写作中既展现了情节的精彩,又使行文逻辑忙而不乱,有条不紊。既注意了时间的连贯性,又照顾了空间的平列性,很好地表现了主题。这种结构方式容量大,在写作时,一定要分清材料之间的从属关系。为了使层次清楚,可以列小标题或加序码。

4. 总分结构

先总述,再分说。这种关系还可以演变为“分—总”或“总—分—总”的结构方式。例如闻一多先生的《死水》,全文共五段,分为三个部分。第一个部分以“这是一沟绝望的死水”总领全文,写“死水”给人以丑恶的印象,让人绝望。第二个部分作者把“死水”分解成几个意象来描写,如“死水”里的霉菌、白沫、花蚊、发出刺耳叫声的青蛙等。最后仍以“这是一沟绝望的死水”作结,进一步从情感和理性上说明“死水”的惹人嫌恶,在“死水”的世界里,绝开垦不出一个有希望的世界来。照应前文,又升华了文章的整体思想,结构鲜明。

这些结构的运用对于行文的整体性和条理性都很有帮助,并且不同的文章结构都有各自不同的应用,如议论文常用“总—分—总”,而对于事件的描写则多采用纵式结构,以时间或事件发展的顺序来表现冲突。所以,在行文时应仔细推敲、选择适合自己文章的行文结构,这样才有利于各种材料在文章的整体结构框架中更好地发挥其作用。

四、运用多种语言表达方式

写作归根到底是语言问题。一个人写作能力的高低,实际上是指他的语言能力的高低。从写作过程来看,文章的形成要经历一个由内到外的过程。所谓“内”指的是写作主体的内在心理活动,作者由所经历的社会生活和搜集到的素材所产生的心理感觉,高兴、悲哀、激动、感动等,这些感觉最初只是存在于写作主体的内心,还无法被外人所感知,因此,需要用文字符号外化成可感的文章,从而被读者所理解和接受,而读者理解和接受甚至引起共鸣的程度就取决于作者的语言表达能力,语言表达能力越强,越能恰如其分地运用各种语言表达方式,就越能打动读者,得到读者的认同,所以,对于一个优秀的作者来说,学习和掌握各种语言表达方式是很有必要的。写作的基本表达方式通常有以下几种。

(一) 叙述

通俗地讲,叙述就是把事情的来龙去脉、前因后果记录下来的一种方式。它是文学创作的基本艺术手法之一,在写作中是一种使用频率极高的表述方法,也是文学创作的最基本方式,几乎每一种文体多少都要用到。

叙述的基本特点在于陈述“过程”,这个“过程”通常必须包括时间、地点、人物、事件、原因、结果六个要素,当然,这六个要素也可以根据文章表达的需要有选择有重点地出现,而不必逢记叙就写出六要素。

1. 叙述的主体

叙述的主体是指文章中介绍人物经历和事件发展的叙述者。根据叙述主体与文章中事件的关系,叙述者可以由“我”或者第三人来承担。凡是以“我”的角度来介绍人物的经历和事件的来龙去脉的称为第一人称叙述主体,凡是以旁观者或第三人的角度来对人物的经历和事件进行交代的称为第三人称叙述主体,第三人称叙述主体在文章中表现为“他(她)”、“他(她)们”等。第二人称的叙述主体是不存在的。尽管在有些作品中会出现“你”、“你们”这样第二人称代词的称呼,但这些“你”、“你们”均不是文章的叙述主体,仅仅是叙述主体的交流对象而已。用第一人称和第三人称叙述各有优点和局限,在动笔写作之前要就叙述的主体进行全面的斟酌。

第一人称即作者以当事人的身份来讲述整个事件,使读者感觉作者确实是事件的亲历者,从而让读者感觉更加真实、生动,更易产生共鸣。从写作者的角度出发,第一人称的叙述方式使作者不用转换思维与表达方式,有利于作者的思想表达。第三人称叙述方式是作者站在“局外人”的角度进行讲述,使行文看起来更加客观、冷静。运用第三人称进行叙述,不受时间、空间的限制,随时可以利用作品中的人物进行叙述,也可以讲述各种各样的事情,非常方便自如。

一般而言,一部作品应统一叙述主体,如需改换主体时,应在行文中有所铺垫,在文章中交代清楚,使叙述主体自然地过渡,否则容易引起叙述紊乱,让读者找不着头绪,弄不清讲述的内容。

2. 叙述的方式

叙述的手法主要有顺叙、倒叙、插叙、平叙等几种。

顺叙也称正叙,就是按照事件发生、发展的先后顺序来进行叙述,是文学作品中最常用的一种表达方式。用顺叙的方式进行表达,最大的好处是使文章显得次序井然,文气自然贯通,文章显得条理清楚。使用顺叙法要区分主次,讲究详略,注意疏密相间,防止平铺直叙,必须特别注意剪裁,做到详略得当、主次分明。

倒叙的叙事手法正好与顺叙相悖,它的情节不以时间顺序展开,而是先告诉读者结局,或者是以作品中最重要的场景、最精彩的情节开头,待读者产生阅读兴趣之后,再从头开始记叙。因此,倒叙并不仅仅是简单地把时间顺序倒过来,由后至前进行叙述。采用倒叙的方法,能增强文章的生动性,使文章产生悬念,更能引人入胜,同时也可以避免叙述的平板和结构的单调。

插叙是在叙述某一事件的时候,因为情节需要或是刻画人物的需要而中断对正在展开的情节的记叙,转而插入叙述另外一个事件,待插入叙述的这个事件讲完之后,再转回到原来的中心事件继续进行叙述。插叙的内容可以是对往事的回忆联想,可以是对某些情况的诠释说明,还可以是对人物、事件、背景的介绍。插叙使文章内容得以充实,叙述曲折,形成断续变化,使行文错落有致。

平叙又叫分叙,不是说写作时平铺直叙,而是指同时叙述多个事件。比如在同一时间内,两个事件同时发生,作者在叙述甲事件的同时,也在对乙事件进行叙述,时而说甲,时而说乙,两者轮番进行,两头都不耽搁,使事件看起来生动而紧凑。平叙在《水浒传》、《林海雪原》、《烈火金刚》、《铁道游击队》等长篇小说中都有精彩的运用。

（二）描写

描写就是用生动形象的语言把人、事、物的具体状态描绘摹写出来。描写可以说是人物现场感受的真实再现，它通过用语言表现人物所看、所听、所嗅，让人有身临其境的感觉。进行文学创作时，只有通过描写，才能做到"绘声绘色"、"活灵活现"、"栩栩如生"、"历历在目"、"维妙维肖"。

具体来说，描写可以进行以下几种分类。从用笔的疏密程度来分，分为白描和细描；从描写的对象来分，可以分为人物描写、环境描写等。

白描就是用简约、洗练的文字，抓住人物或事物的特征，寥寥几笔就勾勒出人物或事物形象的写法。鲁迅在《作文秘诀》中写道："白描却没有秘诀。如果要说有，也不过是和障眼法反一调：有真意，去粉饰，少做作，勿卖弄而已。"例如朱自清的《背影》对父亲的描写就是这样。也可以说，白描实际上是用叙述的方式进行描写。

细描是指使用大量生动、贴切的比喻，准确、优美的文字对描写对象进行精雕细刻的一种方法。如果说白描是"惜墨如金"，那么细描就是"用墨如泼"。例如朱自清在《荷塘月色》中对月夜荷塘的生动的描写，峻青在《海滨仲夏夜》中对海的颜色的一些描写。

人物描写就是通过对人物的外貌、行动、语言和心理等方面的刻画来揭示人物的性格特征，包括外貌描写、心理描写、语言描写、行动描写等。

环境描写是指对人物所处的具体的生存环境的描写，又可分为自然环境和社会环境的描写。社会环境是指能反映社会、时代特征的建筑、场所陈设等景物以及民俗民风等。自然环境是指自然界的景物，如季节变化、风霜雨雪、山川湖海、森林原野等。

第二节　诗歌写作

一、诗歌界说及特征

什么是诗？古今中外，虽然人们众说纷纭，但诗具有几个明显的特征，诗是抒发强烈感情的，诗是用精炼的语言反映社会生活的，诗的语言是富有韵律美的，诗必须借助于想象才能完成。因此，我们可以这样界定诗歌：诗是一种语词凝练、结构跳跃、富于节奏和韵律、高度集中地反映生活和抒发思想感情的文学体裁。诗可以分成抒情诗与叙事诗、格律诗与自由诗等。概括说来，诗歌具有以下几个方面的特征。

1. 凝练性

所谓凝练性，是说诗歌是最集中、最强烈、最凝练地反映现实生活的一种文学体裁。诗的凝练性体现在用高度概括的艺术形象、极其精炼的文学语词最集中地反映社会生活和表达思想感情。诗歌比其他文学形式反映社会生活更具概括性，它不以广泛性和丰富性取胜，而以集中性和深刻性见长，诗人运用形象、精炼、富于色彩和音响、动感的语言，"笼天地于形内，措万物于笔端"，在有限的诗行里容纳尽可能博大精深的思想和真实丰富的情感，勾勒出栩栩如生的艺术形象，开拓出诗歌艺术的至境。由于诗歌语言凝练、精粹，力求言简意深，一笔传神，要求在有限的诗行、诗节、词语中，准确、含蓄、生动、形象地表现事物的特征，勾勒生活场景，因此，历代诗人都非常注重对诗歌语言的推敲和锤炼，"为人性僻耽佳句，语不惊人死不休"（杜甫），"百炼成字，千炼成句"（皮日休）等都是最好的说明。唐代诗人王维"劝君更尽一杯酒，西出阳关无故人”（《渭城曲》），一个“更”字，包蕴着劝酒的数量之多、宾主的感情之深，以及离别时依依难舍的程度，顿添无限惜别之情与悲凉依恋之感，情景交融，意境绝妙。

2. 跳跃性

诗歌遵循想象和情感的逻辑，可以跳过一般的过程交代，抛开表层的连线，把过去和现在、开头和结尾、原因和结果、现象和本质等直接联系在一起，在内容、形式、情感上留下空白，这种节与节、行与行或一行之内大幅度的跳跃，是诗歌结构上跳跃性特征的表现，也是诗歌语言的重要特点。跳动与空疏，间隔与断续，省略与剪辑，像电影蒙太奇镜头一样大跨度地连接，使不同时空的、异质的东西在诗人情绪之流的统率之下和谐统一起来。诗的跳跃方式有时间的跳跃、空间的跳跃，或时间空间同时跳跃。诗人往往把同一瞬间发生的事物或看到的景物并贯到一起，而且省去关联词语，以展示诗人在瞬时间的丰富心理内蕴。诗的跳跃从本质上看，是情感的跳跃、思维的跳跃，不管跳跃幅度有多大，节奏有多快，实际上总有内在的情绪的红线把它们贯穿起来，因而呈现出似断实续、似跳实连的局面。

3. 音乐性

诗和音乐是一起诞生的，最早的诗是可以唱的。我国先秦时代的《诗经》、楚辞，汉代的乐府诗大多是可以合乐的。谢榛《四溟诗话》云：“诵要好，听要好……诵之行云流水，听之金声玉振。”强调诗的语言在朗诵时要顺口流畅，欣赏时悦耳动听，具有抑扬顿挫、起伏跌宕的韵律美和流畅回环的音乐美。诗的音乐性从本质上说是对现实生活中由不同音色、音高、音强构成的带有某种节奏的事物的反映，从根本上说诗的音乐性是为了诗人情感的传达，因此，诗的音乐性是内在的情绪律动和外在的韵律的完美结合，从欣赏角度来说，诗的音乐性可以唤起读者的审美注意，尽快进入艺术领域。诗歌的音乐性主要是通过押韵、节奏、声调表现出来的，有无节奏是诗歌语言与散文语言的本质区别。

二、诗歌创作

要进行诗歌创作，首先要发现诗。诗的发现是诗人在大量的表象储存与情感积累的基础上，通过创造性的思维与想象而实现的从审美认识到审美创造的一个飞跃。诗的发现，一是得之于外界事物的偶然触发，二是得之于理性的思考，三是得之于脱离思维的惯常进程，诗的发现是诗人心灵的蓦然回首，是诗人独特眼光和非凡观察力的凝合，体现着诗人深层的心理内容。机遇往往只偏爱有准备的头脑，外在事物常常只是一种机缘，是这个机缘的某一突出之点与诗人个人内心体验的契合，从而在知觉中出现一个新事物。例如，周总理去世，诗人柯岩沉浸在悲痛和压抑之中，忽然想起自古就有一个为逝者喊魂的习俗，于是构思创作了诗歌《周总理，你在哪里?》；骆耕野在一位叔叔家听他谈论国事，一个闪电般的警句触发了他，他由此创作了诗歌《不满》。这都说明诗的机缘既在生活里，又在诗人心目中。

（一）诗歌的构思

诗歌的构思是诗人获得灵感后，充分张开想象，深入进行思考，运用平素的生活积累，经过反复酝酿提炼，对于未来诗作的内容和形式的全面设计，是诗人在创作过程中所进行的一系列的思维活动的总称。诗歌构思需要注意以下一些方面。

1. 思想——诗意的提炼

“思想”是构思首先要解决的一个问题，这就是诗意的提炼或者说炼意。所谓炼意，就是意念的生长发育、提炼明确的过程。这里的“意”，就是诗意、主旨、意念、情绪的聚焦。当我们受到生活的触动，心灵感受到一种强烈的震动，被一种思想和情绪包围着，这时，意念处于胚胎状态，因此，还需生长、发展、明确、提炼。白居易说："炼字不如炼意。"（《金针诗格》）王夫之强调"以意为主，意犹帅也，无帅之兵，谓之乌合"。（《姜斋诗话》卷下）他们都强调了"意"的重要性。诗"意"，是诗的主脑、灵魂、光源所在，是诗的生命之寄托。

2. 形象——抒情的媒介

在构思的过程中，要更好地传达出创作的思想，就必须思考借助什么形象，因为文学是对生活形象的反映，诗歌也不例外。要寻求抒情的媒介——形象，这实际上就是一个角度的选择问题。一般地说，抒发诗情有两个大的角度。一是直抒胸臆，诗人直接站出来，用形象的语言抒发情感；二是寄托，诗人自己隐藏起来，借物寄情，借人表意，借景抒感。直抒胸臆的诗，比较"显"，寄托的诗，比较隐，显得含蓄。但二者都离不开形象。试读闻捷《彩色的贝壳》（十三）："海扬起一万只拳头/整日和岩岸搏斗/它摔不倒挺立的岩石/却掳走了风化的石头。"诗中，海浪、岩岸组成了雄浑、开阔的大海图景，诗人借景抒感，既是对岩石的"挺立"的礼赞，又是对岩石被"风化"的危险的警告。诗歌形象、含蓄，一切景语皆情语。

3. 意象——构思的单位

所谓意象，即寄寓着作者思想情感和审美趣味的特定物象。意象具有直观性、形象性、复现性、可变性和概括性等特点，决定了它是诗歌构思中最活跃的因素，也是诗歌构思的基本单位。意象由意与象构成：所谓"意"，指人的思想、意志、情绪、理想、旨趣等；所谓"象"，指客观的、具体的物象。主观的"意"一旦同客观的"象"有机结合、浑然一体时，便构成了"意象"。庞德说："意象在任何情况下都不只是一个思想，它是一团或一堆相交融的思想，具有活力。"例如，戴望舒的《雨巷》，读者可以通过"丁香"和"雨巷"这两个意象展开联想和想象，去体验"丁香""空结雨中愁"的文化内涵，去捕获"丁香"高洁、美丽的品质，去体验身处"雨巷"的孤独与彷徨，为此，诗中表现出的对人生与理想的苦苦追寻与迷茫的情绪就不难理解了。

（二）诗歌构思的要求

诗歌与其他艺术比较，构思要求更高，必须做到精炼、新颖、工巧。

1. 精

构思要精，开拓需深。诗歌作品就是用最少的语词集中最大量的思想，以最精炼的字句去表现无限丰富的内容，这是诗歌的一个重要特点。因此，诗人要善于在平常的、平凡的事物中，发掘出深刻的精神内涵，表现丰富社会生活内容和时代精神，从大处着眼，小处落笔，运用由小及大的艺术表现手法，在有限的时间和空间里，最大限度地开拓出诗的艺术境界来。

2. 新

构思新颖，不落俗套。充分体现诗人的独特的感受、独特的体验和独特的风格。做到意境新、感情新、角度新、布局新、语言新等。构思怎样才能做到新颖而独特呢？一是要站在时代的高度，从宏观上去思考；二是要避"俗"，避正就侧，另觅蹊径；三是感情真挚。方东树在《昭昧詹言》中说："万古常新，只有一真耳。"真实是艺术的生命，忠实于自己内心真实的感受和体验，关注时代与生活，将生活真实上升为艺术真实，从而去揭示生活的本质。例如，顾城《一代人》："黑夜给了我黑色的眼睛，/我却用它寻找光明。"诗歌既抒发了诗人对生活独特深切的感受和体验，同时，又代表了那个时代被蒙蔽、被欺骗的一代人的共同心声，发乎真情，震撼心灵！

3. 巧

奇思妙想,意趣横生。就是指诗人对生活素材巧妙地剪裁和提炼,通过巧妙的艺术手段把生活的本质或规律艺术地展示给读者。构思的"巧"是在长期的创作实践的基础上形成的,这里既包含着丰富的生活积累,又包含着对于生活的深切感受和体验,既有渊博的知识,又有深厚的艺术修养。王昌龄《出塞》:"秦时明月汉时关,万里长征人未还。"非常巧妙,互文见义。"秦时"和"汉时"字面虽不同,但意思无差异,前一个词含有后一个词的意思,后一个词含有前一个词的意思,互相解释,互相代替,互相补充。"秦时明月汉时关",就是"秦汉时明月,秦汉时边关",意思是说,这明月还是秦汉时的明月,这边关还是秦汉时的边关。说明设立关防,阻胡入侵,代代如此。诗句构思奇妙,内容深湛,意境深邃,隽永有致。

(三)诗歌的结构

诗歌的结构,实际上就是如何布局与谋篇的问题。诗歌结构主要有:横断式、纵贯式、反差式、叠印式、串珠式、起承转合式。下面主要对"起—承—转—合"的结构作一介绍。

"起"是开端。"承"是承接上文申述事件的过程,是"起"句的延续、延伸。"转"是转折,从正面或反面立论,即转说开去,或换一个角度说,讲述不同意见,或向前推进一层,转入深处。"合"就是总结全篇,呼应主题,抒情明志,点明题旨,结束全文。

例如: 山中何所有? (起)
岭上多白云。 (承)
只可自怡悦, (转)
不堪持赠君。 (合)

现代新诗,虽然与古代诗文有较大的区别,但仍然有许多相通的地方。例如林子川雄的《致远方》一诗,也是通过起承转合来搭架的:

(起)

把远方的树枝
想象成你的手臂
把树上的枝叶
想象成你举起的花枝
在夕阳西下的时候
清风拂来
思绪弥漫
如夜岚在山间升起

(承)

在远方
你是否也眷恋着一个傍晚
椰子树的风声
在一阵清脆响过之后
是否有潮水漫过心海
然后到海滩拾一只贝壳
把它想象成一只遥远的船
细读它的一路思绪

用轻风捎给我一片清凉

（转）

但是，远方的树枝

终究没有扬起手臂

树上的枝叶也没有开满花朵

黄昏中的夕阳

依旧那么孤独、凄凉

（合）

远方，一个无法企及的梦乡

与它遥遥相望的是故乡的山岗

新诗的结构虽然多变，但起承转合是一种基本的谋篇格式。对古人总结的法则，我们可以创造性地运用，而不是机械套用，生硬照搬。

（四）诗歌的表现手法

1. 赋

赋，敷也，敷陈，敷陈其事而直言之也。说得通俗一点，就是直接叙事抒情，铺开来写。例如，安源工人歌谣《云开雾散见青天》："直到一九二一年，云开雾散见青天。有个能人毛润芝，打从湖南来安源。他和工人把话谈，解除痛苦不为难。提议要给办工会，劳动工界结成团。工人听了是真情，个个难舍又难分。"歌谣中，除了"云开雾散见青天"一句，用了比、兴之法外，全诗均用"赋"，直陈其义，抒发工人对毛主席的真切之情，明白而朴实。

2. 比

比者，以彼物比此物也。用那个比喻这个，就是比喻，打比方。常见的有明喻、隐喻、借喻、博喻四种。

明喻，即本体、喻体、比喻词都出现，其形式可表述为：A（本体）像（比喻词）B（喻体）。例如，"往事，像躲在墙角的蛐蛐/小声而固执地呜咽着"（舒婷），诗中"往事"（本体）"像"（比喻词）"蛐蛐"（喻体），这是明喻。

隐喻，又称暗喻，是只有本体和喻体的比喻，其形式可表述为：A（本体）是 B（喻体）。例如，"星呀星的雨，是春天的绒毛呢"（朱自清），诗中"雨"（本体）"是""绒毛"（喻体），这是隐喻。

借喻，就是本体和比喻词都不出现，而把喻体当作本体来说的比喻，其形式可表述为：借 B（喻体）作 A（本体）。例如，"雪人推着雪岭，在暴风雨中奋力前行"（赵凯），诗中"雪人"，就是"像雪一般的女工"，"雪岭"，就是"像雪岭一般的婴儿车"。本体（"女工""婴儿车"）、比喻词在诗中都没出现，喻体似乎是本体，这是借喻。

博喻，就是用多个喻体来比喻同一个本体，其形式可表述为：A（本体）像（比喻词）（B+C+D……）。例如，艾青"像云一样柔软，像风一样轻，比月光更明亮，比夜更宁静——人体在太空里游行"，诗中（"云"、"风"、"月光"、"夜"）四个喻体来比喻同一个本体（"人体"），从而表现芭蕾舞演员舞姿的优美。

3. 兴

兴，发端也。兴者，先言他物以引起所咏之词也。先说某物，作为发端，然后说到正题。姚际恒《诗经通论》说："兴者，但借物以起兴，不必与正意相关也。"例如，"关关雎鸠，在河之洲，窈窕淑女，君子好逑”（《诗经·周南·关雎》），先言鸟儿相向而鸣以起兴，再言男女爱慕之事，就是用了这种手法。再如，苏联诗人叶赛宁的《芦苇在河湾》：“芦苇在河湾上迎着风儿喧嚷，在河岸上哭泣的是位骄傲的姑娘。”诗中借芦苇起兴，通过芦苇的喧嚷引出一位哭泣的姑娘，这正是“先言他物以引起所咏之词也”。

4．象征

象征是用某一特定的具体物象以表示某种抽象概念或思想情感，或通过某一特定的具体物象表现与之相似或相近的事物、事理的表现手法。一句话，象征就是“托义于物”。在传统的象征中，象征体与本体之间有着稳定的联系，例如，子规象征悲伤，玫瑰象征爱情，阳关象征别离，百合花象征坚贞等，但现代诗人运用象征摒弃了一些固定的结合方式，根据自己表现思想情感的需要，大胆地运用了一些独特的象征体，给人深刻的含义和新颖之感。例如，著名的法国象征主义诗人瓦雷里，把“石榴”指为智慧的象征，把“蛇”当作感知变动的象征；艾略特则用“水”来象征情欲，用“荒原”来象征资本主义社会的精神世界等。

5．暗示

暗示就是不对事物进行直接的描绘，而是根据事物与事物之间的联系，采取委婉曲折的方法，通过描绘与该事物有关的其他方面，间接地把这种事物表现出来。例如，吕贵品的《中国的一条街》：“在中国的一条街的上空/飞过大片铃声象一群扑向蓝天的鸽子/太阳/东方那圆圆的太阳/开始工作了/开始在那黄色的地平线上滚动/滚动……/无数只自行车/无数只啊/汇成了/世界上最磅礴的车队/和太阳同行……”诗歌利用“铃声”、“鸽子”、“太阳”等意象的组合，构成一幅色彩绚丽的画面，暗示祖国在粉碎“四人帮”之后蒸蒸日上，与时间赛跑的美好现实和未来。

6．双关

即利用词语的音义关系，使语言具有双重的意思，表面说的一种事物，实际指的另一种事物。例如，曹植的《七步诗》：“煮豆持作羹，滤豆以为汁，萁在釜下燃，豆在釜中泣。本是同根生，相煎何太急！”诗中由豆和豆萁同根生双关曹丕和曹植的血缘关系，又由燃萁煮豆双关曹丕对曹植的迫害，一语双关。

7．婉转

即不直接说出本意，而是用委婉曲折的话来间接表达。例如：“柑子跌落在井心，半边浮来半边沉。你要沉来沉到底，半沉半浮伤人心。”诗歌委婉曲折地表达了青年男女恋爱，一方对于另一方游移不定的态度的不满。

8．夸张

夸张就是抓住对象的某一特征，从性质、状态、数量或程度等方面加以夸大铺张，从而鲜明地突出事物的某一方面特征，在情感上给读者以最大的满足。例如，李白：“燕山雪花大如席，片片吹落轩辕台。”（《北风行》）；“飞流直下三千尺，疑是银河落九天”（《望庐山瀑布》）都是非常典型的例子。

9．对偶

对偶又称对仗，它是用对称均匀或大体整齐的句子，把诗人所描写的事物进行比较对照，由此突出表现某种事物、道理或思想感情，创造整齐工整的诗意美和形式美，创造和谐的节奏。例如，白居易《长恨歌》：“在天愿作比翼鸟，在地愿为连理枝。”诗中“天”与“地”相对，“比翼鸟”对“连理枝”，十分工稳。再如，浪波《十年》：“从圣洁中看见荒淫，从屈辱中学会自尊。"诗句虽不十分工稳，但句子大体整齐，意思基本相对，也是对偶。

10. 排比

排比是用一种结构相似，意思相近或相同，平行排列的句法，用来集中表现，强烈渲染一种思想，突出地强调状写的事物的意义和事理的表现手法。例如，何其芳的《生活是多么广阔》中间一节："去参加歌咏队，去演戏，去建设铁路，去作飞行师，去坐在实验室里，去写诗。去高山上滑雪，去驾一只船颠簸在波涛上，去北极探险，去热带搜集植物，去带一个帐篷在星光下露宿。去过寻常的日子，去在平凡的事物中睁大你的眼睛，去以自己的火点燃旁人的火，去以心发现心。"诗中十项内容并列，互相并不直接承接，彼此没有先后、主次、轻重之分，通过这样的排列，由此表现"生活是多么广阔、生活是多么芬芳、凡是有生活的地方就有快乐和宝藏"的诗情。

11. 反复

反复就是相同字、词、句、段在诗行或诗节中重复使用，一唱三叹，使诗歌意境得到加强、深化，感情表达得更浓烈深切，并使诗歌的结构更严密、紧凑，推动情节的发展。例如，李瑛《一月的哀思》的第二章"车队像一条河，缓缓地流在深冬的风里……"这两句在诗中反复了四次，第三章"呵，此刻，灵车正经过十里长街，向西、向西……"这三句反复出现八次，通过反复来表达人民对周恩来总理逝世的无限悲痛与怀念的心情。

12. 复沓

所谓"复沓"，又称"重叠"，即音节的接连重叠出现或间隔出现，一再吟咏，反复唱叹，以此达到音调谐和，节奏明快，婉转动听的艺术效果。例如，魏志远《沐浴节》："头发是黑的眼睛是黑的臂膀是黑的天空是蓝瓦瓦的/阳伞是绿的卡垫是紫的帏帐是白的沙滩是黄澄澄的/酥油茶是咸的青稞酒是甜的炸面是脆的河水是凉丝丝的"，诗歌音节的接连重复造成一种"复沓美"。

13. 借代

诗人不把要吟咏的对象直接写出来，而是借与它有关系的人或物去代替它，这种修辞方式就是借代。如果说，对比喻来讲，本体与喻体是相似关系，那么，对借代来讲，本体（被借代的事物）和借体（用来借代的事物）就是相关关系。在古典诗歌和民歌中，借代使用广泛。例如，《木兰诗》："朔气传金柝，寒光照铁衣。"用"铁衣"指花木兰，借她的戎装来代替她本人，表达婉转曲折，避免了直言浅露。

14. 反衬

通过吟咏与主要对象相反的其他事物，从反面衬托主要吟咏的对象，就是反衬。《诗·小雅·采薇》："昔我往矣，杨柳依依；今我来思，雨雪霏霏。"以乐境写哀境，以哀境写乐境。在"杨柳依依"的乐境中写士兵出征之哀，又在"雨雪霏霏"的哀境中写士兵回家之乐，运用反衬，突出了远征军人的哀与乐。

15. 通感

通感就是诗人把五官感觉沟通起来，交错起来的修辞方式。例如，臧克家《春鸟》："歌声，象煞黑天上的星星，越听越灿烂，象若干只女神的手，一齐按着生命的键。美妙的音流，从绿树的云间，从蓝天的海上，汇成了活泼自由的一潭。"诗中把"歌声"（听觉）转换为"星星"（视觉），已很大胆，而从"星星""听"出"灿烂"，更是奇特，属性迥然不同的事物，在"通感"的审美经验中实现了互相转化，使人能够想象出"歌声"的音色美，最后，再把"歌声"比作流水，从绿树的云间，从蓝天的海上流出，“汇成了活泼自由的一潭”，从而创造了一个迷蒙美妙的意境。

三、诗歌鉴赏

诗歌的鉴赏过程分为四个阶段：审美知觉、审美体验、审美想象、审美判断。

（一）审美知觉

审美知觉是读者对审美对象的整体的反映，是鉴赏的第一步，它是读者对诗的形式或形象的外在情状的反映。审美知觉贯穿于整个鉴赏过程中，其中尤其被人重视的是读者对作品的第一印象，即所谓审美初感。

初感，又称直感，是读者最初接触作品的瞬间，对诗歌作品整体的一种敏捷的反映。初感依赖于读者的审美直觉。直觉就是省略了推理过程而对事物的底蕴或本质作出的直接了解和揭示。可见，直觉有相当大的可靠性，但由于它是建立在审美经验和判断力的基础之上，所以它也有一定的局限性。在审美知觉阶段，读者所把握的诗的形象是具体的、感性的知觉形象，包含着鉴赏者的感情和愿望等主观因素，这知觉形象比诗歌作品中的形象更为具体、生动，乃至在欣赏作品时，如同目有所见，耳有所闻。例如，杨万里《晓出净慈寺送林子方》：“毕竟西湖六月中，风光不与四时同。接天莲叶无穷碧，映日荷花别样红。”通过审美感知，作品的语言信息在我们的头脑中转化为一幅视觉画面：翠绿的莲叶涌到天边，使人感到置身于无穷的碧绿之中；而娇美的荷花，在骄阳的映照下，更显得格外艳丽。

（二）审美体验

读者在审美鉴赏的过程中，沉浸到诗人所描绘的艺术境界中去，设身处地地体会抒情主人公的心理，从而获得美的享受，就是审美体验。鉴赏不是纯理智的活动，而是有情感渗透其间的，因此，审美体验，主要是情感体验。一是情感观照，二是情感移入。在诗中形象的感染下，读者与诗人产生了思想情感共鸣，爱其所爱，憎其所憎，乐其所乐，苦其所苦。例如，李白《静夜思》：“床前明月光，疑是地上霜。举头望明月，低头思故乡。”当我们吟诵这首诗时，仿佛置身秋夜，感受那明亮而清冷的月光。孤身远客，旅思秋怀，使人感到境况萧条，年华易逝。举头望月，怀亲怀乡之情油然而生。

（三）审美想象

诗歌是最精炼的语言艺术，其形象总是尽量简约，以一笔藏万笔，隐多于显，藏多于露，寄微情妙旨于笔墨蹊径之外。化诗歌形象之“实”为诗歌意象之“虚”，这就要依靠读者的审美想象和创造了。莱辛说：“既然艺术家的作品之所以被创造出来，并不是让人一看了事，还要让人玩味，而且长期地反复玩味；那么……最能产生效果的只能是可以让想象自由活动的那一顷刻了。”审美想象是鉴赏的基本能力，在鉴赏过程中，读者尽可以展开联想和想象，对诗歌进行再创造，拓展诗歌的意境，由此获得意外之意与情外之情。例如，刘祖慈《从海边捡回的石子·二》：“浪是海的臂膀，是它托着船远航；浪也是船的坟场，它也能把船埋葬！”诗歌中浪与船的关系，可以被想象理解为人民与政权的关系，由此展示人民的力量；也可以想象作为商人，把经商比作海洋，把商海的变幻莫测比作海浪，或成功或失败，皆有可能；还可以想象作为赌徒，赌场就是海洋，“运气”就是变幻莫测的海浪，或赢或输，命运之舟漂泊不定……由此可见，诗无达诂，读者完全可以在诗歌形象所暗示的路线和范围进行联想和想象，在把握诗歌意境的基础上去领悟诗意，与诗人产生大体一致的感情波澜。

（四）审美判断

审美判断是读者在知觉、体验、想象的基础上，去进一步探究作品的心理、哲理内涵和审美特征，并根据自己的审美趣味和艺术观作出审美评价的心理过程。

实际上，我们在欣赏诗歌作品的时候，审美判断与审美知觉、审美体验、审美想象往往是交融在一起并同时进行的，只是在审美判断阶段，为了求得对诗歌的彻底理解，理性分析要多于感知、体验和想象的成分，因此，理性的介入使审美判断始终指向了两点：一是诗歌表现了什么，二是如何表现。所以，弄清楚了这两点，也就理解了诗歌内容，把握住了诗歌的思想情感，在此基础上审美定值就容易了。例如，流沙河《牵牛花》："左旋左旋左旋，爬高爬高爬高。种子入药，又名黑丑。"读罢这首诗，在知觉、体验、想象的伴随下，我们陷入审美探究的思考之中，诗歌表面上写的是牵牛花，实际上是托物言志，牵牛花"左旋左旋左旋，爬高爬高爬高"的生长行为，使我们联想到生活中那些"左而又左"的小人，投机钻营，不断攀势上爬的肮脏灵魂和丑恶行径……诗中情物交融，意象联姻，"黑丑"一词，形象鲜明，表现入木三分！

一首"美"的诗，往往是思想性和艺术性的完美结合，"真"、"善"、"美"的有机统一，因此，我们在诗歌的审美鉴赏评价中，一定要将这些因素统一起来，才能客观公正地作出审美判断和评价。

第三节　散文写作

散文是与诗歌、小说、戏剧并称的一种文学体裁，通常一篇散文具有一个或多个中心思想，以抒情、记叙、论理等方式表达。散文还有广义和狭义之分。广义的散文是指与诗歌、小说、戏剧文学相并称的一种文体。它不仅包括狭义的散文，而且还包括传记文学、报告文学、杂文等。狭义的散文则是指取材广泛，篇幅短小，能灵活地记叙见闻，自由地抒发情感的一种文体。比如鲁迅的《藤野先生》、杨朔的《茶花赋》、秦牧的《花城》、刘白羽的《长江三峡》等都属于这一类。

一、散文的分类

在不同的时期，从不同的角度，按照不同的分类标准，可以把散文分成不同的类型。比如，刘勰的《文心雕龙》就曾把散体文章分成 33 类。姚鼐的《古文辞类纂》则将散体文章分为 13 类。这是由于古代没有将文学散文与非文学的散体文章区分开来，导致分类标准繁琐造成的。从"五四"新文化运动开始，散文开始比较正式地成为一个文学文体种类，其分类方法也有了很大变化。按照表现方式和表现内容来划分，大致可以分为以下几种类型：

1．记叙散文

记叙散文也称叙事散文，通常是以记事为主线，以记叙为主要表达方式，通过对事件的回溯、对人物的追思来抒发情感的散文。记叙或以作者所熟悉的人物为主，或以某一事件的发展过程和情景为中心，侧重于从叙述人物和事件的发展变化过程中反映作者的主观情感，具有时间、地点、人物、事件等因素。就写人而言，记叙散文中的人物都是在真人真事的基础上，进行某些剪裁加工，注重对人物进行写意式的描绘。就叙事而言，散文所述的事件不要求情节完整，更不追求曲折变化，而是在叙事的时候饱含情感，倾注作者的真情实感。例如：

鲁迅的《藤野先生》、巴金的《怀念萧珊》、艾青的《忆白石老人》、吴伯箫的《记一辆纺车》、朱德的《回忆我的母亲》、许地山的《落花生》、鲁迅的《从百草园到三味书屋》等。

2. 抒情散文

抒情散文在内容上强调作者主观感情的抒发，在表现上以抒情为主，并辅之以记叙、议论、描写。抒情散文中对事件的叙述、人物的描写、环境的表现都处于从属地位，都是为表现作者的强烈感情服务的。抒情散文通常采用直接抒情和间接抒情两种方式来表达。直接抒情是作者不借助外物将内心强烈的情感直接用文字表达出来。间接抒情则是作者对某一事物赋予其特定的比喻和象征意义，从而在这个过程中抒发自己的情感，把自己的情感通过这个事物抒发、宣泄出来。如茅盾的《白杨礼赞》、老舍的《想北平》、朱自清的《荷塘月色》、刘白羽的《日出》等。

3. 议论散文

议论散文是指通过对某一事件或现象的思辨说理来抒发作者感情、表达作者态度的一种散文文体。与议论文的区别在于，议论散文不是用议论文摆事实讲道理的直接逻辑论证方式来说理，而是把道理融汇于直观的形象描写之中，用形象的画面来说话，让读者通过这些画面来感受这个道理，受这个道理的影响，而不是通过逻辑来说服。如鲁迅的《论"费厄泼赖"应该缓行》里，对统治阶级的帮凶以"叭儿狗"的形象做比喻，形容"它却虽然是狗，又很象猫，折中，公允，调和，平正之状可掬，悠悠然摆出别个无不偏激，唯独自己得了'中庸之道'似的脸来。"作者不用语言文字的直接说明，而通过形象的描述，表达自己的思想态度，也让读者会意而受到情感上的感染。

二、散文的特征

散文作为一种文学体裁，有别于诗歌、小说、戏剧，而使其本身与其他文学形式相区别的，正是散文特有的文学特征。了解了散文的文学特征，我们就更容易理解与鉴赏作者通过文章所展现的意境。

1. 取材广泛

散文的取材范围十分广泛，大千世界几乎无不可写，所以郁达夫说："散文清淡易为，并且包括很广，人间天上，草木虫鱼，无不可谈。"鲁迅也说散文的"题材应听其十分自由选择，风景静物，虫鱼，即一花一叶均可。"不论是国际国内大事，社会的发展，家庭的变故，还是大到宇宙天体，小到花鸟鱼虫，又或是自己的一段经历，一丝感触，一撮悲欢，一星冥想，都可以作为散文写作的题材。即使是天文、地理、历史、政治、哲学、科技，凡是能启迪人的思想、陶冶人的情操，给人以美的感受，使人开阔视野，丰富知识，心旷神怡的，都可选作散文的题材，散文家都可以赋予它们美的灵性。

2. 行文自由

散文不像诗歌讲求分行对仗和韵律，不像小说需要完整的情节和人物的塑造，不像戏剧讲究分场分幕和强烈的戏剧冲突。散文的"散"，就在于其写法灵活多变，没有结构的约束，这是散文创作的又一特点。

散文的写作没有行文约束，笔触随作者的思绪而游走，思之所到，情之所感，皆可在笔下生辉，纵横捭阖，恣意潇洒，天地万物皆可成文章。茅盾的《白杨礼赞》托物言志，通过对西北高原上生长的白杨的颂赞，寄予了作者对抗战军民的英雄礼赞。朱自清的《荷塘月色》即景抒情，将作者深沉的情感蕴含于夜色的荷塘之中。杨朔的《荔枝蜜》虽然歌颂的是小小的蜜蜂的酿蜜精神，却升华到赞颂千千万万普通劳动群众勤劳和无私奉献的精神。

散文行文的自由表现在两个方面。一是表达方式灵活，即作者可以综合运用叙述、描写、抒情、议论、说明等多种表现手法，自由调整，任意变化。不过，无论散文的内容多么广泛，表现手法多么灵活，都要为更好地表达主题服务。二是结构自由多变，主要表现在作者借以抒发情感的对象不拘一格，可以是人，可以是物，可以是生活中的某个细节，也可以是作者思绪中的一个小片段。另外，散文的结构自由多变还表现在组织文章的结构形式多样，可以是事件的发展，也可以是时间的推移，地点的转换等等。正像鲁迅所说："散文的体裁，其实是大可以随便的。"

3. 语言优美

文学是语言的艺术，而散文本身篇幅比较短小，就更加要求语言的练达、优美、洒脱，需要优美的语言表达。散文只有选择运用优美的语言，才更加能够表达作者的意图，抒发作者的情感。只有创造出优美的语言，才能营造出诗情画意的境界和强烈的艺术魅力，才能给人以美的享受。所以散文素有"美文"之称，它除了有精神的见解、优美的意境外，还有清新隽永的文采。

了解了散文的文学特征之后再来阅读、鉴赏散文，就为作者找到一个很好的切入点。作者通过散文这样一种优美的文学形式向读者展示一个完整而独特的文本世界，不论是写景状物，记人写事，都是作者情感的表达和宣泄。所以，鉴赏散文就可以从分析散文的特征入手，由表及里地进入作者营造的艺术环境，感悟作者的那份情感。首先，要根据散文的表达来感受作者描述的情景。触发作者写作灵感的，都是作者身边的人、事、环境，这些也许看似普普通通的物象能够给予作者独特的感悟，自然在当时的场景下具有其独特的魅力，因此，通过阅读作品，可以展开想象，去找寻、理解作者笔下所描绘的事物的独特的美感。其次，在感受情景的同时体悟作者的思绪和情感。作者对于事物、场景的书写都是为了其自身情感的表达，可以说对于这些物象的描写仅仅是铺垫，是为"借船出海"。因此，我们在鉴赏散文时仅仅是感受到作者所描述的人、事、物的独特美感是不够的，还要通过这些场景来感悟作者的心境，理解作者的感受，从而走进作者设定的情感氛围中。

三、散文的创作

写真实的"我"是散文的核心特征和生命所在，即是说散文写作最重要的一条就是要充分表达作者自身的情感体验，因为散文所要表达的唯一内容和对象就是作者的感情，是作者内心情感的真实展示，其他具象的事物都是引发作者情感或者作者借以表达自身情感的工具，而不是要表达的重点。如《故都的秋》，作者从不远千里专程从南方到北方赏北国之秋说起，把牵牛花、浓茶、驯鸽、槐树等秋日的具体事物浓缩在作品中，还想到"陶然亭的芦花，钓鱼台的柳影，西山的虫唱，玉泉的夜月，潭柘寺的钟声"。甚至明明要写北京的秋色、秋味，却先将南国之秋与北国之秋进行对比，"正像是黄酒之与白干，稀饭之与馍馍，鲈鱼之与大蟹，黄犬之与骆驼"，兴之所至，随手拈来，看似拉拉杂杂，却以这些林林总总的独特的秋日物件诠释了作者的秋之情感，用饱蘸情愫的柔毫，描画出一幅神韵清绝、典雅质朴、极具个性的北国秋色图，表达了作者热爱秋天，热爱北京的炽热情感。

具体来说，散文的写作过程中要注重以下几个方面：

1. 感情充沛,立意鲜明

没有感情就不成其为散文,散文对作者主观感情的要求是所有文体中仅次于诗歌的。散文一般的写作规律是:对事物、人生、景观突然有了感悟,感悟进一步深化、升华,进而借助文字加以表达,形成散文。这感悟就是散文的意韵之本,是散文的中心立意。好的散文,记叙、议论都带有强烈的感情,字里行间都渗透着感情。

仅仅具备充沛的感情对于成就一篇优秀的散文是不够的。心灵受到外界事物的触碰,来了灵感,有了充沛的感情,只是有了创作的基础。在有了感想的那一刹那,头脑里往往会集聚各种思绪,想起很多经历过、见过的事物,而这么多的思绪胡乱地集聚在一起,往往找不到主题,只是一种思绪的漫游状态。只有经过思维的提炼和整理,才能确立明确的、想要表达的主题。确立了明确的主题,才能使作者的情感借助头脑中忽然闪现的各种事物集中到这样一个主题之下,才能形成一篇好的散文。

另外,好的散文作品的立意还要不走寻常路,亦即立意要新、要鲜。普通的寻常的感悟是不能引起读者的兴趣的,也就得不到读者的认同。比如看见蜡烛想起老师,看见大海想起父亲,看见花朵想起小学生,如此这般的"感悟"已经不能再使读者产生美感,这样的写作可以表现作者的思想感情,但是已经不再是生产精神产品,而是在谋杀读者的阅读欲望。散文的立意要求鲜明、独特,就是说散文在体现作者的感悟,表达作者的情感的同时,也要选好角度,给读者带来一种独特的美感。

2. 以形见神,注重细节

散文是作者借以表达自身情感的文学形式,而人类的情感无论宏观还是微观,无论伟大还是渺小,它作为一种思维,一种情绪,都是虚无的,只有通过具体的事物来形象化,或者叫托物言志,以景抒情,这样才能使作者内心的情感有所依托,才能为大家所理解和感受。所要表达的作者的情感就是"神",借以表达作者情感的具体事物、景象俱为"形"。只有做到"形神兼备",读者能够从作者所描述的各种"形"中解读出其表达的思想感情的散文,才算得上是优秀的作品。而作者写"形"的一个要领是关注细节。怎样在散文中表达作者脑海中的细节呢?就是要"以线穿珠"。和小说的细节表达不一样,小说的组合细节是"以盘盛珠",这个"盘"是一个社会的横切面,在这个"盘"中,各种阶层、力量的人物或隐或显,通过这个切面所展示的社会细节表现社会冲突。而散文则是"以线穿珠",散文的"线",就是感情体验。根据作者情感的发散,或多或少,随手拈来,任情挥洒,表现的是作者的思维和想象。

3. 形散神聚,形神兼备

所谓"形散",有两个方面的含义。一是取材广泛,表现在触发作者情感的材料、事物广泛,并且作者在表达自己的情感的时候既可以借助触发其情感的事物,又可以用其他各种各样的事物作为创作材料来表达情感。正如上文所提及的《故都的秋》,作者以数十件在脑海中闪现的事物来展现自己的喜秋念土情结。二是表达自由,作者可就事论事,可即景抒情,可写景状物,作文的各种表现手法尽可融汇于一篇散文当中而不失美感。

所谓"神聚",就是主题集中,线索分明。一般散文不论篇幅长短,不管其外在的"形"如何散乱,其内在的"神"总是集中、凝聚的,记一件事、描述一个场景的散文,固然谈不上散与不散的问题,那些选材广泛、零散的散文,如果有很多"神",不但会削弱其认识作用和教育作用,而且甚至会让人不知所云。

“形散神聚，形神兼备”，表明了散文外在和内在的美学特质，以及“形”和“神”之间的辩证关系，只有“形神兼备”的散文才具有独特的韵致和魅力。散文的“神”不可散，但要化入“散”的“形”；散文的“形”须“散”，但却要融入不散之“神”，这是散文不同于其他所有文字样式的美学内涵。正如著名散文家秦牧在《散文创作谈》中打过的一个形象的比方：“散文虽‘散’而不乱，全靠思想把那一切材料统一起来，用一根思想的线串起生活的珍珠，珍珠才不会遍地乱滚，这才成其为整齐的珠串。”看来，只有牢牢把握住“神”，才能使散文的形和神都兼备，而不至于“散”掉。

第四节 戏剧写作

通常认为戏剧最早产生于古希腊。在古希腊，当葡萄熟了的时候，要举行盛大的节日，在这个节日上，为了祭奠酒神狄奥尼索斯，在这些歌舞中间，就开始有人来扮演角色，最开始是扮演“羊人”，也就是载歌载舞的人们，头戴羊角，身披羊皮，还弄个羊尾巴，由此产生了戏剧。另外，古希腊人还修建了一些大型剧场，如酒神剧场、德尔菲剧场、希罗德·阿提库剧场、埃皮达鲁斯剧场等，其中以公元前4世纪中期修建的埃皮达鲁斯剧场规模最为宏大，这个剧院有34排石制座位，后来罗马人又增加了21排，共可容纳一万四千名观众。其基本造型利用山坡地势，观众席逐排升高，呈半圆形，并有放射形的通道。表演区是位于剧场中心的一块圆形平地，后面有化妆及存放道具用的建筑物。可见戏剧在古希腊时期是非常盛行的。

世界各民族的戏剧都是在社会生产劳动和社会实践的基础上，由古代民族、民间的歌舞、伎艺演变而来，后逐渐发展为由多种艺术成分组成的综合艺术，构成了戏剧的特有艺术形式。可以说，戏剧是以语言、动作、舞蹈、音乐、美术等形式达到叙事目的的舞台表演艺术的总称，而文学上的戏剧概念则是指为戏剧表演所创作的脚本，即剧本。剧本和戏剧既有区别又有联系，二者相辅相成，剧本在戏剧艺术中有着重要的作用，它对于演员的演出和各种艺术形式的运用起着制约、规范的作用，把握着将人物角色和各种艺术形式相融合的方向。而精彩的戏剧演出则是对优秀的剧本的淋漓尽致的展现。以下主要从文学写作的角度对剧本创作进行分析。

一、戏剧的特征

1. 综合性

如前所述，戏剧是以语言、动作为表现手段，融会舞蹈、音乐、美术等艺术形式达到叙事目的的舞台表演艺术的总称。没有舞台，没有演员，没有灯光，没有道具，就不能呈现一出完美的戏剧。因此，一个好的剧本，必须要考虑舞台演出的环境，要考虑布景、道具、化妆、灯光、服装等效果，还要考虑音乐伴奏、演员形体动作等因素。戏剧是文学、美术、音乐和舞蹈等多种艺术的综合体，可以说，综合性是戏剧的显著特征。

因此，从文学创作的角度出发，作者应根据戏剧艺术的综合性特点，培养自己多方面的艺术素养，并把这些艺术素养渗入剧本中，使各种艺术成为统一的整体，通过剧本创作对舞台效果的设计，为演员在舞台上的成功演出创造良好的前提条件。

2. 集中性

戏剧是更典型、更集中地表现社会生活的矛盾冲突的艺术形式，并且戏剧的展现必须借助舞台环境，而在观众面前呈现一个具体的舞台环境是有条件限制的，通常也就几十平方米，因此，故事情节发生的时间、地点往往很集中，登场人物有一定数量的限制，演出的时间也不能太长。剧本还必须集中地表现矛盾冲突，开门见山地揭示矛盾，紧凑地发展矛盾，迅速地把矛盾冲突推向高潮。戏剧文学的"集中"，指的就是时间、空间、人物、矛盾的集中。也只有这样，作品才能有"戏"，才能动人心弦，吸引观众。

3. 动作性

戏剧文学人物的语言，是塑造人物形象的基本材料。高尔基在《论剧本》中说："剧本（悲剧和喜剧）是最难运用的一种文学形式，其所以难，是因为剧本要求每个剧中人物用自己的语言和行动来表现自己的特征，而不用作者提示。"戏剧语言要能鲜明地表达人物的动作，即富于动作性。戏剧所要求的动作，是指人物的主动、积极以及强烈的情感，并且要从人物的动作中展现人物的性格特征。一个剧本的语言蕴含着丰富的动作性，就可为演员的表演提供广阔的空间。演员就能凭借这些语言，想象出他所扮演的角色的动作、表情和姿态，使演员更好地塑造形象。当然，戏剧中的语言也是一种动作，不仅是外形的，而且是内心的动作。因为语言产生于内心动作（即思想感情），又能引起千变万化的外部动作。

4. 直观性

在小说等文学作品中必须通过阅读和想象才能婉转获得的形象，在戏剧中往往会很直观地传达出来，这样做的原因在于方便演员更好地体会角色和舞台环境，使观众更具体地看到逼真的生活场景和人物的音容笑貌，听到人物的声音，甚至直接感受到人物情绪的细微变化。因而，戏剧艺术的感染力和教育作用，比其他文学形式来得更加直接和强烈。如《白毛女》的剧本在结局处只有短短几百个字，然而舞台的感染力和演员的表演对故事情节的展开及对贫农悲惨境遇的触及却多次引发演出现场动乱和观众的过激反应。

二、戏剧的分类

戏剧文学的种类繁多，可以按不同的标准，从不同的角度分类。根据容量的大小，可以分作独幕剧和多幕剧；根据表现形式的不同，可以分为话剧、歌剧、舞剧、歌舞剧；而根据戏剧文学所反映的矛盾冲突的性质和所运用的表现手法，以及对读者的感染作用，则可分为悲剧、喜剧和正剧。下面分别就常见的几个类别予以简要论述。

1. 悲剧

古希腊的悲剧理论认为悲剧是表现一种不能克服的矛盾，在命运的支配下，具有正面形象的主人公所从事的事业总是以失败告终，其人生最终是失败的、毁灭的。如索福克勒斯的《俄狄浦斯王》就是一部典型的悲剧。俄狄浦斯逃来逃去，终究没有逃脱杀父娶母的命运。随着时代的变化，悲剧的概念也有所改变。莎士比亚的悲剧表现人物理想、愿望和社会现实的矛盾不可调和。恩格斯认为"历史的必然要求和这个要求的实际上不可能实现"构成了悲剧性。鲁迅在论及悲剧时指出，"悲剧是将人生有价值的东西毁灭给人看"。这说明悲剧的戏剧冲突常常是正面人物为某种正义的斗争而牺牲，引起人们的同情并给人积极有力的启示和激励。可以说，悲剧的基本特征就是悲剧反映的是"历史的必然要求和这个要求实际上不能实现之间的悲剧性冲突"。悲剧的主人公一般都是英雄人物或正面人物，他们为别人打抱不平，甚至为社会或大众的事业而奋斗。但由于历史环境的限制或具体条件的制约，他们为之奋斗的理想和愿望总是遭受到比他们强大的反对力量的限制和阻挠，最终导致主人公的愿望和理想以失败告终，身心遭受巨大打击，甚至因此而殒命。如莎士比亚的悲剧《奥赛罗》，主人公是两位充满活力的年轻人，他们追求美好的爱情理想，然而作品以主人公的双双毁灭营造悲剧效果，从而对他们所追求的人文主义理想加以肯定。

2．喜剧

喜剧起源于古希腊农民祭奠酒神的仪式，最初是秋收时为感谢神灵而表演的狂欢歌舞，所以喜剧在古希腊文中是“狂欢之歌”的意思。每唱完一节，领唱者总是要向观众讲一些戏谑之词，引人发笑。之后，喜剧逐渐发展成为以夸张、幽默的手法，讽刺和嘲笑丑恶、落后现象，从而肯定和赞美生活中美好事物的一种戏剧形式。鲁迅说喜剧是“将那无价值的撕破给人看”。喜剧又分为讽刺喜剧和幽默喜剧。讽刺喜剧是由主人公荒谬的行为或错误引起戏剧冲突；幽默喜剧则是对人类生活中一般的不足进行善意批评，它可能也有讽刺，但那是善意的讽刺。喜剧里的主人公通常有两类，一类为丑陋、愚蠢的反面人物，一类为性格或生活习惯有缺点的正面人物。如果戈里的喜剧《钦差大臣》里的主人公就属于前一类。

3．正剧

正剧是在悲剧与喜剧之后形成的第三种戏剧体裁，它兼有悲剧和喜剧的因素，所以也称悲喜剧，又叫严肃剧。从古代希腊到古典主义时期，悲剧与喜剧作为两种戏剧体裁界分严格，不能混淆。但是，在这期间出现的某些戏剧作品，如莎士比亚的《暴风雨》、《一报还一报》等却很难归属于悲剧或喜剧。18 世纪，启蒙运动时期的哲学家、美学家狄德罗写了剧本《私生子》，并阐明建立严肃剧的主张，指出严肃剧界于“两个极端类型的戏剧种类之间”，这类作品“题材必须是重要的；剧情要简单和带有家庭性质，而且一定要和现实生活很接近”。他所说的“严肃剧”，也就是后世的正剧。黑格尔把这种戏剧体裁界定为“把悲剧的掌握方式和喜剧的掌握方式调解成为一个新的整体的较深刻的方式”。在正剧中，生活的否定方面和肯定方面往往同时作为表现的对象。悲剧中无法解决的矛盾，在正剧中可以得到调和，其最常见的表达思路是先悲后喜，反面人物最终受到惩罚，正面人物最终获取胜利，比较典型的正剧作品有易卜生的《娜拉》，狄德罗的《私生子》、《一家之主》，我国的《白毛女》、《万水千山》等。

三、戏剧的创作

戏剧属于叙事文学的一个分支，而情节是叙事性文学作品重要的构成元素，它由一系列展示人物性格，表现人物与人物、人物与环境之间相互关系的具体事件构成，因此情节的安排在戏剧的创作中显得尤为重要。在戏剧的创作过程中情节冲突的创造应注意以下几个方面。

首先，情节要与人物个性相结合。在小说的创作中，人物和情节这两者的关系通常会有两种选择，一种是人物推动情节的发展，一种是通过预先设置的情节环境来安排人物。这两种手法在实际操作中都是可取的，只是因人因作品而异。但无论选择哪一种方法，必须要注意的是使情节与人物的个性恰当地结合，而不能使情节或人物任何一方有所偏颇。要塑造鲜明的艺术形象，就要把人物放在典型的环境中，把人物所从事的活动融入设定的环境中，从而建构合理的情节，继而通过情节的矛盾冲突和发展，刻画典型的人物个性，表现主题。

其次，要注意设置悬念。安排情节的一个重要原则就是让戏剧作品能持续引起观众的兴趣，让观众有继续想看下去的愿望。因此，设置悬念就成了戏剧中抓住观众心理最行之有效的手段。所谓悬念,就是读者、观众、听众对文艺作品中人物命运的遭遇,情节的发展变化所持的一种急切期待的心情。因此,懂得观众心理,掌握情节安排的原则与技巧是十分重要的。一出好戏一开始就应尽快突出与人物命运或情节发展有关的戏剧冲突,以诱发观众的好奇心,从而使观众对戏剧的继续发展产生一种期待的急切心情。

再次,要巧妙地设置冲突。戏剧的基本要素是矛盾冲突,通过具体的舞台形象再现社会的斗争生活,能激起观众强烈的情感反映,达到社会教育的目的。由于戏剧是处理社会关系的,而人的自觉意志又必须受社会必然性的制约,因而,真正的戏剧性冲突必须是社会性冲突。可以说,戏剧离不开戏剧冲突,它表现在由人物性格冲突引起的一系列具体行为动作冲突上,没有冲突就没有戏剧。那么,在戏剧创作中如何巧妙地设置冲突呢?

第一,巧妙、合理地运用生活中的偶然事件。也就是说在作品中要把激烈的冲突生活化、平淡化地表现出来。因为一个戏剧要在短短的时间之内集中展开情节,如果不把冲突寓于生活化的平常事件中,让观众发觉出太多的偶然性,就会使戏剧作品显得突兀、生硬,显得脱离生活,从而引发观众的抵触情绪,引不起观众的共鸣。具体来说,可以通过以小见大,以次要矛盾间接、曲折地反映社会矛盾等方法处理。

第二,在动作中显示冲突。真正的戏剧冲突必然蕴含着丰富的动作性,使社会矛盾在剧场中转化为直观形象的动作,在动作中显示冲突,用戏剧冲突统帅动作。

第五节　小 说 写 作

一、小说的概念

小说是文学的一种样式,一般用于描写人物故事,塑造多种多样的人物形象。它拥有明确的主题、完整的结构布局以及情节发展,通常以刻画人物为中心,通过完整的故事情节和具体的环境描写来反映社会生活。与其他文学样式相比,小说的容量较大,它可以细致地展现人物性格和人物命运,可以表现错综复杂的矛盾冲突,同时还可以描述人物所处的社会生活环境。

小说有三个要素:人物形象、故事情节、环境(自然环境和社会环境)。小说反映社会生活的主要手段是塑造人物形象。小说中的人物,我们称为典型人物;这个人物是作者根据现实生活创作出来的,“杂取种种,合成一个”。作者通过塑造这样的典型人物,更集中、更形象地反映生活。小说塑造人物的手段可以是概括介绍,可以是具体的描写,可以写人物的外貌,也可以刻画人物的心理活动;既可以写人物的行动对话,又可以适当插入作者的议论;既可以正面起笔,又可以侧面烘托。小说主要是通过故事情节来展现人物性格、表现生活的。故事来源于生活,但它通过选择、提炼和加工,就比现实生活中发生的真事更集中,更完整,更具有代表性。小说的环境描写和人物的塑造与中心思想有极其重要的关系。在环境描写中,社会环境是重点,它揭示了种种复杂的社会关系,如人物的身份、地位、成长的历史背景等。自然环境包括人物活动的地点、时间、季节、气候以及景物等。自然环境描写对表达人物的心情、渲染气氛都有不少的作用。

小说按其篇幅长短可分为长篇小说、中篇小说、短篇小说;此外,还可从其他角度分类,如欧洲中世纪有骑士小说,16 世纪西班牙有流浪汉小说,18 世纪英国有感伤小说,法国有哲理小说,中国宋代话本有胭粉、公案、灵怪等类,明清有英雄传奇,清代有才子佳人小说、谴责小说,近代、现代则有社会问题小说、心理小说、历史小说、讽刺小说、神话小说、惊险小说、科幻小说、推理小说、侦探小说、武侠小说、黑幕小说等。

二、小说的文体特征

小说是多角度地反映生活的一种叙事性文体,因为人是社会生活的主体,所以小说反映社会生活以塑造人物形象为中心,深入细致地刻画人物的性格;因为人总是在一定的环境中生活,不同的环境造就了不同的人物气质,所以小说也特别重视人物环境的描写;又因为人的个性只有在具体的矛盾冲突中才能充分地表现出来,所以小说着力表现错综复杂的矛盾冲突。因此,人物、情节、环境构成了小说的三个基本要素,从这三个要素考察,小说的文体特征表现为以下几个方面:

1. 深入细致的人物刻画

人物是社会生活的主体,文学作品要反映社会生活,再现社会生活的真实面貌,就不能不以各种各样的人物作为描写的主要对象,小说在这一方面表现得尤为突出。老舍也曾经说过,"创造人物是小说家的第一项任务。把一项复杂热闹的事情写得很清楚,而没有创造出人物来,那至多也不过是一篇优秀的报告,并不能成为小说。"为了让读者从人物身上看到其所处时代的精神面貌,作者总是想方设法地把人物写活,充分展现人物的内心世界。因此,多方面、深入细致地刻画人物形象就成为小说最大的特点。

为了塑造栩栩如生的典型人物形象,小说可以借助各种表现手法来刻画人物性格,除了运用语言、肖像、心理等比较直接的方式外,"虚构"与"捕捉人物生活的感觉经验"也是刻画人物形象中最能体现小说性质的东西。小说塑造人物,可以以某一真人为模特儿,综合其他人的一些事迹,如鲁迅所说,"人物的模特儿,没有专用过一个人,往往嘴在浙江,脸在北京,衣服在山西,是一个拼凑起来的角色。"任何一部优秀的小说,总有使人难忘的典型人物,作者就是要捕捉社会生活中方方面面人物生活的感觉经验,通过文学组合、再造,才能呈现这样一个反映社会现实的典型人物,从而给读者留下深刻的印象,引起读者的共鸣。

2. 完整复杂的故事情节

一部好的小说总能让人身临其境,而不像科学报告那样枯燥,一个重要的原因就是作者总是能以优美的文笔、生动的描写和不可思议的情节把这个故事牢牢地刻印在读者的脑海里。故事情节来源于生活,它是现实生活的提炼,它比现实生活更集中,更有代表性。现实生活中的事件和矛盾是有始有终,有起有伏,并有一定发展过程的,因而小说情节的展开,也是有段落,有过程的。这个过程一般分为开端、发展、高潮、结局四个部分。有时还有序幕和尾声。在作品中,情节的安排决定于作者的艺术构思,并不一定按照现实生活中的事件发生、发展的自然顺序,有时可以省略某一部分,有时也可颠倒或交错。总之,必须借助完整复杂的故事情节来展现人物矛盾冲突,矛盾冲突越激烈,人物的个性才表现得越充分。

3. 具体生动的环境描写

环境描写是小说创作中必不可少的有机组成部分。因为小说主要是围绕人物来展开情节,而人总是生活在一定的社会环境里,行为受周围环境的影响,与周围环境发生紧密的联系,事件也总是起因于一定的环境,在一定的环境中发生、发展。所以,进行小说创作时必须具体地描写环境,才能形象、生动地表现人物、事件的特征,才能揭示出人物的活动以及矛盾冲突发生、发展的原因和背景。如鲁迅的《风波》中，故事发生的环境是封闭的水乡农村，假如是在城里，赵七爷的淫威就无处发作，也就无法展开其他的故事情节了。

三、小说的创作

小说主要是写人，通过展开人物活动、经历的事件来反映人类现实的生活环境，而这些展现都必须通过情节结构这一重要的艺术手段来实现。作者通过情节结构，创造性地把人物的活动和性格展现在读者面前，使情节在这种细致的描写和对生活事件的逻辑顺序的安排中自然地流露出来。由于情节结构在小说创作中具有重要的作用，成功的作家都非常重视对情节结构的构思和运用。那么，什么是情节呢？福斯特曾对“国王死了，不久王后也死去”和“国王死了，不久王后也因伤心而死”这两句话做了比较，指出第一句纯粹只是描述生活中发生的偶然事件，仅仅是生活现象的罗列，而第二句就构成了一个情节，因为它很清楚地表达了两个事件的原因和结果，可见小说的情节是依据内在的逻辑性向前发展的。传统的小说基本上是按因果逻辑和时间顺序法则来安排情节，现代小说尤其是一些心理小说尽管经常打乱情节的逻辑发展，但逻辑法则依然是行之有效的。在安排故事情节，架构文章情节结构时应注意以下几个方面。

1. 根据人物性格安排情节

小说情节的发展是由人物性格决定和推动的，因此，情节不能违背主角人物的性格而随意发展。例如《阿Q正传》中的“大团圆”结局，鲁迅说他事先是没有料到的，但是作者为阿Q定位的性格特点决定了事件的发展。随着阿Q性格的发展，就自然产生了阿Q要做革命党的问题，阿Q要革命，假洋鬼子却不让他革命，在当时的情况下，阿Q就不可避免地要走向“大团圆”的结局，这也可以说是人物性格决定下小说情节的逻辑关系。由此可见，故事情节是由人物性格来决定的，不能让人物性格去迁就故事情节。那种只顾一味地追求情节的新颖与离奇而违背人物性格发展的创作方法是不可取的。

2. 巧妙运用巧合与偶然安排情节

巴尔扎克在他的《人间喜剧》前言中说：“偶然，是世界上最伟大的小说家，若想文思不竭，只要研究偶然就行。”所谓“巧合与偶然”，其实是作者抽取日常生活中的事件做了精心安排，把其中的一些事件做铺垫，而集中体现作者想要表现的一个事件或几个事件，使社会生活中的矛盾加以典型化，通过偶然表现必然的情节冲突。它通常表现为生活矛盾急剧变化和出人意料，利用“巧合与偶然”推动情节发展，形成波澜，从而引起读者强烈的兴趣。“无巧不成书”正是对小说情节中“巧合与偶然”的运用的真实写照。如《红楼梦》第三十三回写宝玉挨打就充满了诸多偶然，它们聚集在一起，从而发展为必然。当宝玉料知要挨其父贾政打时，就设法避免，他找人给贾母和王夫人报信，如口信送到，自然可以免了一顿好打。可平日里整天不离左右的小厮焙茗偏巧此时不见了踪影，这是一个偶然；宝玉慌忙又找了一个老妈子，可巧这老妈子偏偏又是个聋子，把“要紧”听成“跳井”，将“小厮”听成“小事”，又是一个偶然。由此，宝玉挨打势在必然，这两个偶然因素为小说情节高潮的到来发挥了很大的作用。

3. 利用陡变推进情节

“陡变”是指在小说中安排打破日常生活规律的突然性事件，从而使小说情节和人物命运发生重大转变，这种“陡变”应该是在前文铺垫下合理的转变，是读者始料不及的。“陡变”在给小说情节带来巨大变化的同时，也给读者的阅读情感造成巨大的冲击，给读者以出人意料的惊喜或震撼。在小说《林海雪原》中，临会师奔袭之前，值摆宴设计之时，本来成功在即，英雄杨子荣的老对手栾平却突然跑上山来，导致小说情节急转直下，这一“陡变”将情节推向扣人心弦的高潮，使看似顺理成章的情节风云骤起，胜负难料，而杨子荣大智大勇、处变不惊的侦察英雄形象也因此而血肉丰满，光彩照人。

【思考与练习】

1. 谈谈文学写作的基本要求。
2. 诗歌有哪些表现手法？
3. 散文可以分出哪几类？
4. 结合具体作品谈谈戏剧的创作。
5. 小说的文体特征表现在哪些方面？

第二章　新闻写作

新闻事业是以采访、编辑、刊播新闻为主要任务的。新闻是什么？不同文化背景的研究者对其有不同的回答。比如，英国《牛津词典》对新闻是这样解释的："新闻就是新鲜报道。"美国《纽约太阳报》的博加特则提出过这样一个新闻概念："狗咬人不是新闻，人咬狗才是新闻。"我国学者对新闻也有一些定义，1943 年 9 月陆定一提出："新闻的定义就是新近发生的事实的报道。"综合上述看法，我们不妨把新闻理解为：新闻就是对已经发生或正在发生、或者已经发生但新近发现的有价值的事实的报道。

第一节　消息的写作

"消息"最早出自《易经》："日中则昃，月盈则食，天地盈虚，与时消息。""消息"在这里指的是天地时序变化中的事实，随着近代新闻事业以及电讯事业的发展，消息才作为一种新闻体裁固定了下来。

狭义的新闻定义只包括消息这一新闻体裁，这是以简明扼要的方式、迅速及时地传播新近发生或发现的具有新闻价值的事实的一种新闻文体。它是新闻报道的主角，也是新闻写作中最常用、最基本的体裁，同时也是报刊、广播、电视新闻以及网络新闻中使用最广泛的报道方式。通讯、新闻评论、深度报道则是对它的进一步深化和补充。

一、消息的特点

消息作为新闻文体的主体，其特点有如下几个方面：

其一，内容真实，事实准确可靠。消息讲究用事实说话，真实是消息的生命线和根本，也是它令人信服的基础。真实，主要是事实真实，即新闻的"六要素"必须要真实可信，当然，消息中所引用的各种数据、史料须确切，对新闻事实的解释和说明也须客观，应符合客观事实的真相，而不能脱离事实随意发挥。准确，就是指新闻事实、新闻报道的语言，包括细节在内都力求准确无误。如果新闻失真，不仅会削弱其新闻价值，而且还会损害新闻事业的威信。

其二，篇幅短小，内容简明扼要，语言简洁精粹。通常一事一报，一条消息只报道一件事，往往抓住 When（何时）、Where（何地）、Who（何人）、What（何事）、Why（为什么）等核心新闻要素加以简要报道。消息短小精悍的特点，与时效性有着紧密的关系，也是它区别于通讯等其他新闻文体的一个显著标志，同时也便于读者在较短时间获得更多的信息。

其三，时效性强，报道迅速及时。时效，就是指报道速度要快，报道的内容要新，这是决定新闻价值的重要因素之一，新闻报道速度迟缓不仅会降低新闻的价值，使"新闻"变成"旧闻"，甚至还有可能失效。新闻界有一个词，叫做"抢新闻"，这就说明了消息是一种非常强调时效性的文体，因此，对新人、新事、新情况、新问题，要及时地捕捉、采写，迅速地做出反应，尽量缩短新闻事实发生和报道的时间距离。

其四，相对于通讯等其他新闻体裁来说，消息结构比较固定。通常由标题、电头、导语、主体、背景和结尾六个部分构成，而通讯的写作则要自由灵活得多。

二、消息的作用与种类

（一）消息的作用

消息的报道面广、传播速度快、受众普及等特性，使它不仅成为报纸的主角，同时也是广播、电视和网络媒体中不可或缺的组成部分。消息在新闻传播媒介中的重要地位，是同消息这一体裁的举足轻重的作用分不开的，其具体表现主要有以下两个方面：

1．消息是新闻媒介中的主要传播方式

报纸又有“新闻纸”之称，主要是刊载新闻和新闻评论，其中新闻又以刊载消息为主。自近代产生报纸以来，消息在报纸上就发挥了重要作用。消息是新闻的主体，由于反映事实迅速及时，能让受众多方面了解新情况、新变动，因此，成为受众最熟悉，报纸上最经常、最大量运用的一种宣传报道形式。消息是新闻事业的细胞和媒介传播的主体。新闻与我们的生活息息相关，紧密相连，在现实生活中，人们通过报纸、广播、电视、网络来获取政治、经济、文化等各种新情况和新信息。所以，消息不仅是报纸的主角，而且也是广播、电视、网络新闻中的主角。

2．消息以最简捷的方式传播信息

消息能够最快捷地传播各种信息，迅速反映大至世界范围，小至身边环境的新动向、新情况、新变化，并向广大受众提供全面而丰富的信息。

人们通过消息这一新闻体裁，可以及时了解国内外的重大事件，包括方针政策的变革，政治经济情况的变化，同时获取必要的知识和信息，增长见闻。人们无论从事工作、学习、生产，还是日常生活，都离不开有关信息。而这些信息的传播，主要依赖消息。这也是消息拥有众多读者的原因所在。

（二）消息的分类

消息的种类繁多，分类的标准和角度也不一致，常见的分类法有：按地域和范围来分，可分为国际新闻、国内新闻和地方新闻；按传播媒介来分，可分为报纸新闻、广播新闻、电视新闻、网络新闻等；按事实性质分类，可分为事件性新闻和非事件性新闻。

事件性新闻，是指对一个相对完整的新闻事件展开的新闻报道，通常“一事一报”。事件性新闻包括大量的动态消息、现场特写性消息等。非事件性新闻，是指对一段时间或若干空间里发生的情况、问题等的反映，非事件性新闻是在若干新闻事实的基础上，经过分析、归纳而概括出来的。事件性新闻相对于非事件性新闻来讲，时效性更强。

按篇幅长短分，可分为长消息、短消息、简讯、一句话新闻、标题新闻等。“长消息”指千字左右的消息，其对事件的报道往往较为详细，多在报道中穿插背景材料。“短消息”指五百字左右的消息，这种消息报道比简讯清楚、具体，是最常用的报道形式。“简讯”差不多就百字左右，报道简明扼要，往往只报道出新闻事实概况。

消息按报道题材来分，可分为工业新闻、农业新闻、文教新闻、体育新闻、外交新闻、财经新闻、科技新闻、军事新闻等；按写作形式，一般分为动态消息、经验消息、综合消息和述评消息四种，下面简要述之。

1．动态消息

动态消息也称动态新闻，指迅速及时地报道现实生活中新变动、新情况、新成果、新问题、新动向的消息体裁。它是新闻报道中时效性最强、使用最频繁的一种消息。这种消息迅速、及时地报道国际国内的重大新闻事件，报道社会上新近发生或出现的新人新事、新气象、新成就、新动向。其篇幅较短，反应迅速，报纸上所见的消息，绝大多数都是动态消息。动态消息主要有以下几个特点：

其一，取材广泛。举凡国内外的重大事件、活动，各条战线的新信息、新成就、新动向，日常生活中具有新闻价值的新鲜事情，都是动态消息的报道范围。因此，动态消息在新闻文体中使用频率较高，见报也最多。

其二，注重时效性。动态消息的选材以“变”和“动”为其基本原则，迅速及时反映事物的最新动态，因此，动态消息集中而鲜明地体现了新闻的优势和特点。动态消息十分强调及时地报道新近发生的事实，通常是当天发生的新闻事件当天就要报道，对于有些重大的新闻事件则必须要争分夺秒地加以报道。此外，无论是报纸、电台还是电视台等新闻传播媒介，对于动态消息的时效性都是极其重视的。

其三，一事一报，用事实说话。一篇动态消息往往只集中报道一个有意义的新闻事件，或事物发展的某一个侧面。因此，动态消息往往篇幅短小，主题集中单一，严格用事实说话，表述直接而朴实，往往直叙其事，语言简洁明了。

2. 经验消息

经验消息也称“典型新闻”或“典型报道”，即是对某一部门或某一单位的具有普遍意义的典型经验或成功做法及显著效果的集中全面报道。经验消息多属于非事件性新闻，它所反映的新闻事实，往往是渐进变动的过程，所以又被称为静态消息。

如果说动态消息强调的是时效性和动态感，那么经验消息则突出的是针对性和普遍指导意义，经验消息往往偏重于交代情况、叙述做法、反映变化与成效，甚至通过对比、阐释、分析、归纳来总结经验，揭示事物本质，以对现实工作进行指导，给人以启迪。经验消息以介绍先进经验为主，但必须将经验寓于事实之中，用事实去阐述经验，避免空洞的说教和枯燥的叙述。经验消息篇幅一般比其他消息要长，这类消息在我国报纸上占有较大的比重。

经验消息常见的有两种类型：一种是一篇消息中，只集中地介绍一条经验或一种做法，其优点是中心突出，篇幅较短；另一种是一篇消息中，围绕一项工作，从不同方面，介绍几条经验或做法等，有的是运用并列式，反映几条几乎同样重要的经验、做法，有的则是运用递进式，层层深入地介绍。

3. 综合消息

综合消息也称综合新闻或“组织性新闻”，指围绕某一中心，将不同地域或领域的带有同类性质的情况、趋势、动向、成就和问题集中起来予以报道的一种新闻体裁。综合消息的时效性不如动态消息，但综合消息涉及的范围广，具有声势大、综合性强、非事件性等特征，它所报道的，不是某一个具体的新闻事件，而是反映某个系统、某个部门，带有全局性情况的事件，所以综合消息通常是由不同时空中的不同新闻事实构成，这样可以让读者从中宏观纵览事物发展的规模，多角度、全方位地综合了解事物发展变化的态势，比较全面清晰地认识全局性的概貌。因此，全面而充分地占有材料是综合消息写作的前提，综合消息并不排除必要的议论，在写作的过程中要求做到点面结合、观点与材料相统一，同时应做到既有广度，又有深度。

综合消息常见的综合情况有两种：横向综合与纵向综合。横向综合是指将发生在同一时间、不同地点和单位的同类新闻事实综合起来反映全貌。这一类综合消息的写作，要注意选材的典型性和代表性，并要着力突出关键性的内容，竭力避免雷同；纵向综合是指对同一事件在不同时期的情况和表现等进行全面的深入报道。它要把新闻事实的前因后果、发展变化、来龙去脉等反映出来，往往还要运用有关的背景材料，进行分析对比，表现新闻事实和阐述新闻主题，因此，在写作时，要选好立足点。

4. 述评消息

述评消息又称新闻述评或记者述评，是一种运用叙议结合的方式，将报道事实与评述事实相结合，兼报道和评论于一身的新闻报道体裁。它除具有动态消息的一般特征外，还往往在叙述新闻事实的同时，由作者直接发出一些必要的议论，对形势、事态、问题发表简明的意见。述评消息从文字数量上看是述多于评，从文本内容上看是评多于述。述评消息兼具有报道和评论的双重作用，同时也具有明显的舆论导向作用，因此，对新闻事实的评述一定要在掌握大量情况和材料的基础上，总揽全局、抓住要害，揭示出事物的本质。

述评消息常见的种类有：一种是形势述评。它是就国际或国内的政治、经济、军事、外交等领域的发展变化情况所写的评述。这一类述评，常常抓住形势的新变化或某种转折，及时地概括全貌，指明趋势，以帮助读者开阔眼界，认清形势，掌握大局。另一种是工作述评。它是从典型的新闻事实出发，就某项工作的进展情况、成效、经验或存在的问题进行评述，并提出意见和建议，从而推动其发展。还有一种是思想述评。它是抓住有一定倾向性或普遍意义的思想情况而写的述评，思想述评是以解决思想认识为目的的，尤其是就一些处于萌芽状态的思想动态，及时加以评述和分析，能够帮助人们分清是非，提高认识，因此，对读者更有启发和引导作用。

述评消息的特点主要是：

其一，以报道事实为基础，以评述事实为目的。述评消息不同于一般的消息，也不同于新闻评论。一般地说，它应当是以报道新闻事实为主，以评述新闻事实为最终目的。和“用事实说话”的一般消息不同，述评消息在报道客观事实的同时，带有较浓的评论色彩。但它却是边述边评，在内容上叙述多于评论，因而又不同于以说理、议论为主体的社论、评论员文章、短评等新闻评论。述评消息看起来似乎是介于新闻和评论之间的一种体裁，然而，它的议论是建立在充分叙述事实的基础上，必须紧紧扣住新闻事实来进行。也就是说，它是以报道新闻事实为主要内容，兼有评论。所以，它是消息的一个特殊种类。

其二，针对性强，富有思想性。述评消息往往针对广大人民群众关心和关注的问题，有的放矢地发表某种意见和看法，对事件本身进行分析和解释。在报道事实的基础上，从全局出发，抓住具体事由，以述评结合、夹叙夹议的方式，来剖析新闻事件，分析形势，则可以加强反映事物之间的横向、纵向的联系，进一步揭示新闻事件的本质意义及发展趋向，以帮助读者加深对事物的认识和理解，因此具有较强的针对性和思想性。

三、消息的写作要求

（一）消息的结构要素

消息一般由标题、导语、主体、背景材料和结尾五个部分构成。

1. 消息的标题

标题是消息传神示意的眼睛，是“先行官”，是消息所报道内容的集中概括。从功能上看，消息的标题，作用表现为三个方面：一是吸引受众，引起受众对消息的关注，增强消息的吸引力，提高可读性，帮助读者阅读。如《我国公安机关破获一起重大恐怖组织案件》（新华社2010年6月24日电）、《海南临高县一名25岁官员出任教育局副局长》（2010年9月14日南海网），当你看到上述新闻标题时，难道能不吸引你看个究竟？二是浓缩信息，传递精华。标题是新闻主旨或内容的浓缩和提要，一些标题所陈述的往往是消息的核心内容，看一眼这样的标题，也就大体了解了消息的基本内容。如《陆克文突然下台　澳诞生首位女总理》（新华社2010年6月24日电）。三是可以帮助读者选择信息、理解新闻主题，帮助作者很好地实现写作意图。人们总是根据自己的需要有选择地接受信息，有些新闻事实的内容，一看就明白，有些则比较隐晦。在这种情况下，标题一语破的，言简意赅，点出新闻所蕴涵的深层意义，帮助受众理解消息主旨，选择所需信息。此外，报刊消息的标题，还可以起到美化版面，增强审美效果的作用。因此，消息写作中应当重视标题的拟制。

消息标题的拟制须简明、准确地概括消息内容，以帮助读者理解报道的事实。消息标题有主题（正题）、引题（眉题或肩题）、副题（次题或辅题）三种。主题主要概括和说明主要新闻事实及中心内容。引题对正题起一种引发、提挈的作用，主要揭示消息的思想意义或交代背景，说明原因，烘托气氛。副题则是补充正题内容，提示报道的事实结果，说明主题的来源和依据，有时也用来说明、注释，或作内容提要。

消息的标题有单行式标题、双行式标题和三行式标题（又称为“完全式标题”）三种形式。

单行式标题：由一个正题构成，直接表明新闻具体事实。如：《第29届奥运会在北京隆重开幕》《神舟七号载人飞船发射成功》《批评报道涉及企业　警察进京调查作者》。

双行式标题：由正题+副题或引题+正题构成，如：

圣火点燃奥运激情　（正题）
北京奥运会圣火采集仪式在希腊奥林匹亚举行　（副题）
“抓安全生产同样是政绩”　（引题）
山西省省长闭卷“考”市长　（正题）

三行式标题：由引题、正题和副题构成，如：

展示中国发展新貌　荟萃世界文明精华　（引题）
中国2010年上海世界博览会隆重开幕　（正题）
胡锦涛出席开幕式并宣布上海世博会开幕　（副题）

消息的标题还有实题和虚题之分，实题是用叙述的语言直接表明新闻事实，虚题则是用形象的手法，生动间接地描述新闻内容，如：

“黄色旋风”摧毁欧美“黑色碉堡”　（虚题）
中国选手刘翔获奥运会110米栏金牌　（实题）
万里走单骑　（虚题）
昔日瘾君子　如今禁毒志愿者　（实题）

不管采用什么方式，标题都应该准确、鲜明、简洁、醒目，切忌空、偏、繁。所谓“准确”是指文题相符，即消息标题要能够准确概括报道的新闻事实；“鲜明”是指标题要能够揭示报道主题，表明作者的态度和立场；“简洁”是指标题概括要精炼；“醒目”是指标题要引人注目，能够激发起读者的阅读兴趣。

标题制作中,“动情”与“煽情”是两回事。动情贵乎以真情感人,煽情则在于以矫情诱人。一些煽情性新闻标题为了达到哗众取宠之目的而故意标新立异,虽然也能赢得人们一时的注意,但缺乏真实长久的生命力。真正能引起受众共鸣的消息标题是切合了新闻的真谛,凭借新闻事实本身的真实来吸引和感染读者的。另外,需要说明的是,消息的标题与通讯的标题最大的区别在于是否标出了新闻事实,消息要求在标题中写明新近发生的有意义的事实,而通讯的标题可以标出事实,也可以不标出事实。

2. 消息的导语

导语是消息这一新闻体裁特有的概念和组成部分,同时也是消息区别于其他文体的重要特征之一。导语紧接电头之后,用精炼的语言文字将最主要、最新鲜、最吸引受众的新闻事实传达出来,以提示消息主题思想、达到先声夺人效果的第一句话或第一段文字。导语必须在消息的开头,在通常的情况下,导语是消息开头的第一段;有的短消息不分段,导语便是开头第一句话;有的消息段落很简短,其导语也可以是两个或者两个以上的段落。

导语写作来自电报。1844 年,美国科学家缪尔·莫尔斯发明了电磁电报,1851 年,美联社首先用它来播发电讯。1861 年至 1865 年,美国南北战争期间,有许多重要的新闻需要及时报道出去,然而在特定的战争年代,客观现实需要要求把最重要、最新鲜的事实写在新闻的最前面先发出去,这样,报社编辑部只要收到稿子第一段,就可以将它当成一条短的消息进行报道,此种写法得到读者和新闻界的认同,由此,新闻的导语逐渐形成,同时,也促进了“倒金字塔”写作结构的产生。

导语的写作非常重要,因为消息导语主要担负着三项使命:第一,以精炼的笔墨反映出新闻的要点和轮廓,使读者一见即知此消息传递的主要新闻事实;第二,为整篇报道定下调子,导语的优劣,直接影响到消息其余部分的写作方向与舒展程度;第三,引导读者把握新闻要点,引发读者的阅读兴趣。所以,在新闻界有一个说法:报纸编辑最见功力的重要方面是制作标题,记者写消息最见功力的是写好导语。

导语的形式按表达方式分主要有叙述式导语、描写式导语和议论式导语三种类型。

叙述式导语即用摘录或综合的方法,把消息中最新鲜、最主要的事实简明扼要地叙述出来,直接交代新闻事实。它包括直叙式、概括式和对比式三种具体形式。直叙式导语是开门见山,直接将最有新闻价值的事实叙述出来;概括式导语是就所要报道的内容进行适当的概括,取其精髓简要地加以介绍;对比式导语是把具有对比关系的新闻事实放在一起,使之从对比映衬中显示出新闻价值与现实意义。

描写式导语即对消息的主要事实或某一有意义的侧面作简洁而又有特色的描写,以酿成气氛。描写式导语有描写也有叙述,是描写和叙述兼备的导语。它对消息里的某一有意义的特殊场面和情节,做简洁而又有特点的描写,给读者以某种现场感和生动感,具有可视可感的效果。描写式导语是以展示事物的形象或场景为主要特征的。这类导语最常见的写法有见闻式和特写式两种:见闻式导语一般用于记叙、描绘比较大的场面,以叙述为主,穿插一些形象的描写;特写式导语则抓住人物表情或一些事物的局部细节加以描绘,给人留下特写镜头般的印象,使人有身临其境之感。

议论式导语即在叙事的基础上适当地穿插议论,以夹叙夹议、叙议结合的方式写成的导语,也称评论式导语。议论式导语可以直截了当地发表意见,能够影响舆论,给读者以启迪。常见的议论式导语有提问式、结论式等多种表现形式:提问式导语先揭露矛盾,鲜明地、尖锐地提出问题，再作简要的回答，引起读者的关注和思考；结论式导语则把结论写在开头，提示报道某一事物的意义或目的。

3. 消息的主体

这是消息的关键和核心部分。它紧接导语之后，对导语作具体全面的阐述、描绘、说明，具体展开事实或做进一步的解释、补充与叙述，从而突出中心，表现全篇消息的主题思想。消息主体部分主要有两大功能：一是展开导语，使导语中提到的事实更详细、更清楚；二是补充导语，对导语中未提到的新闻事实进行补充交代，使报道的内容更完整、更充实。

消息的主体写作应注意以下几点：其一，要根据报道主题紧扣导语进行选材与写作。新闻主体部分所涉及的内容比较多，不能一一罗列，必须围绕导语中确立的主题思想对材料加以合理的取舍与精当的选择。写作时对选材和结构要全面考虑，凡与主题无关或关系不大的材料，无论多么生动、新鲜都应坚决删去。其二，条理清楚、重点突出。消息的主体所占篇幅较大，一般比导语和结尾要长。因此，在写作时，要把材料排个队，安排好先后次序，力求层次清楚，切忌空发议论。主体部分的写作结构主要有纵式结构和横式结构两种，前者是指按新闻事件发生和发展的先后顺序安排材料；后者是指按空间顺序或材料的性质分类安排材料。其三，避免平铺直叙，力求生动。消息写作固然以叙述为主，但不排斥其他写作手法。在以叙述为主的基础上，可以适当运用描写、抒情和议论等表现手法，这样往往会收到更好的效果。

4. 消息的背景材料

新闻背景是指事件的历史背景、周围环境及其与其他方面的联系等，它被称为“新闻背后的新闻”。写新闻有时要交代背景，目的在于说明前提、阐述意义，以帮助读者深刻理解新闻的内容和价值，起到揭示事物内在联系，衬托、突出新闻主题的作用，同时增加新闻报道的知识性和趣味性。西方新闻学者认为背景就是对新闻事件作出的解释。但“解释”不是空发议论，解释本身就是事实，也就是说用事实去进行解释、加深认识。所以新闻背景又被称为“事实背景”。

消息中的背景材料按作用分，主要有对比性背景、说明性背景和注释性背景三种类型。对比性背景是指通过对比衬托，来突出新闻事实的意义，阐明报道主题的背景材料，可以是纵向对比，如今昔对比、前后对比，也可以是横向对比，如正反对比、左右对比；说明性背景是对与新闻事实相关的政治背景、地理环境、历史面貌、社会条件等情况做介绍和交代，用以说明事物产生和发展的原因的背景材料；注释性背景则是对消息中读者所不熟悉的名词术语和相关知识，以及人物的出身、经历，产品的特点、性能等加以注释、解说的背景材料。

消息的背景材料还可按内容分为历史背景、事物背景、人物背景、地理背景、知识背景等。任何新闻都是事物发展过程中的环节，都和其他事物在时间上有某种联系，这种时间上的联系就是历史背景，它的作用在于交代事物产生的原因，以阐明新闻的意义。事物背景是关于新闻事实自身特点的说明性材料，为了使受众真正了解所报道事物的情况，就必须交代有关的事物背景。人物背景是关于新闻人物自身情况的背景材料，如人物的身份、年龄、经历、成就、家庭情况以及兴趣爱好等。地理背景是关于地理、自然、风光等方面的背景材料，它的作用在于勾勒一个地方的概貌，交代事物发生的自然环境，使受众对所报道之地了解和熟悉。知识背景是配合新闻事实为受众提供有关方面的知识，有助于受众开拓视野，增长见识。

消息中运用背景材料需要注意以下几点：其一，新闻背景要防止喧宾夺主，一定要紧扣报道主题或主要新闻事实，尽可能少而精，凡是与报道主题关系不太紧密的背景材料，要坚决删除，有些尽人皆知的知识也不必作为背景材料写入新闻中；其二，运用背景材料要有明确的针对性，回答读者关心的问题。不同的报纸有不同的读者对象，他们的接受能力、对外界的关心程度和了解程度往往有较大的差异，因此，对于新闻背景的详略要求是不同的。同样一条科技消息，发给科技报的稿子中有关的背景材料可以简略一些，而发给晚报的稿子则应更周详、通俗一些；其三，要灵活安排背景材料。消息中的背景材料安排在哪个部分，要因文而异，不一定都穿插在主体部分中，也可以安排在导语甚至标题上。

5. 消息的结尾

结尾并非消息必备的一个结构部分，要不要结尾，既取决于如何更好地表达内容的需要，又受到体裁和结构形式的制约。常见的消息结尾方式有多种，如小结式、启发式、号召式、分析式、展望式等。有的是照应全文，略做交代；有的是点明意义，议论作结；有的是预测事物的发展趋势；有的是提出建议或希望；有的是对主体部分的内容作补充交代等等。消息结尾的写作，应做到紧扣主题，力求简短有力，新鲜自然，避免画蛇添足，在这个基础上则应当追求写得精彩，给全文增色。

（二）消息的结构形态

消息的结构形态是指消息写作中表达内容和体现新闻主题的谋篇布局，即一条消息组织事实材料、安排段落层次的构思设计形式。消息常见的结构形态主要有以下几种：

1. 倒金字塔式结构

倒金字塔式结构，是消息写作中最常见的结构形式，通常认为，这种结构方式起源于19世纪美国南北战争时期。当时，读者急于了解前线战况，报社急于收到前方来稿，而由于电讯技术尚不成熟，电报经常出现中断，于是，记者不得不将最新鲜、最重要的新闻事实放在消息的最前面先发出去，这样就形成了类似倒金字塔的写法。

倒金字塔式结构是一种头重脚轻、虎头蛇尾式的结构，也称“倒三角”结构，是消息写作中最常用的一种结构方式。倒金字塔式结构的特点是把新闻事实的要点、轮廓和对事实的评价放在消息的开头，再以事实的重要性程度或受众关心程度依次递减的顺序展开一系列新闻事实内容。

倒金字塔式结构便于受众迅速掌握最重要的新闻事实，满足受众尽快获取最新消息的愿望；同时，也便于记者迅速报道新闻，便于编辑有效而及时地处理稿件和设计版面。但它也易于造成程式化、单一化的毛病，往往显得呆板和生硬，而且，它比较适宜写时效性强、事件单一的突发性新闻，而用它来写非事件性新闻、人情味浓、故事情强的新闻，就不太适合。消息的结构形式与其他报道体裁有明显区别，尤其是“倒金字塔式结构”，是其他文体所不具备的。而通讯的结构形式要比消息灵活自由得多。

2. 金字塔式结构

金字塔式结构又叫悬念式结构，与上面的倒金字塔式结构相反，往往把重要的新闻事实放在后面叙述，在消息的开头设置一个充满悬念的导语，巧妙地点出新闻事实中最精彩或最重要的部分，引发读者或听众的兴趣，然后在消息主体部分对导语内容进行扩大和深化。此结构通常在开始设置悬念，而将最精彩的、出人意料的材料置于消息结尾，使受众逐渐增加对事件的兴趣。因其材料的趣味性从导语至结尾递增，故又称之为积累兴趣式结构。金字塔式结构适合于写那些故事性强的新闻。

3. 时间顺序式结构

此结构形式又叫编年体结构,时间顺序式结构通常不一定有单独的导语,而是按事情发生发展的先后顺序来安排事实。这种结构叙事条理清楚,现场感强,且很适合写那些故事性强、以情节取胜的新闻,尤其适合写现场目击记。其缺点则是开头较平淡,难以一下子就引起受众的兴趣。

除以上三种主要的结构形态外,消息还有对比式结构、提要式结构和问答式结构等。对比式结构重在通过新闻材料的对比,包括正反对比和今昔对比等,揭示事物之间的差异,从而突出报道的主题;提要式结构通常是把新闻中最重要的新闻事实放在导语中,然后将多项需并列列出的内容或要点以提要形式一一分列出来;问答式结构多用于记者招待会的报道,采用这种结构应善于组织问题,且报道内容应忠实于原意,行文时也应注意内容的连贯性和层次的明晰性。

(三)消息的写作要求

消息写作的基本要求主要有以下几点:

一是短小精悍。消息的语言要求简洁、凝练,力求在短小的篇幅内反映更多的信息。要使消息"短小精悍",可从以下几点着手:其一,精选材料。首先要对所报道的事实十分了解,只有充分地占有大量的材料,才有选择、剪裁的余地。在写作消息时,对材料的取舍要做到"以一当十"、"以少总多"。其二,一事一报。这是使消息短小的一个有效方法,消息的写作,在题材上应突出"一"字:一人一事、一个场面;在主题提炼上也应突出"一"字:反映一种思想、一种精神、一种倾向、一个问题。其三,避免不必要的议论。"用事实说话"是消息写作的基本原则,有些消息篇幅过长的原因主要在于议论过多。当然,并不是说消息中不能进行议论,而是指应避免空发议论,去掉消息中一些空话、套话和废话,自然就会简短精炼。

二是迅速及时。新闻贵在一个"新"字,在所有的新闻文体中,消息是时效性最强的文体,这也是它区别于通讯等其他新闻文体的一个显著标志。一件新闻事件发生后,记者总是先写出消息,在第一时间迅速及时地报道出去,然后再通过深入采访,写出内容更详尽、生动的通讯。

三是寓理于事。消息主要用于报道有传播价值的客观事实,它所表达的观点不是由记者直接说出来的,而是通过具体事实体现出来的。当然,有的消息中也并非完全排斥议论,可采用"画龙点睛"式的文字适当发表议论,但切忌以长篇大论式的空洞说教来代替具体事实的描述。

【例文一】

在天宫二号空间实验室已工作生活30天

航天员今天回家

本报北京11月17日电(记者余建斌、冯华、刘诗瑶)据空间实验室飞行任务总指挥部消息:北京时间11月17日12时41分,神舟十一号飞船与天宫二号空间实验室成功实施分离,航天员景海鹏、陈冬即将踏上返回之旅。截至目前,他们在天宫二号空间实验室已工作生活了30天,创造了中国航天员太空驻留时间的新纪录。

组合体分离前,航天员在地面科技人员的配合下,撤收了天宫二号舱内的有关试验装置和重要物品，放置到神舟十一号飞船返回舱中。离开天宫二号空间实验室前，景海鹏、陈冬向地面科技人员和关心支持航天事业的人们表达了他们的感谢和敬意。随后，2名航天员身着舱内航天服，回到神舟十一号飞船返回舱。

两个航天器分离后，神舟十一号飞船首先撤离至120米停泊点保持位置，状态确认正常后，在地面指令控制下逐渐远离天宫二号空间实验室。一天后，神舟十一号飞船返回舱将首次从高度约393公里的轨道上返回，考核从空间站运行轨道返回的相关技术。天宫二号空间实验室将继续在轨运行、开展有关科学实验，于明年4月接受天舟一号货运飞船的访问。

（选自2016年11月28日《人民日报》）

【例文二】

习近平出席2016年二十国集团工商峰会开幕式
并发表主旨演讲
中国站在新的历史起点　二十国集团要推动建设
创新、开放、联动、包容的世界经济

本报杭州9月3日电（记者吴绮敏、杜尚泽、王新萍）国家主席习近平3日出席2016年二十国集团工商峰会开幕式，并发表题为《中国发展新起点　全球增长新蓝图》的主旨演讲，强调中方希望同各方一道，建设创新、开放、联动、包容型世界经济，推动世界经济走上强劲、可持续、平衡、包容增长之路。

下午3时，习近平在热烈的掌声中步入会场。习近平在演讲中指出，中国改革开放38年的伟大进程，是探索前行的进程，是真抓实干的进程，是共同富裕的进程，是中国走向世界、世界走向中国的进程。今天的中国，已经站在新的历史起点上。这个新起点，就是中国全面深化改革、增加经济社会发展新动力的新起点，就是中国适应经济发展新常态、转变经济发展方式的新起点，就是中国同世界深度互动、向世界深度开放的新起点。在新的起点上，中国将坚定不移全面深化改革，开拓更好发展前景。坚定不移实施创新驱动发展战略，释放更强增长动力。坚定不移推动绿色发展，谋求更佳质量效益。坚定不移推进公平共享，增进更多民众福祉。坚定不移扩大对外开放，实现更广互利共赢。中国有信心、有能力保持经济中高速增长，继续在实现自身发展的同时为世界带来更多发展机遇。

习近平强调，中国的发展得益于国际社会，也愿为国际社会提供更多公共产品。中国倡导的新机制新倡议，是对现有国际机制的有益补充和完善，目标是实现合作共赢、共同发展。"一带一路"倡议旨在同沿线各国分享中国发展机遇，实现共同繁荣。中国对外开放，不是要一家唱独角戏，而是要欢迎各方共同参与；不是要谋求势力范围，而是要支持各国共同发展；不是要营造自己的后花园，而是要建设各国共享的百花园。

习近平指出，面对当前世界经济的复杂形势和风险挑战，中方希望同各方一道，推动杭州峰会开出一剂标本兼治、综合施策的药方，推动世界经济走上强劲、可持续、平衡、包容增长之路。二十国集团要建设创新型世界经济，开辟增长源泉；建设开放型世界经济，拓展发展空间；建设联动型世界经济，凝聚互动合力；建设包容型世界经济，夯实共赢基础。我们的目标是让增长和发展惠及所有国家和人民，让各国人民特别是发展中国家人民的日子都一天天好起来。

习近平呼吁二十国集团成员立即采取行动：

第一，共同维护和平稳定的国际环境。各国要树立共同、综合、合作、可持续的新安全观。坚持联合国宪章宗旨和原则，坚持多边主义，通过对话协商解决分歧和争端，推动建立更加公正合理的国际秩序。

第二，共同构建合作共赢的全球伙伴关系。求同存异、聚同化异，国家不论大小、强弱、贫富，都应该平等相待，既把自己发展好，也帮助其他国家发展好。加强在重大全球性问题上的沟通和协调，建立健全宏观经济政策协调机制，加强各领域务实合作，促进不同国家、不同文化和历史背景的人们深入交流，携手构建人类命运共同体。

第三，共同完善全球经济治理。要与时俱进、因时而变，以平等为基础，更好反映世界经济格局新现实，增加新兴市场国家和发展中国家代表性和发言权，确保各国在国际经济合作中权利平等、机会平等、规则平等。以开放为导向，以合作为动力，以共享为目标。当前形势下，全球经济治理重点要共同构建公正高效的全球金融治理格局，维护世界经济稳定大局；共同构建开放透明的全球贸易和投资治理格局，巩固多边贸易体制，释放全球经贸投资合作潜力；共同构建绿色低碳的全球能源治理格局，推动全球绿色发展合作；共同构建包容联动的全球发展治理格局，以落实联合国2030年可持续发展议程为目标，共同增进全人类福祉。

习近平指出，二十国集团领导人峰会已经举行10届，正处在关键发展节点上。中方主办杭州峰会的目标之一，是推动二十国集团实现从短期政策向中长期政策转型，从危机应对向长效治理机制转型，巩固其作为全球经济治理重要平台的地位。

习近平最后指出，工商界是促进增长的生力军，二十国集团工商界人士积极参与全年会议进程，为杭州峰会作出了积极贡献。预祝这次工商峰会取得圆满成功。

演讲后，2016年二十国集团工商峰会主席、中国国际贸易促进委员会会长姜增伟向习近平递交《2016年B20政策建议报告》。

南非总统祖马、加拿大总理特鲁多及有关国际组织负责人等出席开幕式。

王沪宁、汪洋、栗战书、杨洁篪等参加。

二十国集团工商峰会是国际工商界参与全球经济治理和国际经贸规则制定的重要平台。2016年二十国集团工商峰会9月3日至4日在杭州举行，来自二十国集团成员和嘉宾国1100余名工商界人士出席开幕式。

（选自2016年9月4日《人民日报》）

第二节　通讯的写作

通讯是一种以叙述、描写为主要表达方式，将具有新闻价值的人物、事件或工作经验等予以及时、详细、生动的报道的新闻体裁。它被称为“充分展开了的消息”或“形象的消息”。通讯最初叫“通信”，是用通信的形式写成的“外埠消息”。20世纪三四十年代，我国的通讯体裁进入成熟阶段，其标志便是新闻性的加强。

消息与通讯是两种最常见的新闻报道体裁，也是新闻报道的两大支柱，它们的区别主要表现在如下几点:一是从选材上看,消息主要侧重于事,大都一事一报,通讯常常偏重于写人,而且不局限于一人一事,往往有较多细节刻画。二是从篇幅上看,消息只写一件事,内容单一,语言简炼,篇幅短小,通讯内容丰富,报道更详尽,篇幅较长。三是从表现手法上看,消息一般以叙述或描写为主,通讯却要对事实进行生动、形象的描述,叙述、描写、议论、抒情等多种手法交错使用。四是从时效性上看,通讯的采访要比消息更细致、更深入,因此通讯的时效性没有消息强。五是从结构上看,消息的结构要素比较固定,大都由标题、消息头、导语、主体、背景、结尾组成,通讯的结构则灵活多样,消息有电头,而通讯没有。

一、通讯的特点

(一)新闻性

通讯作为报刊等媒体最主要的体裁之一,新闻性显然是其最基本的特点。其新闻性首先体现在真实性上。就报道对象而言,无论是人物、事件,还是经验、成果、工作情况、社会风貌等,都必须是真实的,不允许夸张和虚构,不能随意夸大或缩小,不能以偏概全,以假乱真;不能移花接木,张冠李戴,要完全符合客观事实的本来面目,揭示客观真理。而且报道对象应该具有必要的思想性和典型性。其次,体现在报道的时效上,通讯中所报道的人物和事件应具有时代意义,应是现实生活中的新人新事,要尽量反映新情况,推广新经验,发现新问题,给人新启发。通讯虽不及消息这般快速敏捷,有时为将人物、事件报道得更细致、深入、完整而用时较长,但也必须及时,仍须具有很强的时效概念。一般在报道同一事物时,往往先发消息,后发通讯。

(二)生动性

消息在表达上主要是平面的叙述,语言追求简洁、明快、准确。而通讯的表现手法灵活多样,较多借用文学手段,除去文学作品的虚构和夸张外,可以运用叙述、描写、抒情、议论等表达方式,也可以运用比喻、象征、拟人等修辞手法。它对新闻事实的报道,善于再现情景,给人以立体感、现场感,可读性和形象性都很强。

此外,通讯虽然一般以第三人称叙述为主,但在“见闻”“采访记”一类的通讯中,也采用第一人称。不过其中的“我”主要起见证人或采访线索的作用。在效果上第一人称的使用也增加了一些亲切感。

(三)评论性

通讯须运用夹叙夹议的手法对人或事作出直接的评论,以揭示典型人物和事件的意义,表明自己的态度和情感倾向。消息是用事实说话,除述评消息外一般不允许作者直接发表议论。而通讯在报道人物或事件的同时,则会借助议论、抒情等手段来表明自己的态度和情感倾向。然而通讯的评论不同于议论性文体的论证,它须时时紧扣人物或事件进行,恰到好处评价点拨。因此这是一种通过描写、叙述、抒情等表达手段进行的议论,它的特点是以情感人,理在情中,而不是把观点强加于人,也不是空发议论。

二、通讯的种类

通讯按表现形式和体裁样式来划分,种类较多,常见的有这样几种类型:

(一)人物通讯

人物通讯是以典型人物的思想、言行、事迹等为报道内容的通讯体裁。人物通讯并非仅仅是“名人通讯”，报道对象的选择取决于其蕴含的新闻价值，一般来说人物必须具有先进性或典型性。在取材上可写“全人全貌”，也可截取片断来表现人物的某个侧面或阶段，从而揭示其精神世界；既可以写个人，又可以写人物群像。

（二）事件通讯

事件通讯是以具有典型意义的新闻事件为报道对象的通讯体裁。事件通讯的时效性较强，以事件为中心，围绕具有典型意义的中心事件选材，虽不着力刻划人物，但往往通过典型事件表现一群人或一个集体。事件通讯比之反映事件的消息，不仅内容更为详细，而且在报道上更有深度和广度。着力表现事件的来龙去脉和整个发生发展过程，以揭示事件本身蕴含的意义。因此，无论篇幅长短，事件通讯都应尽可能完整、详尽地展示事件的始末以及情节、细节，挖掘其意义，揭示其本质，给读者以完整而清晰的印象。

（三）工作通讯

工作通讯又称为经验通讯，是一种介绍某单位先进事迹，传播其典型经验和成功做法，以及面临的新问题的通讯体裁。工作通讯通过总结当前工作中的先进经验、分析存在的问题，总结出带有规律性的意见去推动今后的工作。此外，它还可以针对某些尚处于萌芽状态的倾向和现象进行实录或剖析，借以明辨是非，把握趋向，从而引起人们的关注和思考。它是报纸上经常运用的用以指导工作的重要报道形式。

（四）风貌通讯

风貌通讯又称概貌通讯、旅行通讯，是一种记述某地区、部门、行业等的新面貌、新气象的通讯体裁。它取材于变化发展的社会生活，着重反映社会变化、时代风尚和风土人情。报刊上常见的见闻、纪行、巡礼、散记、侧记、拾零等均属此类。此外，还有以写一段片断、一个场景、一场冲突为对象的新闻故事、小通讯之类。这类通讯取材广泛、内容生动、形式多样、写法灵活，为广大人民群众所喜闻乐见。

三、通讯的写作要求

（一）人物通讯的写作要求

1. 挖掘典型，体现时代精神

人物通讯不同于人物传记，因此，要努力挖掘人物身上最能体现时代特征的点，当然，所写的人既可以是个人，又可以是群体；既可以是杰出的人物，又可以是普通百姓；既可以是正面的，又可以是反面的。但无论是哪方面的，一定是具有代表性并具有鲜明时代特点的人物。要做到这一点，记者必须深入生活，熟悉生活，以敏锐的观察能力和思考分析能力，及时反映社会主义建设事业过程中涌现出来的具有新闻价值且能体现鲜明时代特征的人物。人物通讯具有了时代精神，才具有真正的宣传意义。人物自身的思想特征，则是人物所具备的独特个性的思想和性格。人物有个性，才能给人典型生动、真实可信之感。

2. 用人物的言行突出其思想性格

人物通讯所写的人物并非虚构，而是现实生活中的真实存在，再现他们的形象，就不能单凭概念化的介绍，而应当通过人物自己富有个性特征的言行来表现。先进人物的行为是思想在特定条件下的表现，只有写出思想，先进人物的行为才能被人理解，同时，也只有通过人物自己的言行才能表现其思想性格。人物通讯很注重表现人物的个性与精神境界，这就是说，不但要写出人物的先进事迹，还要注意写出他的行为依据，然而这又不能简单地用记者出面发议论、贴标签的方法，而是要通过精心刻画人物的言行来表现。通常的做法是，让读者从新闻人物平时的言行中看出他们产生某种思想和举动的“征兆”，看出二者间的必然联系。人们常说“言为心声”，要表现新闻人物的思想品质与性格特征，既要注意其行为举止，又要注意其个性化的语言。老舍先生说过：“话是表现人物的思想感情的，话找对了，人物的形象就出来了。”因此，写出人物个性化的语言，也是展现人物思想和性格，把人物写“活”的一个重要方法。

3. 抓住个性化的细节

人物通讯中的细节描写是再现人物形象常用的一种手法，细节对于刻画人物形象的重要性不言而喻。有时候，人物的一个动作、一个表情、一句话语，恰恰能最准确有力地表现人物的性格特征和精神境界，并加强通讯的思想性和艺术性。好的细节描写比作者说上一大段一般的话管用得多。写作人物通讯要善于挖掘真实典型的细节，有时人物通讯中只是一个细节的不真实，也会给人物形象带来不可弥补的损失。但是与人物有关的真实的细节各种各样，作者也不必要把它们全部照搬到通讯中来。因而还需要作者在采访中深入挖掘和精心选择那些最能说明问题、最能反映人物本质的富有特征的典型细节。所以，许多经验丰富的记者都十分注重细节的发掘、选择和运用。

4. 在特定环境中刻画人物

再现人物形象还应处理好人物与事件、人物与环境的关系。一个人的成长不可能脱离社会生活，他与这个社会有着千丝万缕的联系，他的言行往往受社会环境的影响，是对周围环境包括人际关系作出的反应。我们要表现一个人，不能脱离社会环境孤立地去写他。脱离了社会环境这个大背景，新闻人物的许多行为会显得不可理解，人物的言行会失去感染力。要在特定环境中表现特定人物，就要善于真实、具体地再现特定的历史环境，展示人物的历史命运。在这方面，主要应抓住三对矛盾：人与自然的矛盾、人与人之间的矛盾以及人物自身思想上的矛盾，把人物放在矛盾斗争中去写，才能具体真实地反映人物的思想、言行和事迹，也才能反映出现实生活的本质，尤其是典型人物，他的典型事迹和品格更是在各类矛盾冲突和斗争中体现出来的。

（二）事件通讯的写作要求

1. 慎重选材

事件通讯要叙事，但并非什么事件都可以写，要讲究题材的典型性和重大性。同时，事件通讯绝不是为叙事而叙事，而是重在揭示事物的本质属性，表明作者的思想观点。所以，应当将正确的立场、观点融于客观事实的叙述之中，才能使事件通讯具有一定的深度。只有深入生活，才能捕捉到具有叙写价值的事件以及事件所蕴含的深层次的意义。事件通讯写作要有明确的目的，切忌不分主次，在写作时应当围绕一个鲜明、集中、深刻的主题，重点突出、详略得当地叙述事件，以免就事论事或面面俱到。周立波在《谈通讯报道》中指出：“要写一个大的事件或运动，一定要有所选择，有所删除，也有所强调，决不能把那些千头万绪的生活现象一一地加以罗列和摹写。”事件通讯要再现事件的全貌，但是如果从头至尾事事俱现，效果会适得其反。如果抓住事件中起重要作用的几个关键来写，则可以“窥一斑而见全豹”。

2. 精心安排结构

事件通讯以报道新闻事件为主，写作时应当安排好相关的材料，以井然有序地反映新闻事件的全貌或某个侧面，诸如事件发生、发展的来龙去脉，与事件有关的人物、时间、地点等基本要素。由于各个事件各有其自身的发生发展过程，因此先记叙什么、后记叙什么，怎样才能达到表达的最佳效果，这些都是在动笔之前须考虑的问题。如果叙事线索混乱庞杂，颠三倒四，读者就会不知所云。因此，一篇事件通讯一般都要有一条主要的叙事线索，这样，即使事件错综复杂、曲折多变，由于作者有叙事线索在手，排列有序，衔接有方，也能使读者一目了然，给读者留下完整清晰的印象。

3. 揭示出事件的价值与意义

事件通讯的叙事是为了说明一定的思想观点的，因此，叙事要有一定的目的性，要揭示出事件的价值与意义，而不是为叙事而叙事。清代文论家刘熙载说："叙事有寓理，有寓情。"（《艺概》）事件也应具有"寓理于事"的特点，无论是报道重大事件，还是社会生活中看起来比较细小的事情，一旦报道，就要从叙事中体现作者的思想观点。因此，寓正确的立场、观点于客观事实的叙述之中，是事件通讯写作的一项基本要求。由于事件与时代有着不可分割的联系，所以作者要把事件放在广阔的社会背景下来认识和表现，多侧面、多角度、全方位地反映事物的本质。

（三）工作通讯的写作要求

1. 突出新闻性

工作通讯的报道通常以非事件性新闻为主，不具备一般事件性新闻的时间、地点、人物等详尽具体的要素，而多数是区域性的，因此，写作时容易流于一般工作总结等一类非新闻文体的形式。因此，在采写过程中，突出工作通讯的新闻性，显得尤其重要，工作通讯要真实而客观地反映和报道。

2. 精心选材

工作通讯的写作不能靠空洞的说教，而是要寓理于事，就事论理。这里的"事"，不是空洞乏味的事例，而是真实的、具有广泛代表性和说服力的材料。所以工作通讯写作要精心选材，尽管它所反映的题材往往是社会普遍关心的，但实际写作过程中不能像写人物通讯那样可以形象描述人物的精神风貌等，它也没有完整的情节故事，不可能像写事件通讯那样跌宕起伏，更没有风貌通讯那样富于知识性和趣味性。因此，要能指导工作而又避免说教，其基本的出路就在于选用典型的材料。否则，写出的工作通讯就很难有可读性和吸引力。

3. 写出思想深度

工作通讯离不开某时某地的成功经验和存在的现实问题，但这并不意味着工作通讯只限于具体的经验和问题，写作时寸步不离地跟着工作程序走，工作通讯的写作要有一种高屋建瓴、统领全局的气势，将具体的经验和问题上升为理性认识，以其深度的思想内涵启发或指导工作。

（四）风貌通讯的写作要求

1. 着力反映变化

风貌通讯不像人物通讯、事件通讯、工作通讯那样叙写人物、叙述事件、介绍经验，风貌通讯的主要职能是反映新情况、新面貌以及新风尚。这就要求作者在写作时，着力表现新变化，运用不同的方法，从不同的侧面和角度，写出风貌之变。风貌通讯的写作，常用的方法是对比和映衬。通过对比来突出主题，反映时代讯息，没有对比，风貌通讯所报道的渐进性事物的变化就不易显示出来。

2. 描述事物的特征

风貌通讯注重对变化着的现实生活做具体描绘,但这种具体描绘不是流水账,不能简单地罗列现象。成功的风貌通讯,总是善于抓住富有特征的事物,把一个地方、一个单位的富有特征的新面貌表现出来,把特有的风貌描述得有声有色。

3. 融情于景

风貌通讯自然要写景状物,但这不是目的,目的在于寄情山水,反映时代的脚步和社会的崭新变化。因此,风貌通讯中的写景状物,不是简单、随意的写景状物,而是一种情景交融、物我化一的情境与意境再造,是主客观的高度融合与完美统一。在通讯中,作者不是简单地介绍风物、抒发情致,更主要的是通过所反映的社会变化和风土人情来感染读者,让人感受到新的时代精神,给人以鼓舞和激励。

【例文】

永远的巴山红叶

——追记四川省南江县原县委常委、纪委书记王瑛

新华社记者 张严平 杨迪

见到她,已是一幅定格的美丽:黑黑的眸子,弯弯的眉毛,温婉的目光,粲然的笑容,碎花布衣之上的脖颈处系着一条红色的丝巾。这是一个一生都痴爱枫叶红的女子。有人说她柔媚似水;有人说她大气如山。有人喊她"瑛儿",有人称她"王哥"。她多情善感,眼里常含热泪,每一个父老乡亲的疾苦都让她心痛;她亦有拍案而起的侠气,哪怕面对权高位重者,只要损害人民群众的利益,绝不退让。

她对自己共产党人的信仰无限忠诚,就像当年用鲜血和生命浇灌了她脚下这片巴山热土的中国工农红军红四方面军男女将士们,她是他们无愧的后来者。在她生前自己设计的一方小小名片上,我们看到了烂漫如霞的巴山红叶,一行娟秀的小字透着生命的气质跳跃在红叶之间——中共南江县委常委、纪委书记王瑛。

她有红叶的风骨,不惧霜打,在党和人民利益的防线上傲然挺立。王瑛只有1米54,瘦瘦小小的,但在纪委书记这个钢铁般的职位上,她让人见识了小女子的骨头有多硬。

2003年3月24日,南江发生一件震动全县的大事,一名在扫黄中被拘留询查的年轻女子在县公安局某派出所留置室上吊自杀。案子经有关部门迅速了结。一个月后,一封举报信转到县纪委,举报派出所某民警在办案中玩忽职守致人死亡却逍遥法外。

任县纪委书记刚满一年的王瑛,被推上风口浪尖。

"马上调查。"她毫不犹豫。

事情很快现出端倪,这竟是一起涉及多个部门、背景复杂且连带县公安局个别领导有制造伪证、隐瞒真相嫌疑的重大案件。

纪委内部有人建议,应付一下算了。

王瑛出语否定:"有后台有背景的更要查!既然老百姓有反映,我们就要查个水落石出。"

"敢查这个案子,你几爷子不想活了!"一时间,县纪委八面临风,指责、谩骂乃至威

胁接踵而来。

王瑛毫无畏惧："邪不压正。我们是正义的，不怕！"

那些日子，王瑛和她的战友们一道，如同百米冲刺，日夜奋战，曾连续5天5夜没有睡觉，吃住在办公室，与主要涉案人员反复谈话，掌握了大量第一手材料。

她的压力是人们难以想象的。在一次向县委常委汇报案情的会议上，一位领导黑着脸当面指责她不该查这件案子。她无法沉默，挥手朝桌子重重击去……

回到办公室，她哭了，哭得很伤心，像受了委屈的孩子。哭完，抹干眼泪冲出一句话："人生就是要荡气回肠一回！"

王瑛不是孤军作战，她的身后有各级党委和纪委的坚强支持。最困难时，巴中市纪委专门派出力量对所有办案人员暗中保护。

真相终于浮出水面：案发当天，拘查年轻女子的一名民警因接受他人吃请，违反规定将被拘人一人留在留置室，导致这名女子上吊自杀。案发后，县公安局个别领导为不影响争创全国优秀公安局，隐瞒了当事民警擅离职守的事实，指示下属做了出警的假证。

最终，10多名涉案人员全部受到法律的制裁和党纪政纪处分。

纪委书记的职责，就像一方砺剑石，将王瑛的锋芒越磨越锐。她对身边的同志坦言："纪委是干什么的？纪委就是为纯洁党的队伍、永葆党的战斗力而冲锋在前的尖刀兵。作为一个纪委书记，不办案就是失职；作为一个纪检干部，不办案就不配在岗！"

几年来，王瑛直接牵头办理疑难案件、典型案件50多起，为国家挽回经济损失近1 000万元。她先后被四川省纪委、省监察厅表彰为"办案先进个人"，被中央纪委、监察部表彰为"全国纪检监察系统先进工作者标兵"。

王瑛不止一次说过："我知道我得罪了很多人，但谁叫我是纪委书记。我对得起党和人民的是：我从没得罪纪委书记这个称号！"

王瑛去世后，有一个曾被她断了大好前程的人为她守了整整一夜的灵。他叫柳昆。

10年前，柳昆作为一名公安民警，曾因为打黑英勇荣获南江县十大杰出青年。10年后，在2003年"3·24"案件中，时任县公安局副局长的他负有连带责任，受到行政撤职处分，33岁，跌入人生低谷。

王瑛对身边的人说："惩处不是我们的最终目的，教育和挽救干部才是我们的天职。柳昆本质不坏，是一时糊涂走错了方向，我们有责任教育挽救他。"

那是柳昆受处分后第一个春节前的晚上，王瑛来到他家，柳母冷若冰霜，柳昆垂头漠视。王瑛朝向老人说："我们都是做母亲的人，如果你是那个死去女孩的妈妈，你怎么想？"她又朝向柳昆说："错误只属于过去，你未来的路还很长，要努力！"母子俩哭了。

不久，柳昆响应县委号召，主动申请下放到条件艰苦、经济落后的观音寺村做驻村干部。4个寒暑秋冬，他带领这个村修公路，建学校，安电话，养黄羊，种板栗，干出了当地老百姓梦想多年的事。

4年里，王瑛每年都要到观音寺村检查、暗访柳昆的工作，每年年终都要组织县纪委、监察局全体干部听取柳昆的工作汇报。有一年8月，一场大雨过后，柳昆正在村民的房顶上架电话线，忽然看到一辆载客的"摩的"歪歪扭扭进了村，后座上下来一个人，一身泥一身水，抬起头来竟是王瑛。原来她下乡检查工作，特意绕道这里看看柳昆的情况。此时她已经重病在身，脸色憔悴。"王书记……"柳昆一语未落，泪如雨下。王瑛笑笑:“我没事,你好好干!”

柳昆连续3年被县委表彰为优秀驻村干部,2006年7月1日,又受到巴中市委的表彰。当天下午,他收到王瑛发来的短信:“大姐祝贺你,真的勇士是跌倒后爬起来继续前行的人!”

几年来,王瑛教育帮助的受过处分的党员干部有50多人,其中5名成绩突出者重新走上了领导岗位。

王瑛做官多年,手中的权力,一尘不染。

她有个亲弟弟王勇,一直在阿坝州一个条件艰苦的基层林业站工作,弟媳妇下岗在家,一家人的日子过得紧紧巴巴。王瑛任南江县纪委书记后,王勇似乎看到了希望,给姐姐打来电话:“姐,你把我调到巴中去工作吧,在阿坝实在太苦了!”每次得到的回答都是:“你要安心工作,调动的事有机会再说吧!”

这个机会却一直没有出现。

最难忘那年,父亲去世,临终前握着王瑛的手:“我最放心不下的是你弟弟,你要好好照顾他啊!”王瑛含泪点头。

然而,她依旧食言了。

王瑛的内心不苦吗?苦。哪个姐姐不疼弟弟,哪个女儿不愿成全老人遗愿?但是,当要圆满这种亲情便要动用手中的权力时,王瑛退缩了。

她曾对在巴中市机关工作的丈夫张勇说:“我们手中的权力都是公共权力,是人民群众让我们保管的,我们只是一个保管员。如果用权力谋私利,就是对人民的背叛!”

她的弟弟始终没调来巴中。同时,丈夫的弟媳王雪梅也下岗多年。丈夫的弟弟找到嫂子,希望走后门给雪梅找个工作。王瑛摇摇头:“不是嫂子无能耐,也不是嫂子不帮忙,只因我是一名纪委书记。比起许多更苦的群众,你们还没有到那种揭不开锅的地步,如果给你们走了后门,面对那些群众,我心里不安啊!又如何去监督其他干部呢?”

王瑛把对家人的愧疚压在心底。每逢过年过节、学校开学,她总是从自己不多的工资中挤出一点钱或买一些生活用品,送给两个弟弟、弟妹和他们的孩子。

王瑛去世后,王勇从阿坝赶来为姐姐送行。当看到姐姐灵前鲜花如海、挽幛如云,他从心底懂得了姐姐。他跪在姐姐的遗体前痛哭:“姐姐,过去我让你为难了,你原谅我吧!姐,你是对的!”

拒绝一切用权力谋取私利的王瑛,宁愿自己承受生活的重担。

几年中,她的丈夫、母亲先后得病,儿子又考上大学,加之她平日里帮助人也多,日子常捉襟见肘。2006年,成绩优秀的儿子被学校送往国外一所大学交流学习,生活费用提高不少。为了节省开支,她为儿子托运了全部的旧衣服,以及一把菜刀和一把理发的剪刀,让他平日里做饭理发自己动手。但这依然不能填补费用的空缺。无奈之下,王瑛背着所有的人,悄悄到一家信用社贷款了8万元钱。半年后,信用社捎来话,问她是否还点本金,不然一年的利息太高。她沉默半天,说:“实在没钱,我先还利息吧。”去世前夕,她把这件事记在了本子上,以期家人将来把钱还上。

小小红叶,生之高洁,所以璀璨,一如王瑛。她有红叶的不朽,虽死犹生,以生命最后的燃烧诠释了一个红色的灵魂能走多远,还有什么比选择死亡的方式更能表达一个人对生命的态度?!

王瑛的选择是——“就是倒下了,也要倒在岗位上。”

2006年7月,南江遭遇特大旱灾,王瑛冒着酷暑在抗旱一线连续奋战十多天,几次昏倒,随行的同志强行把她送进医院。检查结果震惊了所有的人:肺癌晚期。医生断言,她的生命最多还有半年。

两天两夜,王瑛沉默不语。

两天后,她终于痛哭了,面对丈夫与挚友。

哭完,她说了一句话:“我要创造奇迹!”

从此以后,人们再也没有看到她流泪。

一次次化疗,一次次抽胸水。血管萎缩,手背溃烂,恶心呕吐,头发脱落……她一声不吭全挺下来了。

刚刚结束三个疗程的治疗,王瑛坚持出院。临走医生叮嘱她回家好好休息,干自己最快乐的事情,她点点头,回到了纪委书记的岗位。

巴中市委得知情况,准备给王瑛安排一个轻松点的工作,既可减轻她的劳累,又可以解决她的正县级待遇。王瑛谢绝了。她对市委书记李仲彬说:“我知道我没有多长时间了,干一天算一天。我热爱纪委工作,我要在这个岗位上坚持到最后。至于是否正县级,我不在乎。”

当死亡逼近,王瑛以百倍赤诚的心去拥抱她钟爱的工作。

2008年5月12日,汶川大地震暴发,到重庆新桥医院接受化疗还不到一个星期的王瑛,不顾医生劝阻,提前出院,第二天一路颠簸500多公里赶回南江,立刻带领县纪委的干部奔赴救灾一线。

南江县有48个乡镇受灾,受灾人口达44万多人,是地震重灾县之一,监管好抗震救灾物资是王瑛最牵挂的事。她对身边的人说:“这些钱和物资都是用来救命的,出了问题,我们就是犯罪!”

这一时期,王瑛直接批示处理有关抗震救灾信访举报36起,解决群众具体问题14起,确保了国家发放给南江县的上亿元资金、成千吨救灾物资及时发放到受灾群众手中。

县监察局副局长何勇至今忘不了王瑛送他们抗震救灾物资检查组下乡的情景。那时的王瑛由于连日高强度工作,病情加重,车子一路走她一路咳嗽。实在坚持不了,就停下车,咳嗽稍缓一些,再接着走。就这样,近3个小时的路停了四次。每到一个村,她都千叮咛万嘱咐,到达最后一站燕山乡时,王瑛交代完了,临上车又回身抓住何勇说:“每人每天10元钱1斤粮,一定要发放到群众手里啊!”

站在生命的轨道,已经听得见死亡脚步声的王瑛,此时几乎是在与死亡赛跑,她渴望在有限的时间里,为党和人民多做一些,再多做一些。

在大坝水库危在旦夕的抗洪现场有王瑛……

在冰天雪地的查灾一线有王瑛……

在群众倒塌的房屋前拉着老伯老婆婆的手,一次又一次掏出钱塞到他们手上的还是王瑛……

在她病情确诊后的两年零四个月的日子里,除去十多次的化疗时间,她都在工作第一线,有194天在抗洪抢险、抗震救灾和案件查处现场。

最后的王瑛，依然给人们传递着阳光的暖色。

她随身的包里除了笔记本和笔，总是带着3样东西：止痛药、口香糖、化妆盒。工作中每当疼痛难忍，她就悄悄服上几粒止痛药；每当要剧烈咳嗽，她就反复咀嚼口香糖以压住呼吸；每当脸色蜡黄，她就躲在角落迅速涂一点胭脂，抹一点口红。她对朋友说，她不想把担忧和伤感带给别人。

这是2008年11月里最后一个周末，王瑛回到了巴中的家。此时，癌细胞已经扩散到她的大脑和颈部，极度的疼痛吞噬着她的寸寸骨髓，人虚弱得已经连走路都很困难。她终于答应请假，到重庆接受治疗。

望着眼前这个几十年聚少离多的家，王瑛无限伤痛。5年前，丈夫右手患骨瘤做了假骨移植手术；2年前，70岁的老母亲患乳腺癌，一直靠化疗吃药生存。她多想为他们多做一些，可还没来得及，自己竟也被病魔袭倒。

时间突然变得如此珍贵！她只有抓住每一个回家的日子，默默不停地做着，为母亲拆洗了四季的被褥，一一写了字条放好；为丈夫整理了四季的衣服，按季节颜色一套套搭配得当。

短暂的相聚，似乎只为了那最后的诀别。

这一次，她多想再多做一些。但是，她已经什么也做不动了。

2008年11月27日，王瑛一家起得很早，她让丈夫搀扶着来到厨房，久久地凝望着正在为她做早饭的母亲，痴痴的目光如诉如泣。她费力地抬起手，为母亲捋了捋花白的头发，喃喃细语："妈，您为我太辛苦了，今后要多注意身体啊！今天我真不想到重庆去，真不想走……"

这是万般不舍的离别。

她让丈夫帮她带上那条她最喜爱的红围巾，那种红恰如枫叶经霜后的爆发，如火如霞，她的衣服中最多的就是这种颜色，她一生都迷醉枫叶红。

丈夫弯下身子要背她下楼。"不，会压坏你的手臂。"高大的男人突然满眼泪水，猛地抱起她直奔楼下。

县纪委的同志已在等候。她若有所思："我还有什么事没交代吗？我让机关的同志代我到挂联的乡镇走访慰问，了解贫困群众安全过冬的情况，他们千万别忘记啊……"

车子开动了。

一路静静的，副驾驶的位子让她有开阔的视野，宽大的挡风玻璃宛如一幅幅迎面涌来的画面，那是她熟悉的山川、河流、村庄……

没有人知道她什么时候停止了呼吸。她就这样走了，走在了路上，像一片红透的枫叶飘落在巴山的土地……

第二天，将是她47岁的生日。

她的身后，65万南江父老乡亲洒泪壮行；她的身后，巴山枫叶一夜尽染。还有什么比生命享受如此的挚爱与燃烧更幸福的了？！

这是红叶的选择。

这是一生痴爱枫叶红的女纪委书记王瑛的选择。

（节选自2009年2月9日《人民日报》第1版）

第三节 深度报道的写作

一、深度报道的含义与特点

（一）深度报道的含义

所谓深度报道是在报道新闻的同时，运用解释、分析、预测等方法，从历史渊源、因果联系、矛盾演变、影响作用等方面，完整而深入地反映重大新闻事件、社会现象，并对其发展趋势做出预测的新闻报道体裁。它突破了一人一事一地的报道模式，进行的是综合深入的挖掘，在剖析事实内部的同时，又展示事实宏观背景。着重表现新闻要素中的原因“Why”和怎么样“How”两个新闻要素。

深度报道发端于“一战”期间，由于电子媒介的迅速发展，报纸为了与广播电视新闻竞争，不得不更新理念和报道方式，不再仅仅停留于动态反映上，而在原有的解释性新闻基础上加以扩展，成为现代意义上的深度报道。作为一种系统反映重大新闻事件和社会问题，深入挖掘新闻背景、阐明事件因果关系以揭示其实质和意义，追踪和探索事件发展趋势的报道方式，深度报道对传统新闻价值观念是一种强烈的冲击。

值得一提的是，深度报道到底是一种文体还是一种报道方式，目前学界尚存争议。

（二）深度报道的特点

1. 内容的深刻性

深度报道不同于一般的报道，它不是就事论事，也不是直线、平面、单向地反映事物，深度报道的视野是开阔的，作者视线着眼于全局进行综合分析，笔触往往是跨时空、跨行业、跨单位的，具有较大的时空容量，还往往运用大量材料来多侧面、全方位地反映、报道。写深度报道不能浅尝辄止，只有深入开掘，才能有大的收获。在新闻报道的六要素中，深度报道侧重于揭示原因，力求全面揭示新闻现象的性质、起因、结果、趋向，清晰地展示事物发展的来龙去脉，发掘出事物的本质，见人之所未见，发人之所未发，这也是检验一篇作品能否称得上深度报道的重要标准。

2. 鲜明的倾向性

深度报道一般具有鲜明的倾向性，会旗帜鲜明地阐明观点，具有很强的导向作用。作者通过对报道对象或领域进行多角度、全方位的立体扫描透析，通过大量翔实的材料和中肯的分析揭示本质、阐明道理、得出结论，对过去事实的评判和对未来事情的预测、推断，均具有鲜明的主观色彩。深度报道不是一大堆杂乱无章的背景材料，也不是有闻必录、面面俱到的会议记录。它是有观点、有材料、有分析、有结论的综合报道。它能够洞悉全局、预测未来，具有一定的超前性，因此为社会各界所重视。

3. 细节的强化

一般的新闻报道讲求短小精悍、高度概括，基本上只是告诉人们发生何事，对原因、细节、背景等不做过多交代。而深度报道对新闻要素的揭示则比较全面而深入，为受众提供的材料也是丰富翔实的。有广度、有深度的深度报道，能满足读者想知道该事件更多新闻材料和信息的愿望。由于文字空间较大，深度报道可以较全面地展示事件发生发展的全过程及前因后果，可以描写细节，可以再现场景，从而使报道更加生动、形象、活泼，能够产生一般新闻报道所达不到的效果。

二、深度报道的作用与种类

（一）深度报道的作用

深度报道在我国的兴起，不是少数记者"标新立异"的结果，更不是西方"揭丑报道"在中国的翻版，而是中国改革开放深化的产物，是改革开放的实践和我国的现代化进程对新闻报道提出的要求，是变革了思维方式的当今中国广大人民群众对新闻报道的要求。具体说来，深度报道在新闻传播活动中的主要作用是：

1．深度报道是开拓新闻领域、深化重大题材价值内涵的重要报道形式。深度报道是一种全面而深入反映重大事件和社会问题的报道方式，其重在对社会重点、难点、焦点问题解疑释惑，因此，对某一新闻事实的透析是广视角、大容量、全方位、多层次的，重在揭示"新闻背后的新闻"。

2．肩负着洞察全局、预测未来的历史和现实使命。随着时代的发展，人们已经不再仅仅满足于简单的事实报道，在了解"是什么"的同时，更关注"怎么样"。深度报道帮助人们宏观认识和把握事物的信息，并把受众从具体事件引向广阔的社会空间，并能起到积极的舆论导向作用。

3．较之一般的新闻报道，深度报道的写作方式更为灵活，对受众更有吸引力，通过提供背景材料，分析和解释新闻事实的前因后果，引起读者对新闻事实的深层次思考，是报纸与广播、电视竞争的重要报道方式。

（二）深度报道的种类

关于深度报道的种类，国内外新闻界都有多种分法，比较常见的分法是：

1．解释性深度报道

解释性深度报道指的是运用大量背景材料和相关事实来解释新闻事实本身的真相、揭示产生的原因及实质意义和发展趋势的一种深度报道类型。解释性深度报道不仅多角度、多层面地展示新闻事实，同时还揭示新闻背后的新闻。解释性深度报道在传播新闻的同时，还解疑释惑，它所解释的往往是受众没有经历过的、不知晓的、理解起来可能有困难的新闻事实，比如全局性的宏观事物或者比较专业的新闻事实等。

2．调查性深度报道

调查性深度报道也称为"监督性深度报道"或"追问式深度报道"，即挖掘重大事件产生的原因，或鲜为人知的内情、被忽略的事实真相，从而揭示出经验教训的报道方式。新闻界泰斗甘惜分先生在《新闻学大辞典》中将调查性深度报道定义为"一种以较为系统、深入地揭露问题为主旨的报道形式"。调查性深度报道的选材较注重事件性和趣味性。

3．预测性深度报道

预测性深度报道也称为"超前性深度报道"，即对受众所关心的事实或现象所做的前瞻性报道。预测性深度报道一般针对人们普遍关心的重大问题或事件展开预测，将对事物已有状况的了解作为依据，把握其发展规律，并对其前景做出预测，这种新闻报道是以理性、前瞻的眼光，向受众预告和分析"明日新闻"，具有前瞻性和引导性，可以对社会大众产生直接的影响。

4．连续性深度报道

连续性深度报道又称为"追踪性深度报道"，这是在深度报道中运用得较广泛的一种形式，即在某一时段内，围绕人们关注的焦点、重点和难点进行的分段持续报道。连续性深度报道以事物的发展过程为轨迹，关注的是新闻事实发生、发展、变化、结局的时间流程及阶段性的变化，这样既保证了报道的时效性，同时又调动了受众对事件进展的关注度，具有连续性紧、吸引力大、时效性强的特点。

5. 系列性深度报道

系列性深度报道即在一个大主题的统率下，从不同的角度、不同的侧面，对在一个时段内引人关注的热点问题进行的分篇持续报道。系列报道由若干独立的篇章组成，就内容上来说，系列报道以问题为线索，逐步深化报道内容，其中每一篇报道分别着眼于体现整体构思的某个方面，因此这种深度报道有一定的广度和深度。

三、深度报道的写作要求

（一）选题要准

确立好主题是写好深度报道的关键，深度报道所选题材往往比较重大，一般来说，应具有一定的社会意义或是受众广泛关注的热点、焦点，如果所选题材没有分量，就不能引起人们的关注。深度报道必须以它特有的深度和力度给读者以启迪，引导读者对新闻背后的问题进行思索。这就要求写作者按照事物本来的相互关系来看待和认识事物，善于从纵横两方面的对比中判断事物的地位和重要性。选题时，要正确判断所选题材的价值。要从大处着眼，挑选那些在全局意义上有分量的新闻事实。

（二）发掘要深

一般的新闻重在告知，因而对新闻事实的反映是单面的，而深度报道重在对事物深层次的问题予以关注，对新闻事件或人物是全方位、多侧面的立体式反映，以揭示事物的本质以及事物之间的内在联系。深度报道写作的前提是深入和科学的思维能力，这是获得翔实材料的途径，也是写好深度报道的基础。不深入采访，不做扎实的调查研究，不进行科学的分析，写出的作品一定是就事论事，没有说服力和可信度的。

（三）时效要强

深度报道虽然与一般的新闻报道不同，但它仍然要讲求适时和及时，所以要特别注意形势的发展，掌握好新闻的时效性。深度报道不仅要注重内容的深度，更要注重新闻的时效。深度报道具有一定的政策和舆论导向作用，所以要及时地为受众提供积极的、建设性的意见，以对读者进行正确的引导。

【例文】

京东方：从资不抵债到180亿圈钱术

《南方周末》记者　黄河　王复安

不久前，京东方通过临时股东大会表决，将此前定向增发的股票价格由4.64元/股下调至3.03元/股。这意味着，在投资者的口诛笔伐之下，这家连年亏损的国有上市公司不得不将募资100亿的宏伟计划打了折扣。

在京东方2002年进入液晶面板领域之后，包括北大政府管理学院教授路风在内的一批产业研究人士都对之赞誉有加，认为“京东方模式”打破了国际产业巨头在液晶产业内对中国的技术封锁与垄断，对本土液晶面板产业的发展起到巨大的拉动效应。但八年过去，结果却令人尴尬。京东方通过多次增发募资额达到180亿元，而公司的账面亏损额至2009年底已达37.7亿元，其间对投资者的分红仅为区区6600万元。这样的业绩很难让投资者满意。有投资者质疑说，为什么一家连续多年亏损，仅2007年液晶面板行业回暖第一次获得微利的企业，证监会会三番五次同意它的定向增发计划？更令人感到奇怪的是，与市场投资者态度形成鲜明对比的，则是地方政府的“坚决支持”。据公开报道显示，在京东方过去两年与地方政府合作投资的数条生产线中，均以京东方向地方国有投资公司定向增发的方式进行融资。

这家号称国内最大液晶面板生产商却不赚钱的公司，为何不仅没有死掉，还能不断募集资金投入一条条生产线建设？地方政府打的是什么算盘？

“免费扩张模式”

京东方在过去8年的发展中，净资产规模扩大了8倍，却不仅没有为市场化股东创造价值，而且令股东的股本投资亏损近20亿元。尽管在资本市场融资过程中屡屡受挫，但对于政府而言，京东方的成长历程确实堪称“典范”：这家在1992年由北京电子管厂改组而来的电子军工企业，从最初的资不抵债，由员工集资650万元和银行贷款650万元起步，历经数年发展，到2001年已经成为总资产40亿，营业额近27亿元的国资控股上市公司。

2002年，京东方开始实施进军液晶产业领域的“三大战略”：首先以6 000万美元自有资金，以杠杆收购方式兼并了韩国现代显示株式会社（HYDIS）价值3.8亿美元的液晶面板生产线；随即以“银团贷款+政府投资”的方式启动了总投资达12.5亿美元的5代线建设；并于2003年底斥资10.5亿港元收购著名显示器生产商冠捷科技3.56亿股股权。一系列的收购与项目投资，使京东方的负债总额迅速从2001年的6.5亿元飙升到2005年的173亿元，资产负债率一度高达80%以上。

过高的负债比率，使得依靠银行贷款迅速“膨胀”起来的京东方随即陷入了债务泥潭之中：从2002年到2009年期间，京东方仅偿还银行利息费用便高达32亿，而同期公司的净利润亏损额则达到了37.7亿元。巨额亏损的出现首先来自市场预期的失误。在京东方启动5代线项目前，按照当时市场价格测算，京东方5代线投产后将形成每年120亿元左右的销售收入和11亿元利润，足以维系企业的高负债发展模式。然而严酷的现实却是，在5代线投产的2005年，此前一直盈利的上市公司年底即陷入12亿元巨亏，2006年亏损额更创下17.7亿元的纪录。公司在年报中对此的解释则是“面板价格大幅下跌”所导致。为了摆脱沉重的巨损压力，公司不得不“甩卖”一系列资产：2006年剥离韩国子公司并向当地法院申请破产；2007年初出售冠捷科技股份套现约10亿港元；到了2007年中，由于担心连续三年亏损导致退市，公司甚至打算剥离自己的主营业务5代线，直到下半年由于市场突然转暖，扭亏为盈的京东方才放弃了该计划。随着2008年金融海啸的到来，刚刚盈利的京东方随即再度陷入亏损，在2008年亏损8亿元之后，2009年凭借政府7亿元补贴，才勉强盈利5000万元。

就在一轮轮“亏损—融资—再亏损”的循环之下，京东方的资产规模却奇迹般地持续膨胀：从2002年到2009年期间，京东方的净资产稳步上升，从22亿元增加至180亿元。相当于8年时间“再造”了8个京东方。然而对于投资者而言，这一奇迹或许藏着另一种含义：从2002年到2009年期间，京东方历经四次增发融资，分别为2004年B股增发融资20亿港元;2006年、2008年和2009年A股增发融资18亿元、22亿元和120亿元。四次增发募资总额约为180亿元,恰好与京东方2009年的净资产总额相当。这意味着京东方在过去8年的发展中,在净资产规模扩大了8倍的同时,不仅没有为市场化股东创造价值,而且令股东的股本投资亏损近20亿元。然而面对这道并不复杂的算术题,"痴心不改"的地方政府们似乎并不在意,而是干脆从幕后走到了前台,直接伸出了资本之手——从某种意义上而言,京东方在2008年之后的高速扩张,其直接动力来自地方政府的资本支持。在这一"免费扩张模式"的诱惑下,曾宣称不再投资新生产线的京东方终于转变姿态,表示公司将"探索一条同地方政府合作开拓TFT-LCD产业的新路"。

"幽灵生产线"的秘密

高达数十亿元的设备折旧,为地方政府提供了特殊的"风险防火墙",却成为市场投资者"不能承受之轻"。地方政府的"资本冲动"背后,并不缺乏理性考量。实际上京东方在5代线项目投资过程中的种种波折,已经为他们提供了一个清晰的利益保障模式。

在2007年京东方因连续两年巨亏面临退市危机时,曾经打算将其5代线项目股权转让给大股东京东方投资。然而在转让方案设计时,投资近100亿元的5代线近80%的股权却大幅贬值至不足20亿元。由此引来B股股东的一片哗然,指责公司向国有大股东"贱卖资产"。而京东方方面则表示,因为5代线投资中包含了已经到期的7.4亿美元银团贷款,加上企业亏损带来的资产贬值,按2006年底的资产评估,5代线的市值已经只剩27.4亿元。尽管这一剥离方案后来因公司扭亏为盈而未实施,但却从中透露出某些玄机:京东方过去数年的大幅亏损,面板价格下跌只是原因之一,更关键的因素则在于5代线本身的大幅"贬值"。

据企业财报显示,在京东方进入液晶行业的2002年至2009年期间,公司的固定资产折旧费用高达76.4亿元,平均每年折旧费用高达10亿元以上,其中80%以上来自液晶面板生产线的折旧费用。对于熟悉企业财务制度的分析人士而言,巨额的设备折旧费用虽然导致企业账面亏损,但实际上却应该算作企业的"沉没成本"或未来收益。以京东方投资的5代线而言,企业在会计制度允许的范围内,选择了7年的折旧期,而液晶面板生产线的有效使用时间高达20年以上。这意味着在生产线投产后的前几年内,企业利润将因巨额折旧费用而大幅减少,甚至陷入亏损。而在设备完成折旧后,"零成本"生产线创造的利润将大幅提升,股东的投资回报也将提升。据行业人士介绍,液晶面板生产线在完成折旧后,其产品利润率可提升15%~20%。对于投资巨大的液晶面板企业而言,这种提前折旧的模式虽然令企业在前期承担巨大的经营压力,但是一旦完成折旧,企业不但能够获得巨大的利润提升,而且可以形成强大的价格竞争力,成为企业在激烈竞争市场中的"杀手锏"。

就在京东方5代线于2005年投产时,日本和韩国的多条5代线的折旧已经结束,当年17英寸液晶面板的价格从220美元下降到120美元,这直接导致了京东方连续两年巨亏,直到2007年随着国内面板商的技术创新和全行业回暖才盈利。但是在证券市场中,这一"抽前补后"式的折旧制度,对不同投资者的影响却截然不同:对于具备企业控制权的控股股东而言,设备折旧费用虽然"沉没",但是仍然存在于企业内部,因此并无影响;但对于期望通过企业分红或股价变化获得收益的普通投资者而言,上市公司连续数年的大幅亏损，不仅造成了投资亏损，而且可能令股价一跌再跌。这也是液晶面板企业很少在证券市场上进行项目直接融资的原因，在液晶面板行业较为发达的日本、韩国和台湾地区，液晶面板企业的融资渠道大多为产业基金、法人投资或企业自筹，而大型上市企业如三星、LG等企业，由于有着庞大的上、下游产业链以及多条生产线，因此其整体利润水平波动不大。

“不求所有，但求所在”

地方政府在液晶面板项目上的巨额投资，一方面可以通过股市价格波动伺机退出；另一方面则可以成为保证项目在本地持续经营的重要砝码。对于项目所在地的政府投资而言，由于对液晶面板生产线的处置有着实质性影响力，因此即使生产线出现亏损，也可以利用前期大幅折旧所形成的价格优惠，引入新的投资者继续经营。在此背景下，京东方陆续兴建的4.5代线、6代线和8代线获得了成都、合肥与北京市地方政府从政府投资到税收优惠的一系列扶持政策——在成都投建4.5代线时，31亿项目投资中的22.5亿来自对地方政府的定向增发，并与地方政府合作获得国开行18亿元贷款；在合肥投建的6代线中，90亿元的项目投资里，60亿元来自地方政府投资，其余30亿元则由双方共同引入；8代线总投资280亿元，其中项目注册资本170亿元中，京东方自筹部分仅为85亿元，其余由北京市以信托筹资和土地出资等方式解决。

正是在这种“不求所有、但求所在”的合作思路下，地方政府在液晶面板项目上的巨额投资，一方面可以通过股市价格波动伺机退出，另一方面则可以成为保证项目在本地持续经营的重要砝码。从这个意义而言，尽管液晶面板投资有着前期亏损的压力，但是更有着投资收益之外的产业拉动和税收、就业等考量，因此地方政府有足够动力进行这种长周期型的项目投资。北京、合肥、成都等地均表示，一旦液晶面板生产线投产，将迅速形成一个年产值上千亿元的液晶显示产业群。但对多年来投资京东方的股民来说，这个结局似乎并不公平。

（选自2010年8月13日《南方周末》）

第四节　新闻评论的写作

新闻评论，又被称为言论，是用议论说理的方式，针对现实生活中的新闻事件或重大问题直接发表意见、阐述观点、表明态度的新闻体裁，是传播媒介对新近发生的、具有新闻价值的事实所做的分析评述的总称（包括社论、短评、编者按、评论员文章等）。新闻评论是对新闻报道的延续和提升，不仅仅是摆事实，更重要的是要通过事实的叙述来分析问题、阐明道理。新闻评论一般旗帜鲜明地评判是非，明确导向，当然也可以带着探讨的态度就某个问题发表议论。新闻评论在报刊、电台、电视台的运用越来越广泛，它与新闻报道被称为新闻媒体的两大主要文体。

一、新闻评论的特点

（一）显著的新闻性

这是新闻评论不同于其他评论文章的一个重要特点和标志，新闻评论中所涉及的评论对象是具有新闻价值的人物和事件，而非文学作品或文学现象，新闻评论的新闻性体现在：

它所评论的对象,必须是真实的、现实的存在,而不是虚拟的人、事、物、景。它总是针对新近发生的事件或存在的问题以及人们最关心的问题发言的,紧跟时代的步伐和节拍,所以对时效性的要求也较高,多是配合着消息的内容而展开评论,有的评论甚至与新闻报道同时发出。这就要求我们在进行新闻评论写作时,要紧扣现实生活,选取典型的、具有新闻价值的评论对象。

(二)强烈的说理性

作为新闻媒体的两大主要文体,新闻评论与新闻报道的主要区别就体现在此,新闻报道一般只是陈述客观事实,不过多直接表露作者的态度和倾向,而新闻评论则是通过议论、说理的方式,直接表明作者的主张和认识,以引导舆论,新闻评论被人们称为新闻传媒的旗帜,就足以说明它所体现出的强烈的说理色彩。新闻评论文章往往采取说理、议论、分析的方法来表达作者的观点和态度,达到明辨是非,释疑解惑,相互交流,为读者服务之目的。而一般的新闻报道,则是用事实说话(即思想观点包含在事实的叙述之中)。相比之下,新闻评论文章的说理性要强于一般的新闻报道。

(三)深刻的思想性

新闻评论涉及的写作范围较广,大至世界风云、国家重大事件,小至普通的百姓生活,无论是选取什么题材,新闻评论都需表现得有深度,因为其思想深度直接决定着新闻评论的社会价值。如果内容空洞无物,没有思想或思想观念不正确、缺乏深度,也是不能充分发挥舆论导向作用的。对于新闻工作者来说,时常想写一些有深度的报道,所谓的深度,指的是有思想,有见地,能够“言人所未言,言人所不敢言”。新闻评论的力量和吸引力正在于字里行间所渗透出的深刻的思想性。

二、新闻评论的作用与种类

(一)新闻评论的作用

1. 指导作用

新闻评论中无论是关于国际国内重大政治问题的评论,还是日常生活的评论,总可以帮助公众明辨是非,澄清认识,指明方向;或就群众中某些疑惑不解、莫衷一是的问题,给他们提供一些分析问题、解决问题的方法和思路,这正是其指导作用的体现。在某些情况下,特别是面临某些重大事件的时候,人们总是希望知道新闻媒体的看法和态度,了解事情的真相,发生的原因,造成的后果以及问题的实质等,从而决定自己的态度和行动。在这种情况下,新闻评论的指导作用就显得尤为重要。而其指导作用的强弱则体现在对于新闻事实的分析评述是否正确,是否符合客观实际,是否深刻透彻,鞭辟入里。

2. 舆论导向作用

新闻评论的重要功能之一就是起一种舆论导向的作用,新闻评论是面向广大群众,宣传党的路线、方针、政策以及法律法规的重要工具,在宣传过程中,作者的立场和态度会产生重要的影响。无论是进行正面的宣传还是对存在的不良风气和现象进行的批判,都是为了产生积极的舆论导向作用,鞭打假恶丑、弘扬真善美。因此,新闻评论在对重大事件或社会问题进行议论评价、表达观点、提出解决方案,从而产生重要的舆论影响这方面的作用尤其突出。

3. 深化作用

新闻评论的政治性决定了它要尽可能从思想、政治、理论高度提出问题、分析问题、解决问题，而不应就事论事、泛泛而谈。评论所面对的新闻事实往往是具体的、零散的、微观的，这就需要通过分析、综合和提炼，衡量它是否符合党的路线、方针、政策，是否代表了客观事物的发展方向，是否符合历史发展的必然规律，从而作出判断。受众看到或听到的是具体事实，而评论则是要通过分析，进行提炼和升华，使受众从思想上、政治上领悟到某种道理，理解客观事物所包含的社会意义。

（二）新闻评论的分类

目前，我国对新闻评论的分类，有这样几种情况：

1. 按评论对象的内容分类，有政治评论、军事评论、经济评论、社会评论、文教评论、思想评论等。

2. 按评论的性质功用分类，有解说型评论、鼓舞型评论、批评型评论、论战型评论等。

3. 按评论写作论述的角度分类，有立论性评论、驳论性评论、阐述性评论、解释性评论、提示性评论。

4. 按评论的表现形式分类，是最为常见的方式，有社论、署名文章、评论、评论员文章、短评、编后记、编者按、专栏评论、新闻述评、论文、漫谈、专论、杂感等。

（1）社论。社论被称为报刊的旗帜，是代表报纸编辑部就某一时期的重大问题发表的权威性、指导性的言论。社论一般是围绕党和国家工作中的中心任务，针对现实生活中的重大事件和重要问题分析形势、发表意见、表明态度、揭示意义，从而达到指导行动、统一认识的目的。因此社论的写作就要求选取适当的论题，要针对社会生活中的重大事件或人民群众密切关注的问题进行分析评述。

（2）评论员文章。评论员文章是介于社论和短评之间的一种新闻评论形式，评论员文章不像社论那样代表编辑部和同级党政机关意见，而是反映编辑部的倾向和认识，不具有某种指令性，因此，其权威性不如社论。评论员文章包括了本报评论员文章、本报特约评论员文章以及编辑部文章。评论员文章与社论之间的界限并不是绝对的，优秀的评论员文章，同样能收到和社论一样的效果。

（3）新闻短评。短评是一种篇幅短小，内容单一、扼要的评论。短评大多是配合新闻报道而就现实生活中的问题发言的，起一种深化新闻报道、强化舆论引导、揭示本质意义的作用。同其他形式的新闻评论相比，依托性较强，短评为配合新闻而发，所以独立成篇的情况比较少见。

（4）编者按。编者按全称是编者按语，是一种针对新闻报道中提出的问题加以阐释和说明的新闻评论形式。编者按既可以放在文前，又可以穿插在文中，亦可以放在文尾，所以就有了文前按语、文中按语和编后之分。编者按不是独立的评论文体，而是因新闻报道而存在的，编者按无需重复新闻报道的内容和见解，也无需展开分析论证，而只需要直截了当地体现立场、表明态度、发表意见。

（5）专栏评论。专栏评论是发表在报纸开辟的固定栏目中的一种新闻评论。一般说来，很多新闻媒体都有自己特有的言论专栏，如《人民日报》的“今日谈”，《光明日报》的“钱学森的启示”，《四川日报》的“巴蜀小议”，《河北日报》的“杨柳青”，《中国青年报》的“冰点”等，都是这一类的新闻评论。专栏评论取材广泛，内容丰富，举凡人民群众所关心的问题，大到国家建设，小至衣食住行等方面，篇幅短小，形式生动活泼，一事一议，分析中肯。

三、新闻评论的写作要求

（一）选题

选题就是选择、确立评论的对象，“题好文一半”，新闻评论的写作成败与选题有着密切的关系，新闻评论的选题，要看对象是否有评论的价值和宣传的价值，要针对现实生活中公众普遍关心的、具有现实紧迫性的实际问题。

1. 选题要体现政策性

相当一部分新闻评论是结合实际，宣传党的路线、方针、政策的，或者说，是在党的路线、方针、政策精神的指导下，去分析、解释和阐述新闻事实的。新闻评论写作要体现政策性，这也是新闻工作的党性原则所决定的。因此，新闻评论的写作者必须具有坚定的党性，在评论中要努力体现党的思想和重要精神，不能违背党的路线方针和政策。

2. 选题要有针对性

新闻评论通过对新闻事实的分析、评述，能够对当前人们的工作、生活和学习产生切实的影响，因此，新闻评论的选题一定要针对大众关心和关注的热点、焦点、难点问题以及社会基层的呼声和要求。一般来说，要从以下几个方面的因素去斟酌：其一，所发生的事件影响的范围及大小。不论是自然事件还是社会事件，都会对人们产生或大或小的影响。因此，在选择评论对象时，首先就应考虑到涉及和影响的范围。如火灾、水灾、重要节日和纪念日的活动等等，都会涉及不少人，自然会受到公众普遍的关注。其二，与公众生活密切相关的事件。如环境污染问题，售假打假问题、食品安全问题等。这些都是与普通民众的生活、利益密切相关的问题，这些也是新闻评论写作的重要对象。其三，促进社会进步的作用。新闻评论作为一种社会舆论，总要对社会的发展和进步起到一定的积极作用。这种作用越大，新闻评论就越有意义。其四，在决定对某一事实是否予以评论时，还必须考虑它的宣传效果。这是我们的新闻传媒性质所决定的。

3. 选题要讲求新颖性

要选好论题，实际生活中层出不穷的新情况、新变革、新矛盾，以及来自广大群众尤其是社会基层的呼声和要求，是新闻评论取之不尽、用之不竭的源泉。

新闻评论选题还要讲求新颖，选题要有自己的新发现，要“见人所未见”，老生常谈的话题对于读者来说，是没有吸引力和生命力的。选择新颖的题材一定要坚持全面而深入的调查研究，我们说的讲求新颖并不是说不顾新闻事实的真相、不顾逻辑与真理而故意标新立异、混淆是非。当然，新颖绝不是故意标新立异或生造事实，也是要以真实性为前提的。

（二）立论

选题，只是确定文章要探讨的问题；立论，则是确立文章所要论证的观点。立论的高下，在一定程度上就决定了新闻评论的水准。所以，论点的确立，要从以下几个方面去努力：

1. 立论要有目的性

新闻评论本就是针对现实生活中的重大事件、重要问题或人们密切关注的问题而发言的，因此，新闻评论的写作绝不能抛开实际问题而空发议论，而要有的放矢，根据所选择的论题进行论辩和析理，表明自己的观点，提出解决问题的具体办法和措施。如果论点含糊不清，那么就无法进行有力的论证。

2. 立论要准确

新闻评论立论的准确性体现在两个方面：

第一，立论要有依据，论据要充分、准确。对事实材料进行认真核实，不能凭主观想象，更不能任意发挥。因为论据既是论点的依据，又是评论分析和推理的基础，因此，精心挑选作为论据的新闻事实，至关重要。如果立论无据，与新闻事实本身有出入，那么，无论语言多精彩、多有煽动性，都是不能让人信服，站不住脚的。

第二，新闻评论的论断、观点须正确。论点要符合党的路线、方针、政策，符合客观实际，符合常理、常情，防止主观、片面、偏激甚至武断。观点不准确的新闻评论不是无益，而是有害的，会对人们的生产、生活、工作、学习带来不良影响甚至造成不必要的损失。

3. 立论要新颖

新闻评论的立论一定要有新见解，论点不新鲜，都是人们习以为常的观点，便无法楔入读者的内心，甚至看了开头就觉得乏味。所以，观点是否新颖，是衡量新闻评论质量和价值的重要尺度之一。

（三）说理

选题、立论之后，接下来就是进行具体的分析说理，新闻评论的说理，既要忠于新闻事实，就具体的新闻事件展开评述，又不只是重复新闻报道的内容，如果只是对新闻事实的重复，而无法提供新的内容，对读者就没有吸引力。

新闻评论的说理往往是"大处着眼，小处着手"，从重大的问题中选取能反映本质特征的某一点作为"突破口"，集中笔墨对所选取的点进行分析，达到"管窥一豹"的效果。新闻评论要能"以理服人"，其说理就要坚持具体问题具体分析，切忌片面和绝对化。

新闻评论的说理要尽量深入浅出，在写作新闻评论时，不能只看到新闻事实的表面，而应该多挖掘新闻事实背后的深层次原因，并加以分析，把深刻的"理"讲得浅近易懂。

此外，评论写作还要注意写得平易近人，力避老话套话，避免故作晦涩或装腔作势，力求有点文采，使读者爱看。同时也应注意时效性，以期尽快发挥新闻评论的特殊作用。

【例文】

"地方形象"该如何维护

不曾想到，伊春空难后的一个"意外"焦点，会是当事航空公司的改名换姓。日前有媒体报道，河南工商部门突发公告称，依据国家工商总局《企业名称登记管理实施办法》，"河南航空"作为企业名称，在使用过程中已对公众造成误解，给本未在该公司投资的河南造成极大的负面影响，决定撤销其变更登记，并恢复其原名"鲲鹏航空"。

在空难伤员仍需救治、事故原因尚未查清时，声称一个企业名称对一个省造成"极大的负面影响"，定性可谓严重。这一"紧急避险式"结论的依据何在？一般而言，谁也不会认为，如果冠有某个省市名称，就一定有省市政府在其中投资。不知道河南工商为何如此紧张？按照公告的逻辑，既然"河南航空"有诸多不适宜，那么当初冠名"河南"的依据在哪里？难道彼时就不会给公众造成错觉或误解？至于恢复"鲲鹏航空"原名，更是于法无据——当初更名时，"鲲鹏航空"已被注销，政府部门无权自作主张为企业命名。河南工商强烈的地域荣誉感和对地方形象的呵护之心，可以理解。毕竟，一个地方的形象，直接关系到人们的自信和自豪，影响着当地发展的活力和动力。然而，功不可以虚成，名不可以伪立。抱什么样的初衷、以什么样的方式来维护形象，本身就在向公众展示着维护者自身的形象。

从公告来看，“河南航空”已然被当地作为“负资产”而剥离了。此刻不免设想，如果没有伊春空难又会如何呢？相信许多人还记得，在 2008 年，正是河南省政府开出多项优惠措施，才引来了“鲲鹏”落地郑州并改姓“河南”的。“河南将再次拥有自己的本土航空公司”一时成为媒体醒目标题。如今，空难尚未调查清楚，“河南航空”即被“去本土化”，无论理由怎么冠冕堂皇，此举也难以让已在河南和将去河南的企业心安。如此看来，河南工商要求企业更名是为了维护“地方形象”，但从舆论反应观之，真正给河南造成负面影响的，恐怕不是“河南航空”的空难，而是此次跟赢不跟输的“更名门”。同样，在河南灵宝跨省追捕案中，当地打的旗号也是“维护地方形象”，然而事实证明，败坏当地名声的，恰恰是跨省追捕的始作俑者。

作为软实力的重要资源，地方形象的打造是一个综合工程，离不开政府和公民的合力。相比于个人，地方政府的责任更为重大，带来的影响也更大、更持久。纵观全国多起案例，地方政府对当地形象的维护，首要的工作应是树立政府对规则和法律的敬畏，对公民和企业权益的尊重，以及为人民服务的品格和担当，而不是头痛医头、惑于势利。

（选自《人民日报》2010 年 8 月 30 日）

【思考与练习】

1. 比较消息和通讯的异同。

2. 消息写作怎样才能做到“短小精悍”？

3. 就学校、系里或班里新近开展的某项活动，拟写一则消息，新闻的六要素须交代清楚，同时要注意写作格式的规范。

4. 深度报道的特点和写作要求是什么？

5. 就某种校园现象或社会现象撰写一篇 800 字以上的新闻评论。

第三章　公文写作

公文是党政机关、人民团体、企事业单位实施领导、履行职能、处理公务的过程中所形成的，按照规定程序办理，并在法定范围内使用的，具有特定效力和规范体式的文书，是传达贯彻党和国家的方针政策，公布法规和规章，指导、布置和商洽工作，请示和答复问题，报告、通报和交流情况等的重要工具。2012 年 4 月中共中央办公厅、国务院办公厅印发的《党政机关公文处理工作条例》确定了 15 种公文种类，本章主要介绍常用的通知、通报、报告、请示、批复等公文文种的写作。

公文写作是撰稿者代机关（单位）立言，从构思成文、修改、定稿，都要符合党和国家的方针、政策、法律、法令和上级机关的有关规定，体现单位或领导集体意图；公文写作不同于文艺创作，往往是多人共同参与、群体思维和集体智慧的结果，重要公文不仅要求领导亲自参与起草，而且要经过集体讨论、分头执笔、共同修改、反复琢磨、最终成稿的过程；在信息技术高度发达、人们生活节奏不断加快的时代，公文写作要求及时、准确、快速，尽快反映新情况、介绍新经验、处理新问题、解决新困难、预测新趋势，除大型文稿撰写、修改时间较长，大多数公文在写作上有时限要求，不能因为延迟而误事。

真实性是公文的生命，实事求是是公文写作的基本出发点，观点要鲜明正确，主题突出，所使用的材料和情况要真实准确，遣词用句要贴切得体，文字精练，表述准确，构思行文要符合逻辑，结构严谨，语言风格要准确、简洁、质朴、得体，直陈其事，切忌空话、大话、套话、虚饰和曲笔。

第一节　通知和通报的写作

一、通知

（一）通知的含义与特点

通知用于批转下级机关的公文，转发上级机关和不相隶属机关的公文，传达要求下级机关办理和需要有关单位周知或者执行的事项，任免人员。通知具有以下特点：

1. 广泛性和灵活性

通知的使用不受发文机关级别高低的限制，所有的机关、企事业单位、团体都可以使用通知来告知、传达事项；通知也不受行文内容重要程度的限制，无论是领导机关的重要决策事项，还是日常工作、会议安排或者具体事项的处理，都可以用通知来进行部署和传达；通知的写作也比较灵活，根据内容需要可长可短，行文无须拘泥于固定的结构，使用比较方便。在所有行政机关公文中，通知是应用范围最广、使用频率最高的文种。

2. 时效性

通知事项一般是要求立即办理、执行和知晓，有一定的时限要求，不容拖延。有的通知只在一段时间内有效，超过时限就失去效力，如会议通知。

3. 明确的指向性

通知一般是针对具体的单位或人员，有明确的事项和具体的要求，因而，具有明确的对象和办理要求。

4. 一定的权威性

大多数通知对受文对象都有要求，都会提出需要执行和办理的事项。因此，通知具有一定的指挥和指导作用。

（二）通知的作用与种类

通知无论是用来批转下级机关的公文，转发上级机关、同级机关和不相隶属机关的公文，还是发布行政规章和管理规章制度，传达要求下级机关办理或执行的事项的通知，对下级机关或有关人员有较强的约束力，因此，这类通知具有指挥、指导作用。而传达需要有关单位周知的事项、任免人员的通知，主要具有知照作用。

通知可分为以下类型：

1. 工作通知。凡是上级机关对下级机关、单位就某项工作、某一方面的工作发出指示、提出要求、作出安排，不宜采用命令行文时，就可以用通知发文。如《国务院关于坚决遏制部分城市房价过快上涨的通知》。

2. 会议通知。以召开某会议的有关事项为内容，一般包括会议的名称、主办单位、会议主题、参会时间、地点及人员、会议要求等内容，以下行文为主，也可以是平行文。

3. 批转、转发性通知。是批转、转发和印发有关文件和规章制度的公文。批转通知是上级机关批准并转发下级机关、单位的文件；转发通知是下级机关转发上级机关的文件或同级、不相隶属机关之间照抄照转文件；印发通知是发布行政规章、管理规章制度，印发本机关或本机关与其他机关联合制定的管理制度。

4. 任免通知。用于任免、聘用有关人员。

5. 事项性通知。主要用于机关、单位知照专门事项，让有关方面知晓，方便相关群体了解情况、办理有关事项，如机构设置与变更、启用印章、更正文件、办公地址搬迁等事项，均用这类通知。

（三）通知的写作与要求

1. 通知的结构

通知一般由标题、主送机关、正文和落款四部分构成。

（1）标题。以文件形式正式印发的通知都应当使用完整式标题，即发文机关、事由和文种三要素组成，便于受文单位通过文件标题尽快知晓公文的主要内容。如果通知传递的时间紧迫，需要紧急办理，或者此前已经发文，需要对相关事项进行补充，可在标题中写明“紧急通知”、“补充通知”。

（2）主送机关。通知的主送机关有的是单位，有的涉及个人，需要写清楚和完整，不能有遗漏，以免误事。

（3）正文。这是通知的主要内容，要写清楚发通知的原因和目的，需要有关方面做什么事情，如何办理，在办理和执行的过程中有哪些具体要求和意见等。

（4）落款。即在正文之后标注发文机关和发文时间。按照《国家行政机关公文格式》的规定，单一机关制发的公文和两个机关联合制发的公文，在落款处不署发文机关的名称，只标识成文时间；当三个以上的机关联合行文，为防止出现空白印章，应将各发文机关名称（可用简称)排在发文时间和正文之间。主办机关名称排在前面,其余机关依次排布,每排最多排三个。其他文种落款亦同,以后不赘述。

2. 各类通知的写作

(1) 工作通知。正文包括通知缘由、通知事项和通知要求。通常采用总分条文式结构。

通知缘由　主要显示发通知的主要意图。通常介绍发通知的背景,或概述情况,分析形势;或肯定成绩,指出问题;或阐明意义和目的。如《国务院办公厅关于有序做好支援甘肃舟曲灾区有关工作的通知》,开头部分即简要概述甘肃省甘南藏族自治州舟曲县因强降雨发生特大山洪泥石流灾害后的救灾情况及取得的初步成绩,接着指出面临的主要问题和困难,然后水到渠成地指出:“为进一步有力有序有效做好抢险救援工作,现就有关事项通知如下”。开篇即阐明发通知的主要意图和目的,这是大多数工作通知采用的总分思路,在通知缘由部分开门见山地揭示全文的主旨。

【例文】

国务院办公厅关于有序做好

支援甘肃舟曲灾区有关工作的通知

各省、自治区、直辖市人民政府,国务院各部委、各直属机构:

近日,甘肃省甘南藏族自治州舟曲县因强降雨发生特大山洪泥石流灾害,造成严重人员伤亡和经济损失。党中央、国务院和中央军委高度重视,立即作出部署。中央和国家机关、军队等有关部门和单位迅速协调抢险救援工作,甘肃省及受灾地区各级党委、政府和广大人民群众紧急开展抗灾救灾,人民解放军、武警部队、民兵预备役人员、公安民警和消防官兵以及有关专业救援队伍第一时间实施救援行动,全国各地和社会各界也给予了极大支持。

目前,灾区各项抢险救援工作已全面展开,受灾群众得到初步安置,重症伤员已转移到条件较好的外地医院治疗,大量帐篷、衣被、食品等救灾物资陆续运抵灾区,堰塞湖险情已基本解除,淤泥清理正在紧张进行,通信、电力、道路等基础设施已初步恢复。鉴于此次特大山洪泥石流灾害现场地域狭小、地处偏远、交通极为不便、地质灾害多发,大规模救援行动展开困难,救援人员、施工机械、救灾物资等运输压力很大,为进一步有力有序有效做好抢险救援工作,现就有关事项通知如下:

一、强化统一指挥、科学调度。灾区抗灾救灾指挥机构要对抢险救援工作实行统一指挥调度,各有关工作机构要加强组织协调,建立高效工作机制,统筹安排部署救援队伍装备,及时组织发放救灾物资。国务院各有关部门要加强指导和协调,及时帮助灾区解决抗灾救灾工作中的困难和问题。

二、各地区、各有关部门和社会团体,除确有需要外,近期原则上暂不自行安排工作组和工作人员前往灾区。如需派出,应纳入甘肃省应急抢险指挥部或国务院指导协调小组的统一安排,并与当地做好衔接。

三、社会各界如有捐赠意愿,建议以捐赠资金为主。对于灾区急需的物资装备,可统一安排接收并有组织地运往灾区,不要自行分散运送。

四、非紧急救援人员、志愿者等各界群众,现阶段不要自行前往灾区,以支持灾区的抗灾救灾工作。

二〇一〇年八月十日

有的通知采用递进思路。一是针对现实工作和生活中存在的严重问题,先说明情况,接着分析存在问题的原因和严重危害性,进而提出解决问题的办法和措施。这类通知的缘由部分一般篇幅较长,通常遵循“提出问题—分析问题—解决问题”这样一个递进思路,层层深入,把问题说透彻,然后再条分缕析,提出具体的措施。如《国务院办公厅关于限制生产销售使用塑料购物袋的通知》:

塑料购物袋是日常生活中的易耗品,我国每年都要消耗大量的塑料购物袋。塑料购物袋在为消费者提供便利的同时,由于过量使用及回收处理不到位等原因,也造成了严重的能源资源浪费和环境污染。特别是超薄塑料购物袋容易破损,大多被随意丢弃,成为“白色污染”的主要来源。目前越来越多的国家和地区已经限制塑料购物袋的生产、销售、使用。为落实科学发展观,建设资源节约型和环境友好型社会,从源头上采取有力措施,督促企业生产耐用、易于回收的塑料购物袋,引导、鼓励群众合理使用塑料购物袋,促进资源综合利用,保护生态环境,进一步推进节能减排工作,经国务院同意,现就严格限制塑料购物袋的生产、销售、使用等有关事项通知如下……

针对目前日常生活中的塑料购物袋问题,通知开头部分首先指出我国每年消耗大量的塑料购物袋,造成严重的能源资源浪费和环境污染问题,接着分析造成浪费和污染的原因是过量使用、回收处理不到位和超薄塑料袋易破损而被随意丢弃,成为“白色污染”的主要来源,最后提出要从源头上采取有力措施,严格限制塑料购物袋的生产、销售、使用。

二是针对重要工作、新的任务部署工作的通知,通常在通知缘由部分采用递进式思路,较为详细地阐明发通知的目的、意义和指导思想,层层深入,阐明道理。如《国务院办公厅关于切实做好当前农民工工作的通知》:

农民工是我国改革开放和工业化、城镇化进程中涌现的一支新型劳动大军,已成为我国产业工人的重要组成部分,对我国现代化建设做出了重大贡献。农民工工作直接关系农村经济发展和农民增收,关系经济社会发展全局,必须予以高度重视。当前,国际金融危机的影响不断加深,国内部分企业生产经营遇到困难,就业压力明显增加,加上元旦、春节临近,相当数量的农民工开始集中返乡,给城乡经济和社会发展带来了新情况和新问题。根据党中央、国务院关于应对当前经济形势的工作部署,经国务院同意,现就做好当前农民工工作有关事宜通知如下……

开头部分从“农民工是我国改革开放和工业化、城镇化进程中涌现的一支新型劳动大军,农民工工作直接关系农村经济发展和农民增收,关系经济社会发展全局”的角度,阐述了做好农民工工作的重要意义和“必须予以高度重视”的原因;接着分析当前国际国内经济形势对农民工就业带来的压力,以及元旦、春节临近农民工集中返乡给经济和社会发展带来的新情况和新问题,最后“就做好当前农民工工作有关事宜通知如下”,承上启下地提出做好当前农民工工作的具体措施。整个通知缘由部分由浅入深、由远及近,层层深入,形成了引言部分的递进式框架。

通知事项　这部分是通知的主体部分,说明要做什么、怎么做。需写明工作任务、执行要求、具体措施和注意事项。由于这部分内容较多,为了使通知事项显得条理清楚,层次分明,语言表述简洁,通常采用条文式。要么在每一条开头用一句话概括本条的主要精神,然后围绕这个精神展开,后面写的具体内容尽可能不与前面的概括性文字重复,这样写显得提纲挈领,观点鲜明,易于受文对象把握全文重点和主要精神。要么在每一条开头用一个名词性的短语概括本条的主要内容或范围。如《国务院办公厅关于清理规范各类职业资格相关活动的通知》(国办发〔2007〕73号),通知事项部分就采用这种方式:“清理规范的原则和范围、清理规范的主要内容、清理规范的方法步骤、清理规范的工作要求”,使被通知的事项显得条文清楚,易于受文对象准确把握。

通知要求 是通知的结语部分。有的事项通知言尽文止,没有结语;有的以要求和希望结束全文,如《国务院办公厅关于加强和规范新开工项目管理的通知》(国办发〔2007〕64号),在结束部分要求“各地区、各有关部门要高度重视新开工项目管理工作,认真贯彻执行上述规定,抓紧制定相关配套措施和实施细则,不断提高投资管理水平。”有的以“特此通知”作结,如果在通知的引言部分有“现就××事宜通知如下”、“特作如下通知”等语,结尾部分就不必再写“特此通知”,否则,就显得重复和多余。

(2)会议通知。这类通知根据内容的多少和会议本身的要求,写法较为灵活。一般应写明:召开会议的原因、目的;会议的名称、主题;参会人员和时间、地点;会议需要准备的材料;如果有外地人员参会或是全国、国际性会议,还需写明赴会的交通及接待安排等内容。当然,这些内容不是所有会议通知都必须具备。总的要求是:内容周详,语言清楚,表述准确,不产生歧义,让参会单位和人员一目了然,不存疑问。

【例文】

关于举办“大学物理精品课程建设骨干教师
经验交流与培训研讨班”的通知

随着教育部、财政部“质量工程”二期的深入开展,国家精品课程、优秀教学团队、实验教学示范中心的建设以及教学名师的评选有力地促进了我国高校物理基础课程的改革,发挥了重要的示范和引领作用。为建设好精品课程,提高大学物理课程教学质量,教育部物理学与天文学教学指导委员会定于2009年8月2—5日在昆明举办“大学物理精品课程建设骨干教师经验交流与培训研讨班”,本次会议由昆明理工大学承办。现将会议有关事项通知如下:

一、会议内容

1. 邀请北京大学、上海交通大学、东南大学、同济大学等校专家交流精品课程建设和教学改革经验,探讨优质课程教学资源的共建共享。

2. 与会代表就大学物理课程体系、教学内容、教学方法、教学手段的改革与创新进行交流研讨。

3. 数字化教学资源展示与物理学教学资源库、试题库使用模式介绍。

二、报到时间、地点

时间:2009年8月2日

地点:昆明市昆明理工大学新迎校区专家楼

三、行车路线

1. 火车站:乘25路在昆明理工大学新迎校区站下车;乘出租车约需14元。

2. 机场:乘出租车约需18元。

四、会议统一安排食宿,费用自理,无会议补助,收取会务费600元。

五、联系人

1．昆明理工大学理学院　李××

电话:0871-×××××××,×××××××(小灵通)　E-mail:×××××××@ yahoo. com. cn

地址:昆明市一二一大街文昌路68号昆明理工大学莲华校区　邮编:650093

2．高等教育出版社物理分社　郭××

电话:010-××××××××　E-mail:×××××@ hep. com. cn

地址:北京市朝阳区惠新东街4号富盛大厦2017　邮编:100029

由于会期正值旅游旺季,请有意参会的老师务必于2009年7月10日前将回执以邮寄或电子邮件的形式返回至昆明理工大学李××,以保证住宿、返程票等安排。

教育部物理学与天文学教学指导委员会

高等教育出版社

昆明理工大学

二〇〇九年五月二十日

(3) 批转、转发性通知。批转、转发性通知的正文包含两部分:一是批转对象,二是批转意见。批转对象要写明被批转、转发文件的名称和原发文单位;批转意见要写明对所批转、转发文件的态度、意见和执行要求。有的批转、转发性通知对被批转、转发的文件没有新的观点,只是照批照转,则只需要简要地表明态度,作出评价,提出要求;有的批转、转发性通知在表明态度、评价和要求之后,针对现实情况,还要对所批转、转发的文件的重要意义和某一方面的精神予以强调,以引起重视;有的除对所批转、转发的文件作出基本的肯定后,还要就其不够完善的地方加以补充和说明。

印发性通知的写作则比较简单,一般直截了当地写明"现将《×××(注:叉号指规章制度名称)》印发给你们,请认真贯彻落实(请遵照执行)"。有的可以将规章制度批准、通过的时间、依据或生效日期写上;有的还可简要说明规章制度的基本精神和贯彻执行的原则性意见等。

无论是批转、转发性通知,还是印发性通知,对被批转、转发和印发的文件、规章制度表态和评价要恰如其分,所提希望和要求要切合实际,如:同意、批准、原则同意,请认真贯彻执行、请遵照执行、请参照执行、请予参考等,它们在不同的情况下,其要求是不相同的。

【例文】

国务院办公厅关于转发国家发展改革委
营造良好市场环境推动交通物流融合发展实施方案的通知

各省、自治区、直辖市人民政府,国务院各部委、各直属机构:

国家发展改革委《营造良好市场环境推动交通物流融合发展实施方案》已经国务院同意,现转发给你们,请认真贯彻执行。

各地区、各有关部门要充分认识推动交通物流融合发展的重要意义,制定完善配套政策措施,加强政策协同和监管协调,形成工作合力。各省级人民政府要加强组织领导,完善协调机制,结合本地实际抓紧制定具体方案,切实落实各项工作任务,及时研究解决实施过程中出现的新情况、新问题。国家发展改革委要会同有关部门对本实施方案的落实情况进行跟踪分析和监督检查,认真总结和推广经验,重大事项及时向国务院报告。

国务院办公厅

二〇一六年六月十日

批转、转发、印发性通知是针对被批转、转发和印发的文件和规章制度而发文,文件的具体内容在被批转、转发的文件和规章制度里面,被批转、转发的文件和规章制度与文件正文是一个有机的整体。因此,不宜将被批转、转发的文件和规章制度作为附件,应将其放在成文日期之后、主题词之上。

在写作批转、转发性通知的标题时,需要注意以下问题:

一是批转、转发性通知的标题不要漏掉,被批转、转发文件的文种,也不能漏掉批转、转发通知本身的文种。如《北京市人民政府办公厅转发国务院办公厅关于做好强降雪防范应对工作的通知的通知》、《国务院办公厅转发财政部关于加快发展我国注册会计师行业若干意见的通知》,第一个文件标题中出现的第一个"通知"是国务院办公厅文件的文种,第二个"通知"是北京市人民政府办公厅文件的文种,不能写成《北京市人民政府办公厅转发国务院办公厅关于做好强降雪防范应对工作的通知》,第二个文件标题中的"通知"是国务院办公厅转发公文的文种,"意见"是财政部文件的文种,省掉其中任何一个都是不行的。二是层层转发上级机关的文件,在标题中常常会出现两个以上的"关于"和"通知",使标题显得臃肿和累赘,读起来也十分拗口,俗称"裹脚布"式标题,影响对文件主要内容的表达。为了简化标题,可省略第一个"关于"。转发的层次过多时,可省掉中间转发的层层过桥,直接转最上级领导机关的文件标题,然后在正文中说明转发的情况。三是被批转、转发、印发的文件,除法规、规章和管理规章制度外,一律不用书名号。

(4) 任免通知。正文写作极为规范,内容也较单一,只需简明扼要地写任命或免职的依据及任命或免去谁的什么职务。有的任免通知还须写清楚任期和享受的待遇。

【例文】

福州市人民政府关于陈春恩等同志职务任免的通知

各县(市)区人民政府,市直各委、办、局(公司),市属各高等院校:

经研究决定:

陈春恩同志任福州市供销合作社联合社主任,免去其福州市粮食局副局长职务;

林慧同志任福州市城乡建设委员会调研员;

张卫同志任福州市公安局调研员,免去其福州市公安局治安支队政委职务;

陈磊同志任福州市城乡建设委员会副调研员;

免去吴正颜同志的福州市城乡建设委员会副主任职务。

福州市人民政府

二〇一五年十二月二十五日

在撰写任免通知的时候,要注意依法行文,按照国家组织法的有关规定,凡是经各级人民代表大会及其常务委员会选举产生的各级国家机关、审判机关、检察机关的领导人的任免,必须履行法定手续,经人民代表大会及其常务委员会表决批准,组织人事部门不得擅自作出职务任免。

(5) 事项性通知。这类通知的写作较为简单,大多篇段合一,直接陈述事项,简明扼要,让相关方面周知即可。

二、通报

（一）通报的含义与特点

通报是用来表彰先进，批评错误，传达重要精神或情况时使用的公文文种，是党政机关和企事业单位广泛使用的下行和平行公文。有的通报还以登报、广播和张贴的形式出现。

通报具有典型性、时效性和教育性的特点。

1. 典型性

不是任何人和事都可以作为通报的对象，通报所涉及的具体人和事要具有代表性、典型性和说服力，能够反映、揭示事物的本质规律，使用十分严肃和慎重。

2. 时效性

通报是针对当前工作中出现的情况和问题而发的，通报的内容对近期工作具有指导意义和促进作用，一旦时过境迁，在当时看来有典型意义的事实，可能就不一定仍然具有典型性。因此，通报必须迅速及时，这样才能更好地发挥其应有的作用。

3. 教育性

通报的教育性表现在它不论是表彰先进、批评错误还是通报情况，均能引导人们明辨是非，弘扬正气，树立新风，让下级机关学习先进、防范错误、知晓情况、提高认识。因此，在写作时应注意有针对性地分析议论，讲清道理。

（二）通报的作用与种类

1. 通报的作用

通报对下级机关主要起警示、告诫、启发、倡导、教育和沟通作用，因而，以领导机关使用为宜。具体表现在：一是在一定范围内对具体的人和事予以表扬或批评，以此达到鼓励先进、弘扬正气或批评错误、打击歪风邪气的目的。二是及时地将重要情况传达给相关方面，促进上下级之间、部门与部门之间的信息交流，上情下达，全面准确地了解情况，推动工作。

2. 通报的种类

按照通报的作用和使用范围，可将通报分为三类：表彰性通报，在一定范围内表扬好人好事、新风尚，介绍先进经验或事迹；批评性通报，在一定范围内批评错误、纠正不良倾向，处理事故；情况通报，向有关方面知照应当掌握和了解的信息、动态。

从通报的写作角度来划分，又可分为直述式通报和转述式通报。直述式通报是直接叙述和通报事实，并在此基础上作出分析、评价和处理；转述式通报是对下级单位报送的情况报告、调查报告或来信所反映的事实或情况进行分析和评价，最后提出处理意见。

（三）通报的写作与要求

1. 通报的格式

通报由于类型不同，在写法上存在一定差异。一般来说，通报由标题、主送机关、正文和落款构成。

（1）标题。通报的标题有两种写法。一是公文式标题，如《中共榆林市委　榆林市人民政府关于表彰赴川抗震救灾卫生防疫队的通报》；二是新闻式标题，由正题和副题组成，正题显示文章的中心和主旨，副题为公文式标题，是对正题的进一步说明，它直指文章所要通报的主要内容。

（2）主送机关。通报如是普发性的，可不写主送机关，在文后的发送范围中注明；行文如有专门对象的，则写明主送机关。

（3）正文。通报正文要求事实与材料要真实准确，实事求是，对有关情况和事实事前要认真核对，保证真实无误，令人信服；选取的内容要有代表性和普遍意义，切忌一般化和没有针对性，否则起不到启发、教育作用；态度要鲜明，分析中肯，结论公正准确，用语把握分寸，否则不但会缺乏说服力，而且有可能产生副作用；语言要简洁、庄重，力求文实相副，不讲空话、套话，不讲过头话。

（4）落款。标注成文日期即可。

2. 各类通报的写作

（1）表彰性通报。这类通报的正文一般包括被表彰单位和个人的先进事迹、对先进事迹的评价、表彰决定、希望和要求四部分。

先进事迹部分简要介绍事迹发生的时间、地点、人物、事件、结果，做到实事求是，不夸大，不渲染，重点突出，涉及能体现先进思想境界和突出中心内容的，要把事实写详细一些，无关紧要的可一笔带过或略去不写。如果通报的事实是直述性的，这部分内容要写得详细些，并直接在通报正文中予以叙述；如果是转述性的，这部分内容已经在通报所附的材料和文件之中，就不必再重复叙述，只需概括性地强调或突出要点。

先进事迹评价部分应在介绍事迹的基础上，说明其意义，分析评议其精神实质；突出先进经验的通报，应在介绍先进事迹的基础上，归纳和论述其典型经验，以供人们借鉴。评价要客观公正，恰如其分，文字简约，不必过多议论。

表彰决定部分要求具体、准确，言简意赅。

希望和要求部分既要对被表彰者给予勉励，提出希望，又要对有关方面和群众提出希望和要求。所提出的希望要符合实际，切实可行；行文要有针对性，不可千篇一律。

（2）批评性通报。这类通报用于批评错误、处理事故、公布处分决定，侧重在分析错误、事故的原因，总结教训，引起有关方面和干部群众的警觉，指导和改进工作。主要包括错误事实、错误原因和教训、处理决定、希望和要求四部分。当然，也不是所有的批评性通报都要写出这四部分，可根据写作的意图和目的有所取舍。

错误事实部分围绕所通报批评的主要问题，如实反映所涉及的单位、人员、时间、地点、经过、结果以及产生的后果和影响。若问题具有代表性，则要在介绍错误事实的过程中，注意点面结合，以点带面，更加全面地反映出问题的严重性，以引起大家的重视。同样，在直述性通报中，这部分要详写，而在转述性通报中，一般在附件中已经说清楚，通报正文则可以从略，不再赘述。

错误原因和教训部分一般要针对错误事实分析原因，点明实质，总结教训，指出危害。分析评议要准确中肯，实事求是，合情合理，令人信服，既不可无限上纲上线，也不可大事化小。

处理决定部分要写得简明扼要，有的通报为了突出问题的严重性，把这一部分写在开头，以引起大家的关注和警觉，增强公文的可读性。

希望和要求部分针对错误及其教训，提出切实可行的改进措施和要求，告诫后来者，教育当下人。这部分要写得简洁明快。

（3）情况通报。这类通报内容集中，多为一事一报，主要根据实际反映情况，分析问题，有的还要针对通报的情况提出要求和希望。写作情况通报虽然比较灵活，但行文要求突出重点，抓住本质，无论是陈述情况，还是分析问题，都要求紧扣中心内容，不枝不蔓，语言简洁得体。

【例文】

中共榆林市委　榆林市人民政府
关于表彰赴川抗震救灾卫生防疫队的通报

5月12日，四川发生了里氏8.0级大地震，灾区群众伤亡惨重，并遭受巨大的财产损失，各地卫生部门积极响应国家号召，迅速开展了支援灾区的灾后防疫工作。5月19日，经市政府研究，市卫生局挑选20多名业务骨干组成抗震救灾防疫队，先后分两批赴四川广元市青川县大院回族乡开展了卫生防疫工作。

在四川的一个月期间，我市防疫人员对青川县大院回族乡6个行政村58个居民小组的供水源、供水设施、居住帐篷、厕所、垃圾、猪舍、鸡舍以及周边环境等进行了消杀灭菌工作，累计消杀面积达60多万平方米。同时进行了多次卫生防疫和消毒知识培训，共发放各类卫生防病知识宣传品5000多份，收集防疫信息资料200多份，为做好疫情监测和制定相应的预防措施提供了及时有效的科学依据，出色地完成了组织交付的光荣而艰巨的工作任务，实现了所支援区内无传染病流行，确保了灾区人民的身体健康和生命安全。

在这次救援工作中，我市抗震救灾的队员们不顾个人安危，克服重重困难，每天冒着余震、塌方、落石、泥石流等种种危险，跋山涉水，栉风沐雨，全力做好工作，他们用自己的实际行动为灾区人民做出了贡献，真正体现了特别能吃苦、特别能战斗的精神。

为表彰先进，弘扬正气，市委、市政府决定，对我市赴四川灾区抗震救灾卫生防疫队全体队员进行通报表彰。

希望受表彰的同志珍惜荣誉，发扬成绩，再立新功。市委、市政府号召市广大党员干部群众要向他们学习，学习他们以人民利益为重，顾全大局，无私奉献的精神；学习他们临危不惧，奋不顾身，不畏艰险的精神；学习他们不怕疲劳，连续作战，顽强拼搏的精神，努力做好各项工作，为榆林经济社会发展做出新的更大的贡献。

二〇〇八年七月十日

第二节　报告、请示和批复的写作

一、报告

（一）报告的含义与特点

向上级机关汇报工作，反映情况，回复上级机关的询问用报告。报告是下级机关呈送上级机关的呈报性公文。因此，报告具有以下特点：

1. 使用的广泛性

报告是机关、单位、团体使用较多的呈报性公文，是上级机关及时了解下情、下级机关反映情况、上下沟通的主要渠道。报告可用于陈述以下几方面的事项：定期或不定期地向上级机关汇报工作；向上级机关反映情况；回复上级机关的查询；对报送给上级机关的文件、材料、物品等予以说明。

2. 行文的单向性

上级机关对下级呈送的报告仅仅作为了解情况和工作进展的依据,下级机关在报告中不得夹带请示事项,如果确需上级解决有关具体问题或困难,须另文以请示的方式呈报;上级机关对报告无须答复,下级机关也不得要求上级批复,属于单向性行文。

3. 表达的陈述性

报告以具体的事实、真实的情况和准确的数据作为汇报的内容,以叙述为主要表达方式,一般不加议论。

(二)报告的种类与作用

1. 报告的分类

报告从不同角度可以分为不同的类型,主要有:

(1) 按报告所涉及内容的范围,可分为综合性报告和专题性报告。综合性报告反映的是本地区、本单位全面性的情况或一定范围的情况,注重全面性和综合性。专题性报告反映的是某一方面情况、某一项工作或某项活动的情况,注重专一性。

(2) 按报告的行文目的,可分为呈报性报告和呈转性报告。呈报性报告是以单一汇报为目的的报告。呈转性报告是针对某一问题、某项工作提出具体意见或安排,征得上级机关赞同后,再由上级机关批转或转报有关部门执行的报告。如:《××大学关于中央财政支持地方高校发展项目资金使用情况的报告》,若由××省财政厅审查同意后,转报到国家财政部,这样的报告就属于呈转性报告。

(3) 按报告的内容可分为工作报告、情况报告、答复报告。本书采用这种分类法进行阐述。工作报告是向上级汇报工作进展情况、反映工作中的问题、总结工作经验和教训的报告。情况报告是向上级反映本机关、本区域发生的重大事件、特殊情况和带有倾向性的新问题、新动向的报告。答复报告是回复上级机关的查询、提问,按要求如期汇报执行上级的某项指示、意见的结果,回答各级人民代表大会、政协及其执行机构提出的质询和交付处理的提案、议案等的报告。

2. 报告的作用

报告是上下级机关沟通情况的重要工具,通过报告可以让上级机关及时了解相关情况,掌握工作情况与动态,为领导工作提供决策依据。同时,报告也有利于下级机关及时向上级机关反馈意见,接受上级机关的工作指导和监督,避免工作中出差错、走弯路。

(三)报告的写作与要求

1. 报告的格式

(1) 标题。一般由发文机关、事由、文种三要素组成。有的报告由于情况紧急,可在文种前加“紧急”二字,以引起上级机关的足够重视,加快文件的办理速度。如《××市人民政府关于手口足病疫情的紧急报告》。

(2) 主送机关。力求单一,忌多头主送,其他机关如需了解相关情况,可采用抄送的方式。

(3) 正文。报告正文因内容不同而差异较大,但一般由报告缘由、报告内容和报告结束语三部分构成。

报告缘由部分简明扼要地说明报告的依据和原因。

报告内容是正文的重点,内容较多时,可依事情的发展变化脉络、认识问题的逻辑顺序,采用纵式结构来安排材料;也可以按照情况—经验—教训(或问题)的顺序来安排材料,分条列项地反映情况,使层次显得分明。

报告结束语一般以“特此报告”、“请审查”、“请审阅”等作结。

(4) 落款。写明成文日期即可。

2. 各类报告的写作

(1) 工作报告。工作报告的正文一般包括基本情况、主要成绩、经验体会、存在的问题和教训、今后努力的方向等内容。这类报告内容较多,篇幅较长,需要合理安排结构,注意按层次表述,可标序号分条分项地写,也可以列小标题分部分或分问题来写。

基本情况部分简要交代时间、背景和工作条件;主要成绩部分把工作的过程、措施、结果和成绩叙述清楚;经验体会部分是对工作实践的理性概括,要从实际工作中概括出规律性的认识,以便指导今后的工作;存在的问题和教训部分写出工作中的缺点和不足,进而分析工作失误的原因及应吸取的教训;今后努力的方向部分主要提出改进工作的意见或对今后工作开展提出建议。

(2) 情况报告。情况报告常用来向上级汇报严重的灾害、事故、案情、敌情;重要社情、民情;督促办理和检查某项工作的情况;举办重大活动、召开重要会议的基本情况,各级各类代表大会的选举结果;某项工作造成失误和问题的检讨与反思;其他重要的、特殊的、突发的新情况。

情况报告的内容要集中,力求单一,突出重点,抓住事物的本质,实事求是地反映情况;要把情况和问题讲清楚,把事情的经过、原委、结果、性质写明白;如果是特大事故,要按照国务院第 34 号令的要求,把事故发生的时间、地点、单位,事故的简要经过、伤亡人数,直接经济损失的初步估计,事故发生原因的初步判断,事故发生后采取的措施及事故控制情况,事故报告单位一一写清楚;如果是汇报灾情,可遵循“概述—灾情—损失—救灾概况—存在的困难”这样一个递进思路,做到思路和结构清晰,脉络清楚,重点突出;报告若要提出处理意见和建议,要求要具体、明确、简要,尤其要注意提意见和建议的角度,不能写成请示事项;最后,情况报告写作要及时,以便让上级机关和领导尽快了解情况。

(3) 答复报告。答复的正文包括答复的依据和答复事项两部分。答复的依据指上级要求回答的问题,简明扼要地加以说明就可以。答复事项即针对上级所提出的问题,答复具体的意见或处理结果,要有针对性地作答,有问必答,答其所问,不要节外生枝,答非所问。在语言表述上,要明确、具体、准确、得体,不可含糊其辞、模棱两可。

【例文】

国务院特大交通事故调查处理领导小组
关于“8·23”特大道路交通事故调查处理报告

2001 年 8 月 23 日,在陕西省凤县境内发生一起特大交通事故,32 人死亡,18 人受伤。事故发生后,党中央、国务院十分重视,陕西、甘肃两省党委、政府及时组织力量,积极开展抢救和善后工作。国务院安全生产委员会组成由安全监管局副局长闪淳昌同志任组长,安全监管局、监察部、公安部、交通部、全国总工会和陕甘两省有关部门参加的“8·23”特大交通事故调查处理领导小组(以下简称领导小组)及相关的工作组,指导、督促、协调事故的调查处理及善后工作。在对事故原因及责任问题调查的基础上，提出了对事故有关责任人员的处理意见。现将有关情况报告如下：

一、基本情况

（一）事故经过

2001年8月23日17时，甘肃省陇南地区运输公司第六分公司李凯立驾驶甘K·04800卧铺车（以下简称肇事车），从甘肃省徽县去往西安市，车上共50人。21时50分，行至316国道2 372 km+120 m处（陕西省凤县草店乡灵官峡），在道路一侧有停靠车辆的情况下，超速行驶，处置不当，车辆驶出路外，坠入32.5 m的崖下河床上，死亡32人，受伤18人。

（二）现场勘查情况

事故现场路段沿肇事车辆行驶方向左侧为山体，右侧为悬崖，肇事路段为三级柏油路面，路面全宽5.5 m，肇事点前后两处弯道，有效路面4.3 m，纵坡为2%。出事地点靠山体一侧停有两辆尾部相对、间距为3 m的事故车。经调查核实，这两辆事故车在8月23日19时左右相撞，凤县交警部门处理了事故现场，将肇事车辆推向靠山崖的一边，设置了警示标志。当日21时50分，肇事车通过该地段时，由于车速过快，驾驶员操作不当，坠入公路右侧江中，造成“8·23”特大交通事故。

（三）现场询问情况

共询问驾驶员2次，询问乘客14人，取证17份。驾驶员供述了自己肇事时车速快，疏忽大意，操作不当，超员等违章事实，部分乘客也证明了该车超员违章的情况。

（四）肇事车及驾驶员情况

肇事车是郑州宇通汽车股份有限公司生产的双层卧铺车，型号为ZK6100WD，1998年11月10日由李凯立等人合资从宇通公司购置，挂靠在徽县机动车驾驶员服务中心。1998年11月11日，该车在陇南地区公安处车管所西成分所（以下简称西成分所）办理了车辆入户登记手续，2000年12月20日在西成分所办理从徽县机动车驾驶员服务中心向陇南地区汽车运输公司第六分公司的过户手续，并签订挂靠合同，使用该公司提供的徽县至西安的客运班线线路牌，从事跨省客运。车辆入户登记时，行驶证核定的载客人数为29铺，驾驶室1人，事故发生时，肇事车行驶证核定的载客人数为38人，驾驶室2人。李凯立1986年在部队取得B型驾驶证，1989年3月23日通过考试换发地方B型驾驶证，1998年11月11日申请A型驾驶证。

二、事故原因分析

（一）事故的直接原因。经现场勘查和调查取证，这起事故的直接原因是驾驶员交通安全意识淡薄，驾驶严重超员车辆在山区道路上五档超速行驶，遇道路一侧停放车辆时处置不当。

（二）肇事车挂靠单位和政府有关部门监管不力是造成事故的重要原因。陇南地区运输公司第六分公司未对挂靠车辆进行认真查验，就代表地区运输公司与肇事车签订挂靠合同。陇南地区运输公司作为法人单位和第六分公司直接上级单位，对安全生产重视不够，管理不力，片面追求发展规模，在挂靠车辆管理上存在“重收费、轻管理”问题。徽县交警大队对驾驶员安全教育不到位，对客运车辆监管不力，在签订车辆安全教育承包责任书、办理安全查验卡及路查中都未发现肇事车行驶证核定座位数与实际座位数不符，以及肇事车违反双A照规定等问题。徽县人民政府对该县客运安全管理中存在的问题失察，一些安全生产方面的工作布置、检查存在流于形式的问题。陇南行署公安处车辆管理所西成分所规章制度不健全，工作程序不规范，管理混乱，在办理肇事车过户手续时，工作不负责任，将行驶证核定载客人数由29铺改为38铺，为该车非法改装提供了依据。

三、事故教训和建议

（一）"8·23"特大交通事故的教训十分深刻，主要有：

1. 驾驶员素质不高，交通安全意识和法制观念淡薄。不遵守交通法规，严重超载；夜间雨后在山路上超速驾驶，遇紧急情况应急措施不当，处置不力。

2. 车辆管理制度不严，管理存在严重问题。陇南地区交警支队管理混乱，证照使用没有制度和规定，工作人员未按规定对增驾驾驶员进行考试即发给A照，埋下了严重的事故隐患；在办理过户手续中验车不负责任，把其他车辆当作审验车辆，随意更改事故车辆档案，并错误地核发行驶证。

3. 运输企业忽视安全，管理混乱。陇南地区汽车运输公司及其第六分公司没有处理好安全与发展、稳定的关系，随意接受挂靠车辆，盲目发展规模，片面追求经济效益，忽视安全生产，内部管理混乱，对挂靠车辆只收费不管理，对驾驶员缺乏最基本的安全教育。

4. 有关地方政府和部门安全检查工作走过场，形式主义和官僚主义作风严重。徽县交警部门和运管部门没有夜查制度，对夜班车情况不掌握，日常检查例行公事，不求实效，没有发现和制止出站车辆超载现象；安全教育流于形式，只收费不管理、不教育，站点监督管理不严。

（二）"8·23"事故发生后，各有关部门和地区应认真吸取事故教训，防止类似事故发生，确保人民生命财产安全，为此提出以下建议：

1. 各级政府和有关部门必须把道路交通安全作为落实"三个代表"重要思想，维护社会稳定，确保人身安全的大事来抓，坚决贯彻落实公安部、交通部和安全监管局《关于加强公路客运交通安全管理的通告》，长抓不懈，防止安全生产工作中的形式主义和官僚主义作风。

2. 要进一步加强对驾驶员的培训和教育工作，提高驾驶员队伍的整体素质。公安交警部门要严格驾驶员考试、发证工作，把住机动车辆登记入户、转籍过户、改装改型、季检年检和临时检验等关口，严禁营运客车非法改装、改型。

3. 本着谁主管，谁审批，谁负责的原则，地方政府和有关部门要制定切实有效的措施，把责任制落实到每个岗位、每个人，严格审批、发证程序，进一步规范交通运输秩序，对不符合安全条件的运输企业一律不予批准进入运输市场，严把市场准入关。

（内容有删节）

××××年×月×日

3. 报告的写作要求

（1）要注意突出重点，兼顾全面。写作报告的时候，既要根据写作的目的和意图，对影响全局的主要工作、工作中的显著成绩、有普遍意义的经验教训、带有倾向性的事物或苗头、工作中的严重困难和突出问题等重点进行陈述，又要注意围绕上述重点反映一般情况。做到既有重点,又有全貌,全面而具体。

(2) 要注意叙述与归纳相结合。如果报告只简单地堆砌事实,罗列数据,不加分析,不予系统化和归纳,就会使人看后不得要领,显得肤浅,如同记账;如果不介绍情况、列举事实和数据,报告会显得空洞。因此,在写作的过程中,要把两者有机地结合起来,把各种情况和数据、成绩和问题归纳起来,进行深入的分析和综合,使之系统化,上升到理性认识,从中找出带有规律性的经验和教训,用以指导工作,又要防止脱离实际工作和现实情况空发议论,或不着边际高谈阔论,或照抄上级文件和领导讲话,去教育上级机关,这是不得体的。

(3) 要注意详略得当。报告要明确重点,突出中心,力求"一文一事一报",重点的内容要详写,非重点的内容要略写,做到详略得当。偏重总结经验的报告,以写情况、成绩和经验为主,偏重汇报情况的报告,以写情况、成绩和问题为主。

(4) 要注意情况报告和工作报告的区别。情况报告汇报的是偶发性、特殊性情况,工作报告反映的是经常性、常规性的工作情况或重点、专项工作情况。情况报告的内容多不确定,因时因事而异;工作报告的内容相对确定。情况报告重在叙述和说明情况,工作报告有不同程度的议论和说理。

二、请示

(一) 请示的含义与特点

1. 请示的含义

请示是向上级机关请求指示、批准的上行公文。凡是下级机关无权解决、无力解决以及按照规定应由上级决断的问题,必须正式行文向上级机关请示。

2. 请示的特点

(1) 内容的单一性。请示要严格按照"一文一事"的原则撰拟,切忌把互不相干的几件事情放在一个请示文件里,致使上级难于处理和批复,影响工作办理。

(2) 要求的可行性。请示中提出的要求要切实可行,明确肯定,不要让上级机关摸不清楚具体意图,难以回复;也不能信口开河,提出上级机关根本办不到或有违国家法律、政策及有悖情理的要求。

(3) 语气的祈请性。请示本身是向上级机关寻求帮助和支持,请求上级解决实际问题和困难。因此,应注意使用祈请性、征询性语气行文。

(二) 请示的作用与种类

1. 请示的作用

请示的用途包括:下级机关在工作中出现新情况、新问题时,上级的规定、精神在某些特殊情况下在本单位难以执行时,对有关方针、政策、法规不甚明了难以开展工作时,上级明文规定经请示方能办理有关事项时,用来向上级机关呈报情况、问题和困难,希望得到上级的明确批示和答复。具体包括6个方面:

(1) 对上级有关方针、政策、指示或法令、法规不够明确或者有不同理解,需要上级机关作出明确解释和答复;

(2) 从本地区、本单位的实际情况出发,需要对上级机关的某项政策、规定作出变通处理,有待上级机关重新审定、明确答复;

(3) 在工作中出现了新情况、新问题需要处理,而又无章可循、无法可依,需要上级机关作出明确指示；

(4) 需要请求上级机关解决本地区、本单位的某一项具体问题和实际困难；

(5) 按照上级机关和主管部门有关政策规定，不经请示有关部门批准，无权自行处理的问题；

(6) 工作中出现一些涉及面广，而职能部门无法独立解决的问题和困难，必须请示上级领导或综合部门，以求得他们的协调和帮忙。

除上述情况外，凡是单位职权范围内的工作，经过努力能够处理和解决的问题和困难，应当尽力自行解决，不要动辄请示，把问题和矛盾上交。

2. 请示的种类

根据请示的内容和写作意图，可将请示分为三类：

(1) 请求指示的请示。此类请示一般是政策性请示，是下级机关需要上级机关对原有政策规定作出明确解释，对变通处理的问题作出审查认定，对如何处理突发事件和新情况、新问题作出明确指示时使用的请示。

(2) 请求批准的请示。此类请示是下级机关针对某些具体事宜向上级机关请求批准的请示，主要目的是为了解决某些实际困难和具体问题，如申请项目、经费、编制、设备，设置机构等。

(3) 请求批转的请示。下级机关就某一涉及面广的事项提出处理意见和办法，需要有关方面协同办理，但按规定又不能要求平级或不相隶属单位办理，需要上级机关审定后批转执行，即使用此类请示。

(三) 请示的写作与要求

1. 请示的格式

请示的结构较为固定，包括标题、主送机关、正文和落款。

(1) 标题。请示的标题由发文机关、事由、文种三要素组成。在实际运用中，不能将“请示”、“报告”混为一体，也不能用申请来代替请示公文的文种。请示的事由要明确，语言要简洁，不能将事由写成“关于请求(或申请)×××的请示”，因为“请示”本身就含有请求的意思，再写上“请求”“申请”等语，前后意思就重复了。

(2) 主送机关。只有一个主送机关，不能多头主送，如需同时送其他机关，应用抄送的形式。

(3) 正文。请示正文一般由请示原因、请示事项和请示结束语三部分构成。行文宜遵循“请示原因—请示事项—请示要求”这样一个递进思路。

请示原因应简明扼要而又充分地陈述请示的原因和依据，并尽可能地结合国家的方针政策来说理。如果原因比较复杂，不能因为要求简要而简单化，要把情况讲清楚，理由说充分，必要时通过事实、数据来加以说明，让人信服。而不能笼统、含糊，或者夸大其词，信口雌黄，胡编乱造一些理由。需要注意的是，这部分内容是为请示事项作铺垫的，直接影响上级机关对请示事项的批复态度，内容要完备，理由要充分、客观和具体，不能有过多的主观臆断，不可过多地发议论。内容再多，这部分也不是请示的重点所在。因此，不要轻重倒置，喧宾夺主。

请示事项是请求上级机关给予指示、批复的具体事项。要求内容具体，所提要求和建议要符合实际，切实可行，明确肯定，不能闪烁其辞、“犹抱琵琶半遮面”，尤其不能和请示原因混在一起,让上级机关不得要领,不知道具体要求是什么;请示的内容较多时,要条分缕析地列出来;用语要得体,尽量谦恭一些,对请示的事项一般应写“拟怎么办”,而不能写“决定怎么办”。因为既然已经“决定”了,再请示上级机关就是多余的了。

请示结束语是就请示的事项向上级机关提出期望回复的要求,一般用征询性的习惯用语,如“妥(当、可)否,请批复;妥(当、可)否,请批示;以上意见,如无不妥(当),请给(予)批准;以上要求,请审批;特此请示,请予批准;请批准;请审批;请指示”等惯用语作结。不能使用命令性口气,如写成“望尽快拨款××万元,以解燃眉之急”,这样的语气容易引起上级的反感。

(4) 落款

标明发文日期即可。

2. 写作请示的要求

(1) 请示须坚持一文一事,内容力求单一,切忌夹带其他事项。

(2) 请示只送一个主送机关,不可多头、多级主送,以免因责任不清或互相推诿影响办事效率和质量。受双重领导的单位向上级机关请示事项,也应当根据请示内容和上级机关的职权写明主送机关和抄送机关,由主送机关负责答复。除领导直接交办的事项之外,请示不得直接送领导者个人,更不得同时送多位领导,避免违反行文制度或因领导批示意见不一致而误时误事。

(3) 请示须事前请示,不可先斩后奏。

(4) 请示公文须逐级请示,非特殊情况一般不得越级请示。越级请示的目的往往是为了尽快解决问题,但这种违反行文规则、损害上下级正常关系的做法,反而会使问题更加难以解决。只有在下列特殊情况下,可以越级请示:情况特殊紧急,逐级上报会延误时机和造成重大损失时;与直接上级机关发生分歧,无法解决,或经多次请示直接上级机关长期未予解决时;上级机关越级交办并指定越级上报的某些事项;检举、控告直接上级机关;需直接询问、答复、联系某些具体事项;反映或处理不涉及直接上级机关职权范围的偶发事件或问题。

(5) 请示内容要注意协商一致。请示的内容若涉及多个部门或地区,主办单位应当主动与有关部门或地区协商,取得一致意见后,上报上级机关,必要时,还需要由有关部门、地区会签或联合行文,以统一认识、统一政策。如有关方面意见不一致,应当在请示文件中如实反映出来,并抄送有关方面。

(6) 要注意请示和报告的区别,切忌用报告代替请示行文,也不能请示、报告混用,这种状况是公文写作中常常存在的一个问题,应当予以纠正。

请示与报告的区别:第一,行文的目的不同,报告主要是让上级机关了解情况,掌握动态,不要求立即得到上级的具体指导和帮助,请示虽然也要汇报工作中的情况或问题,但汇报的目的是要立即得到上级机关的具体指示和批准。第二,内容的侧重点不同,报告侧重写情况和意见,涉及的内容比较广泛,可不限于一件事情或一个问题,内容多是已经发生或正在实施的事情,请示应着重写一个问题或一件事项,所请求的事项是尚未实施的。第三,行文的时间不同,报告可事后行文,也可事中行文,请示必须事前行文。第四,对文件的办理不同,上级机关对下级的请示无论同意与否,都应及时批复,报告一般不需批复。

【例文】

攀枝花市人民政府关于将米易县盐边县
列为“十五”计划期间粮食自给工程受援县的请示

四川省人民政府：

攀枝花市是从60年代中期开始建设起来的新兴工业城市。由于历史的原因，全市农业投入不足，粮食生产虽较建市初期有很大发展，农村人口用粮基本自给，但全市粮食自给水平很低，至今每年需从外地调入商品粮8.4万余吨，粮食调运矛盾多，压力大，全市财政负担重，经济与社会事业发展受到制约。同时，我市所辖东区、西区、仁和区、米易县、盐边县地处金沙江、安宁河流域，区域内光、热、水资源丰富，气候资源独特，可开发宜农荒地多，粮食生产优势明显，以水稻、小麦、玉米为主的粮食作物可一年三熟或两年五熟，粮食生产潜力巨大。

为此，特申请将我市主要农业县米易县、盐边县列入“十五”计划期间粮食自给工程受援县，以加快农业发展步伐，提高粮食自给水平，促进全市经济与社会事业持续协调发展。有关资料随文附上，请予审批。

××××年×月×日

三、批复

（一）批复的含义与特点

批复是上级机关答复下级机关请示事项的一种下行公文。因此，批复的显著特点是针对性。批复总是针对下级机关的请示被动行文，下级机关有请示，上级机关才会有批复，上级绝不会主动发出批复。上级机关批复的内容总是针对下级机关的请示事项作出答复，不能另找话题，答非所问，节外生枝；所作出的答复、表明的态度和提出的处理意见及要求，对下级机关具有很强的权威性和约束力。

（二）批复的种类

根据批复的内容和发送范围，可分为两大类：一是只复请示单位的批复，其发送的范围只有请示机关；二是在复请示单位的同时，所批复的事项具有普遍性，需要其他机关、单位知晓或执行的，还要抄送其他单位的批复。

（三）批复的写作与要求

1. 批复的格式

（1）标题。批复的标题除公文式标题的通常写法外，可以把对请示事项的态度写进标题，如《国务院关于同意将江苏省南通市列为国家历史文化名城的批复》；还可以将受文对象写进标题，如《国家税务总局关于农村信用社省级联合社收取服务费有关企业所得税税务处理问题对安徽省税务局的批复》。

（2）主送机关。一般是呈报请示的机关。

（3）正文。批复的正文包括批复对象、批复事项、批复结语三部分。批复对象是批复所针对的请示事项。在正文开头引述来文标题和发文字号，有的为了增强批复意见的针对性，可简要引述来文的请示事项，但要求言简意明，对实质性内容用简练的文字概括，切忌复述请示事项。然后接“现批复如下”，承前启后，引出下文。批复事项是针对请示事项给予明确答复或具体指示。要求态度要鲜明，观点明确，语言简洁明了，不能含糊其辞，模棱两可，使下级机关无所适从。涉及常规性事项、例行工作的批复，直截了当地对请示事项做出明确答复即可，不必阐述批复的理由和依据；若批复涉及批准解决有关实际困难和问题，可简要陈述批复的原因，但不宜重述请示中的原文；若不同意请示事项的批复，除表明态度陈述意见外，一定要阐明不同意的理由，以便对方接受和及早作出相应安排。对于批复结语，一般是在正文末尾写上"特此批复""此复"等语，如果开头部分有"现批复如下"的，结尾则不写"特此批复"。有的批复还要提出简要的执行要求。

2. 批复的写作要求

（1）批复的语言要求明确具体，简明扼要。批复对下级机关解决问题起着审批、裁决和导向作用，是下级机关行事的重要依据。因此，措辞要准确，表意要严密，做到字斟句酌，逻辑缜密，态度鲜明。如同一个事项有多个请示问题的，要逐条予以答复，切忌因为有些问题同意，有些问题不同意，而笼统地答复"基本同意"或"部分同意"。切忌闪烁其辞，模棱两可，让下级机关如坠云里雾里，不得要领，无所适从。

（2）批复内容要注意协调，避免引发矛盾。有些请示事项比较复杂，涉及其他有关部门，批复前须与相关部门协商，达成一致意见后方可行文。如某单位欲在某地建立旅游度假区，涉及土地征用、建设规划、经营管理、经费筹措等事项，主办机关在批复前应与相关部门协商一致，否则，容易造成部门之间相互推诿。

（3）注意下级的接受心理。上级机关要体谅下级机关的实际困难和具体情况，若不同意下级的请示事项，行文既要态度明确，又要委婉表达。如标题不宜直说《关于不同意拨款修建办公楼一事的批复》，可写为《关于对××局要求拨款修建办公楼的批复》，正文中应先简要地讲清楚为何这样答复的理由，但不必加以议论，再表态，这样易于使下级机关接受和理解。

（4）撰写和制发要及时。下级机关要请示的事项往往具有紧迫性，要等待上级机关批复后才能行事。因此，上级机关要克服文牍主义和官僚主义，对下级机关的请示，要及时处理，及时批复，不能久拖不决、久拖不复，给下级机关开展工作带来被动，甚至可能错失良机，耽误下级机关的工作，造成工作上的失误和损失。

【例文】

国务院关于乌鲁木齐市城市总体规划的批复

新疆维吾尔自治区人民政府：

你区关于报请审批乌鲁木齐市城市总体规划的请示收悉。现批复如下：

一、原则同意《乌鲁木齐市城市总体规划（2014—2020年）（2017年修订）》（以下简称《总体规划》）。

乌鲁木齐是新疆维吾尔自治区首府，我国西北地区重要的中心城市和面向中亚西亚的国际商贸中心。《总体规划》实施要深入贯彻党的十八大和十八届三中、四中、五中、六中全会及中央新疆工作座谈会、中央城市工作会议精神，认真落实创新、协调、绿色、开放、共享的发展理念，认识、尊重和顺应城市发展规律，坚持经济、社会、人口、环境和资源相协调的可持续发展战略，提高新型城镇化质量和水平，统筹做好乌鲁木齐市城乡规划、建设和管理的各项工作，逐步把乌鲁木齐市建设成为经济繁荣、社会和谐、民族团结、生态良好、特色鲜明的"一带一路"沿线重要现代化城市。

二、重视城乡区域统筹发展。在《总体规划》确定的城市规划区范围内，实行城乡统一规划管理。加强对各类产业园区、工业集中区的统一规划和统筹管理，推进乌昌一体化进程。加强与新疆生产建设兵团第十二师的沟通，促进兵地融合。根据市域内不同地区的条件，重点发展基础条件好、发展潜力大的乡镇（团场），优化村庄（连队）布局，促进农业规模化、产业化和农村经济现代化。城镇基础设施、公共服务设施的建设，应当统筹考虑为周边农村地区提供服务。

三、合理控制城市规模。到2020年，中心城区常住人口控制在410万人以内，城市建设用地控制在513平方公里以内。要贯彻落实城乡规划法关于先规划后建设的原则，禁止在《总体规划》确定的建设用地范围之外设立各类开发区和城市新区。要根据乌鲁木齐市资源、环境的实际条件以及《总体规划》确定的城市空间布局，划定城市开发边界，加强边界管控，促进城市紧凑布局。增强城市内部布局的合理性，提升城市的通透性和微循环能力。

四、完善城市基础设施体系。要按照绿色循环低碳的理念规划建设城市基础设施。进一步完善公路、铁路、机场等交通基础设施，改善城市与周边地区交通运输条件，加强城市内外交通衔接。发展轨道交通，建立以公共交通为主体，各种交通方式相结合的多层次、多类型的城市综合交通体系，方便不同交通方式的换乘。

五、建设资源节约型和环境友好型城市。要按照促进生产空间集约高效、生活空间宜居适度、生态空间山清水秀的总体要求，形成合理的城市空间结构，促进经济建设、城乡建设和环境建设同步发展。要切实做好节能减排工作，依靠科技进步，充分利用太阳能、风能等清洁能源，推进工业、交通和建筑领域的节能，支持绿色建筑发展。大力发展循环经济，严格控制高耗水、高污染和产能过剩行业的发展。

六、创造优良的人居环境。要坚持以人为本，统筹安排关系人民群众切身利益的教育、医疗、市政等公共服务设施的规划布局和建设。将城市保障性住房的建设目标纳入近期建设规划，确保保障性住房用地的分期供给规模、区位布局和相关资金投入，促进居住社区的民族团结。不断完善城市管理和服务，提高城市发展的宜居性，努力把城市建设成为人与人、人与自然和谐共处的美丽家园。

乌鲁木齐市人民政府要根据本批复精神，认真组织实施《总体规划》，任何单位和个人不得随意改变。你区和住房城乡建设部要加强对《总体规划》实施工作的指导、监督和检查。（内容有删减）

二〇一七年一月八日

第三节　公告和通告的写作

一、公告

（一）公告的含义与特点

公告是较高级别的国家行政机关、法定机关向国内外宣布重要事项或者法定事项的周知性公文。

公告具有庄重、严肃、权威、公开的特点。

1. 发文机关具有限制性。由于公告宣布的是重大事项和法定事项,发文机关被限制在较高级别的国家行政机关、权力机关和有关法律、法规指定的机关,基层行政机关、党团组织、社会团体、企事业单位一般不发布公告。

2. 发布范围具有广泛性。公告是向国内外发布重要事项和法定事项的公文,其信息传达范围可以是全国,也可以是全世界。

3. 发布的内容具有重大性。公告必须是能在国际国内产生一定影响的重要事项,或者依法必须向社会公布的法定事项,其内容庄重严肃,发布公告既要能够将有关信息和政策公之于众,又要考虑在国际国内可能产生的政治影响,体现着国家权力部门的威严。

4. 发布的内容和方式具有公开性。公告发布的内容不涉及国家秘密,一般也不用红头文件的方式传播,而是通过新闻媒体广为发布。

(二)公告的种类

1. 向国内外宣布重要事项的公告。主要用于级别较高的国家行政机关郑重地宣布重要事项、重大事件。

2. 公布法定事项的公告。这是有关法律、法规规定使用的专门事项公告。如《中华人民共和国商标法》规定的商标公告,《中华人民共和国招投标法》规定的招标公告,《中华人民共和国刑法》和《中华人民共和国破产法》规定的破产公告和《城市房屋拆迁管理条例》规定的房屋拆迁公告等等就属此类。随着国家法制健全,这类公告越来越多。

3. 人民法院公告。这是按照《中华人民共和国民事诉讼法》规定发布的一系列公告,如送达公告、开庭公告、宣告失踪或死亡公告、财产认领公告、强制执行公告等等。

4. 人大公告。主要是全国人大及其常委会和地方各级人大及其常委会宣布重要事项、重大决定,如颁布法律、法规,公布选举结果等。

公告的写作形式与要求和通告相同,可参看通告的写作。

二、通告

(一)通告的含义与特点

通告是行政机关、企事业单位用于公布社会各有关方面应当遵守或者周知的事项。因此,通告具有规定性和周知性的特点。

(二)通告的分类

1. 规定性通告。就某一事项作出规定,只限于行政机关。

2. 周知性通告。就某一事项让一定范围内的人群知晓,行政机关、社会团体、企事业单位均可使用。

(三)通告的写作与要求

通告的标题通常要写明事由和文种,重要的通告还要写明发文机关。有的通告内容简单,也可只写文种"通告",但应尽可能写明事由,以方便阅读和处理。

通告的正文通常由通告缘由、通告事项、通告结束语组成。通告缘由部分写明发布通告的目的、依据和原因。也有针对存在的问题作出相应规定的通告,则简要说明存在问题的情况、严重性和紧迫性，然后引出下文。通告事项部分写明需要大家知道和遵守的事项，要求写得具体、简洁明白。通告结束语部分常常以“特此通告”作为结束语。有的也可提出希望和执行要求。无论是张贴的还是登报的通告，落款处都应当写明发文机关和成文日期。

【例文】

关于在市区实施机动车辆禁鸣喇叭的通告

交通噪声已成为影响市民生活安宁、危害人体健康的一大公害。为了控制市区交通噪声污染，进一步改善群众的生活环境，创建良好的城市环境，根据《中华人民共和国噪声污染防治法》、《中华人民共和国道路交通安全法》、《中华人民共和国道路交通安全法实施条例》的规定，市人民政府决定：从××××年×月×日起，在城区禁止机动车辆鸣喇叭。现将有关事项通告如下：

一、禁鸣区域。北面以黄石大道一门路口至黄石长江大桥桥下路口为界，西面以黄石长江大桥桥下路口至迎宾大道武黄高速路口为界，南面以迎宾大道大泉路口至肖湖路原啤酒厂路口、李家坊立交桥路口为界，东面以李家坊立交桥路口至黄石大道青龙阁路口为界，以上四面合围的区域为禁鸣区域。

二、禁鸣要求。机动车在禁鸣区域内禁止鸣喇叭；警车、消防车、救护车、工程救险车、洒水车等特种车辆，在未执行紧急公务时，严禁鸣喇叭和使用警报器。

三、处罚规定。违反上述规定经查实的，依照《中华人民共和国道路交通安全法》有关规定，对驾驶人处50元罚款。对不服从交通警察管理、阻碍执行公务的，由公安机关依照《中华人民共和国治安处罚法》予以行政处罚；构成犯罪的，依法追究刑事责任。

黄石市人民政府

二〇〇六年×月×日

第四节　函和会议纪要的写作

一、函

（一）函的含义与特点

函是不相隶属机关之间商洽工作，询问和答复问题，请求批准和答复审批事项时使用的公文。函具有以下特点：

1. 使用范围广泛。函主要是用于平行机关和不相隶属机关之间，也可以用于上下级机关之间对一些事务性的具体工作联系和单位与个人之间的公务联系，其使用范围较为广泛。

2. 格式灵活，使用简便。除公函较为郑重外，单位之间在纯事务性工作联系时使用的便函，可不编文号，可直接用单位的公函信笺制发，使用起来较为简便，不受公文规定的严格约束。

3. 沟通的平等性。函在商洽工作、询问和答复问题时，注重双方的平等沟通，即使是向有关主管部门请求批准，也不能使用请示和批复的语气行文。

4. 行文注重务实。函不需要在原则、意义上进行过多的阐述,重在协助和解决工作中的实际问题,办理具体事项,不重务虚而重务实。

(二) 函的作用与种类

1. 函的作用

函主要用于平行机关或不相隶属机关、单位之间的公务联系和往来,向无上下级隶属关系的业务主管部门请求批准有关事项,业务主管部门向无上下级隶属关系的单位答复审批事项,机关单位对个人的公务联系,如答复群众来信等,上下级机关之间涉及一些事务性的具体事项的联系、询问答复。因此,函在机关单位日常公务联系中使用频率高。

2. 函的种类

(1) 按照函的行文方向,可分去函和复函。去函是发文机关主动发出的函;复函是回答来函、来文所提出的问题或事项而被动发出的函。

(2) 按照文面格式,可分为公函和便函。公函的格式正规,是按照信函式公文的格式制发,有信函式公文的版头、发文字号、标题、主送机关、正文、落款等要素;便函的内容多是事务性的具体工作联系,格式极为灵活、简便,写法自由,可不写标题、不编文号,便函还常不纳入单位的正式公文处理。

(3) 按内容和用途,可分为商洽函、询问答复函和请批函。商洽函是平行机关或不相隶属机关之间商洽工作、联系有关事项的函。如商调函、联系考察学习的函、查询和了解有关人与事的函、洽谈业务工作的函等。

【例文】

××报社关于选派青年记者进修学习的函

××大学:

我社为了提高青年记者的业务能力,拟选派 12 名青年记者到贵校新闻系记者进修班脱产进修一年,时间约为 2006 年 2 月至 2007 年 1 月。进修期间的各种费用均按贵校规定缴纳。如蒙同意,我社即派人赴贵校洽谈有关事宜。期盼得到贵校的大力支持,请研究函复。

××报社

××××年×月×日

询问答复函是上下级机关之间互相询问答复或处理有关具体问题的函。上下级机关之间询问某个具体问题,联系、告知或处理某项具体工作,不宜采用通知、批复、请示、报告等公文时而使用。

请批函是有关机关、单位涉及业务工作,需要向平行机关或不相隶属的业务主管部门(如政府的人事、劳动、规划与建设、国土、财政等部门)请求批准,但相互之间又不是上下级隶属关系,不宜用请示行文,就使用请批函。同样,政府有关业务主管部门向平级或不相隶属的机关批准、答复有些业务事项(如土地审批、建设工程立项、人员录用、划拨经费等),因无上下级隶属关系而不宜用批复行文,就使用复函。

请批函与请示的主要区别:一是行文方向不同。请示是典型的上行文,是下级机关向上级机关报送的公文;请批函是平行文,是平行机关或不相隶属机关之间请求批准和答复有关审批事项时使用的公文。二是受文对象不同。请示的对象是有隶属关系的上下级或业务指导机关,工作上存在领导与被领导的关系;请批函的对象是没有隶属关系的业务主管部门,工作上没有领导与被领导的关系。三是行文的目的不同。请示的目的是希望上级机关对某项工作或某个问题给予指示、批准和帮助;请批函的目的仅在于请求批准,让不相隶属的业务部门了解情况,体谅发文机关在工作中的难处,有的甚至只是工作中必须通过的审批程序而已,请求给予肯定性的答复。四是内容不同。请示的内容一般是比较重要的事项,涉及政策、规定、人、财、物等方面的问题,发文机关向有上述管辖权的上级机关提出请求;请批函的内容只限于请批具体事项,局限于业务方面的问题,发文机关不能自行解决,须向业务主管部门报批。五是行文的语气不同。请示的语气要求谦恭,以征询的语气向上级行文,宜选用"拟×××""恳请×××",不能直接使用"决定,要求"等,结束语常用"妥否、当否、可否"等征询性的词语;请批函常用商请性的语气,结束语常用"当否,请予批准"、"请予批准"。六是回复的文种和用语不同。请示公文用批复回复,引述来文常用"你单位《关于×××的请示》收悉",回复具体意见常用"经研究,同意你单位××××"或"现将意见批复如下";请批函用复函回复,常用"贵单位《关于×××的函》收悉",回复具体意见常用"经审核,符合×××,准予×××"或"现函复如下"。七是公文格式不同。请示须采用《党政机关公文格式》(GB/T 9704—2012)规定的公文格式,请批函则采用特定格式中的信函式公文格式行文。

(三) 函的写作与要求

1. 函的格式

(1) 标题。按照公文标题三要素的要求写作。如果是去函,标题文种用"函";如果是复函,标题应写明"复函"。

(2) 正文。函的正文一般由缘由、事项和结尾三部分组成,不同类型和用途的函的写作有所不同。

商洽函、询问函应把商洽或询问的问题、事由写清楚,简明扼要,以便对方理解并给予支持帮助或答复。复函要先在开头部分写明"××××年×月×日关于××问题的来函收悉"之类的话,然后针对来函询问的问题、商洽的工作等给予明确的答复,并表示互相支持,以对来函单位负责。结尾要恰当使用习惯用语,如去函可用"特此函告"、"请予支持为感(为盼、为荷)"、"请研究函复为盼"等;复函可用"特此函复"、"此复"等语。

请求批准的函的正文与请示的写法大致相同,结尾可写"请予审批"、"请批准"之类的惯用语,以表示对业务主管部门的尊重,但不宜写为"请指示"、"请批示"、"请予批复"之类。审批函的结束语也不宜写"特此批复"。

2. 函的写作要求

(1) 行文要简洁明确,用语注意把握分寸。无论是平行机关还是不相隶属机关的行文,都要注意语气平和态度恳切,语言朴实,态度谦逊,尊重对方,给对方留有余地,切忌使用生硬、命令性的口气倚势压人或强人所难;也不必逢迎恭维、曲意客套,讲一些空洞无味的套话。

(2) 复函要注意行文的针对性,答复要明确,并注意时效,迅速、及时地进行处理,以保证公务活动的正常进行。

(3) 函的内容要单纯、集中,遵循"一文一事"的原则,行文简练,开门见山,尽快切入主题,不漫无边际地绕圈子或客套。

【例文】

人事部关于同意省、自治区、直辖市地震局管理机构
依照国家公务员制度管理的复函

中国地震局:

你局《关于省、自治区、直辖市地震局管理机构依照国家公务员制度管理的函》(中震发人〔2002〕223号)收悉。根据《国务院关于印发〈国家公务员制度实施方案〉的通知》(国发〔1993〕78号)的有关规定,经研究,同意省、自治区、直辖市地震局管理机构列入依照国家公务员制度管理范围。

依照国家公务员制度管理后,各项人事管理依照《国家公务员暂行条例》及其配套法规进行,并按国务院颁发的《国家公务员制度实施方案》等有关规定认真组织实施。在实施中注意以下问题:

一、严格界定人员范围。依照公务员制度管理只限于行使国家行政权力、依法执行公务的人员。其他人员不列入依照公务员制度管理的范围。

二、依照公务员制度管理后,不改变单位事业编制性质,编制管理仍按国家现行有关规定执行。

三、依照公务员制度管理后,除人员工资执行机关职级工资制外,其他经费管理办法暂不改变。

四、依照公务员制度管理后,不得实行企业、事业单位的职称、工资及奖金等人事管理制度。

二〇〇二年七月十五日

二、会议纪要

(一)会议纪要的含义与特点

会议纪要是用于记载会议主要情况和议定事项的公文。有以下特点:

1. 内容的纪实性

会议纪要是会后根据会议记录和会议的各种材料整理而成的,须如实、全面地反映会议情况和会议精神,不能离开会议实际再创作,也不能人为地拔高、深化。否则,就会失去会议内容的客观真实性。

2. 表述的纪要性

会议纪要是依据会议实际情况综合而成的,它不像会议记录那样对会议的内容逐一记载,是对会议结果进行择要归纳,重点应放在归纳会议成果上,而不是叙述会议的过程。

3. 作用的限定性

会议纪要所反映的内容是经过与会单位共同研究和讨论的,是与会单位共同意志的体现,对与会单位、与会人员具有约束力,要求他们必须共同遵守、执行会议议定的事项。如要在其他更广的范围发挥作用,则需要领导机关以"通知"的形式下发执行。

(二)会议纪要的作用与种类

根据会议的性质,可将会议纪要分为:办公会议纪要和其他会议纪要。办公会议纪要是用来传达机关、单位召开的办公会议研究的工作、议定的事项和布置的任务,要求与会单位、

有关方面和人员共同遵守和执行。其他会议纪要是指专门工作会议、专题讨论会、座谈会、学术研讨会等会议形成的纪要。这类纪要，有的起通报会议情况的作用，使有关人员尽快知道会议的基本情况和主要精神；有的具有指导作用，用以传达会议精神，指导有关方面开展工作。

根据会议纪要写法的不同，可将会议纪要分为决议型会议纪要、情况型会议纪要、综合型会议纪要。决议型会议纪要只记载会议决议的事项。情况型会议纪要对会议各方面的情况进行记录和整理，传达会议的有关信息。综合型会议纪要需要全面概括会议进行情况、讨论的结果和会议的主要精神，是在全面反映会议内容的基础上加以综合，适用范围最为广泛。

（三）会议纪要的写作与要求

1. 会议纪要的格式

（1）标题。纪要一般由标题和正文两部分构成。标题常写成“会议名称+纪要”的形式，如《××市人民政府议事纪要》；有的由“事由+纪要”组成，如《关于筹措烤烟收购资金的纪要》。

（2）正文。一般由会议组织情况和会议议定事项两部分构成。

会议组织情况常采用概述式写法，简述会议时间、地点、出席人员、主持人、列席人员、缺席人员、主要议题等。

会议议定事项是纪要的主要部分，要写明研究的工作、作出的决定、布置的任务、将采取的措施等内容。如实记录会议的主要精神，则侧重对材料的提炼和概括，突出会议的中心和主旨以及贯彻会议精神的要求；如会议涉及的内容较多，可采用决议式写法，分条列项，简明扼要、严谨有序地写明会议研究的主要问题，形成的一致意见和作出的各项安排；如研究的事项比较单一，则采用概述式写法，概括会议主要精神和基本内容。

根据会议性质、规模和议题等不同，对会议精神部分的写作可采用以下三种写法：

一是集中概述法。把会议的基本情况、讨论研究的主要问题、与会人员的意见、议定的有关事项（包括解决问题的措施、办法和要求等），用概括叙述的方法，进行整体的阐述和说明。这种写法多适用于小型会议，而且讨论的问题比较集中单一，意见比较统一，篇幅相对短小。

二是分项叙述法。大中型会议或议题较多的会议一般采取这种方法，把会议的主要内容分成几个大的问题，然后用小标题分项来写。这种写法侧重于横向分析阐述，内容相对全面，问题也说得比较细，常常包括对目的、意义、现状的分析，以及目标、任务、政策措施等的阐述。这种会议纪要一般用于需要基层全面领会、深入贯彻的会议。

三是发言提要法。把会上具有典型性、代表性的发言加以整理，提炼出内容要点和精神实质，然后按照发言顺序或不同内容，分别加以阐述说明。这种写法能比较如实地反映与会人员的意见。一些由上级机关布置、需要了解与会人员不同意见的会议纪要，可采用这种写法。

2. 会议纪要的写作要求

（1）全面、真实、准确地反映会议情况和会议精神。

（2）要广泛收集会议材料，全面把握会议情况，认真对会议材料进行全面分析和处理，按照会议精神和领导意图，对材料做高度概括。

（3）语言要简明扼要，篇幅不宜过长。

（4）使用第三人称对会议精神予以表述，不用第一人称。由于会议纪要反映的是与会人员的集体意志和意向，常以“会议”作为表述主体，如“会议认为”、“会议指出”、“会议决定”、“会议要求”、“会议号召”等。

（5）办公会议纪要常采用专用版头刊发，其他会议纪要多用通知转发或印发。纪要不加盖单位印章。

【例文】

××省人民政府常务会议纪要

××××年×月×日，××省人民政府召开第82次常务会议，×××主持会议。会议听取了×××关于出台进一步鼓励引导个体、私营等非公有制经济健康发展若干政策意见的汇报；听取了×××关于《××省地图编制出版管理办法》（草案）、《××省水上交通事故处理办法》（草案）、《××省文物保护管理条例修正案（草案）》的审核说明，并进行了讨论研究。现纪要如下：

一、关于出台进一步鼓励引导个体、私营等非公有制经济健康发展若干政策问题。会议认为，党的十五大已经明确提出，公有制为主体、多种所有制经济共同发展是我国社会主义初级阶段的一项基本经济制度，非公有制经济是我国社会主义市场经济的重要组成部分，对个体、私营等非公有制经济要继续鼓励引导，使之健康发展。对非公有制经济起步较早的我省来说，这将是一次新的机遇。

会议指出，我省非公有制经济经过十多年的发展，现在有了相当基础，已成为国民经济的重要组成部分。在一些地区，非公有制经济已成为区域经济的重要支柱。但由于种种原因，我省个体、私营等非公有制经济的发展目前还面临着不少障碍和急需解决的问题，如不采取有力措施加以解决，将会影响我省经济的发展。各地、各部门要高度重视，抓住有利时机，进一步解放思想，充分认识发展非公有制经济对我省国民经济全局的重要作用，加大支持力度，强化服务意识，研究制订措施，不断完善我省的所有制结构，推动国民经济再上一个新台阶。

二、关于一个地方性法规修改草案和两个政府规章。会议原则通过《××省地图编制出版管理办法》（草案）、《××省水上交通事故处理办法》（草案）、《××省文物保护管理条例修正案（草案）》。会议决定，《××省文物保护管理条例修正案（草案）》按法定程序提请省人大常委会审议。《××省水上交通事故处理办法》、《××省地图编制出版管理办法》按照会议意见作进一步修改后，由省政府发布实施。

【思考与练习】

1. 根据通知的内容和作用，可将通知划分为哪几种类型？
2. 报告与请示有何区别？
3. 写作请示需要注意哪些问题？
4. 函的主要特点和写作要求是什么？
5. 根据以下情况拟写一份相应的公文：

××县职业中学今年由于招生规模扩大，住宿生人数增加，已有的学生宿舍无法容纳新增的学生，学校拟再修建一幢学生宿舍，除学校自筹资金××万元外，尚缺××万元建设资金，需请求县教育局下拨××万元资金用于修建该校学生宿舍。

第四章　日常应用文写作

日常应用文是党政机关、企事业单位、社会团体和个人在日常工作、学习、生活中在处理公私事务时使用的，除通用公文（法定公文）之外，具有实用性和惯用格式的文体。这些日常应用文是信息交流的传输器，人际交往的桥梁，同人们的工作、学习和生活息息相关。本章所介绍的日常应用文主要有计划、总结、调查报告、简报、合同、协议、毕业论文、申论、申请书、求职信、述职报告和讲话稿等 12 种文体，着重讲解这些日常应用文的文体特点、写作格式和要求等方面的知识。

第一节　计划和总结的写作

一、计划

（一）计划的含义与特点

1. 计划的含义

计划是单位或个人对未来一定时间内将要进行的某项工作、开展的某项活动或完成的某项任务预先作出安排和打算时使用的一种应用文体。

常见的规划、纲要、设想、打算、方案、要点和安排等等都属于计划的范畴，只是由于计划目标远近、时间长短、内容详略等的差异而选用不同的名称。规划是一种时间跨度长（一般三年以上）、范围广、内容较为概括的计划。纲要和规划相同，它们都是各级领导机关根据战略方针，为实现总体目标，对某个地区或某一事项作出长远部署。不同的是纲要比规划更为原则和概括，一般只对工作方向、目标提出纲领式要求和指导性措施。设想和打算是一种粗线条式的、初步的且带有假设性质的非正式计划。方案则是对某项工作的实施经过深思熟虑，从目的要求到方式方法都作出周密安排的计划。要点是将计划的主要内容择要摘编，使之简明、突出，它适用于时间相对较短的计划。安排是短期内要做的，且范围不大、内容单一、布置具体的计划。

2. 计划的特点

计划是人们用于规划自己的未来，指导自己的实践活动的行动指南。计划具有预见性、指导性和可行性特点。预见性是指制订计划事先要对即将进行的工作、活动有正确的估计和分析，充分考虑到可能出现的情况和问题，计划不能定得过死，必须留有余地。指导性是指计划中作出的安排、制定出的各项措施和办法，对有关部门和人员的工作和实践活动具有指导作用与约束力，必须按计划执行。可行性是指计划要根据实际情况，定得明确、具体，切实可行。目标定得过高，无法实现和完成；定得过低，又无法起到指导、激励作用。计划的时限、步骤、措施和要求等，不但要写得具体、细致，而且要便于检查、督促，对照落实。

（二）计划的作用与种类

1. 计划的作用

常言道："凡事预则立，不预则废。"预，就是事前的计划和安排。有了切实可行的计划，就有了明确的奋斗目标和方向，就可以减少盲目性，增强自觉性，从而有准备、有步骤、积极主动地完成既定任务；有了计划，就可以合理地安排和使用人力、物力、财力，就能更好地统一思想，统一意志，协调行动，使各项工作有条不紊地顺利进行；有了计划，领导者可以随时掌握工作的进度，便于定期对工作进行检查和督促，有效地实施领导和管理。总之，计划对各机关单位、各部门、各地区乃至个人的工作、生产、学习和生活都具有重要的指导作用、推动作用和保证监督作用。

2. 计划的种类

按照不同的分类标准，可以将计划分为不同的种类。通常按照计划的内容、性质、范围、时间和写作形式等几种角度进行分类。按内容分，有生产计划、工作计划、学习计划、科研计划等；按性质分，有综合计划和专项计划；按范围分，有国家计划、部门或单位计划、小组计划、个人计划等；按时间分，有年度计划、季度计划、月度计划，也可以分为长期计划、中期计划和短期计划；按写作形式（即表述形式）分，有条文式计划（又称文字叙述式计划）、表格式计划、条文与表格结合式计划。

（三）计划的写作与要求

1. 计划的写作格式

计划一般由标题、正文、落款三个部分构成。

（1）标题。计划标题主要包括制订计划的单位名称、时限、内容和文种四个要素，如《××学院2010年度科研工作计划》；也有省略制订计划的单位名称的标题，如《2010—2015年产业结构调整规划》；还有省略时限（时限不明显或临时的单项工作）的标题，如《××市人民政府机构改革方案》。所制订的计划如果还需要经过讨论或上级部门批准，应在标题的后面或下面加括号注明“草案”、“初稿”、“征求意见稿”或“讨论稿”等字样。

（2）正文。计划的正文一般包括前言和主体两部分。

前言部分（又称引言），主要用于点明制订计划的指导思想和对基本情况的分析说明。前言的文字力求简明，以讲清制订本计划的必要性、执行计划的可行性，应力戒套话、空话。

主体部分。如果说前言回答了“为什么做”的问题，那么主体要回答“做什么”、“怎么做”、“何时做”等问题。具体说来，计划主体部分的内容包括目标与任务、办法与措施、时限与步骤三个方面。

目标与任务：首先要明确指出总目标和基本任务，随后应根据实际内容进一步详细、具体地写出任务的数量、质量指标。必要时再将各项指标定质、定量分解，以求让总目标、总任务具体化、明确化。

办法与措施：所谓有办法、有措施就是对完成计划须动员哪些力量，创造哪些条件，排除哪些困难，采取哪些手段，通过哪些途径等做到心中有数。这既需要熟悉实际工作，又需要有预见性，而关键在于有实事求是的精神。只有这样，制订出的措施和办法才是具体的、切实可行的。

时限与步骤：工作有先后、主次、缓急之分，进程又有一定的阶段性，为此在计划中针对具体情况应事先规划好操作的步骤、各项工作的完成时限及责任人。这样才能职责明确、操作有序、执行无误。

（3）落款。落款包括署名和日期，在正文的右下方标明制定计划单位的名称（个人计划应写上个人姓名)和制定计划的日期。如果单位名称在标题中已写明,落款处就可以省略。如果是作为文件的计划,必须在单位名称处加盖单位公章,否则无效。

2. 计划的写作要求

制定和写作计划的基本要求主要有以下三个方面:一是要认真进行调查研究,全面了解情况,充分考虑计划的可行性,实事求是地确定计划的目标和任务,使制定的计划切实可行;二是计划的内容要具体、明确,用简明的文字写清楚达到的目标、完成的任务和要做的事情等,便于有关部门和人员依照执行,也便于对照检查工作;三是要注意计划的连续性和灵活性,当前的计划是过去计划的延续,又是将来制定计划的基础,因此制定计划时必须瞻前顾后,保持计划的连续性。同时,制定计划要留有余地,在计划的实施过程中常常会出现一些不可预测的因素,制定计划时必须充分考虑到这一点,任务的提出和时间的安排等,都应留有余地。

二、总结

(一) 总结的含义与特点

1. 总结的含义

总结是单位或个人对过去一个时期内的实践活动作出系统的回顾、检查、分析和评价,从中找出经验教训和得出规律性的认识,用以指导今后工作的应用文体。较计划而言,总结是在工作结束以后进行的,而计划则是在工作开始以前进行的;但是,它们都可以看作是同一工作前后不同的两个阶段,因此有着相互制约、促进、提高的关系。

2. 总结的特点

总结具有经验性、客观性和辩证性特点。经验性是指总结旨在把实践中的成功经验归纳出来,把教训总结出来。客观性是指总结中得出的结论不是来自抽象的判断推理,而是侧重于用事实说话,即总结中的“评”和“析”都是建立在“述”的基础之上的,其得出的结论必然是客观的,不容许人为拔高。辩证性是指总结是对过去工作的全面回顾,既要肯定成绩,又要找出存在的问题与不足,无论是经验还是教训,都应当坚持一分为二的观点,辩证地进行分析评价,不能任意夸大或缩小,切忌主观片面地看问题。

(二) 总结的作用与种类

1. 总结的作用

总结在工作中的作用主要表现在以下几方面:一是通过总结可以全面、系统地了解过去工作的情况,从中肯定成绩,发现问题,积累经验,探寻规律,从而有助于改进工作,避免工作的盲目性,增强工作的主动性,有效地提高工作的质量和效率;二是通过总结可以鼓舞士气,调动人们的工作积极性。如果没有总结,人们对过去的工作就不会有全面的了解,有时就会产生片面的认识,甚至丧失信心,通过总结成绩,人们看到了自己的工作成效和劳动成果,就会产生自信心和自豪感,从而对下一阶段或以后的工作具有推动作用;三是通过总结可以交流经验,互通信息,使各单位和部门之间相互学习和借鉴。“他山之石,可以攻玉。”(《诗经·小雅》)总结不仅对搞好本单位的工作有重要作用,而且对推动其他单位的工作也有重要意义,可以为其他单位搞好相关工作提供有益的启迪和借鉴。

2. 总结的种类

根据不同的标准和角度可以把总结分为不同的类型:按内容分,有工作总结、学习总结、生产总结等；按范围分，有单位总结、部门总结、班组总结、个人总结等；按时间分，有年度总结、季度总结、月度总结、学期总结、阶段总结等；按性质分，有综合总结和专项总结两种，综合总结又称全面总结，它是对某一时期各项工作的全面回顾和检查，进而总结经验与教训，专项总结又称专题总结，它是对某项工作或某方面问题进行专项的总结，尤以总结推广成功经验为多见。

（三）总结的写作与要求

1. 总结的写作格式

总结的写作格式与计划基本相同，也包括标题、正文和落款三个部分。

（1）标题。总结的标题主要有公文式标题和正副式双行标题两种形式。公文式标题是由单位名称、时限、内容、文种四要素构成，如《××××市文化局 2010 年宣传工作总结》；也有省略单位名称的标题，如《2009～2010 学年度教学督导工作总结》；还有省略时限的标题，如《××学院后勤改革工作总结》。正副式双行标题是由正标题和副标题构成，正标题揭示总结的基本观点即概括主题，副标题标明单位、时限、内容和文种，如《加强技术改造　完善宏观调控——××市 20××年度经济工作总结》。

（2）正文。总结的正文与计划的正文一样，也分为前言和主体两部分。

前言部分主要是概述基本情况。简明扼要地说明总结所涉及的时间、背景、任务和成效等，也可以对总结得出的基本观点和结论做必要的提示，目的是给读者一个总体印象，为主体部分进一步阐述总结的具体内容奠定基础。

总结的主体部分具体包括成绩和缺点、经验和教训、今后的打算和设想等三个方面内容。

成绩和缺点。这是总结的重点。总结的目的就是肯定成绩，找出缺点。总结中应具体而有条理地写明做了哪些工作，取得的成绩如何，表现在哪些方面，是如何取得的；缺点有多少，表现在哪些方面，是怎样造成的。要结合具体材料有条有理地进行总结和陈述。

经验和教训。这一部分也是总结中极为重要的内容。无论是正面的经验还是反面的教训，只要总结得好，都是宝贵的精神财富，都对以后工作的开展有着重要的借鉴、指导作用。要写好这部分的内容，一定要注意点面结合、叙议结合，要实事求是，一分为二，防止片面性和绝对化。

打算和设想。这是总结正文的结尾部分。有的总结可写，有的总结则不必写。即便写也不作为重点，只需针对前面总结中指出的存在的问题和教训，简明扼要地提出切实有效的改进措施和新的设想与奋斗目标，起表明决心、指明方向和鼓舞斗志的作用。

（3）落款。总结的落款有两种方式。一种是在文末的右下方标明写总结的机关单位的名称和日期。标题中如果有机关单位的名称，落款处只标明总结的日期。另一种是在标题之下加括号署上总结的机关单位名称或日期。个人总结的署名，一般都写在文末的右下方。

2. 总结的写作要求

写作总结主要有以下一些要求：一是要实事求是，认真搜集和广泛地占有材料，以使总结的内容客观、真实，符合实际，切忌弄虚作假，捏造事实；二是要认真分析研究材料，从中找出能够揭示事物本质的带规律性的东西，以指导今后的工作，很好地体现总结的经验性和指导性特点；三是要有新的认识和新的发现，注意总结出过去没有或与过去不同的新经验或教训，善于发现新的问题，避免陈词滥调、老生常谈，使总结有效地发挥出对本单位或其他单位的工作的指导和借鉴作用。

【例文】

××市××区 20××年上半年经济工作总结

今年是我区的“社区建设年”，在区委、区政府的直接领导下，按照市、区经济发展的新思路，以经济建设为中心，大力推进城市社区建设，通过整合社区资源，发挥“三个主体”作用，促进属地经济与社会的协调发展，半年来，经过广大干部群众的共同努力，全区经济工作取得了显著的成绩。

一、上半年主要经济指标完成情况

今年 1～6 月份，全区实现国内生产总值 4 018 万元，同比增长 25.83%，完成年度预期目标任务的 52.7%；实现工业总产值 11 889 万元，同比增长 81.6%；实现第三产业收入 14 592 万元，同比增长 87.5%；实现出口创汇 634 万美元，完成年度预期目标任务的 46.2%；直接利用外资 355.9 万美元，完成年度预期目标任务的 79.08%。

从上述各项经济指标的完成情况看，全区上半年的经济运行继续保持较快增长态势，工业企业的经济整体效益上升，第三产业出现蓬勃发展生机，带队我区经济的持续增长，实现了时间过半经济指标完成过半的良好局面，为下半年的经济发展奠定了坚实的基础。

二、主要做法

取得以上可喜的成绩，我们的主要做法如下：

（一）领导重视，认识到位。在今年年初召开的××区招商引资工作会议和第一季度经济分析会议上，区领导都不同程度地强调了经济工作的重要性，提出要千方百计把我区的经济工作搞上去。面对严峻的经济形势，广大干部群众清楚认识到只有紧跟区委、区政府的工作部署，调整抓经济工作的思路，改变方式方法，切实采取有效措施，才能尽快扭转经济工作的被动局面，才能确保全区经济的快速持续稳定发展。因此，我们及时摆正经济工作的位置，主要精力抓经济，充分调动全区上下的积极性，形成了以经济建设为中心，广泛开展各项社区建设活动的良好氛围。

（二）狠抓招商引资。

区政府将招商引资工作纳入重要议事日程，及时调整招商工作机构，充实招商引资工作人员，返聘已退休的原分管招商引资工作、具有丰富工作经验的老领导专抓招商引资工作，从而在组织上、人员上确保了招商引资工作的正常开展。各社区党政一把手主动拜会外商，大力宣传全区的发展规划、投资环境、引资政策、资源产业等情况，务必使外商投资项目在我区落户。在领导的带动下，我区招商办人员发扬顽强拼搏的精神，积极参与粤台经贸会和粤港经贸会等省、市、区招商引资活动，采用走出去、请进来的办法，广泛与港、澳、台及内地客商接洽，千方百计争取外商投资，对项目全力跟踪落实，全程服务办理。1～6 月份，成功引进三家外资企业，投资总额为 355.9 万美元。

三、存在的主要问题

从 1～6 月份的各项指标构成以及对具体企业的调查分析看，我区的经济形势还比较严峻，不能盲目乐观。存在的问题主要有以下三个方面：

（一）上规模的企业发展不理想。三家企业中，有两家分别是制衣、纸制品生产的传统工业企业，产品科技含量不高，上半年的产值均呈不同程度的下降趋势。上规模的企业太少,已使我区的主要经济指标产生出容易波动的特性。

(二)新引进的项目没有达到预期的产出目标,新的经济增长点不足。

(三)由于各种原因的影响,企业多数员工不愿参保,由此牵涉劳资纠纷,使我区完成其他相关任务指标的难度增加。

四、今后要着重抓好的几项工作

(一)发挥资源优势,拓宽第三产业的发展。(略)

(二)扶持重点企业,促进其更快发展。(略)

(三)利用市、区功能区的条件,以今年下半年举办进出口商品交易会为契机,加大招商引资的力度,尤其注重对区外资金的引进。

××市××区政府办公室

二〇××年八月十一日

(选自杨文丰编著《现代应用文书写作》,中国人民大学出版社 2006 年版)

第二节 调查报告和简报的写作

一、调查报告

(一)调查报告的含义与特点

1. 调查报告的含义

调查报告又称“调研报告”、“考察报告”,简称“调查”,是对某一情况或问题进行调查研究和综合分析之后,用以反映调查研究情况和结果的书面报告。

顾名思义,调查报告包含“调查”和“报告”两个方面,是二者的有机结合。“调查”是“报告”的基础和依据,“报告”是对调查情况进行分析和研究的结果。

2. 调查报告的特点

调查报告作为一种用以反映调查研究情况与成果的应用文体,主要具有以下三个基本特点:一是针对性。撰写调查报告是为了解决实际问题,因此具有很强的针对性。只有针对某个具体情况和问题,才能调查得比较深入、细致,走马观花式的无目的的调查,是不会有太大价值的。一般说来,针对性越强,调查的效果就越好,调查报告的价值越大。二是典型性。调查报告所反映的内容,无论是问题还是经验,都应具有典型性,能够起到以个别反映全局、以“点”带“面”的作用。调查报告如果所反映的只是没有典型意义的个别事例,则难以对有关部门的工作产生指导和借鉴作用。三是客观性。调查报告是根据调查研究的结果写出来并反映客观情况的书面报告,无论是总结经验、研究问题,还是揭示事物真相,都必须以充分、确凿的客观事实为依据。调查报告所反映的内容是经过作者深入实际进行调查后,亲自了解到的客观情况,而不是道听途说或胡编乱造的主观臆造。客观事实是调查报告赖以存在的基石,所以写作调查报告应特别注意尊重客观事实,用事实说话。

(二)调查报告的作用与种类

1. 调查报告的作用

调查报告是调查与分析、实践与理论相结合的实用性文体,它在社会生活、经济活动和人类的其他实践活动中具有十分重要的作用。它可以剖析典型事例,总结出带有普遍意义和方向性的经验来指导工作；也可以分析研究各种社会现象或问题，为决策层提供制定路线、方针和政策的依据；还可以从反面揭露问题的真相及根源或总结教训，起警示、教育作用。

2. 调查报告的种类

按调查报告的内容和作用大致可将其分为四类：一是反映情况的调查报告。这类调查报告主要反映某一具体事件、具体现象或问题，旨在为人们了解情况、认清形势、制定决策、进行管理等提供依据。其适用范围很广，政治、经济、文化、教育、社会生活等各个领域的情况都可以反映。二是总结经验的调查报告。这类调查报告以先进单位或个人的典型经验为调查对象，总结具有普遍指导意义的典型经验，旨在对有关部门或有关方面的工作起推动作用。三是新生事物的调查报告。这类调查报告以社会生活中涌现出来的能体现时代精神的新人、新事、新风尚为调查对象，及时反映它们产生和发展的背景及其过程，揭示其规律，说明其意义和作用，旨在扶植新生事物，促进其进一步发展。四是揭露问题的调查报告。这类调查报告以揭露各种社会问题，揭示其严重性、危害性及产生的根源，指出解决办法和途径为内容，旨在引起人们的重视，促进问题的解决，同时也使人们能够从中吸取教训，起到教育和警示作用。

（三）调查报告的写作与要求

1. 调查报告的写作格式

查报告的写作结构一般包括标题、正文、署名和日期等几个部分。

（1）标题。调查报告标题的写法比较灵活。从形式上看，调查报告的标题有单行标题和双行标题两类。单行标题又可分为公文式标题和文章式标题两种。公文式标题是由“事由+文种”构成的两要素标题，如《关于××市农村基础教育现状的调查报告》、《关于大学生对考试舞弊行为的认识和态度的调查》；文章式标题是概括调查报告基本内容或调查研究得出的观点（主旨）的标题，如《分配制度改革给××厂带来生机与活力》。双行标题由正标题和副标题构成，正标题揭示调查报告的思想观点即主旨，副标题标明调查的具体事项和范围，如《为了造福子孙后代——××县退耕还林情况调查》。从手法上看，调查报告的标题形式就更是丰富多彩，有人将其归纳成提问式、直陈式、介绍式、判断式、组合式等多种形式，但无论哪种形式的标题，都应包含调查的范围、对象和文种等基本信息。

（2）正文。调查报告的正文由开头、主体和结尾三部分构成。

开头，又称为前言或引言。调查报告的前言部分主要是简洁明了地介绍有关调查活动或调查对象的基本情况，或提出全文的基本观点，即调查研究得出的结论。常见的开头方式有以下三种：一是交代说明式开头。这种开头主要是说明调查的目的、时间、地点、方式、经过及调查对象的基本情况，为下文的展开打下基础。二是概括主题式开头。这种开头就是开门见山，直接表明调查研究得出的结论。三是提出问题式开头。这种开头是先提出人们关心的、调查报告中将要研究和回答的问题，从而引起下文，吸引读者看下去。

主体是调查报告的核心部分。主体的内容主要包括两个方面：一是调查到的事实情况。这部分内容主要是调查事物产生的前因后果、发展经过、具体做法等，写作这些内容要注意用事实说话，只有事实和数据才最具有无可辩驳的说服力。二是分析和研究调查材料后得出的具体认识和经验教训，或提出的对策和建议。这些内容的表述一般采用夹叙夹议的方法，在叙述事实的基础上进行议论，由实而虚加以分析引发。

由于调查所获得的大量材料在主体部分集结使用，因此，写作这部分要特别注意材料的先后顺序，使之层次分明、逻辑严密、详略得当、井然有序。调查报告主体部分常见的结构形式主要有“纵式结构”和“横式结构”两种。“纵式结构”是指按照调查对象发展、变化的顺序或者按调查过程的先后顺序（即以调查的行踪为序）组织、安排材料。这种结构线索单一，脉络清楚，常用于内容比较单纯的调查报告。“横式结构”是根据事物的性质和内在联系，划分成几个部分或几个问题，采用小标题或列序号的形式，将材料和分析都组织进去。这种结构常用于内容较丰富、综合性比较强的调查报告。

结尾。这是调查报告的结论部分，写法多种多样：可以总结全文、深化主题；可以展望前景，发出号召；可以揭示问题，给人启迪；还可以提出建议，供决策者参考等等。有的调查报告没有专门的结尾部分，正文主体部分写完全文也就戛然而止。

(3) 署名和日期。调查报告的署名有两种方式：一是把撰写调查报告的单位名称或撰写人的姓名写在文末的右下方，二是直接写在标题之下。成文日期是调查报告时效的记载，一般不能省略，应在文末署名之下写明撰写调查报告的年月日。

2. 调查报告的写作要求

要写好调查报告，必须做到以下几点：一是要深入实际认真进行调查研究，充分占有材料。“没有调查，就没有发言权。”写好调查报告的基础和前提是进行深入、细致的调查研究。只有通过深入基层展开调查，搜集大量的第一手材料，才能为写好调查报告奠定坚实的基础。当然，要达到此目的，还得有正确的态度和恰当的方法。如在调查中要坚持实事求是、尊重事实的科学态度，掌握实地观察、个别访问、开调查会或问卷调查、查阅资料以及亲自参加实际工作等多种调查方法。二是要对调查获得的材料进行深入分析和研究。在占有了大量感性材料之后，深入细致的分析归纳和研究概括就十分重要，这直接关系到调查目标的实现以及调查报告的价值。因此，应采取去粗取精、去伪存真、由此及彼、由表及里的方法分析、研究材料，把带有规律性、本质性的问题揭示出来。只有这样，才能真正体现出调查报告的写作价值。三是观点和材料要有机统一。调查报告是一种就事论理的应用文体，要求既要有材料，又要有观点。因此，撰写调查报告不能满足于材料的堆积和数字的罗列，必须以观点统帅材料，用材料说明观点，切忌观点与材料相互脱节，更要防止二者相互抵触。作者要在反映情况的基础上提出有见地、有价值的分析意见和相应的建议。

二、简报

（一）简报的含义与特点

1. 简报的含义

简报，顾名思义就是情况的简明报道，它是机关、团体、企事业单位内部编发的用来反映情况、沟通信息、交流经验、汇报工作的一种陈述性文书。简报的名称很多，常见的有“简报”、“简讯”、“××动态”、“××信息”以及“内部参考”、“情况反映”等。简报由于内容简明扼要而又编发及时，因而是一种在各单位内部使用频率较高、具有一定新闻性但不具备行政公文的法律和行政效力的应用文体。

2. 简报的特点

简报的基本特点概括起来主要体现为真、简、新、快这四个特点。

真，即内容真实。简报所反映的人和事不能虚构和想象，必须确有其人，实有其事，简报中的一个细节、一个数据都要经得起客观事实的检验。可以说真实是简报的生命，一旦失去了真实性，简报也就失去了存在的价值。

简，即简明扼要。无论哪种简报，其内容都是集中而单一的，一般为一事一报；其篇幅是短小精悍的，一般为几百字或几千字左右。简，不仅指文字少、篇幅短，更主要的是它追求用少量的文字概括出事实的精髓和意义，做到短小精悍、言简意赅。

新，即内容新鲜。简报反映的是新情况、新问题、新经验、新动向，给人以新的信息、启示和借鉴，处处体现着新鲜感。新颖是简报的价值所在，只有提供最新信息，才能引起人们的关注，发挥它应有的作用。

快，即迅速及时。简报在机关文书中以时效性强著称，同新闻报道一样，“快”是简报的生命线。无论是阶段性的、定期的还是临时的简报都要求迅速及时，以便有关部门和决策者及时、准确地掌握情况，正确而又迅速地作出决策。简报在各机关单位的实际工作中能否发挥作用或所发挥作用的大小，关键是看它能否及时报送。如果在问题刚刚发生时，简报便及时加以反映，有关部门得悉后就能采取有效措施防止事态扩大；当新生事物还在萌芽状态时，简报就敏锐地将之反映出来，有关部门及领导便能积极引导，及时扶持，总结经验，推动事物朝正确的方向更快地发展。若错过了报送时机，简报的作用就会大大缩小。

（二）简报的作用与种类

1. 简报的作用

简报作为机关单位内部进行信息交流的载体，在日常工作中起着十分重要的作用。机关内部下级向上级反映情况，除了口头汇报和报送综合报告或专题报告外，还通过简报来反映日常的工作情况和所在部门或所辖范围内的最新动态，以便上级机关及时了解下情，为制订出正确的工作决策提供依据。简报还可以用来向下属单位传达某些领导意图或带指导性的意见，沟通所属单位或部门之间的情况，以协调和推动工作。一些大型会议也可利用简报来交流情况，并向有关部门反映会议的进程和结果。总之，简报在各机关单位的公务活动中具有下情上传、上情下达、平级沟通、交流信息、协调工作等作用。

2. 简报的种类

简报的内容和形式多种多样，因而种类较多，依据不同的标准划分，简报可以划分出不同的类型，常见的分类标准有以下三种：一是按性质划分，有综合性简报、专题性简报；二是按内容划分，有动态简报、工作简报、会议简报等；三是按时间划分，有定期简报、不定期简报；此外还有根据实际情况或工作需要而编发的临时性简报。

动态简报主要是迅速及时地反映新情况、新动态、新趋势，目的在于让有关部门及时了解事情发展的动向，帮助决策层掌握情况，以便做出准确的分析判断和正确的决策。工作简报又称情况简报，主要反映单位或部门某项工作的进展情况、工作中的先进事例或存在的问题等。有日常工作简报，也有中心工作简报；有综合性工作简报，也有专题性工作简报。会议简报主要是反映一些大型会议的进程，传达会议的情况和精神。具体说来，编写会议简报主要有四种情况：一是会议召开之初，用来介绍会议概况的简报，包括召开会议的背景和缘由、会议筹备情况、会议的时间和日程安排、参加会议的人员等信息；二是关于会议研究或讨论问题的简报，包括会议的中心议题、与会者的意见和建议等；三是关于与会者典型发言的摘要，包括重要人物的发言、有代表性或特殊见解的发言、有参考性或启发性的发言等；四是会议结束后，总结、传达会议基本精神和议定事项的简报。编发会议简报的主要目的在于，使与会者及有关部门及时掌握会议动态，做好会议组织和宣传工作，提高会议的质量和效率，同时也可为与会者会后传达、贯彻会议精神提供方便。

（三）简报的写作与要求

1. 简报的写作格式

简报由报头、报体和报尾三个部分组成。（见简报格式图）

<table>
<tr><td>（密级）　　　　　　　　　　　　　　　　（份号）

××简报
第×期

（编发单位）　　　　　　　　　　　　　　（印发日期）</td></tr>
<tr><td>［编者按］××××××××××××××××××××。
××××××××××××××（标题）
（正文）××。
（供稿者）</td></tr>
<tr><td>报送：×××，×××，×××，×××。
发送：×××，×××，×××，×××。
（共印份数）</td></tr>
</table>

（1）报头。简报的报头主要包括以下四个构成要素：一是简报名称，在简报的报头正中位置，用红色大号字体标明"工作简报"、"会议简报"等；二是期数，位于简报名称正下方，有的简报还在期数后面加圆括号标明总期数；三是编发单位名称，位于报头的左下方，一般为编发简报单位的办公部门或某项工作的领导小组及会议的秘书处，要求用单位或部门的全称或规范化简称；四是印发日期，位于报头的右下方，要求年月日齐全。除以上四个要素外，视简报内容和保密要求，还可以增加密级（或使用范围和要求）、简报编号等要素。密级位于报头的左上方，标明"秘密"、"机密"或"绝密"等不同的密级，有的简报还注明"内部刊物，注意保存"等字样。需要保密的简报，应在报头的右上方标明每份简报的顺序编号（即份数序号）。

（2）报体。这是简报的主体部分，通常包括标题和正文两项。简报的标题一般采用新闻式标题，用简明、醒目的文字概括简报的主要内容或主旨，如《学院举行2010届本科毕业生优秀毕业论文答辩观摩会》。标题字号要小于简报名称而大于正文字号。简报的正文通常采用新闻消息的写法，开头先用精炼的语言写明时间、地点、人物、事件（包括起因、结果）等基本要素，把最重要的事实概述出来。接着，就要用具体材料将开头的内容具体化，让读者知道事情的前因后果、了解问题的来龙去脉。正文的结尾有多种形式：或归结全文，卒章显志；或提出任务，明确方向；或提出问题，给人启示。有的简报没有专门的结尾段，将主要事实叙述完就结束全文。简报正文部分还可采用条文式的写法，将选用的材料按内容性质划分成若干部分,各部分依据内在的联系排列,并加上小标题或序号。

简报的右下方还可加圆括号标明供稿单位的名称或供稿人姓名。

有的简报在标题的上面还有编者所加的按语。简报按语,是编者根据简报编发的指导思想、编辑意图以及简报内容所写的说明、提示或评论文字。在标题之上先标示出“编者按”或“按语”字样,再写出按语的内容。常见的按语写法有三种:一是说明性按语,一般用来交代简报文稿的来源、出处,同时也表明编发的意图。二是提示性按语,一般加在篇幅较长、内容重要的简报文稿前面,用来揭示简报的中心内容,以帮助读者把握其基本精神,加深理解。三是评论性按语,主要用来表明编者对简报内容的看法和评价。

对于内容较多的简报,还可以用目录的形式将简报的内容标示出来,以起到醒目的作用。目录一般在简报的扉页,同简报的报头一起占一页的页面。其编写形式主要有按页码顺序编写和按简报内容的重要程度顺序编写两种。定期性的简报往往以固定的栏目形式编写,当然也可以开辟新栏目。

(3) 报尾。这一部分主要包括发送单位和印发份数两项内容,位于简报最后一页的末端。发送单位一般要标明“报送”(上级单位或部门)和“发送”(同级或下级单位)。在报尾的右下方标明简报的印发份数。会议简报如只限于发给与会者,可省略报尾部分,不写发送单位和印发份数。

2. 简报的写作要求

编写简报首先要做到内容真实、准确,全面、客观地反映情况,不能凭空捏造。简报的基本功能是沟通情况,交流信息,而且简报所反映的情况可作为领导机关进行决策的依据,如果简报的内容含有虚假成分,简报也就失去了应有的作用。其次,编写要迅速及时。简报具有新闻的某些特点,非常讲究时效性。只有快速反映工作中的新情况和新问题,才能及时为领导机关的决策及问题的解决提供依据和帮助。此外,编写的简报还应短小精悍。“简”就是指简明扼要,简报必须突出一个“简”字,它一般应在千字以内,最多超过两三千字。为做到行文简洁,在编写简报时,要注意精选材料,避免罗列现象;语言要简练,做到“文约而事丰”;要直陈其事,不写大话、套话。

【例文】

64.2%大学生有信心找到理想工作

——大学生择业意向调查

《中国青年报》记者　王聪聪

又到了大学生求职的高峰期。最近,“姐掏的不是粪,是编制”这句话,在网上广为流传。缘由是济南市事业单位招考中,5个淘粪工名额引来391人竞争,事业编制是激烈竞争的核心所在。编制真有这么重要吗?目前大学生找工作重点考虑哪些因素?上周,中国青年报社会调查中心通过民意中国网、腾讯教育频道对2 307名在校大学生(包括研究生和高职高专生)的专项调查显示,大学生找工作时,最看重因素仍然是“收入”(71.4%);排在第二的是“职业发展前景”(59.9%);第三是“行业前景”(49.6%)。接下来是:个人兴趣(40.7%)、稳定(34.2%)、编制(25.5%)、社会地位(23.6%)、自由(19.5%)、户口(16.6%)、企业文化(16.6%)、轻松(15.3%)、国家和社会需要(9.4%)等。

国有企业怎么成了“香饽饽”

四川大学华西公共卫生学院2007级硕士研究生朱静秋，一直坚持自己选工作的标准，就是“行业>单位>岗位>收入”。至于编制，她觉得如果进入企业就不用考虑，但要进事业单位或者党政机关，编制就非常重要。“听说事业单位要改革了，我有点儿担心‘老人老办法，新人新办法’。没编制待遇差距大，‘五险一金’难以保障。进事业单位求的是个稳定，所以没编制的岗位我还是要三思。”

大学生最看好哪类单位的就业机会？调查中，43.1%的人首选“国有企业”，36.3%的人看好“事业单位”，34.7%的人青睐“外资企业”。接下来依次为：党政机关（32.0%）、民营企业（28.1%）、自主创业（21.2%）、公益组织（6.6%）等。

“这个结果，体现了大学生的理性选择。”中国人民大学劳动人事学院副院长刘尔铎，在接受中国青年报记者采访时说，总体上看，国企、事业单位、党政机关收入不低，进去之后不容易被裁员，可能也相对轻松。而且在职业发展方面存在着岗位阶梯，可以一步一步往上升，职业生涯不容易中断。外企虽然工作负荷大，稳定性相对较低，但工资相对有吸引力。刘尔铎认为，大学生就业观念是随着我国市场经济的发展而变化的。“上世纪80年代，市场经济刚起步，商业机会多，出现了大学生经商热、公务员下海潮。后来，外资企业不断涌入，待遇比较好，外资和合资企业成为就业热点。现在国企通过抓大放小和实施股份化改造，剩下多为垄断性企业，工资也上来了，就又成了‘香饽饽’。”他指出，伴随着市场经济改革深化，社会发展日趋多元化，大学生就会根据自己的情况进行不同的选择，这是大学生就业观的发展趋势。

47.9%大学生首选省会城市谋职

还有一年毕业，中国地质大学大三学生古志玲已经做好了职业规划——先回家乡，再去大城市。她认为，家乡亲戚朋友多，遇到什么事儿都有可以商量的人，事业起步不会那么困难。“要出去闯得有一定的资本和能力，所以想先在家乡锻炼几年。”

“我找工作首选省会城市。”去年暑假在郑州实习了两个多月后，南京师范大学研一学生关欢欢，开始体会到省会城市的种种好处，“发展势头很猛，房价与北京、上海等大城市相比却低得多，生活压力也没那么大。家人都希望我过得舒服一点儿，就建议我到省会城市或者中小城市发展。”

本次调查显示，“省会城市”以47.9%的支持率成为大学生最愿意去的就业地区。其次才是“北京、上海等大城市”（36.9%）。27.9%的人想去“中小城市”，6.6%的人看好“发展速度快且地理区位重要的二三线城市”，2.5%的人选择“农村”。

大学生的职业目标是什么？调查中，45.9%的人选择成为领导者或管理者；38.5%的人希望获取生活与工作的平衡；34.5%的人希望获取安全感和稳定感。接下来还有：获得独立自主的工作（31.8%），成为技术专家（31.5%），进行自我创业或自主创新（24.1%），接受竞争性或脑力上的挑战（13.3%），奉献社会服务人类（13.1%），获得国际化的职业生涯（10.7%）等。

广东省某电器公司周厂长发现，现在许多大学毕业生是“80后”、“90后”，家里条件都比较好，所以很多人不太能吃苦。去年年底，他们从湖北某高校招聘了20多名本科生作为公司的储备管理干部，但按规定要先在基层锻炼半年，“还不到3个月，他们就先后离开了，说坚持不了”。

家境越好的学生越有信心找到理想工作

北京交通大学会计学专业大四学生吕虎从去年就开始找工作，正式投简历也就20多份。“我主要看对口专业的职位，不合适的投了也浪费。有两个单位录取了我，我也没着急签。这不还有仨月毕业，我感觉能找到更好的工作！”

调查显示，64.2%的大学生表示有信心找到理想的工作。其中家境好、学校好的大学生就业信心更足。家境上、中上、中等、中下、下的大学生表示有信心的比例分别是：86.9%、80.7%、70.1%、58.6%、52.4%；国家重点大学、省内重点大学、普通院校的大学生的选择依次是：74.6%、68.7%、57.2%。

在目前就业形势下，77.9%的人认为最合理的就业心态是“先就业，再择业”；仅10.9%的人表示“不理想，不就业”。同时，对于“如果第一份工作不好，以后就很难找到理想的工作”的观点，46.1%的人持反对态度，仅26.4%的人表示赞同。

“第一份工作没必要一步到位。”中国人民大学新闻学研一学生王礴认为，在没有充分的工作经验时，很难判断自己的工作是否真正理想，所以年轻人跳槽很正常。“我以后找工作会先就业后择业，发现自己的长短处，进而修正自己的职业规划。”上海某报社编辑张雷则认为，第一份工作决定了行业起点，即使跳槽也得凭借过去的工作经验，要转行并不容易，还是得慎重。刘尔铎表示，这要看大学生的个人情况，一般来说，有工作就有锻炼的机会，可以在工作中逐步提高自己，寻找更好的就业岗位。“漂着是没办法提高能力的。”他建议大学生先就业再择业，而不是一直择业。

（选自2010年3月23日《中国青年报》）

第三节　合同和协议的写作

一、合同

（一）合同的含义与特点

1. 合同的含义

自1999年10月1日起施行的《中华人民共和国合同法》（以下简称《合同法》）的第二条，对合同做了最准确、简明的界定：“合同是平等主体的自然人、法人、其他组织之间设立、变更、终止民事权利义务关系的协议。”由此可知，合同的含义有广义和狭义之分。广义的合同是指一切以明确权利和义务为内容的协议，它包含了所有法律上的合同关系，不仅包括民法中的合同，还包括行政法规中的行政合同、劳动法中的劳动合同等；狭义的合同则将合同仅仅看成民事合同，即民事主体设立、变更、终止民事权利义务关系的合同。

合同是当事人之间通过平等协商而签订的，它一经签订，便具有法律效力。合同的当事人，可以是在民事上能享受权利和承担义务的公民（自然人），也可以是法人或者其他组织。合同是社会发展尤其是商品经济发展的产物，随着我国社会主义市场经济体制的建立和不断完善，合同的使用也越来越广泛。

2. 合同的特点

合同主要具有内容的合法性、格式的规范性、条款的完备性和措词的严密性四个基本特点。

内容的合法性。合同是具有法律效力的文书，其作用的发挥要以合法为前提，内容不合法，则被视为无效合同。合同的内容不仅应当符合当事人双方的意愿，而且应与有关法律和行政法规相符合。《合同法》第七条明确规定："当事人订立、履行合同，应当遵守法律、行政法规，尊重社会公德，不得扰乱社会经济秩序，损害社会公共利益。"

格式的规范性。合同不能随意撰写，对于合同的写作格式和应包含的基本项目，《合同法》中都有明确的、严格的规定。合同的书面形式都是统一、固定的，对合同内容的构成及其先后顺序都有一定的要求。为规范合同的体式，国务院曾于 1990 年 3 月批准在全国推行合同统一文本格式。

条款的完备性。合同中对当事人双方的权利、义务和责任都要分别写明，对任何可能出现的情况都要有所顾及。合同的一些必备条款，如标的、数量和质量、价款或报酬、履行期限和方式、违约责任以及解决争议的方法等，必须周全，不能有遗漏。

措词的严密性。合同在语言上要求使用规范的表述方式，如用语、数字、简称、计量单位及修改符号等，都应按照有关标准和规定使用。为避免在履行合同时产生争执和纠纷，合同的措词要十分准确、严密，不能有含混、模糊的语词，要防止语言出现歧义。

（二）合同的作用与种类

1. 合同的作用

在社会经济生活中，合同的作用主要体现在以下几个方面。

首先，合同是维护当事人合法权益的有力保障。签订合同是一种法律行为，合同一经签订便具有法律上的约束力，双方当事人都要严格按照合同的要求履行自己的权利和义务。如无故不履行合同，就要按照合同的有关条款加以处罚。如果当事人之间发生纠纷，为维护各自的合法权益，当事人可依照合同进行交涉甚至诉诸法律，请求仲裁机构或司法机关依法裁决。

其次，合同是加强企业经营管理的有效手段。合同能促使产销双方切实按照合同规定的任务，有效地组织生产和经营活动，合理地使用人力、物力、财力，尽可能减少劳动力和原材料的消耗与浪费，克服不讲效益、不计成本的思想。同时，合同可使产销双方直接见面，简化流通环节，缩短流通时间，加速资金周转。因此，合同在提高企业经营管理效率和水平、增强市场竞争力等方面具有重要作用。

此外，合同也是国家对企业实施监督的重要凭借。推行合同制，国家可以通过各级业务主管部门和工商行政管理部门，有效地监督企业的经济活动。例如，国家可以通过人民银行或专业银行的信贷管理，监督企业履行合同的情况，对恪守信用、能履行合同的企业，按优惠条件贷款；对不履行合同、不守信用的企业，则从严控制贷款。工商行政管理部门可将违反国家有关法规和政策的合同视为无效合同，制止无效合同的订立，从而切实维护国家和集体的利益，维护社会经济秩序。

2. 合同的种类

合同的种类很多，根据不同的标准可将合同划分为不同的种类。一是按业务性质和内容分，《合同法》的分则中列举了 15 种合同：买卖合同，供用电、水、气、热力合同，赠与合同，借款合同，租赁合同，融资租赁合同，承揽合同，建设工程合同，运输合同，技术合同，保管合同，仓储合同，委托合同，经纪合同，居间合同。二是按写作形式分，有条款式合同、表格式合同、条款与表格结合式合同等。三是按时间分，有长期合同、中期合同、短期合同等。

（三）合同的写作与要求

1．合同的写作格式

合同的格式，主要有条款式和表格式两种。条款式是把当事人双方达成的协议列成具体条款写入合同；表格式合同是按印制好的表格，把双方协商同意的内容逐项填入表中。条款式合同的结构形式与写法如下：

（1）标题。即合同的名称，写在合同首页上方正中位置，要写明合同的性质，如“买卖合同”、“建设工程合同”、“租赁合同”等。有的合同还在标题右下方标明合同的编号。

（2）当事人。在标题下面空两格，分行写明签订合同双方的单位名称、法人代表或自然人的姓名。为了行文方便，规定某方为“甲方”，另一方为“乙方”，在当事人名称的后面用括号注明“甲方”和“乙方”。

（3）正文。这是合同主体部分。首先写明签订合同的依据或者目的，表明签订合同的态度。常见的表述句式是“根据我国《合同法》的有关规定，为了……经双方协商一致，签订本合同，以资共同遵守”。

合同正文部分的主要条款一般包括标的、数量和质量、价款或报酬、履行期限和方式、违约责任、解决争议的方法等6个项目。

标的。标的是合同当事人双方权利和义务共同指向的对象。标的可以是货物，可以是货币，也可以是劳务、工程项目、智力成果等等。合同标的的提出，必须有利于当事人权利义务的具体实现，如果没有标的或标的不明确，当事人双方的权利、义务和责任便无法确定，合同也就无法履行。

数量和质量。数量是以数字和计量单位来衡量标的的尺度，如买卖合同中出卖人的交货数量，保管合同中保管人保管货物的数量等。数量通常以重量、体积、长度、面积、个数等作为计量单位，合同中要写明标的的基本计量单位，如千克、吨、米、件、只等。质量是标的内在素质和外观形态的综合，反映作为标的的产品或劳务的优劣程度。质量标准必须具体，如国际标准、部颁标准、行业标准以及协商标准等。

价款或报酬。它是根据合同取得对方的产品或劳务等所支付的货币。合同中应写明价款或者报酬的数额及计算标准、结算方式、支付方式和程序等，这是关系到合同能否顺利执行的关键内容。

履行期限、地点和方式。合同的履行期限是当事人履行合同的时间限度，即交付标的如支付价款的日期。履行方式是指采取什么方法、手段来履行合同规定的义务。如履行批次（一次履行或者分期履行）、交付方式（送货、代运或者买受人到出卖人所在地提货）、价款及费用的结算方法等，履行的地点和方式是确定验收、费用、风险和标的物所有权转移的依据，在合同中都应规定得明确具体，以便执行、检查。

违约责任。指违约者不履行或者不能完全履行合同所须承担的经济责任和法律责任。合同规定违约责任有利于督促当事人自觉履行合同，发生纠纷时也有利于确定违约方所承担的责任，这是合同履行的保障性条款，是解决合同纠纷的可靠依据，也是避免当事人经济损失、维护其合法权益的重要措施。

解决争议的方法。《合同法》第12条中，明确将“解决争议的方法”写进了合同的主要条款。合同产生纠纷的原因较复杂，有客观原因（如“不可抗力”的影响等），也有主观原因（比如，当事人一方经营不善，导致不能如期履行合同）。为解决在合同履行中可能出现的问题,应将合同的变更、解除以及争议仲裁等事项经双方协商一致后,明确写入合同正文的条款中。

合同正文的结尾部分,主要写明合同的生效日期或有效期限、合同文本份数与保存办法等。如"本合同自签订之日起生效"、"本合同一式两份,甲乙双方各执一份"等。

(4) 附件。主要是对合同标的条款或者有关条款的说明性材料及相关证明材料。如技术性较强的商品买卖合同,需要用附件或者附图形式详细说明标的全部情况。合同附件是合同的有机组成部分,同样具有法律效力。附件可以附在合同文本的后面,但要在正文之后专列一项,注明附件的名称和件数。

(5) 落款。在合同正文的右下方写明签订合同双方的单位名称和法人代表姓名,并加盖公章、私章(或签名)。同时,还应写明单位地址、电话号码、网址或电子信箱、邮政编码、银行开户名称和账号等。如果需要双方上级单位证明和鉴证机关审核意见,就应写明双方上级单位和签证机关的名称,并盖上印章。在署名的下方,标明签订合同的日期。

2. 合同的写作要求

一是要熟悉有关法律和政策。起草或签订合同必须以《合同法》为依据,必须遵守有关法律和行政法规,如合同的签订程序与写作格式等都有统一的规定和要求,签订合同必须熟悉《合同法》等相关法规,使签订的合同符合规范。二是要在平等协商基础上确定合同条款。合同的内容应当是当事人双方意愿的共同体现,订立合同要遵守平等互利、协商一致的原则,任何一方不得把自己的意志强加给对方。采取胁迫、欺诈等手段所签订的合同,被视为无效合同。三是合同的内容要完整、周全。合同中应具备的内容条款不能缺少,如标的、数量和质量、价款或报酬、履行期限和方式、违约责任以及解决争议的方法等必备的条款不得遗漏,当事人的各种权利和义务以及经济上、法律上的责任等都要分别写清楚。如果合同内容不周全,条款不完备,应当明确表述的事项没有写入,就会直接引发合同纠纷。四是合同的语言要准确、明晰。合同是具有法律效力的文书,一旦签订就不能单方面更改,也不能望文生义进行解释,只能依据合同文本的语言表述来理解。因此,合同的措词用语务必做到准确、严密,避免使用任何语意含混或可能产生歧义的词句。合同的文字可谓"一字千金",拟写合同时,双方当事人对每个条目、每个词句都应反复斟酌,仔细推敲,以求准确明晰地表达双方当事人的权利和义务。

二、协议

(一) 协议的含义与特点

协议又称协议书,是指国家、政党、社会团体、企事业单位或个人就某一重要问题或事项,经过谈判、协商取得一致意见后,共同订立的一种具有经济或其他关系的契约性文书。国家或政府之间的协议书,一般采用条约的形式,如"友好合作条约"、"互不侵犯条约"等。

协议主要有以下几个基本特点:一是契约性。协议是一种具有合同性质的契约,它与合同一样具有法律效力,但使用起来又不像合同那样严谨,它只是为使合作双方协商一致的意见更加明确和具体,因此体现着契约性的特点。二是一致性。协议是当事人双方在自主自愿、平等互利的原则和基础上,经过协商一致后所订立的,其反映的主要内容是合作双方真实意愿的表达,任何一方都不能将自己的意志强加于对方。三是约束性。协议是合作双方协商的结果,双方对协议的内容都负有履行的义务,并保证其按共同的意愿得以实现。从这个意义上说，协议对双方的行为均有一定的约束力。协议经公证机关公证后，也具有法律效力。

（二）协议的作用与种类

协议作为一种契约文书，它的应用范围较广泛。在经济活动、涉外经济合作、民事活动中，它有时可直接代替合同，对双方当事人的合作事项及权利义务作出规定；它有时作为合同的补充形式，或用于签订合同之前，双方先达成协议，作为签订合同的基础；或用于合同履行过程中，对某些条款进行修订和补充；或用于双方发生纠纷后，经双方协商，提出处理意见，为解决纠纷和仲裁提供依据。

协议的种类较多，按协议的有效时间划分，有长期协议、中期协议、短期协议、临时协议等；按协议的内容划分，常见的协议有项目合作协议、联合经营协议、联合办学协议、产品代销协议、转让协议、就业协议、雇工协议、赔偿协议、租房协议、房屋拆迁协议、家教协议等等。

（三）协议与合同的异同

协议与合同的相同点是：两者都属于契约性文书，都是在当事人双方平等互利、协商一致的基础上签订的，对签约双方均有法律约束力，双方都必须按照签署的内容条款严肃、认真地履行义务。

协议与合同的区别，主要体现在两个方面：一方面，合同的使用一般比较严格，要受《中华人民共和国合同法》以及其他有关经济法规或行政法规的限制，行文也更为严谨；协议的使用则比较宽泛，局限性小，应用范围较广，内容条款可详尽也可粗略，没有合同条款那样的严格限制。另一方面，从时效上看，合同的有效期限规定得较严格；而只起意向作用的协议对其有效期限的议定往往留有余地，一般说来协议的有效时间较长，有的甚至是永久性的。

协议与合同有着密切的联系。它可以作为正式合同的草案，在签订合同前，为表明双方当事人的意向，形成一定的协议，以便尽快开展工作，待时机成熟时再签订正式合同；协议还可作为已签订合同的补充或修订文书，在合同履行过程中，若出现影响合同履行的新情况，双方可以通过协商解决，将协商结果形成书面协议，作为原合同的组成部分，具有同等的法律效力。

（四）协议的写作与要求

协议的结构一般包括标题、正文和落款三部分。

1. 标题

协议的标题常采用公文式标题。一种是由签订协议双方单位名称、事由和文种三要素构成，如《××大学与××大学关于培养工商管理硕士研究生项目的协议》；另一种是由事由加文种构成，如《关于转让××产品技术专利的协议》或《技术转让协议》。

有的协议在标题之下还写明签订协议双方单位及其代表人的名称，并用括号注明“甲方”和“乙方”。也可将签约双方的名称写在正文部分的开头。

2. 正文

协议的正文一般由前言、主体、结尾三部分构成。

协议的前言部分主要概括说明合作双方签订协议的目的、缘由或依据，然后用“经双方共同协商，达成以下协议”或“经协商一致，签订协议如下”等习惯性用语作为过渡。主体部分是协议的核心部分，通常采用条文式写法，分条列项写明双方商定的具体条款。协议中涉及的有关当事人双方的权利、责任与义务、项目实施步骤和方式、特定要求以及违约责任等都应详尽、明确地表述清楚，以免事后引发纠纷，给双方带来利益上的损失。结尾部分要写明协议的执行要求、协议文本的份数及保存方式,如"本协议一式两份,甲乙双方各执一份"等。

3. 落款

包括署名和签订日期。在正文后面右下方分别标明签订协议双方单位的名称、双方代表人的姓名,并加盖印章或签字。如果是重要的协议,为了寻求法律保护,还需请律师签名盖章,或请公证处作公证,并签名盖章。在署名的下面标明签订协议的日期。

协议的写作要求主要有以下三点:一是要遵循平等互利、协商一致的原则。与签订合同一样,签订协议的当事人双方在法律上享受的权利和承担的义务是对等的,任何一方不得将自己的意愿强加给对方。二是要突出主要内容。协议是合作双方经过共同协商后签订的,有不同的类型。既有综合的,又有单项的;既有等同于合同的协议,又有作为合同内容补充的协议。写作时,其内容不能面面俱到,只需写明双方议定的有关事项的基本原则和要求即可。三是表述要明晰。与写作合同的要求相同,协议的措词也必须十分严密,要仔细推敲,避免当事人双方在履约时因协议的语义含糊而引发纠纷。

【例文】

租 赁 合 同

出租单位:××五金公司(以下简称甲方)

承租人:×××(以下简称乙方)

甲方同意将"××路五金零部件门市部"租赁给乙方经营使用,经双方协商,签订本合同,以资共同遵守。

一、"××路五金零部件门市部"房屋面积 100 平方米,经营面积 65 平方米,货架 11 个,柜台 20 节,共有固定资产 2.3 万元。乙方每月向甲方缴纳房屋租金 800 元,此外,乙方每月按固定资产总额 4% 的比例向甲方缴纳固定资产占用费。

二、"××路五金零部件门市部"属微利企业,近 5 年来平均月盈利额 1 000 元左右,经双方商议,乙方同意每月向甲方上缴实现利润的 10% 作为统筹基金,每月一般不低于 120 元。

三、合同履行期间,甲方对乙方的经营方向进行监督,负责对乙方的业务进行指导,并保证乙方在不违反国家政策和规定的前提下自主经营,乙方每月应及时向甲方汇报业务经营情况。

四、甲方负责对出租的房屋定期进行检修,乙方对承租的房屋及屋内设备应爱护使用,如因照管不周或使用不当造成损坏时,乙方应负责维修或赔偿。

五、乙方应在每月 30 日前缴清当月房租及相关费用,未能按月缴纳时,甲方可按乙方当月应缴纳金额的 3% 加收滞纳金。

六、本租赁合同有效期为三年,自 20××年 3 月 1 日起至 20××年 3 月 1 日止。

七、本合同 1 式 4 份,双方各执正副本 1 份保存备查。

甲方:××五金公司(公章)

法人代表:×××(签章)

乙方:×××(签章)

二〇××年二月二十六日

(选自杨文丰编著《现代应用文书写作》,中国人民大学出版社 2006 年版)

第四节　毕业论文和申论的写作

一、毕业论文

（一）毕业论文的含义与特点

1. 毕业论文的含义

毕业论文是高等院校应届毕业生运用所学专业知识，分析研究有关的专业问题而撰写的一种体现一定学术水平的文章，它是一种特殊类型的学术论文。写作毕业论文，是高等院校教学过程的一个重要环节，目的在于总结学生在校期间的学习成果，培养学生具有综合运用所学知识解决实际问题的能力，使他们受到从事科学研究的基本训练。

2. 毕业论文的特点

毕业论文属于学术论文范畴，它具有学术论文的学术性和创新性两个基本特点，此外，作为一种进行学术研究训练的文体，它还具有指导性的特点。

学术性。所谓学术，是指有系统的、较专门的学问。毕业论文与其他学术论文一样，是学术研究成果的载体，它的内容是作者在某一学科领域中对某一课题进行深入研究而获得的结果，具有系统性和专业性，而不是点滴所得。正是由于这一点，毕业论文就和偏重于说理、议论、评价的一般评论文章相区别，也和有感而发，不求系统，只针对某一点谈感想、讲心得、说体会的文章不同。它要求作者要将专业知识积累起来，使之系统化，用以探讨专业领域里的某一课题。要求对所研究的课题有全面的了解，不但掌握它的现状，也要知其历史，要熟悉学术界的动态，把握好自己主攻的方向，解决在学术上有一定意义和价值的问题。

创新性。文贵创新，任何文章的写作都很重视创新性，学术论文尤其如此，因为科学研究的意义就在于发现和创新。毕业论文的创新性主要是指论文作者所提出的观点，是对某一课题的新认识，是与众不同的独特、深刻的见解。创新性是衡量一篇毕业论文学术价值的基本尺度，因此，撰写毕业论文应尽量做到选题新、资料新、方法新、角度新，并在此基础上提出新的理论和新的见解。

指导性。这是毕业论文与其他学术论文相比所独具的特点，毕业论文是高校毕业生从事科学研究的初步训练，需要在教师的指导和帮助下进行。学生在写作毕业论文过程中，要在教师的指导下选定题目、拟订提纲、展开研究、起草和修改论文。对于如何进行科学研究，如何撰写论文等，教师都要给予具体的方法论指导。

（二）毕业论文的写作与要求

1. 毕业论文的写作准备

撰写毕业论文之前，要做好充分的准备，主要包括选择论文的研究课题、撰写开题报告、搜集研究资料等几项具体工作。

（1）毕业论文选题的选择。毕业论文的选题关系到研究工作的难易、研究成果的大小，关系到毕业论文的价值，甚至关系到论文写作的成败，所以，必须慎重对待。

选择毕业论文的研究课题需要遵循以下两项基本原则：

一是要选择客观上有意义的课题。所谓“有意义”，是指选题具有一定的社会意义和学术意义。选择具有社会意义的课题，主要指选题要着眼于社会现实的需要，要以满足经济社会发展的需要为出发点，有利于指导各行各业的实际工作；选择具有学术意义的课题，主要指选题要考虑学科建设、学科发展的需要，要选择那些有利于学科的自身完善的课题加以研究。

二是要选择主观上有见解的课题。课题“有意义”，只表明课题研究的必要性，而究竟能否写出一篇高水平的毕业论文，还要看作者能否完成课题研究，能否提出较有价值的学术见解。对论文中学术见解的产生及其价值起影响、制约作用的因素较多，其中比较重要的是作者的能力、兴趣和某些外在条件。首先，要选择自己有能力完成的课题，这是确保毕业论文写作成功的前提条件，要尽量选择符合自己的知识结构和研究能力的课题。其次，要选择自己有兴趣完成的课题，兴趣是人对事物的选择性态度，是一个人积极从事某项活动的情感倾向，科学研究是一项艰辛的脑力劳动，研究者对自己的研究课题感兴趣，就会执着地研究下去，直到取得成功。因此，可以说兴趣是完成研究工作的一种巨大的推动力。此外，还要选择自己有条件完成的课题，主要包括资料条件、时间条件和指导教师条件等。资料是研究工作展开的凭借，撰写论文，进行研究，不能没有资料。而资料条件并不是对每个人都是相同的，由于每个人都处于特定的工作和学习环境中，可以利用的图书情报机构有限，因此，确定选题时就要考虑到能否找到需要的有关资料。科学研究需要一定的过程，是否具有充足的时间条件，直接关系到研究的成败。毕业论文不同于一般的学术论文，必须在限定的时间内完成（一般安排在最后一个学期撰写毕业论文），这就要求论文作者在确定选题时要充分考虑时间条件，根据时间条件衡量课题的大小和难易程度。对于初步尝试进行学术研究和论文写作的在校学生来说，指导教师条件尤为重要，在导师所熟悉的专业和研究领域内选题，容易得到全面、切实而有效的指导。

（2）开题报告的撰写。开题报告是在选题方向确定之后，论文作者将自己所选择的研究课题的目的和意义，研究的总体思路及方法、步骤等向有关部门或人员进行陈述，报请审议和批准的书面报告。它主要说明选题的价值及其研究现状、已具备的研究条件以及准备如何开展研究等问题，可以说它实质上是毕业论文选题的可行性论证报告。开题报告一般为表格式，将报告的各项内容转换成表格中相应的栏目，论文作者按栏目填写开题报告，以免遗漏重要内容，同时也便于评审者一目了然地把握报告要点。

毕业论文的开题报告除了在首页写明课题的题目、作者姓名及所学专业、指导教师姓名及职称、开题日期等基本内容外，主要包括以下五个项目：一是选题的目的和意义。用简练的文字介绍选题的有关背景，说明选择本课题的原因、目的和价值。二是本选题的研究现状。这项内容是一种文献综述，要在全面、广泛地获取相关科研信息的基础上，综合介绍所选课题在国内外已取得的研究成果，提出有待进一步研究的问题，从而表明本选题的研究平台、研究的特色及创新点。三是选题的研究内容。要具体说明选题研究的对象、研究的目标（即所要探讨和解决的问题）、研究中运用的有关理论等，还可对研究中所涉及的专业术语加以界说。四是选题的研究方法。着重介绍本选题的研究过程中所运用的主要研究方法，如需采用调查法或实验法，还应写出调查或实验的设计方案。五是选题的研究计划及准备情况。研究计划也就是展开研究的具体步骤和时间安排。确定研究步骤应充分考虑研究内容的相互关系和难易程度，一般都是从基础问题开始，分阶段进行，每个阶段的起止时间、应完成的研究任务和达到的研究目标等，都要有明确规定。课题研究的准备情况主要是指论文作者已占有的研究资料，包括参考文献及与选题相关的其他文字材料。

(3) 研究资料的搜集。资料是一切科学研究的基础,没有一定数量的资料,科学研究就无法进行。因为科学研究的成果实质上就是一种发现,即发现事物的本质及其内在规律,而本质和规律总是存在于大量现象之中,蕴含在纷繁的材料之内的。因此,搜集大量的材料,从充分的材料中引出其固有的而不是主观臆造的结论,这是科学研究应遵循的基本原则之一。所以,详尽地占有资料是毕业论文写作之前又一项重要的准备工作。

不同学科的毕业论文写作,其搜集资料的类型有所不同,有的侧重于文字资料,有的侧重于实验或统计数据。总的说来,写作毕业论文之前主要应占有以下五个方面的资料:一是第一手资料,包括论文作者在亲身实践中获得的感性材料、典型案例、经验总结、实验数据或统计资料等等。二是他人的研究成果,指国内外有关该课题研究的已有成果,搜集这方面的资料主要是为了避免选题陈旧,以体现论文的创新性,同时也对课题的研究有所启迪,有助于开拓研究的思路。三是名家的有关论述,这类材料具有权威性,为准确有力地阐述论点提供充分的理论依据。四是边缘学科的材料。当今信息时代,人类的知识体系呈现出大分化大融合状态,传统学科之间的鸿沟逐渐被打破,出现了众多新的分支学科及边缘学科。掌握与选题相关的边缘学科的材料,对于确定研究的角度、开阔研究视野大有益处。五是相关的背景材料。背景是指一切影响研究对象的形成和发展的社会条件、历史渊源以及主客观方面精神、物质因素等,尽可能全面地掌握这方面的材料,有助于更全面深入地把握研究对象。

搜集研究资料的具体方式和手段多种多样,常用的有开展实地调查、查阅报刊图书资料、搜寻网上资料、进行科学实验等方法。实地调查是论文作者亲自深入到实际生活中,有目的、有步骤地对某一研究对象进行深入、细致的了解,以获取真实可靠、生动具体的第一手材料。实地调查的具体方法有普遍调查、典型调查和抽样调查三种。普遍调查即"普查",是在一定范围内,对所有的对象逐一进行调查,这种方法具有较高的准确性,据此可以得到真实可靠的材料,但这种调查有一定的难度,需要花费大量的人力、物力和时间;典型调查是在对调查对象进行全面分析的基础上,有计划、有目的地选择几个有代表性的对象进行调查;抽样调查是把调查对象按不同类型进行分类,从各类中任意抽出若干样本进行调查。除了采用实地调查的方法搜集研究资料外,还可以利用图书馆、资料馆等机构以及拥有庞大数据库和海量信息的互联网来获取与研究课题有关的文献资料。要熟悉图书分类的方法,熟练地使用各种检索工具,掌握图书检索的方法和网上搜寻的方法,尽量利用图书情报机构和使用现代信息技术手段搜集研究资料,同时要做好资料的记录、整理和归类。

2. 毕业论文的写作

(1) 拟订毕业论文提纲。论文提纲是论文的设计蓝图,是作者整理思路并使之定型的体现,也是论文内容的逻辑关系视觉化的一种形式。因此,在执笔撰写论文之前,需要先拟订出论文的提纲,它能帮助作者梳理思路、设计出论文的总体框架、确定论文的写作结构。

毕业论文的提纲主要有以下三项内容:一是论文的标题。论文标题是一篇论文给出的表明其研究对象、范围及要解决的问题的第一个重要信息,主要有揭示课题的标题和揭示论点的标题两种类型。二是论文的基本论点。用观点句表明全文的中心论点即总论点。三是论文的内容纲目(即论述层次)。总论点是纲,分论点是目,在一篇论文中,总论点统率分论点,分论点阐明总论点。可用小标题的形式或句子的形式标明论文中各分论点及其序列,并注明各分论点使用的论据,鲜明地揭示出各分论点之间的逻辑关系。

毕业论文的提纲具体可分为有简单提纲和详细提纲两种类型。简单提纲是用简短的小标题形式概括各部分的要点，只标明论文的大纲和小目；详细提纲是把论文的主要论点和展开部分详细地列出来，用表达意思完整的句子形式概括各部分的内容和要点以及选用的论据。

（2）毕业论文写作格式。毕业论文的基本格式一般包括标题、署名、摘要、关键词、正文、参考文献和致谢等7个项目。

标题。论文的标题要做到简明、确切、醒目。所谓简明，即言简意赅，要求文字的简练与全文内容的完整概括有机统一；所谓确切，就是要求文题相符，应以最能概括地提供论文基本内容的词语来组织，而避免使用笼统的、泛指性很强的词语或华而不实的词藻；所谓醒目，就是要求标题新颖，不落俗套，引人注目。

署名。论文署名是著作权所有和文责自负的体现。在论文标题的正下方署上作者的姓名。毕业论文的署名，一般要求标明作者姓名及所学专业与班级。作为由指导教师帮助与指导完成的毕业论文，在作者署名的后面还应署上指导教师的姓名。

摘要。用简短的文字对论文的基本内容和主要观点做扼要介绍或概括说明，其作用在于读者浏览论文时，不需阅读全文便能掌握论文要点，以节约阅读时间，并为文摘、索引或转载时提供方便。撰写摘要需做到文字简短、内容全面、重点突出、确切客观，具有独立性和自明性，不加任何评价性的文字。

关键词。它是反映论文主要内容的名称性术语，对文献检索有重要作用，是表达文献主题概念的自然词汇。一般每篇论文都应选3～5个关键词。选择关键词可在论文完成后，通观全文，先寻找出现频率较高且具有关键意义、能表示论文主要内容信息的词语，然后从中进行筛选。

正文。论文的正文部分一般由引论、本论、结论三个部分构成。引论部分主要写明选择研究对象的背景，说明写作的缘由，或指出研究的意义和价值，或概述论文的基本观点，或说明研究的理论依据和研究方法。本论部分是论文的主体，要层次分明、脉络清楚、逻辑严密地表述研究的过程及其成果。本论部分的结构形式，大体上有三种：一种是并列式结构。即围绕总论点并列排出几个分论点，从不同角度、不同侧面对总论点进行阐释、论证。另一种是递进式结构。即由浅入深，一层一层地对总论点进行阐释、论证，后一个层次的内容是对前一个层次的内容的发展，后一个论点是对前一个论点的深化。还有一种是混合式结构。即把并列式与递进式两种结构形式结合在一起，或者大层次为并列式，而某一个层次中又采用递进式结构；或者大层次为递进式，而一个层次中又采用并列式结构；或者并列式与递进式两种结构形式分别在本论的不同部分中使用。结论部分是论文的收束部分，是在本论部分分析和论证的基础上所作出的结论。结论所表述的主要内容，既可以表明论证结果，即作者对研究对象提出的总结性的看法，又可以说明课题研究中存在的不足，提出进一步研究课题的建议，为更深入地研究课题指明方向。

参考文献。论文中所引用的文献资料都要标明出处，目的在于表明作者的严谨的研究态度和对前人学术成果的尊重，并方便读者对本课题相关研究信息的查询和检索。毕业论文的参考文献往往是考查论文作者研究态度及钻研程度的一个重要依据。按照论文中引文出现的先后次序将参考文献集中列于文末，用带方括号的阿拉伯数字序号标注。同一文献在论文中被多次引用者用同一序号标示。所列参考文献应是论文中所引用的、发表在正式出版物上的文献，一般按作者、文章题目（书名）、报刊名（出版地及出版社）、期号（出版日期）、页码的顺序标注。

致谢。为了对给予论文指导和帮助的有关老师或同学表示谢意，一般可在论文的最后专门写上感谢的话，感谢的对象应该是对论文的撰写做出过实际贡献的人员，包括论文的指导教师、协助完成研究工作或提供研究资料的人员、在课题研究和撰写论文时提出建议或修改意见的人员等。致谢的语言要简洁，感情要真诚，措词要恰当。

3. 毕业论文的写作要求

撰写毕业论文是为了总结大学的学习成果，考查学生运用所学专业知识解决实际问题的能力，并系统培养学生从事科学研究的能力。为此，毕业论文的写作主要有以下一些基本要求。

一是选题应以专业课的内容为主，宜小不宜大。学生在校期间毕竟以专业知识的学习为主，而作为学生，其学识水平和精力又是有限的，如果选题与专业无关，则难以使自己的专业特长得到充分发挥，常常会感到力不从心，毕业论文的写作就难以达到预期的目的。同时，毕业论文选题不宜过大，过大的选题会因作者的学识及研究能力有限或研究条件有限而难以驾驭，无法使论题得到充分、深入的研究与论证，写出的论文常会流于肤浅、空泛。

二是掌握科学研究的多种方法，并得出科学的结论。所谓研究，就是用科学的方法去探求事物的本质和规律。搞学术研究要讲求方法，恰当、正确的方法是研究取得成功的必要条件。对所选论文课题进行研究，除了要掌握好常见的分析、归纳、综合、比较等研究方法之外，还应注意学习和掌握新的研究方法。事实表明，新的科学理论的突破，往往是运用新的科学研究方法的结果。此外，论文中所提出的观点，必须是在对大量具体材料的分析研究和论证的基础上得出的正确结论，而并非来自作者的主观臆想和信口雌黄。毕业论文的写作要论证严密，无懈可击，富有逻辑性和说服力。

三是具有实事求是的科学精神和严谨的治学态度。科学研究是一项十分艰辛的精神劳动，必须踏实、认真，来不得半点虚假和浮躁，也不能投机取巧、偷懒耍滑，要一丝不苟、扎扎实实地进行深入细致的研究和论证。那种不靠自己的刻苦研究，或凭空臆造结论，或抄袭别人的结论，甚至有意剽窃他人研究成果的做法，是不讲学术道德、不遵守学术规范的行为，是和科学精神背道而驰的。

四是撰写论文要做到格式和表述规范化。论文表述的规范是实现信息处理和传播的需要，只有做到写作格式标准化和用语的规范化，才能真正体现科学研究的严谨性，才有利于研究成果的传播、储存、检索和利用。一方面，写作毕业论文要采用规范的格式，一篇毕业论文中必备的写作项目，如题目、署名、摘要、关键词、正文、参考文献和致谢等，不能够缺少，且要符合各项目写作的要求。另一方面，毕业论文的语言表达要规范，要使用规范的书面语言，恰当地使用专用语和专业术语，不得使用生活中的一些口语特别是方言和土语。此外，毕业论文中使用的标点符号以及数字、计量单位、各种公式和图表等都要符合规范。

二、申论

（一）申论的含义与特点

1. 申论的含义

申论是专门用于国家公务员考试的应试文体。申论考试是根据目前机关工作的需要，对应试者阅读能力、文字表达能力及分析、解决实际问题能力的一种综合考察方式。自 2000

年中央、国家机关招考公务员和机关工作人员开始,《申论》就被列为公共科目考试中一门重要的笔试科目,此后,各省、市录用公务员和机关工作人员的考试也随之将《申论》作为笔试科目。

中央、国家机关以及各省市录用公务员和机关工作人员考试公共科目的《考试大纲》中都对申论做了明确界定:申论主要通过应试者对给定材料的分析、概括、提炼、加工,测查应试者解决实际问题的能力,以及阅读理解能力、综合分析能力、提出和解决问题能力以及文字表达能力。简言之,申论是对相关材料、事件或问题加以归纳说明,进而发表见解,提出对策,进行申发论述的公务员考试应试文体。

2. 申论的特点

(1) 给定材料的广泛性。从历年的申论考试试题中可以看出,申论考试中给定的材料涉及社会生活的方方面面,内容十分广泛,如经济体制改革和市场规范、行政管理与改革、干部队伍和廉政建设、"三农"问题、环保问题、法制建设、精神文明建设、公共安全问题以及社会保障工作等等,整个社会关注的政治、经济、文化、教育和法律等各个领域的热点,申论考试给定的材料中都有所涉及。这就要求应试者要关心时事,关注社会生活中的各种热点和焦点问题,具有比较丰富的社会生活知识和社会阅历。为了体现公平、公正和人文关怀,申论考试中给定材料通常具有广泛性和非专业性特点,不会刻意对某一类或者某一专业的考生有利。

(2) 试题形式的综合性。申论试题不是单一的题型,而是具有多题型、多文体的综合性特点。所谓多题型,是指一卷申论试题通常由"归纳概括"、"提出对策"、"申发论述"等多个题型组成。所谓多文体,是指申论考试的写作体裁不只是一般的议论文,有时还要求写"情况报告"、"答复意见"及"讲话稿"等等应用文体。

(3) 考核目标的针对性。中央、国家机关公务员录用考试《申论》试卷首页的"注意事项"中,曾这样明确地标明:"申论考试是对应试者阅读理解能力、综合分析能力、提出和解决问题能力、文字表达能力的测试。"这充分表明,申论的考核目标十分明确,针对性很强,就是考查应试者的阅读理解、归纳概括、分析论证和文字表达等方面的能力,这些基本素质和能力正是公务员和各机关单位工作人员在日常工作中必须具备的。由此可见,申论的考核目标就是针对公务员的工作实际和工作需要而确定的。

(4) 考试要求的限定性。申论考试通常都是在给定材料限定的范围内命题和作答,同时,各题题干都有限定的指令性要求,如归纳概括类题目中,概括给定材料的主要内容或归纳给定材料所反映的问题的不同要求;提出对策类题目对所提对策角度的要求,主要有全面对策、定位对策和定性对策等几种不同的角度和要求;申发论述题中对写作文体、范围及论证角度等的不同规定与要求。申论试题中甚至还限定了每道题的答题字数,如归纳概括题限定字数一般在 200 字以内,提出对策题一般在 400 字以内,申发论述题一般在 800 ~ 1 200 字。

(二) 申论产生的背景

申论第一次进入公务员考试,是在 2000 年中央、国家机关公务员录用考试中,此后,申论正式成为中央、国家机关和各省市录用公务员与机关工作人员考试的一门重要的笔试科目。申论的产生,主要有以下四个方面的背景。

一是吸取了古代"策论"考试的优点。在我国古代科举考试中,有一种八股文考试形式,要求就给定题目论证某项政策或对策，按固定的格式撰写论文，称之为“策论”。申论考试摒弃了“策论”八股文的僵死格式，吸取了它“申而论之”的优点，发挥了它要求考生在规定时间内对指定的社会现象或政治问题发表见解、提出对策，从而测查其分析问题和解决问题能力这一功能。二是总结了我国多年来录用公务员考试的经验。从1988年在社会上公开招收党政机关工作人员开始，到1995年推行公务员制度后通过考试录用国家公务员，公务员考试科目和内容不断变化，先是统一考试政治、法律、行政管理、公务写作等科目，然后又陆续以行政职业能力倾向测验和公共基础知识取代上述笔试科目，2000年后笔试科目中又新增加了申论。考试科目的不断调整，体现了从侧重知识水平向注重实际能力和综合素质的转移。申论考试科目的设立，正是总结了录用公务员考试的经验教训，更有利于科学、合理地选拔人才。三是借鉴了发达国家选拔公务员制度的经验。西方发达国家公开考试选拔公务员的制度已有140多年的历史，有许多可资借鉴的成功经验，如注重考查应试者从事行政工作所需要的能力素质；对报考不同的职位或岗位的应试者有不同要求，考试同一科目采用不同要求的试题等。这些有益的经验对我国的公务员考试特别是申论考试有很大的启迪。四是适应了现代管理和信息时代机关工作的需要。申论考试从科目的设立到命题的内容、形式和要求，都努力体现现代管理以人为本、重视人的主观能动性的核心理念。同时，在当今信息时代，国家公务员和机关工作人员更需要具备搜集信息、归纳概括、分析和解决问题的能力，申论考试也是为了适应时代和社会对国家公务人员新的要求应运而生的。

（三）申论的写作与要求

申论考试一般由归纳概括、提出对策和申发论述三种类型的试题构成，所谓“申论写作”主要是指申论考试中申发论述文章的写作，下面着重介绍写作申发论述文章的方法及其基本要求。

1. 申发论述文章的写法

申发论述题是申论考试的重点，分值一般占申论考试总成绩的40%以上，它通常要求用限定的字数（800～1 200字），围绕给定材料所反映的主要问题，自拟题目进行论述，旨在考察应试者综合分析能力、提出和解决问题的能力、逻辑推理和说服的能力以及文字表达能力。这类题目有各种不同的具体规定和要求，一是任选角度，自拟题目作文，如2009年国家公务员考试申论试题：“胡锦涛总书记到河南、安徽考察，引发我们许多思考，请联系给定材料整理自己的思考，自拟题目写一篇文章”。二是限定范围，自拟题目作文，如2007年四川省公务员考试申论试题：“结合给定材料，就如何看待部分城市禁止电动自行车上路行驶，自拟标题，写一篇议论文”。三是限定论题，自拟题目作文，如2008年四川省选调生考试申论试题：“给定材料中提到，为了改变‘建筑短命’现象，有人主张建立问责制。请就此发表你的看法，自拟题目写一篇议论文”。四是命题作文，如2007年国家公务员考试申论试题：“请以‘命脉’为题，写一篇关于土地问题的文章”，2010年国家公务员考试申论试题：“结合给定材料中的具体事例，以‘海洋的健康’为题目，自选角度写一篇文章”。五是命题且限定要求的作文，如2008年国家公务员考试申论试题：“请以‘人与自然’为题，写一篇文章。要求：对在‘人与自然’问题上的某种错误倾向，应恰当阐述，给予澄清”。

申论考试的申发论述文章通常以议论文为主，其写作结构与一般文章一样，由标题和正文两部分构成。

申论文章的标题通常有两种类型：一种是“论题型”标题，即揭示文章的论述对象和范围，如《评解决我国农村农民问题的两种思路》、《关于提高政府应对突发公共危机能力的思考》；另一种是“论点型”标题，即在标题中直接表明文章的中心论点，如《强化政府在处理突发公共危机中的主导作用》、《三管齐下防止网络对青少年的不良影响》。在写作申论文章时，最好采用“论点型”标题，使文章的观点鲜明，主题突出。有的申论文章的标题，还往往将“论题型”与“论点型”两种类型标题结合在一起，即采用“正标题+副标题”的双行标题形式，正标题用来表明文章的基本观点，副标题用来揭示文章的论述对象。

申论文章的正文部分，一般采用议论文的“三段式”结构：提出问题—分析问题—解决问题，因此，正文可分为引论—本论—结论三个部分。

引论部分（即提出问题部分）主要是从给定材料所提供的事实或理论中引出文章论述的问题或表达的基本观点，要注意紧扣材料并选择恰当的角度提出问题或见解，不能游离于给定材料之外海阔天空地随意发挥。写作“引论”部分应做到简明扼要、开门见山，概述给定材料的文字要精练，不宜过多复述材料甚至照抄材料，切忌使用一些套话或空发议论。同时，要旗帜鲜明地提出自己的观点，赞成什么、反对什么，态度要明朗，不能含含糊糊，模棱两可。

本论部分（即分析问题部分）是申论文章写作的重点，一方面针对论述对象的实质进行深入细致的分析和论证，另一方面逐步由表及里地确立自己的观点，阐明文章的中心论点。写作本论部分要做到论据充分、论证有力。论据材料不能太单薄，一篇文章只有个别论据是难以有力地支撑论点的。要使论据充分、具有说服力，可从以下几个角度恰当选用论据材料：一是选择点面结合的材料说明论点，用点上的典型材料说明问题的深度，用面上的材料概括说明问题的广度，这样把文章的论点阐述得更为深刻；二是选择定性材料与定量材料，二者结合说明论点，在说明事物的现状和发展变化时，除了用文字材料加以定性说明外，还可用具体数据加以定量说明，使观点的阐述更直观，更具说服力；三是选择正反材料对比说明论点，申论给定材料多从反面陈述问题，即大量涉及反面事例，申发论述时为了更全面、深刻地说明问题，往往需要选择正面材料与反面材料相互映衬、比较，从而辩证地证明论点。所谓“论证有力”，是指论证的展开要紧扣论点，同时使论据与论点的关系合乎逻辑。议论文的论证方法与逻辑推理的形式密不可分，一种论证方法（如归纳法、演绎法、类比法等）实质上就是某种逻辑推理形式的具体运用。因此，只有论证严谨而合乎逻辑、合乎人们认识事物的规律，这样的论证才是有力的。如运用归纳论证法，则不仅要准确选取具有同一性的事例，而且由此得出的一般性结论要与其事例之间有必然的联系，要防止以偏概全，随意拔高或扩大；运用演绎论证法，则所依据的一般原理（即大前提）必须正确可靠，所得出的结论要与大前提有确切的包含关系，做到“顺理成章”，而不能偏离前提，置换概念；若运用类比论证法，则必须准确抓住相比较的事物之间本质上共通的或相似的属性，要防止牵强附会地进行机械类比。

根据论述问题的不同性质，本论部分的写作结构主要有“并列式”和“递进式”两种形式。“并列式”结构是当所论述的事物或问题具有“多方面”的性质时采用的结构方式，它的特点是对事物或问题的各个方面分别进行论述（即把文章的中心论点分解为两个以上的分论点分别加以论证），文章中各个层次即各分论点之间呈并列关系。这种结构往往采用标序码或列小标题的形式，来陈述并列的各分论点。对于比较复杂、涉及面较广的事件或问题，采用这种结构方式，可以使议论显得有条不紊、多而不乱，同时也使论证更为全面与周密。

“递进式”结构是当所分析或论证的问题由“多层次”构成时运用的结构方式，它的特点是对论述的问题进行由表及里、由浅入深的透视分析，文章中各个层次之间呈递进关系，即每一层分析都建立在上一层分析的基础之上，是对上一层意思的深化。这种结构方式常常由实到虚、由事及理，逐层深入，从而使论证的逻辑严密、论述深刻，能比较透彻地阐述问题，因此，这种结构形式在申论的议论文写作中更为常见。

结论部分（即解决问题部分）是申论文章的结尾部分，是对全文的总结和概括，可以是得出结论，可以是对论点的进一步强调，也可以是对问题的未来发展趋势作出预测，还可以是发出号召、提出希望或建议等等。结论部分的写作要体现文章结构的紧凑与完整，结尾贵在自然、有力，它应是前面本论部分论述的问题得到论证后的自然归宿，如江流入海，顺势而成，既不能草率收兵，也不能画蛇添足。同时，结尾应给读者深刻的印象，如“豹尾”、“撞钟”般，或简短有力地收束全文、凸显主旨，或促人深思、给人启迪。

2. 申论写作的基本要求

申论考试中写作申发论述文章的基本要求主要有以下几点：

其一，要紧扣给定材料进行申发论述。申论考试的作文不同于高考的给材料作文，后者要求考生通过对材料的联想、引申和发挥，写出自己的认识和体会，材料在高考作文中只是一个“引子”；而申论考试则要求考生针对给定材料中反映的主要问题提出解决的办法和对策，必须紧扣材料反映的主要问题发表议论、阐明见解，不能够游离给定材料漫无边际地随意发挥，写成随笔或杂感之类的文章。

其二，观点要鲜明，主旨要突出。在申论文章中必须旗帜鲜明地亮出作者的观点，肯定什么、否定什么，赞成什么、反对什么，要直截了当，态度明朗，而不能模棱两可、含混不清、似是而非、令人费解。如果文章的论点模糊，中心不明，哪怕旁征博引，洋洋万言，也只能是无的放矢，绝无什么说服力可言。在写作申论文章时，可通过“题目明旨”、“开宗明义”、“卒章显志”以及“段首显旨”等具体方式来凸显文章的中心。

其三，说理要透彻，论证要有力。这一点在前面介绍本论部分写作时已专门提到，在此还需要强调的是：在进行分析论证时，要注意论证的辩证性，要用发展的观点、全面的观点、联系的观点和求实的观点去分析和认识各种现象或问题，防止论证的片面性。同时，进行说理时运用的论证方法不能太单一，要综合使用归纳法、演绎法、类比法以及反证法、归谬法等论证方法，从多方面、多角度来进行论证，阐明观点。

其四，条理要清楚，结构要严谨。申论考试中写作申发论述文章，其结构安排与一般议论文的结构基本相同，都是按照“提出问题—分析问题—解决问题”的思路，将全文分为引论、本论和结论三部分，即人们通常所说的“三段式”结构。当然，由于内容和论据的广泛以及论证方式的多样，不同文章的行文结构也会具体有别，但无论怎样都应做到层次明晰、结构严谨。先说什么，后说什么，分成几个方面，划出哪些层次，必须周全考虑，然后有条不紊地依次铺开，切忌信马由缰、颠三倒四、东拉西扯。文章的结构实质上就是作者认识客观事物的思想脉络（即思路）的体现，文章结构是否清楚、严谨，取决于作者的思路是否清晰、严密。申论文章的写作思路除了上面提到的“提出问题—分析问题—解决问题”的总体思路外，在写作本论部分时主要还有总分思路、递进思路、因果思路等。为了条理清晰、完整严谨地组织文章结构，首先就应将思路理清、理顺，否则，文章的结构就会杂乱无章。

【例文】

亡羊补牢，防患未然

——关于提高政府应对突发公共事件能力的思考

从2003年春夏之交蔓延全国的“非典”事件以来，我们逐渐熟悉了突发公共事件这一词，并对其有了越来越深刻的体认。2004年冬天，爆发了印度洋大海啸，随后禽流感又不断在各地现身，让我们又一惊一惧。然而，在工业化、城市化极速发展的今天，我们最可能碰到的恐怕不是上述来自自然界的灾难性事件，而是来自我们社会本身的灾难。自然界的突发灾难让我们防不胜防，社会领域的突发公共事件同样会让我们措手不及，甚至会使我们更为狼狈。如果这两类事件联起手来，共同袭击我们宁静、美丽、和谐的家园，我们将无处逃生。

的确，如何防范和应对突发公共事件，是我们各级政府面临的一个严峻挑战。我们的政府只有练好内功，才能在一次又一次应对此类事件的风波中取得成功，向国家和人民交出一份份合格的答卷。

要想防范和应对突发公共事件，首先要弄明白其产生的原因。就表层原因来看，主要是由于我们的预防机制不够得力，法制不够健全，各种关系没有理顺以及工作人员的素质与能力不高。就深层原因来说，是由于我们既没有处理好与大自然的关系，也没有处理好自己内部的各种关系，以致天怨人怒。一方面，我们长期以来对大自然太粗暴，为了自己的蝇头小利而不惜对其开膛破肚，肆意毁坏她的美丽容颜，由此引起她的震怒和报复。另一方面，我们既没有处理好不同社会群体之间的关系，以致各有各的需求、各有各的心思；也没有处理好经济发展与社会发展的关系，让经济一马当先，而冲淡了社会发展的其他方面；更没有处理好安全、发展、稳定之间的关系，使这三者实现良性互动，而是让它们彼此冲突。因此，我们在今后的发展中，必须运用科学发展观，妥善处理好上述各种关系，使人与自然相和谐、人与人之间相和谐、社会群体与社会群体之间相和谐。这是我们的政府在防范和应对突发公共事件方面的总对策。

为了防范和应对突发公共事件，各级政府着重需要在以下几个方面作出不懈的努力：

第一，要建立全国性的公共危机预警机制，包括防范机制和处理机制。比如建立社会稳定机制、公共防疫机制等。要有强烈的危机意识和忧患意识，尽量将可能爆发的突发公共事件消灭在萌芽状态。这样，即使发生了公共事件，也能够成功地控制和处理。

第二，要疏通信息的传播渠道，建立新闻发言人制度，尽早向社会公布危机事件真相，以便接受社会的监督，并从社会各界中获得支持与帮助。

第三，要明确政府职能，全方位提升政府执政能力。社会公共事务中，哪些该由政府负责，哪些该由社会自身来协调，政府部门要进行明确区分。政府要承担起自身在社会公共服务中应有的责任，不能将自己分内的事推给社会和市场。政府必须不断提升自身的能力，以便成功地应对更为复杂的突发公共事件。

第四，要加强对西方发达国家政府危机管理理论与实践的系统学习和深入研究，探索符合中国国情的理论体系。他山之石，可以攻玉。西方发达国家政府危机管理理论与实践中既有深刻的教训，更有成功的经验，无论哪一方面，都值得我们借鉴，由此而探索出符合中国国情的应对突发公共事件的方法。

总之,提高政府应对突发公共事件能力是一个复杂的系统工程,需要我们的各级政府部门人员去谨慎应对。只有在科学发展观的指导下,不断探索,不断创新,才能走出与国情和区情相吻合的、与构建社会主义和谐社会相一致的应对突发公共事件新路子,才能确保人民安康、社会稳定、国家安全。

(此文是2006年国家机关公务员考试《申论》申发论述题"优下"答卷,选自叶黔达、柯世华编著《申论应试一本通》,四川人民出版社2008年版)

第五节　申请书和求职信的写作

一、申请书

(一) 申请书的含义与特点

申请书是个人或集体向组织或有关部门表达愿望、提出某项请求时使用的一种专用书信。

申请书具有请求性、单一性和郑重性三个基本特点。请求性是指申请书是为了达到某一目的而向有关部门申述要求、恳请有关部门批准的专用书信;单一性是指申请书的内容单一,一般是"一事一书",即一份申请书只表达一个请求,如果把涉及不同事项的各种要求都写在同一份申请书中,则不便于上级部门答复和批准;郑重性是指写作申请书要经过慎重考虑,不能像写作一般书信那样随意。

(二) 申请书的作用与种类

申请书在实际工作和日常生活中使用较广泛,个人对党团组织或其他群众组织表达志愿或愿望,如加入党团组织或某个社团等,可以使用申请书;个人或集体在学习、工作、生活上对有关部门或领导有所要求,请求解决某个问题,如调动工作、出国留学、享受困难补助、申请助学贷款等,可以使用申请书;个人或组织向主管机构请求某种权利,如申请专利、申请使用权等,也可以使用申请书。

申请书按照内容和作用,可分为三种类型:一是参加组织的申请书,包括入党申请书、入团申请书、加入社团申请书等;二是请求解决问题的申请书,如调动工作申请书、出国留学申请书、困难补助申请书、助学贷款申请书、取消处分申请书等;三是要求某种权利的申请书,如专利申请书、使用权申请书等。

(三) 申请书的写作与要求

1. 申请书的写作格式

申请书的写作格式与一般书信基本相同,由标题、称谓、正文、结语、落款五个部分构成。

标题。可以只写文种"申请书"或"申请",也可以根据申请的事项和目的标明具体内容,如"入党申请书"、"助学贷款申请书"、"困难补助申请书"等。

称谓。在标题下顶格写明申请书接受者的名称,可写接受和批准申请的单位或部门的名称,也可写有关单位或部门负责人的姓名及职务称谓,如"××校长"、"××经理"、"××主任"等。

正文。这是申请书的主体部分,一般要写明三个方面内容:一是申请的事项。开门见山,清楚明白地提出具体要求和愿望。二是申请的理由,这是写作的核心内容,它既是申请人提出请求的基础和依据,又是有关部门批准申请事项的基础和依据。写作这些内容要做到情况真实、理由充分、合情合理、表述明晰。三是申请人的态度。明确表达申请人对申请事项批准与否的态度，一般是表明申请人对自己的愿望实现后作出的保证。

结语。申请书的结尾可写上一些表示感谢和希望的话，如“谢谢”、“请接受我的申请”、“请组织考察”或“请领导批准”等，也可像一般书信那样，写上“此致敬礼”之类的祝颂语。

落款。在右下方写上“申请人”三个字并加冒号，然后写明提交申请的单位名称或个人的姓名，若是单位提交的申请，还需加盖公章。在署名的下方标明提交申请的日期。

2. 申请书的写作要求

写作申请书主要有以下三个基本要求：一是请求事项要具体明确。要使接受者能清楚地了解申请人的意愿和具体要求，如果申请事项表述不明确，就会影响组织或领导的研究和处理。二是要真实反映情况。申请书中表明请求的理由时，应如实地介绍自己的实际情况，切忌为了使申请的事项能够得到批准而弄虚作假。三是根据接受对象确定行文重点。申请书是写给组织或领导看的，因此，要根据对象来确定写作的内容，对接受申请者已经了解的情况可以少写或不写，对接受申请者不太了解而有必要说明的情况，就一定要讲清楚。四是申请书的语言要简洁明了，措词要准确、得体，切忌浮泛冗长、东拉西扯，更不能说一些空话、套话和大话，同时，应避免用强求和命令的语气行文。

二、求职信

（一）求职信的含义与特点

求职信是求职者为谋求某一职位而向用人单位介绍自己的情况，进行自我推销的一种专用书信。求职者写作求职信，可以通过介绍自己的经历、学历、特长等，推销自己，使用人单位了解自己；也可以提出自己的要求，表达自己适合做何种工作、担任何种职务的愿望；还可以与用人单位联系、沟通，展示个人的才华，使用人单位量才录用。

求职信具有针对性、自荐性和简明性三个主要特点。针对性是指求职者必须针对实际（自己的实际条件和用人单位的实际情况）、针对自己求职的目的、针对所谋求的具体职位以及收信人的心理等撰写求职信；自荐性是指求职者需要“毛遂自荐”，通过求职信全面、客观地向用人单位介绍自己的学识、才能和特长等，供用人单位进行比较、选择和录用；简明性是指求职信的行文必须简明扼要，做到条理清楚、重点突出、分寸适度，在有限的篇幅内使自己的形象清晰、完美地呈现在对方面前。

（二）求职信的作用

面对日趋成熟的劳动力市场，各类人才都面临一个自我推销的问题，因此，要想在日益激烈的就业竞争中谋求一份满意、理想的工作，叩开事业的大门，最大限度地实现自身价值和社会价值，就必须重视求职信的写作，它是大学毕业生、社会青年谋求职业以及在职人员谋求发展的重要手段。

（三）求职信的写作与要求

1. 求职信的写作格式

求职信的格式一般包括标题、称谓、正文、结语、落款、附件等六个部分。

标题。在第一行正中位置直接标明文种“求职信”。

称谓。在标题下顶格写明用人单位或部门的名称，也可写单位或部门负责人的姓名，并视对方的身份、职务、性别和年龄等给予恰当的称呼。可按对方的职务称呼，如“××厂长”、“××经理”、“××校长”等，也可称“××先生”或“××女士”。如果不知道对方的姓名，可在单位名称后泛称“厂长先生”或“经理先生”等;如果不知道对方的职务,则可在单位名称后泛称“领导同志”或“负责同志”。为了表示尊重,称谓的前面还可加上“尊敬的”三个字。

正文。求职信的正文部分主要包括求职的缘由、谋求的具体职位、自己的情况和条件等三个方面的内容。正文的开头部分先交代清楚求职者的身份和求职的原因(即写作求职信的目的),接着表明自己希望谋求的具体岗位或职务。正文的主体部分,要针对用人单位的需求和自己的实际情况,全面、真实地介绍自己与求职目标相关的经历、学历、专长以及取得的业绩等。这部分是求职信写作的重点,关系到求职的成败。求职者应尽量把自己的特长、能力和优势凸显出来,以取得用人单位的肯定与认同。主体部分可着重从思想素质与业务素质两个方面来写。思想素质方面,主要介绍自己对工作的责任心、对遵纪守法的认识和态度以及道德品质方面的修养等;业务素质方面,主要说明自己求学期间所学的专业及掌握的专业技能、在校期间的学习成绩、取得的各种职业技能等级证书、参加过的各种大型活动或比赛以及获得的奖励、毕业实习的成绩及实习单位的鉴定评价等方面的情况。特别是在注重实际能力的今天,社会实践活动方面的经历和评价等相关内容对求职的成功尤其重要。

结语。主要以诚恳的态度提出自己的要求和期望。比如,希望对方能给自己一个面试的机会、盼望答复或静候佳音等,然后可写上“此致敬礼”之类的祝颂语,对私营企业和合资企业,可用“顺祝大安”、“即颂春(夏、秋、冬)安”等惯用语作为结语。

落款。在正文的右下方标明“求职人”并署上求职者的姓名,还可在姓名后写上“敬上”或“谨上”二字,以示礼貌和谦逊。然后在署名下面标明写信的日期。为方便联系,还应在信末写上自己的联系地址(通信地址或住址)、邮政编码、联系电话、电子信箱、微信号码或QQ号码等。

附件。它是对正文中所陈述的情况起证明作用的书面材料,附在求职信后面可增强其说服力。附件一般包括求职者的简历表、学历或获奖证书复印件、专业课成绩表、发表的作品(包括论文和著述)原件或复印件、职业技能等级证书复印件、学校或实习单位及有关专家的鉴定和推荐书等。各种附件都需有签名或盖章,确保其真实性。

2. 求职信的写作要求

写作求职信主要有以下一些基本要求:一是有的放矢。突出求职信的针对性特点,要针对谋求的某个具体岗位或职务,有所侧重地介绍自己的求职条件,那种毫无目的和针对性、到处撒网的求职信,很难命中目标。二是实事求是。介绍自己的情况和条件一定要真实、客观,不能夸大其词进行自我吹嘘,更不能捏造事实、弄虚作假,应该鄙弃那种为求职而编造履历、伪造文凭或证书的行为。三是显己所长。用人单位都希望被录用者既一专多能,又具有某种显著特长,因此,在求职信中应将求职者最显著的特长写进去,这样可以使自己在求职时凸显出自身的优势。四是简明得体。求职信的语言要简练,要在短小的篇幅内明确、清楚地介绍自己的情况及求职条件。如果篇幅过于冗长,语言啰唆、拖沓,则会令人厌烦。同时,求职信的措词要恰当、得体,语气既显得从容自信,又不狂妄自大。

【例文】

求　职　信

尊敬的××商场总经理:

我从《××晚报》上看到贵商场的招聘启事,这给我提供了一个极好的施展才华的机会。贵商场在省内外享有很好的声誉,有着良好的发展前景。我如能到贵商场从事橱窗装潢设计工作,将感到十分荣幸。我认为,自己的情况非常适合这个职位,现将我的简要情况介绍如下。

我叫陈××,男,今年23岁,本市人,现就读于××美术学院艺术设计系包装装潢设计专业,今年7月即将毕业。在大学四年的专业学习中,我的各门功课成绩均在85分以上,我的毕业设计作品"××××"被学校评为优秀毕业设计,学院×××教授拟将我的毕业作品推荐到《包装装潢》杂志发表。去年暑假,我应本市××社区的邀请,为他们创办"商业一条街"设计各种橱窗、招贴广告6件,其中,文化用品商店的橱窗设计,被评为××区商业系统最佳设计方案。

虽然我在橱窗设计方面做出了一些成绩,但实际工作经验还不够,可我深爱这项工作,四年的学习为我打下了扎实的专业基础,我完全有能力和信心胜任贵商场的橱窗设计工作。本人身体健康,能吃苦耐劳,有事业心、责任心和上进心,特请求总经理先生考虑我的求职,渴望您能够给我一个发挥自己才能的机会和平台。本人的通信地址是:××市××路×号,邮政编码:××××××,联系电话:××××××,QQ号:××××××。

静候佳音。

顺致

敬礼

求职人:陈××谨上

二〇××年五月十六日

附件:1. ××作品获奖证书复印件1份

2. ×××教授推荐信1封

3. 橱窗设计作品3幅

(选自陈少夫、丘国新编著《应用写作教程》,中山大学出版社2008年版)

第六节 述职报告和讲话稿的写作

一、述职报告

(一) 述职报告的含义与特点

述职报告是机关、团体、企事业单位的领导干部或者某一岗位的工作人员向主管部门及领导、群众陈述自己一定时期内履行岗位职责情况的一种应用文体。它是随着我国干部制度的改革和行政管理科学化,各地普遍实行了岗位责任制和聘用制以后而产生的一种新兴文体。

述职报告具有真实性、自评性、标准性等主要特点。真实性是指述职报告作为人员考核、评优、晋升的重要依据,要求述职者必须客观、真实地陈述履行岗位职责的情况,写入述职报告中的事实和各种材料必须符合实际,不允许随意夸大事实或隐瞒事实。自评性是指述职报告除了陈述述职者的工作情况之外,还必须进行自我评价。对于考核者而言,仅仅根据述职者对工作的陈述,还不足以对其工作业绩做出客观的考核,因此,由述职者进行自评,就可以为考核者提供参考依据。标准性是指述职者在进行自我评价时必然有一个客观标准,这个标准就是述职者所在岗位的行为规范、岗位职责和目标任务等。

(二)述职报告的作用

述职报告虽是一种新兴的文体,但其基本内涵由来已久。《孟子·梁惠王》中就有“诸侯朝于天子曰述职”,即诸侯向国君陈述职守、报告自己的任职情况就称为“述职”。延及当代,社会分工越来越精细,单位内部岗位职责日渐清晰明确,而且,随着近年来各单位和部门在用人制度上引入竞争机制,普遍实行了岗位责任制和聘用制,个人与职位的对应关系越来越密切。在这一形势下,述职报告被广泛地应用于各机关单位对干部、职员的管理和考核中。它既是个人履行岗位职责的自我评价,又是组织和人事部门对个人考核、评估的重要依据,既便于组织、人事部门选拔和任用德才兼备的管理人员或职员,又便于群众对领导干部等进行监督,同时,也能够促进干部和职工不断总结经验,明确工作职责,发扬成绩,克服缺点,把各项工作做得更好。

(三)述职报告的写作与要求

1. 述职报告的写作格式

述职报告通常由标题、署名、称谓、正文、落款五个部分构成。

标题。述职报告的标题主要有三种形式:一是由述职时限+述职者职务+文种构成的“三要素”标题,如《2010 年度任××学校教务处长职务的述职报告》;二是由述职时限+文种构成的“两要素”标题,如《2010 年度述职报告》;三是只写文种“述职报告”的标题。

署名。在标题之下居中标明述职者所在单位或部门的名称以及本人的姓名,有时还需在姓名前冠以职务名称。

称谓。在署名的下面顶格标明述职报告呈送的单位或部门的名称,如“××市委组织部”、“××学院人事处”等。

正文。述职报告的正文可分为前言、主体、结尾三个部分。前言主要是概述任职的基本情况,包括任职时间、具体职务、岗位职责的目标任务、完成任务的总体情况等。主体部分是述职报告写作的重点和核心,要具体介绍自己任现职以来的思想政治表现、取得的工作实绩、存在的主要问题等内容。思想政治表现方面,主要介绍任职期间对党和政府的路线、方针、政策和法规的执行情况,政治理论学习、思想道德修养、工作责任心和工作作风以及爱岗敬业精神等。工作实绩方面,主要写明任职期间对分管的工作或上级交办事务的完成情况,工作中解决了哪些实际问题,做了哪些实际工作,取得了哪些业绩,自己的业绩得到过哪些专家、领导或群众的肯定与赞扬等。这部分内容要写得详实而有条理,既要避免空洞、抽象的表述,又要防止面面俱到、主次不分。存在的主要问题方面,主要是自我评价在履行职责时工作上的失误或有待改进和完善的地方。在涉及问题与不足时,不可遮掩、隐瞒,也不可泛泛而谈,而要认真地、客观地解剖自己,对工作中出现的失误和造成的损失,要深入分析原因,明确自己应承担的责任,并在此基础上提出今后的打算和努力的方向。述职报告的结尾通常使用“以上述职,请予审查”或“述职完毕,请批评指正”等习惯性用语作为结束语。

落款。在正文末右下方标明“述职人”三个字并加冒号,然后署上述职者的姓名。在署名的下面标明呈送述职报告的日期。

2. 述职报告的写作要求

写作述职报告的要求主要有以下三方面:一是用事实说话,切忌空谈和自吹自擂。写作述职报告之前要重视对具体材料的搜集，充分占有那些能体现述职者履行岗位职责情况的各种材料，如工作计划、总结、简报、汇报材料、会议文件以及获奖证书等等，通过这些具体、真实的材料来反映自己的工作实绩，在此基础上才能全面、客观、准确地对履行职责情况进行自我评价。二是强化重点，突出主要业绩。述职报告的篇幅不宜过长（一般在 3 000 字以内），因此，表述的内容要主次分明，重点突出，将最能显示述职者工作实绩的关键事实、最能体现个人实际能力和水平的事实详尽地写入述职报告，而一般性、事务性的工作则一笔带过。写作述职报告要避免过于求全，不分主次。三是语言简洁、朴实。述职报告往往需要述职者在会上宣读，要在有限的时间内把自己所做的工作和取得的成绩展示给众人，就必须做到语言精炼，切忌重复啰唆或空话连篇。同时，要用朴实无华的语言进行表述，才能使读者或听众感到亲切、自然和真实。

二、讲话稿

（一）讲话稿的含义与特点

讲话稿是领导人在各种会议或广播电视等媒体上以及公众场合发表讲话时所使用的事先准备好的文稿。

这种用于公务活动的讲话稿不同于演讲稿。讲话稿一般由能代表本单位或部门发言的领导人所用，其内容往往体现本单位或部门集体的意志，而演讲稿只是反映演讲者个人的看法；讲话稿有的是由领导人亲自动笔起草的，有的是文秘人员根据领导人的意图代为起草的，有的甚至是经专门的写作班子反复讨论、修改后才定稿的，而演讲稿大都由演讲者本人撰写。

讲话稿主要具有政论性、临场性和灵活性等基本特点。政论性是指讲话稿的内容一般都有较强的政论色彩，或阐述党和国家的路线、方针、政策，或申明领导机关的决策、主张，或分析形势以统一认识，或澄清事实的真相以正视听，或总结经验教训以鼓舞士气等。临场性是指讲话稿是供领导人在某个会议或特定场合发表讲话时用的，它的效用还要通过书面语言转化为口头语言才能更好地体现，因而撰写讲话稿时要考虑到它的临场效果，其表达方式、结构形式以及语言运用等都应注意到这种特殊效果。灵活性既是指讲话稿的写作内容和形式比较灵活，不拘一格，又是指领导人发表讲话时要灵活地使用讲话稿，一般都要根据特定的场合作适当的、必要的增删修改和临场发挥。

（二）讲话稿的作用与种类

党政机关、社会团体和企事业单位及部门各项工作的开展，离不开人与人之间的交往和交流，领导人发表讲话正是同人们进行交流和沟通的途径之一。领导发表讲话特别是在一些重要会议和正式场合上发表讲话，事先准备讲话稿是十分必要的。准备讲话稿不仅使讲话显得郑重、严肃，还能使讲话更有条理和章法，使讲话的主题更加明确，避免东拉西扯，杂乱无章，浪费时间。简言之，讲话稿是增强讲话效果的重要工具和凭借。

讲话稿的种类较多，一般根据领导人讲话的场所，将讲话稿划分为不同的类型，常见的主要有政治会议讲话稿、工作会议讲话稿、会议主持讲话稿、汇报会或研讨交流会讲话稿、庆功表彰会或慰问会讲话稿、庆祝会或纪念会讲话稿、开幕式或闭幕式讲话稿、各种典礼或仪式讲话稿等。

（三）讲话稿的写作与要求

1. 讲话稿的写作格式

一般说来，讲话稿的写作没有固定的可供依循的格式。撰写讲话稿，可以根据表达的需要和内容的特点灵活地安排结构。讲话稿大致上是由标题、署名、称谓和正文四个部分构成。

标题。讲话稿的标题一般有以下三种形式：一种是由讲话人、会议名称和文种构成的"三要素"标题，如《××市长在全市职业教育工作会议上的讲话》；另一种是由会议名称和文种构成的"两要素"标题，如《在纪念四川汶川特大地震一周年活动上的讲话》；还有一种是由正标题和副标题构成的双行标题，正标题一般用来概括讲话的主题或基本内容，副标题则与第一种或第二种标题的构成形式相同，如《进一步学习和发扬鲁迅精神——在鲁迅诞生120周年纪念大会上的讲话》。有的讲话稿在标题之下还加上圆括号标明发表讲话的日期。

署名。在标题下面正中位置署上发表讲话的领导人的姓名，也可在讲话人姓名前标明其职务。如果采用"三要素"标题，其中已包含有讲话人姓名，则不需要署名。

称谓。在正文之上顶格写上称谓，一般多用泛称或类称，如"同志们"、"朋友们"或"各位代表"之类就是泛称，"各位领导、老师们、同学们"就是类称。如果有重要来宾到会，还可加上专指性称呼，以示礼貌和尊重。讲话稿的称谓要注意照顾到与会的各方面听众，周密而得体，避免有所遗漏而失礼。

正文。讲话稿的正文可分为开头、主体和结尾三个部分。开头部分有多种写法，可以概述讲话的背景和形势，可以说明讲话的缘起，也可以揭示讲话的内容范围，还可以开门见山表明讲话的主题。有的讲话稿还要在开头说明讲话者的身份和讲话的角度，以体现讲话的权威性，增强讲话的影响力。主体部分是正文的核心部分，根据会议的内容和发表讲话的目的，可以重点阐述如何领会会议文件和会议精神；可以结合本单位情况，提出贯彻会议精神以及有关指示的意见；也可以指明方向，明确工作目标，布置任务，提出措施、办法和具体要求；还可以通过分析形势，总结成绩，阐述经验教训等。如果主体部分内容较多，可采用条文式或列小标题式的写法，使讲话的条理清楚，层次明晰，结构严谨。讲话稿正文的结尾部分可以总结全文，表明主题；也可以提出希望，发出号召；还可以表明态度或表达祝愿等。

2. 讲话稿的写作要求

讲话稿的撰写主要有以下一些基本要求：一是针对性要强。领导讲话通常有特定的场合和固定的听众，撰写讲话稿必须充分考虑讲话场合和听众的特点，据此确定讲话的主题、材料和语言形式。如果针对性不强，就不会收到预期的效果，甚至会使听众产生逆反心理。因此，撰写讲话稿要把握与会者和听众的思想脉搏，回答他们普遍关心和迫切需要解决的问题，说明大家欲知未知的情况和道理，给听众以有益的启迪。二是主题要突出。讲话稿的内容不要面面俱到，也不能东拉西扯、漫无边际，而必须紧紧围绕着一个中心，有一个明确的主题。同时，由于听众通过听觉获取信息，不能反复研读讲话内容，因而讲话稿的主题必须鲜明突出，切忌含而不露。三是语言要上口入耳。讲话稿要将无声的文字变为有声的语言，应同纯粹的书面语言有所不同，带有口语的特点，因此，撰写讲话稿要做到"上口"，即讲起来与平常说话没有多大区别，还要做到"入耳"，即让人听起来没有什么障碍。这就要求讲话稿在语言表述上必须注重口语化和通俗化，多用口头语言，少用书面语言；多用短句，少用长句或倒装句；多用规范、标准的词语，少用方言土语，不可滥用简称或缩略语。

【例文】

在纪念红军长征胜利80周年大会上的讲话
（2016年10月21日）
习近平

同志们：

今天，我们在这里隆重集会，纪念中国工农红军长征胜利80周年。

红军长征的那个年代，中国处在半殖民地半封建社会的黑暗境地，社会危机四伏，日寇野蛮侵略，国民党反动派置民族危亡于不顾，向革命根据地连续发动大规模"围剿"，中国共产党和红军到了危急关头，中国革命到了危急关头，中华民族到了危急关头。

面对生死存亡的严峻考验，从1934年10月至1936年10月，红军第一、第二、第四方面军和第二十五军进行了伟大的长征。我们党领导红军，以非凡的智慧和大无畏的英雄气概，战胜千难万险，付出巨大牺牲，胜利完成震撼世界、彪炳史册的长征，宣告了国民党反动派消灭中国共产党和红军的图谋彻底失败，宣告了中国共产党和红军肩负着民族希望胜利实现了北上抗日的战略转移，实现了中国共产党和中国革命事业从挫折走向胜利的伟大转折，开启了中国共产党为实现民族独立、人民解放而斗争的新的伟大进军。

这一惊天动地的革命壮举，是中国共产党和红军谱写的壮丽史诗，是中华民族伟大复兴历史进程中的巍峨丰碑。

在这里，我代表党中央、国务院和中央军委，代表全党全军全国各族人民，向领导红军创造这一历史伟业的毛泽东、周恩来、朱德同志等老一辈革命家，向在长征中浴血奋战和在各地坚持革命斗争的红军指战员，向当年支援红军长征的各族人民特别是各革命根据地人民，向所有健在的红军老战士，致以崇高的敬意！

穿越历史的沧桑巨变，回望80年前那段苦难和辉煌，我们更加深刻地认识到，长征在我们党、国家、军队发展史上具有十分伟大的意义，对中华民族历史进程具有十分深远的影响。长征是一次理想信念的伟大远征。崇高的理想，坚定的信念，永远是中国共产党人的政治灵魂。中国共产党从成立之日起，就把共产主义确立为远大理想，始终团结带领中国人民朝着这个伟大理想前行。党和红军几经挫折而不断奋起，历尽苦难而淬火成钢，归根到底在于心中的远大理想和革命信念始终坚定执着，始终闪耀着火热的光芒。长征是一次检验真理的伟大远征。真理只有在实践中才能得到检验，真理只有在实践中才能得到确立。长征途中，红军面临着凶恶残暴的追兵阻敌，面临着严酷恶劣的自然环境，还面临着同党内错误思想的激烈斗争。经过长征，党和红军不是弱了，而是更强了，因为我们党找到了中国革命的正确道路，找到了指引这条道路的正确理论。长征是一次开创新局的伟大远征。长征的胜利，是方向和道路的胜利。长征的过程，不仅是战胜敌人、赢得胜利、实现战略目标的过程，而且是联系实际、创新理论、探索革命道路的过程。长征出发前，由于党内"左"倾教条主义的错误领导，中央革命根据地第五次反"围剿"失败，其他根据地也遭受挫折，中国革命面临着方向和道路的抉择。面对乱云飞渡、惊涛骇浪，我们党表现出无所畏惧的伟大实践精神，表现出浴火重生的伟大创造精神，在血与火中趟出了一条走向新生、走向胜利的革命道路。

历史是人民创造的,英雄的人民创造英雄的历史。今天中国的进步和发展,就是从长征中走出来的。今天的长征同当年的红军长征相比,同改革开放以来我们已经走过的新长征之路相比,虽然在环境、条件、任务、力量等方面有一些差异甚至有很大不同,但都是具有开创性、艰巨性、复杂性的事业。长征永远在路上。一个不记得来路的民族,是没有出路的民族。不论我们的事业发展到哪一步,不论我们取得了多大成就,我们都要大力弘扬伟大长征精神,在新的长征路上继续奋勇前进。

弘扬伟大长征精神,走好今天的长征路,必须坚定共产主义远大理想和中国特色社会主义共同理想,为崇高理想信念而矢志奋斗。长征胜利启示我们:心中有信仰,脚下有力量;没有牢不可破的理想信念,没有崇高理想信念的有力支撑,要取得长征胜利是不可想象的。邓小平同志说:“过去我们党无论怎样弱小,无论遇到什么困难,一直有强大的战斗力,因为我们有马克思主义和共产主义的信念。有了共同的理想,也就有了铁的纪律。无论过去、现在和将来,这都是我们的真正优势。”

弘扬伟大长征精神,走好今天的长征路,必须坚定中国特色社会主义道路自信、理论自信、制度自信、文化自信,为夺取中国特色社会主义伟大事业新胜利而矢志奋斗。长征胜利启示我们:只有掌握科学理论才能把握正确前进方向;只有立足实际、独立自主开辟前进道路,才能不断走向胜利。长征走过的道路,不仅翻越了千山万水,而且翻越了把马克思主义当做一成不变的教条的错误思想障碍。长征给我们的根本经验和启示,就是要坚持马克思主义基本原理同中国具体实际相结合,坚定不移走符合中国国情的革命、建设、改革道路。

弘扬伟大长征精神,走好今天的长征路,必须把人民放在心中最高位置,坚持一切为了人民、一切依靠人民,为人民过上更加美好生活而矢志奋斗。长征胜利启示我们:人民群众有着无尽的智慧和力量,只有始终相信人民,紧紧依靠人民,充分调动广大人民的积极性、主动性、创造性,才能凝聚起众志成城的磅礴之力。一部红军长征史,就是一部反映军民鱼水情深的历史。同人民风雨同舟、血脉相通、生死与共,是中国共产党和红军取得长征胜利的根本保证,也是我们战胜一切困难和风险的根本保证。

弘扬伟大长征精神,走好今天的长征路,必须把握方向、统揽大局、统筹全局,为实现我们的总任务、总布局、总目标而矢志奋斗。长征胜利启示我们:一个党要立于不败之地,必须立于时代潮头,紧扣新的历史特点,科学谋划全局,牢牢把握战略主动,坚定不移实现我们的战略目标。长征走的是高山峻岭,渡的是大河险滩,过的是草地荒原,但每一个行程、每一次突围、每一场战斗都从战略全局出发,既赢得了战争胜利,也赢得了战略主动。这既是一种精神,也是一种智慧。

同志们!

长征胜利80年来,我们党团结带领全国各族人民,不断推进革命、建设、改革伟大事业,进行了一次又一次波澜壮阔的伟大长征,夺取了一个又一个举世瞩目的伟大胜利。现在,我们比历史上任何时期都更接近中华民族伟大复兴的目标,比历史上任何时期都更有信心、有能力实现这个目标。我们这一代人,继承了前人的事业,进行着今天的奋斗,更要开辟明天的道路。

蓝图已绘就,奋进正当时。前进道路上,我们要大力弘扬伟大长征精神,激励和鼓舞全党全军全国各族人民特别是青年一代发愤图强、奋发有为,继续把革命前辈开创的伟大事业推向前进，在实现“两个一百年”奋斗目标、实现中华民族伟大复兴中国梦新的长征路上续写新的篇章、创造新的辉煌！

（摘自《人民日报》2016 年 10 月 22 日第 1 版）

【思考与练习】

1. 计划与总结的写作特点和要求有何区别？

2. 调查报告按内容和作用可分为哪几种类型？写作时需要注意哪些问题？

3. 合同与协议主要有哪些相同点和不同点？

4. 毕业论文的写作格式具体包括哪些必备项目？

5. 申论考试中写作申发论述文章的基本要求是什么？

6. 指出下面这份《家教协议》存在的主要问题并加以修改：

家教协议

甲　方：×××（××学院××系 09 级学生）

乙　方：×××（受辅导学生家长）

第一条　甲方根据乙方的需要，利用周末对乙方的孩子进行学习辅导。

第二条　甲方在教学活动时，负责对乙方的孩子解答疑惑，指导课程学习。乙方不得以不正当理由解雇甲方或者拒付甲方报酬。

第三条　甲方的劳动报酬按小时计算，乙方对甲方有一个试用期，如果乙方满意，则正式聘用。聘用期限届满，此协议即终止。

第四条　如有一方违反协议，另一方有权单方终止解除协议，并补偿对方一定的损失。

第五条　本协议一式两份，甲乙双方各执一份，双方签字盖章后生效。

甲方：　　　　（签章）　　　　乙方：　　　　（签章）

地址：　　　　　　　　　　　　地址：

联系电话：　　　　　　　　　　联系电话：

20××年×月×日

7. 选择一个调查对象，利用假日进行社会调查，然后撰写一篇 1 500 字以上的调查报告。

8. 用手抄报的形式办一期反映自己所在院系的团总支或学生会本学期开展的某些活动的情况简报。

9. 结合自己所学专业和兴趣选择一个毕业论文的研究课题，拟写出开题报告和写作提纲。

10. 假如你即将毕业，请根据专业特点和自身实际写一封求职信。

第五章　演讲与口才

《战国策》中，平原君盛赞毛遂："一言之辩重于九鼎之宝，三寸之舌强于百万之师。"终使楚王同意签订合纵盟约。这就是演讲与口才的力量。的确，在古今中外的历史上，演讲对改变社会、弘扬正义曾起到过巨大的作用，演讲素养应是当代大学生必备的素养之一。

第一节　演讲的含义、特征和作用

一、演讲的含义

演讲，《现代汉语词典》又称演说或讲演。演，本义指水流，转义为语流，引申意为像流水般通畅地表达。演讲的含义，简言之，就是指演讲者在一定的时空条件下，以有声语言为载体向听众阐述自己的见解和主张，以抒发情感、感召听众为目的的一种语言活动。

演讲有广义和狭义之分。广义的演讲泛指在公开场合发表的意见或讲话，如开幕词、闭幕词、祝酒词、迎送词以及各类大会发言等。狭义的演讲专指有组织有程序的各类演讲会。狭义的演讲更注重于演讲技巧，"演"的成分比广义的演讲重，广义的演讲更侧重于内容，"讲"的成分比狭义的演讲重。

为了更准确地把握演讲的内涵，我们把演讲与其他口语表达形式做一番比较。

演讲不同于朗诵。二者属于不同的范畴。朗诵是一种语言艺术表演活动，它是结合各种语言手段（诸如停连、重音和语调等）表现朗诵者对作品的诠释。对听众来讲，它更侧重于欣赏性；演讲则是一项带有艺术色彩的社会实践活动，它是以声音为载体，以"讲"、"演"、"论"为主要手段，演讲者把自己对生活的各种观点、意见条理明晰地传达给听众，它更侧重于宣传鼓动性。

演讲不同于讲课。讲课通常是传授知识，解答疑难。讲课者要讲清楚明白，便于听课者接受和掌握，并需要与学生沟通交流。演讲主要是把自己的思想很有逻辑地表达出来，目的是通过表达自己的观点去打动听众的心灵。

演讲不同于谈话。谈话很随意，无需专人组织安排。谈话主体不固定，主题和内容也会随着谈话者的兴致而变化，语言表述不一定完整、规范，演讲一般有专人组织，主题明确，流程规范。

作为人类的一种社会实践活动，完整的演讲还应具备几个主要因素：演讲的主体、演讲的受体、演讲的客体和演讲的载体。演讲的主体即演讲者，是演讲活动的具体执行者。由他构思文稿，设计一切演讲技巧，然后诉诸语言展示给听众。演讲者自身应具有高尚的品质、丰富的学识以及优良的口头表达能力。演讲的受体即听众，是演讲活动的接受对象。听众能随着演讲者的情绪不断反馈各种信息，所以演讲者要树立听众意识，根据听众的年龄层次、文化背景、职业特点等，因人制宜，有的放矢。演讲的客体，即演讲的内容。它是演讲的核心，体现了演讲者的思想深度和知识水平，所以演讲内容要认真准备，尽力做到真诚、科学，富有时代精神。演讲的载体，包括口头语和态势语。演讲者的思想是借助演讲语言传递给听众的，所以语言对于演讲来说，就是匕首和投枪，是演讲者的武器，演讲者要娴熟运用，并最大限度地发挥其作用。演讲中辅之以态势语，可增强演讲效果。

二、演讲的特征

（一）现实性与针对性

演讲是演讲者针对现实生活中人们关注的事件和问题向听众陈述自己的主张和看法的一种活动。演讲主题必须围绕人们关注的思想观念、人生价值等永恒话题或现实中的热点话题进行设计，所以演讲是对现实生活的判断和评价。演讲必须紧跟时代，把握社会脉动，因而具有现实性与针对性。

（二）鼓动性与感染性

演讲的目的，就是要向听众阐释自己的观点主张，然后激发起人们心中的热情或促使人们理性地思考，它在传播真、善、美的同时，还要开启人们的智慧，陶冶人们的情操，引起听众的共鸣。如 1946 年，闻一多遇害之后，重庆市六千多民众举行了隆重的追悼大会。他 14 岁的儿子闻立鹏代表家属致答谢词，他满怀悲愤的凭吊演讲，激起了群众的极大愤怒，他的演讲多次被群众的哭声、掌声和口号声所打断。

（三）艺术性与技巧性

演讲二字，即又“演”又“讲”，“讲”为主，“演”为辅。所以尽管演讲是一项社会实践活动，但它同样具有艺术性，需要讲究表演技巧。与演讲相关的一些表演技巧，诸如声音的控制、肢体语言的配合、眼神的运用、表情的协调等，都能带来艺术的享受，增强演讲的效果。

三、演讲的作用

因为演讲产生的社会效应十分巨大，所以自古以来被人们所重视。早在公元前 3000 年左右，一位年迈的法老对即将继承王位的儿子麦雷卡语重心长地说：“当一个雄辩的演讲家，你才能成为一个坚强的人……舌头就是一把利剑，演讲比打仗更有威力。”同时，演讲也能促使演讲者自身综合素质的提高。

（一）对演讲者而言

演讲这一实践活动对演讲者个人来说，具有促进作用。

成功的演讲家都是通过后天努力不断打磨而成的。为了一场场成功的演讲，演讲者必须付出艰苦的努力。1943 年，宋美龄女士在美国国会的即席演讲中谈到，她在参观总统图书馆时看到了一个玻璃箱，里面盛放了罗斯福总统关于一次演讲的 6 份草稿，她非常感慨，罗斯福总统说，有时他一次演说得写 12 份草稿。不断地付出，才会不断地成长。罗斯福总统因此而成为知名的一流演说家。因此，学习演讲和实践演讲的过程，就会促使演讲者平日里不断加强修养，增加阅历，具备前沿的思想，关注社会的动态，培养良好的思维方式和语言表达能力，这样一次次的演讲磨砺，就促成了演讲者的不断成熟与进步。

（二）对社会而言

1. 教育引导作用

演讲活动展开的过程中，演讲者的思想观点、人生态度必然流露于他激情昂扬或冷静深邃的语言之中，听众也会随之产生情感的涟漪，达到开启智慧、启迪思想的目的，引起听众共鸣，从而引导人们向真、向善、向美。正如古希腊哲学家德谟克里特所说："用鼓动和说服的语言来造就一个人的道德，显然比用法律和约束更能成功。"

2. 传达信息作用

一场成功的演讲，内容必然丰富深刻，其间容纳的各种知识和信息随着演讲也传达给了听众。

第二节　演讲的类型

演讲的类型可以从内容、作用、表现形式等多种角度来划分。

从内容的角度演讲可分为政治演讲、生活演讲、学术演讲、法庭演讲、宗教演讲五种类型；从作用的角度演讲可分为"使人知"、"使人信"、"使人激"、"使人动"、"使人乐"五种类型；从表现形式的角度演讲可分为命题演讲、即兴演讲和论辩演讲三种类型。下面我们从表现形式的角度具体分析一下不同类型的演讲。

一、命题演讲

命题演讲，是指演讲者根据拟定的题目或演讲主题范围，经过准备后而进行的演讲。

（一）命题演讲的特点

命题演讲是事先由主办方拟定题目或演讲主题范围，再由演讲者根据拟定的题目或演讲主题范围进行准备，因此其最突出的特点是：命题具有规定性，这里的规定性即指演讲主题或范围。

（二）命题演讲的类型

命题演讲有全命题演讲和半命题演讲两种类型

全命题演讲指演讲者根据拟定的题目而做的演讲。例如，主办者请你以"扬起生命的风帆"、"活到老学到老"等为标题参加演讲比赛等，都是全命题演讲。

半命题演讲指演讲者根据演讲主题范围而自行拟定题目所作的演讲。例如，为了让当代大学生探讨信念对于人生发展的重要性，主办方要求围绕"人生与信念"为主题，自拟题目进行演讲。你就可以拟定"信念是人生的航灯"或"信念永不倒"的题目进行演讲。又如，为了鼓励大学生毕业后到西部工作，主办方要求你围绕这个主题，自拟题目演讲，这都是半命题演讲。

（三）命题演讲的技巧

要想获得命题演讲的成功，必须遵循命题演讲的特点，可从以下两方面入手：

首先，要明确给出的是主题还是范围。如果题目本身就是主题，只要围绕主题展开即可。一般而言，主谓结构、动宾结构、动补结构的题目本身就是主题。如"青春为祖国闪光"、"继续发扬节俭的精神"、"路在脚下"等题目。如果题目给出的只是范围，演讲者还需要确定一个主题。一般偏正结构、并列结构的题目都是只给出范围，如"警察的风采"、"成才与报国"等题目。演讲者则须确立主题后再围绕主题组织材料。

其次要分析题目，抓住重点。如"警察的风采"一题，就要理解"风采"的词义，它不仅指外在的仪表美，而且重在内心的思想与内涵，然后，在此基础上思考"警察该有什么样的风采"，这是演讲论述的重点，这样才能演讲得比较深刻。

演讲者如果不注重命题演讲的特点即命题的规定性,不认真审题,则容易跑题或流于肤浅,导致演讲失败。

(四)命题演讲稿的写作

命题演讲最重要的是准备演讲稿。演讲稿在演讲中的作用表现在:体现出演讲者对演讲的重视,对听众的尊重;保证思路与语句畅达,适当减轻心理负担,以增强演讲效果;促进演讲者对演讲规律的研究。

1. 了解背景,有的放矢

古语云:"凡事预则立,不预则废。"编写演讲稿之前,一定要对演讲相关的背景做一番了解,做到有的放矢。

一是对演讲对象的了解,即听众的了解。包括听众的身份、性别、年龄、种族、爱好以及文化层次等。不同的听众,其鉴赏水平各不相同。演讲前应把这一切纳入演讲稿的构思之中,一个说法、一个称呼也应再三斟酌。

二是对演讲场合的了解。即演讲地域的自然环境、社会背景的了解,包括当时的天气状况、演讲场地,当地的风土人情、思想动态以及政治倾向等。在演讲稿写作前应做充分的调查和思考,才能做到有的放矢,使演讲更为成功得体。

2. 明确主旨,拟好标题

一场成功的演讲必须主旨明确,突出中心与重点,绝不能含混不明,标题的设计就是一个体现,可把主旨体现在演讲稿的标题上。标题范围的宽窄、内涵的多少应与演讲内容一致。所以标题力求鲜明简洁、响亮且富有内涵,切忌晦涩啰唆,内涵单薄无力。有的题目,词语之间非常牵强,甚至毫无联系,如《理想、命运与路的思考》。不拟好标题就难以激起听众聆听的欲望。

比较好的标题如:《在磨难与痛苦中创造亮丽的人生》、《红绿灯下赤子情》、《忧劳可以兴国,逸豫可以亡身》、《人生的价值何在?》、《有志者事竟成》;不理想的标题如:《奋斗篇》、《我自信》、《谈谈德与才》等。

3. 结构清晰,脉络分明

演讲稿的信息通过演讲者的声音传递给听众。如果演讲稿结构复杂纷繁,不仅容易让听众陷于茫然不知的状态,而且有时甚至让演讲者自己的思路紊乱,影响演讲效果。所以演讲稿结构必须简洁明晰,它不同于一般文章,即使结构层次复杂些,读者也可反复咀嚼。演讲稿的信息是通过演讲者的声音进行传递这一特点,还要求演讲稿在行文时不能像一般文章,在反映事物的多层次时,最好不要用序码、小标题、空行、分段等方式来显示其结构层次,可采用提示语、承上启下语等文字内容,引导听众对演讲内容的把握。同时,在演讲稿的写作中,要注意逻辑规则,如对材料进行组织时要分类清楚,概念明确,防止相互交叉,推理论证要逻辑严密,这样,听众才会一听了然。

4. 精心设计,技巧暗含

演讲需要一些技巧,这些技巧需要精心设计,暗含到演讲稿的内容中去,这些技巧包括表达方式的合理选择、修辞手法的恰当运用、演讲高潮的精心设置、态势语的运用等。

选择表达方式时,根据情境的需要,该叙述就叙述,该抒情就抒情,该议论就议论,抑或夹叙夹议,抑或叙述与抒情相交融,侃侃而谈,以达到对演讲效果的最好烘托。

修辞手法的运用必不可少。写演讲稿时,可以大量地使用排比句和设问句,化一般性的叙述为激情洋溢的抒情,这样可以气势磅礴、扣人心弦。幽默是智慧的体现,幽默的运用,如一些高雅而有情趣的笑料、顺口溜、打油诗等,能增强演讲的感染力,衬托手法、点染手法的运用,能较好地突出中心。

成功的演讲,是必须有高潮的。高潮和态势语都需精心设置。高潮的位置和次数需认真研究,深情或激昂的语言配以得体的动作都会为听众创设一个真切动人的意境,这样就会妙语连珠,高潮迭起。较短的演讲,可将高潮安排在结尾,较长的演讲,宜在中间或结尾出现几次高潮。

5. 入情入理,情理交融

动之以情,晓之以理,是决定演讲成败的关键。好的演讲稿不仅阐释了关于客观世界的真理和人生的哲理,而且饱含了对世界的热爱、对生命的尊重、对人生的憧憬和对真善美的歌颂。情与理应相互交融,两者"合则双美,离则两伤",许多成功的演讲,就是情理交融的典范,如郭沫若的演讲《科学的春天》、闻一多的《最后一次演讲》,诗情与哲理结合,真理与激情交融,是演讲中情理结合的佳作。

6. 反复揣摩,认真修改

"文章不厌百回改",好文章都是改出来的,演讲稿也需要认真修改,才能逐步完善。

修改过程中首先从整体入手:检查观点是否正确,结构是否完整,篇幅长短是否适中。观点是文章的核心,既不能偏离正确的方向,又不能模糊含混;检查结构时,看看开场是否独特新颖,是否有吸引力,结尾是否发人深省或富有号召力,高潮设置是否恰当,全文脉络是否清晰;篇幅长短必须在规定时间内,少则补充,多则删减,如果时间不好预先把握,最好在保持内容整体完整的前提下,使之具有一定的伸缩性,便于临场演讲时随机调整。

其次,从局部入手:检查行文的材料是否翔实,是否能为观点服务,不能佐证观点时应毫不吝惜地调换;检查语句时,要字斟句酌地进行锤炼。由于演讲稿的信息是通过演讲者的声音传递给听众,所以演讲稿的语言必须精练传神,做到朗朗上口,铿锵有力。

二、即兴演讲

即兴演讲,又称即席演讲,或称即兴讲话。即演讲者在特定的情境下,事先并没有做任何准备,自发或被要求立即进行的临时性演讲,它是一种不凭借文稿进行的语言活动。

(一)即兴演讲的特点

1. 临场发挥

与命题演讲相比,即兴演讲由于时间的短暂性、准备的临时性导致演讲者无法事先写稿,更无法反复修改和排练,大多在短暂的几分钟内打好腹稿,是靠"临阵磨枪",现场有感而发。即兴演讲比赛,则是当场抽签,根据题目临时准备演讲内容,马上进行比赛。

如在某"钻石表杯"业余书评授奖大会上,一位同志即兴讲话:

今天,我参加"钻石杯"业余书评授奖会,我想说的一句话是:钻石代表坚韧,手表意味时间,时间显示效率。坚韧与效率的结合,这是一个人读书的成功所在,一个人的希望所在。

2. 篇幅短小

即兴演讲具有临场发挥的特点,使得这类演讲必然主题单一、篇幅短小、时间短暂。有的两三分钟,有的甚至寥寥几句。

如美籍华裔教授丁肇中《获颁诺贝尔物理学奖时致辞》：

国王、王后陛下，皇族们、各位朋友：

得到诺贝尔奖，是一个科学家最大的荣誉，我是在旧中国长大的，因此想借这个机会向发展中国家的青年们强调实验工作的重要性。中国有句古话："劳心者治人，劳力者治于人。"这种落后的思想，对发展中国家的青年们有很大的害处。由于这种思想，很多发展中国家的学生都倾向于理论的研究，而避免实验工作。事实上，自然科学理论不能离开实验的基础，特别是物理学，更是从实验中产生的。我希望由于我这次得奖，能够唤起发展中国家的学生们的兴趣，而注意实验工作的重要性。

3. 口语化特点

由于是在现场临时组织内容，发表即兴讲话，宜少用或不用书面语。即兴演讲中的句式大多短小灵活，一般不用难以理解的长句。

4. 适用面广

在演讲类型中，即兴演讲是使用频率最高、应用范围最广的一种。在日常生活中，如迎送、婚礼、寿辰、竞选、就职、答谢、聚会、哀悼等场合下，都需要做临时的发言或讲话。在这些场合，演讲者只要言简意赅，根据情境当众表达或祝贺、或欢迎、或感谢、或缅怀的心意即可，不宜长篇累牍。随着社会生活节奏的加快，即兴演讲越来越受到各方面的欢迎。

（二）即兴演讲者应具备的素质

1. 较高的"现场"要求

首先，是对现场灵感捕捉的要求，即兴演讲是演讲者即兴发挥而成，这就要求演讲者能迅速捕捉现场的人与事，激发演讲的灵感火花，找好演讲的切入点。

其次，是对现场处理材料能力的要求，即兴演讲中，演讲者必须具备较强的综合处理材料的能力，把零散的材料迅速组织成一个有机的整体，使之为观点服务。

再次，是对现场表现能力的要求，演讲者要大胆出众，能在众人面前克服羞怯心理，不惊慌脸红，木讷不成语。

最后，是对现场应变能力的要求，临场时出现的各种意外，如冷场、忘词，甚至观众起哄等，都必须有一种现场驾驭的能力，要沉着冷静，巧妙应对，以确保演讲顺利完成。

2. 良好的知识储备

只有知识储备丰富，演讲者才能在短暂的时间内快速从脑海中筛选到合适的材料，使即兴演讲具备知识的广度。

3. 一定的思想深度

演讲者对材料的把握与挖掘，不仅是演讲构思能力的体现，而且是思想深度的体现。演讲者具有思想的深度，才能通过事物表层迅速上升到对本质的认识，演讲才会深刻，才有启迪。演讲内容若流于肤浅、表面，必然激不起听众心中的涟漪，让人觉得索然无味。

（三）即兴演讲的技巧

即兴演讲的成功，不是一蹴而就的事情，除了平日广泛关注时事，洞悉国内外大事，注重知识素养的积累外，还有赖于恰当地运用技巧。

1. 善于观察现场

在活动中，演讲者要迅速了解现场，及时收集捕捉现场的各种信息，包括现场环境（时间、地点、场景）、听众、会议的主题、争论的焦点、其他演讲者的演讲等，这样才有利于激发自己的兴奋点，以便确定自己演讲的话题。

1924 年 5 月 8 日，印度诗人泰戈尔在北京过 64 岁寿辰，中国文化界的朋友为他举行了祝寿仪式。祝寿活动由胡适主持，梁启超登台即兴演讲："今天我们所敬爱的天竺诗人在他所爱的震旦过他 64 岁生日，我用极诚恳、极喜悦的心情，将两个国名连起来，赠给他一个新名'竺震旦'。"梁启超博古通今，引经据典，融会中外的即兴演讲，博得全场的热烈掌声。此时，胡适走上前来，用英语幽默地说："今天一方面是祝贺诗哲 64 岁生日，另一方面是祝贺一位刚生下来不到一天的小孩的生日。"说得大家哄堂大笑。泰戈尔更是喜不自禁，连连称谢。

由于梁、胡二人善于观察现场，话题选择得体，故他俩的即兴演讲生动活泼，既趣味横生又充满了对朋友的情谊。

2. 保持稳定良好的心理

有稳定的情绪才会有十足的信心，才能保证思路清晰，语句畅达，言之有物。

3. 快速思维

进行快速思维要讲方法。首先确定话题、观点、框架，框架有直入式和曲折式两种模式。直入式也称为三段式，这种模式易学易用，方法是：先亮出观点，然后围绕观点进行论证和阐述。第一段：先旗帜鲜明地亮出观点；第二段：运用典型事例论证观点；第三段：结尾部分，或发出倡议，或表示决心，或展望未来，与第一段呼应。曲折式也称为卡耐基的"魔术公式"，方法是：先举例，再叙主旨要点，三说理由，进行论证分析。其次确定思维方式。思维方式有逆向思维、纵深思维、发散思维、综合思维几种类型。演讲者根据现场观察获取信息后应迅速做出选择。再次善借媒介，快速联想，可"借"的东西很多，只要演讲者善于观察现场，就可取很多东西为我所用。诸如借题发挥，借人发挥，借物发挥，借事发挥，借景发挥等。最后，快速组织语言。总之，快速思维就是一个快速组织语言贯穿材料的过程。

4. 一定的表达技巧

首先要讲究开头技巧。一篇文章有个好的开头就等于成功了一半，演讲也如此，所以，好的演讲要善于在开头上下功夫。美国著名口才大师洛克伍德说过："在整个讲话过程中做到轻松地、巧妙地和大家交流思想是困难的。然而，做到这一点的关键是讲话开头的用字表达。"开头的方式很多，有故事式、悬念式、自我介绍式等。

其次要会巧取现场材料，论证观点。根据即兴演讲的特点，只有多联系现场中的人和事，才会增强现场感和针对性，才会最大可能地抓住听众的注意力。

再次语言应生动，情感要真挚。有魅力的演讲语言，总是绘声绘色，生动传神，从而有利于渲染情感，打动听众。演讲者必须要有真情，演讲者动了真情，才能喜怒哀乐分明，才能与听众心神相通，从而感染听众，达到交流情感的目的。

最后要短小精悍，简洁明了。即兴演讲多是在一种激发情绪的状态下进行的，多是有感而发，所以短小精悍、清楚明了为好。

三、论辩演讲

论就是议论、论述，辩就是辩解、辩明是非或辩驳。论辩演讲即指人们因对某个问题产生不同意见而展开的面对面的语言交锋，通过阐述各自见解，宣传各自主张以达到明辨是非的目的。比如，我们生活中常见的外交论辩、法庭论辩以及生活中的其他论辩等。论辩演讲对演讲者要求较高，除了思想素质高以外，必须要有严密的逻辑性、较强的应变性。

（一）论辩演讲的特点

1. 冲突对抗性

首先体现为双方观点的对立。当人们对某一问题产生意见分歧时，为了明辨是非解决矛盾，双方必须进行针锋相对的争论，而这种争论是由观点冲突造成的。其次表现在语言上的正面交锋。双方唇枪舌剑，各抒己见，互不相让，努力论证自己的观点，批驳对方的观点，呈现出一种攻与守的对抗状态。

2. 具有实用价值

论辩演讲可用到生活的方方面面，大到国家政务，小到日常生活，因为世界充满着矛盾与冲突，为了明辨是非解决矛盾，就离不开论辩。同时，在论辩过程中，高强度的对抗，极大地锻炼了人的思维和语言表达能力。

3. 体现综合素养

论辩演讲不仅是一门语言活动，更是兼思想道德、知识积累、逻辑、心理于一体的综合口语表达艺术。所以，论辩演讲不仅体现了演讲者的口才较量，更有价值的高下取舍，不能流于低俗，是演讲者综合素养的体现。

4. 讲究策略技巧

论辩中要想阐释自己的主张，宣传自己的观点，需要讲究策略。诸如论辩技法的合理运用、论辩语言的雄辩有力等。

（二）论辩演讲的类型

1. 日常自由辩论

日常自由辩论指人们在日常生活中，由于生活阅历的不同，各自认识水平的差异，使得观点产生分歧，为了表明各自主张而进行的辩论。这类辩论，形式自由随意，没有组织者，没有时间、人员、地点的预先安排，它是随情境而自然产生，它不一定有结果，也没有胜负评判。

2. 专题辩论

专题辩论是主持者按预定的程序，通过有序的准备，按一定的规则而组织的一场辩论，以期达到明辨是非、批驳谬误的目的。这类辩论，是以团体演讲比赛形式出现。主办方必须要给定题目，并且有胜负评判。如法庭辩论、决策辩论、学术辩论以及赛场辩论等。

（三）论辩演讲的基本技法

1. 诠释含义

通过揭示概念或论题的含义进行论辩。

吴某因某女不愿继续与其恋爱而毁了某女的容貌。在法庭辩护阶段，公诉人在分析吴某的犯罪思想时指出，吴某在日记里多次记载要用各种手段报复某女，可见其早已萌发了犯罪思想。吴某的辩护人接过话头说："公诉人不应该把日记上的东西作为证据使用，我国刑法没有规定思想犯罪。"公诉人当即答辩道："我所说的是'犯罪思想'而不是'思想犯罪'，这是两个根本不同的概念。'犯罪思想'指的是犯罪分子的主观心理状态，这是犯罪构成的一个重要方面，如果不考察它，就无法弄清其犯罪的动机和目的，也就难以确定是故意犯罪还是过失犯罪，辩护人怎么能把两个完全不同的概念混为一谈，因废除'思想犯罪'而否定研究'犯罪思想'呢？"

案例中，辩护人企图将"犯罪思想"与"思想犯罪"混为一谈，为犯罪嫌疑人开脱罪责。而公诉人澄清了两个概念的不同内涵，指出了犯罪嫌疑人犯罪的动机和目的，达到了理想的效果。在辩论实践中，应防止对手偷换概念，搅乱思维。

2. 以谬制谬

先假定对方的错误结论是正确的，然后以这种荒谬逻辑推论所显现出的结果非常荒谬，显现出对方论题的荒谬性。下面的故事是一个很好的例子。

甘罗的父亲在朝当官。

一天皇帝把他叫去说："你在朝居官，朕待你如何？"

甘罗的父亲说："皇上待我恩重如山。"

"既然如此，朕让你办点私事，你可情愿？"

"只要为皇上，我死都甘心。"

"近来朕得了一种病，非吃公鸡蛋不愈。朕限你在三天之内弄几颗公鸡蛋来，否则罚你一死！"

甘罗的父亲明知无法弄到，但圣命如山倒，只得接受任务，回到家中，愁眉不展，唉声叹气。12 岁的儿子甘罗便问："父亲今日回到家来，面带忧色，为了何事？"父亲便把事情的经过说了一遍。

"爹爹不必着急，第三天孩儿我去替你交差便是了。"

"公鸡能下蛋？我年岁已高，经事也不少，但真是见所未见，闻所未闻。你年仅 12 岁，能有何法？总是一个死，还是我去死好了。"

"请爹爹放心，孩儿我自有办法。"

第三天，甘罗上朝拜见皇上。

皇上问："你父为何今日不来朝见？你一个小小孩童来干何事？"

甘罗不慌不忙地说："拜告圣上，我父昨晚上生了个小孩，不能回朝，特地让我来请假。"皇上怒气冲冲地说："你简直是胡说！男人怎能生孩子！"

甘罗马上说："既然男人不能生孩子，那公鸡岂能下蛋？！"

一句话问得皇上哑口无言，答不上话来。

故事中甘罗假托父亲在家生孩子无法上朝，让皇上自己说出此事很荒诞，继而指出皇上吃公鸡蛋治病很荒谬的事实，皇上也心服口服。在辩论实践中，可利用对方的荒谬论题顺势推导，自然得出荒谬的结论，让对方无言以对，自知理亏。

3. 善用事实

确凿、客观、公正的事实，往往胜过一切雄辩。

例如，在"愚公应该移山还是应该搬家"的论辩中：

反方：……我们要请教对方辩友，愚公搬家解决了困难，保护了资源，节省了人力、财力，这究竟有什么不应该？

正方：愚公搬家不失为一种解决问题的好办法，可愚公所处的地方连门都难出去，家又怎么搬？可见，搬家姑且可以考虑，也得在移完山之后再搬呀！

正方指出"愚公所处的地方连门都难出去"这一事实，自然而然地导出"家又怎么搬"的诘问，最后水到渠成，得出"先移山，后搬家"的结论。在辩论实践中，有时并不需要过多的逻辑技巧，只需摆出事实，就有很强的说服力。

4. 釜底抽薪

论点由论据支撑，辩者只要将对方的论据驳倒，对方的论点自然也就站不住脚了，这就是釜底抽薪。

例如,在“武将也需要文才”的论辩中:

反方:我方认为武将没有文才也是可以的,因为武将的职能是舞枪弄棒、指挥打仗,而不是舞文弄墨、吟诗作赋。我们平时不是提倡“扬长避短”吗,而要武将学文恰恰是“避长扬短”呀!

正方:在知识的海洋里,每一门学科,每一种知识和技能都不是孤立的。武才和文才也是这样,武才靠文才来总结、交流、提高。一位高级指挥员曾经列举了武将学文的种种益处:一是可以把练兵、打仗的实践经验归纳为理论,便于学术交流和学习借鉴;二是能够培养深入、严谨、细致的作风,避免粗枝大叶;三是在学文过程中加强思想修养,有助于养成勤于思考的习惯;四是丰富业余生活,使文武互为补充,工作有张有弛。这确是经验之谈。

针对对方过于片面且有失偏颇的论点:“武将不需要文才,否则就是避长扬短”,正方采用了釜底抽薪的论辩技法予以反驳,从论据入手,指出武才和文才互为补充、武将学文的种种益处,使对方的观点站不住脚,自己的论点得到了强有力的支撑。

5. 幽默机智

在辩论中,可恰当地使用幽默化解危难,出奇制胜。以下面的故事为例:

清朝的纪晓岚,很得乾隆皇帝的赏识,得到重用。一次,乾隆皇帝想开玩笑检验一下纪晓岚的辩才。便问:

“纪卿,忠孝二字作何解释?”

纪晓岚道:“君要臣死,臣不得不死,为忠;父要子亡,子不得不亡,为孝。”乾隆立刻说:“那好,朕要你现在就去死。”

“臣领旨!”

“你打算怎么死法?”

“跳河。”

“好吧。”不一会儿,纪晓岚回到乾隆面前,乾隆道:“纪卿何以未死?”

“我碰到屈原了,他不让我死。”

“此话怎讲?”

“我去到河边,正要往下跳时,屈原从水里向我走来,说:‘晓岚,你此法大错矣!想当年楚王昏庸,我不得不死。可如今皇上圣明,你应该回去先问问皇上是不是昏君,如果皇上说他像当年楚王一样,是个昏君,你再死不迟啊!’。”乾隆听后,放声大笑,连连称赞道:“好一个如簧之舌,真不愧为当今雄辩之才,这下朕算是服了。”

纪晓岚在皇帝的无理命令面前,利用他的幽默与智慧化解了自己的两难境地。遵旨是死路一条,抗旨也是死路一条,他在毫不损害乾隆颜面的情况下,巧用智慧点出皇上的无理之处,化险为夷。在辩论实践中常会遇到这样的情况:对方有备而主动,己方无备而被动,此刻,进则受挫,退则必溃,在这种进退两难之时,须幽默机智巧妙周旋,才能转败为胜。

当然,论辩演讲的技巧还很多,如反例法、类比法等,同时,一场论辩中应综合运用多种技巧,需要学习者在实践中细心体会。

第三节　演讲的构成与过程

一、演讲准备

要想演讲成功必须做好充分的准备,可从以下方面入手。

(一) 确定演讲目的

演讲目的必须根据将到场的听众来确定,比如听众的身份、文化层次、职业特征等都是确定演讲目的的依据。这个问题很重要,因为演讲稿的写作必须围绕这个目的进行。只有这样,才能保证你的准备工作有针对性且效率高。总之,演讲目的必须明确清晰,不能混乱模糊。

(二) 认识自身优势

每个人的特点不一样,表现出的优势与劣势也不同。演讲者必须正确认识自己,确定并发挥自身优势,确保演讲效果更佳。富有幽默感的人,不妨围绕主题增加点儿幽默元素;长于抒情的人,不妨在演讲中用情感浓烈的方式去感染听众;如果你声音洪亮,音色优美,你就要充分发挥这个优势。总之,根据自身特点各显神通。

(三) 缓解紧张情绪

适度紧张是有益的,但过于紧张,无法放松,脑子里会一片空白,对演讲不利。首先,演讲者应该抱着“战术上重视,战略上轻视”的心态对待演讲;其次,平常可脱稿对着镜子演练,以发现不足便于改进,并要求自己保持微笑,增加自信;再次,可能的话,演讲者在实际演讲会场进行试讲以减轻压力。

(四) 检查视听设备

不要使用你不熟悉的设备。在即将开始演讲前,检查所有演讲要用到的设备,以防到时出错,陷入慌乱。

(五) 树立听众意识

首先,演讲者需要考虑听众的喜好,确保所讲的内容听众喜欢;其次,演讲过程中演讲者需保持良好的状态,这既是对听众的尊重,又是自己正常发挥的保证;再次,演讲者需情绪饱满,语调要抑扬顿挫,并且要有恰当的态势语与听众沟通,随时和听众保持目光交流;最后,演讲者要随时关注听众反应。当听众有对立情绪并带着挑衅的口气向你提出责问时,应冷静对待,保持礼貌得体。

(六) 临场前的周全设想与应对准备

假如你原计划给几十人做演讲,到场后发现听众人数暴增到几百人,假如你准备的演讲稿非常正式,走上台却发现大家都穿着牛仔服之类的休闲衣服,假如你准备了长达两个小时的内容,可临场前主持人告诉你只有十五分钟的演讲时间,诸如此类的突发事件,你必须在临场前做好各种假设与应对准备,以便及时调整,不致乱了方寸。

二、演讲的开场、展开与控场

(一) 演讲的开场

“良好的开端是成功的一半。”所以一场成功的演讲必须重视开场。新颖别致、出语不凡的开场总能唤起听众强烈的好奇心，有利于演讲者控制场上气氛，拉近与听众的距离，使听众融入自己的演讲情绪中来。在开场上下功夫，则有助于演讲成功。开场的方式多种多样，诸如引用名言式开场、讲述故事式开场、自我介绍式开场等，这里着重介绍以下几种：

1. 幽默自嘲式开场

有一次，某单位召开“我与群众心相连”演讲大会。胡主任最后一位上台，已近午饭时间，听众有的看表，有的交头接耳，会场的秩序有点乱了。这位演讲者见此情景，开口说：

“诸位，为感谢大家欣赏我的精彩胡说，我将拿出一‘千万’换取大家宝贵的十分钟。在我的演讲进行到五百九十秒的时候，请大家‘千万’别忘记鼓掌，让我体面退场。”

这个开场风趣幽默，演讲者用诙谐的语言既巧妙地作了自我介绍，同时又平息了听众不安定的情绪；既活跃了场上气氛，又使听众倍感亲切，拉近了与听众的距离，充分展示了演讲者的聪明与智慧。

2. 迂回曲折式开场

美国人佩特瑞克·亨利在弗吉尼亚州议会上的演说，是这样开始的：

“诸位可敬的先生们已向议院提出了请愿，我比任何人都赞赏他们的才干和爱国之心。然而，对同一事物往往各人有各人的见地。虽然我的观点与他们截然不同，但当我毫无忌讳、畅所欲言时，但愿不被认为是对先生们的不恭。现在不是客气礼让的时候，议院所面临的问题是我们国家正处于兴败存亡之际。我认为……”

演讲者先赞美先生们的才干和爱国之心，使他人在心理上先接受自己，之后用“然而”话锋一转，再慢慢陈述自己的观点，自然巧妙地引入正题，一番迂回之后，听众在不知不觉中，顺理成章地接受了演讲者的观点。

3. 语惊四座式开场

有一位学者在北大演讲时，学生问了一个问题：生命的意义是什么？这是一个简单却又深奥的问题。若回答不好，极易落入俗套，让人不屑一顾。学者沉吟之后答道：“生命没有什么意义。”会场一片沉寂，稍后，学者又说道：“但你必须给它加上一个意义。”会场响起雷鸣般的掌声。

演讲者反弹琵琶，语惊四座。用别人意想不到的见解引出话题，震撼了听众，给大家留下了难以磨灭的印象。当然，演讲者也不能仅仅为了吸引听众注意力而标新立异，以致引起听众反感。演讲者要掌握好分寸，不能哗众取宠。

4. 悬念式开场

伟大的人民教育家陶行知有这样一个论及教育的演讲。他站上讲台时，从包裹中拿出一只大公鸡，听众很奇怪。接着，他又掏出一把米试图硬塞到大公鸡的嘴里，结果大公鸡非常抗拒，于是，他轻轻地放下大公鸡，把米撒在桌上，身体后退两步，这时大公鸡才悠然地吃起米来。听众诧异地看着他。他见时机已到，便开始言及在教育的过程中，只有让学生主动地学习，才有积极的效果，而非填鸭式的教育。听众豁然开朗。

陶行知演讲中的开场给听众设了一个大大的悬念。听众紧紧地盯着他，不放过任何一个细节，就是想弄明白他的目的。他通过给大公鸡喂米的悬念设置，不仅生动地阐释了一个教育的道理，而且牢牢地抓住了听众，使演讲获得了成功。

5. 即景入题式开场

一上台就开始正正经经地演讲，会给听众生硬突兀的感觉，使人难以接受。不妨以眼前人、事、景（天气、心情、会场布置、某个发言……）为“媒介”，巧妙过滤，把听众不知不觉地引入演讲之中。

（二）演讲的展开

演讲的展开指演讲开场之后的主体部分。演讲进行到这一进程时，演讲者无论是从外在体态、语言及语调的控制，还是从内在气质及情感表达方面都应有成熟的体现。

1. 展示最恰当的声音与语调

演讲是靠声音传递信息，所以声音美对演讲有着重要作用。演讲中演讲者必须做到口齿清楚，声音入耳，并且善于根据演讲内容进行音色变化，或低沉或高亢，或喑哑或明亮。合情合理地运用语调的轻重缓急、高低变化，会使整个演讲抑扬顿挫、跌宕起伏，令听众享受到语言的魅力。

2. 配以和谐自如的体态和表情

体态是无声的语言，是情感的外现。在演讲现场，态势语运用得体会加强演讲效果，其中，手势最富有表现力，法国大画家德拉克洛瓦指出：手应当像脸一样富有表情。演讲的姿势也会带给听众某种印象，要让身体放松，身板挺直，挺胸抬头。演讲的同时，要用眼神和听众交流，切忌眼神到处游离，漠视听众。若听众对自己的演讲“点头”以示首肯时，要有语言、姿势或表情的回应。表情不能一脸麻木刻板而没有生气，因为表情应该是演讲情绪的折射，是演讲内容的“晴雨表”，脸上的喜怒哀乐都会感染听众，影响演讲效果。

3. 呈现自信沉着的气质

从气质上征服听众是成功的演讲家必备的素质。演讲者过于紧张，不仅会舌头僵直，影响语言表达，而且会显得慌乱，导致缩手缩脚。自信沉着的气质从何而来？演讲者需要在演讲前做好充分准备，以保证自己在场上显得从容沉着，从气质上征服听众，这也是演讲成功的一个条件。

4. 表现淋漓尽致的情感

演讲多以势取胜，在情感表现上多气势磅礴、咄咄逼人。当然，演讲中也不乏婉转的柔情、殷殷的深情。总之，情字当头，理在其中。演讲者必须情感充沛而真挚，善于借助富有魅力的语言把情感淋漓尽致地表达出来，引起听众的共鸣。

（三）演讲的控场与应变

演讲的控场与应变是演讲者成熟与否的重要标志。控场指演讲者对演讲场面有效控制的能力。控场得当可以集中听众注意力，调控听众情绪，创造良好的会场气氛。常用的控场手法有以下几种：

1. 上场时的应变

科学家法拉第分享的演讲诀窍就是：“假设听众一无所知，所以我对自己的演讲充满自信。”控场应该从上场那一刻就开始，因为这是控场的第一步。上场时演讲者要步履沉着，落落大方。上场时对听众的热情欢呼与掌声，演讲者要用语言或肢体动作，如面带微笑地点头或挥手予以回应。总之，要微笑面对听众，用自信征服听众。

2. 演讲进程中的应变

演讲进程中可能存在以下几方面的控场应变：

第一，演讲者语调的变化。为了更好地控场，也为了取得更好的演讲效果，演讲者可通过语调的变化进行处理。演讲者语调抑扬顿挫或疾缓快慢，可使听众的注意力长时间地集中到演讲者身上。

第二,演讲者肢体语的运用。演讲者要把自己的主张和见解传达给听众,不仅靠语言的力量,而且要借助肢体动作及表情等与听众进行情感交流。这样演讲者就能控制会场,抓住听众。

第三,演讲者有目的的提问。提问不但可以增进演讲者与听众之间的互动,而且能促使听众产生积极的思考。演讲者也可以在提问没人准确回答时,用自己的精辟见解征服听众。在演讲过程中,演讲者控场的最高境界在于,营造一个让听众和自己完全融为一体的氛围,并确保这个氛围始终在自己的掌控之中。

第四,演讲者对突发事件的处置。演讲进程中,若出现冷场或听众起哄时,演讲者要沉着冷静,见机行事,这样既能保护自己,又能化解矛盾,控制场面使之稳定。这不仅是演讲者智慧的体现,而且是演讲者控场素质的体现。

第五,演讲者脱稿演讲,可加强演讲效果。演讲者用自己的语言脱稿进行演讲,可增加听众的亲切感和信服感,对控场有帮助。

三、演讲的结尾

俗话说:“编筐编篓,重在收口;描龙画凤,难在点睛。”一场成功的演讲,必然有一个精妙的结尾。好的结尾犹如锦上添花,不仅使演讲内容浑然一体,而且会给听众带来精神上的振奋和享受,让他们获得极大的审美愉悦。所以,善于设计出既符合内部实质意义要求,又符合演讲时境的新颖而又精美的结尾,才能获得演讲的全面成功。

(一)结尾的类型

演讲结尾的类型多种多样,诸如歌声式结尾、诗歌朗诵式结尾、动作式或舞蹈表演式结尾、故事式结尾、高潮式结尾、问题式结尾等。这里着重介绍以下几种演讲结尾的方式:

1. 总结式

例如孙中山的《三民主义与中国前途》的结尾:

总之,我们革命的目的是为众生谋幸福,因不满少数满洲人专利,故要民族革命;不愿君主一人专利,故要政治革命;不愿少数富人专利,故要社会革命。这三样有一样做不到,也不是我们的本意。达到了这三样目的之后,我们中国当成为至完美的国家。

总结式结尾是在结尾时对整个演讲内容做出提纲挈领式的归纳和概括。这是孙中山1906年12月在东京《民报》创刊周年庆祝大会上演说的结尾。他用极其精练的语言,对演讲内容和思想做了高度概括性的总结,突出了中心,强化了主题,给听众留下了深刻的印象。

2. 号召式

美国人帕特里克·亨利在《不自由,毋宁死》的演说中这样结尾:

企图使事态得到缓和是徒劳的。各位先生可以高喊:和平!和平!!但和平在哪里?实际上,战争已经开始,从北方刮来的大风都会将武器的铿锵回响送进我们的耳鼓。我们的同胞已身在疆场了,我们为什么还要站在这里袖手旁观呢?先生们希望的是什么?想要达到什么目的?生命就那么可贵?和平就那么甜美?甚至不惜以戴锁链、受奴役的代价来换取吗?全能的上帝啊,阻止这一切吧!在这场斗争中,我不知道别人会如何行事,至于我,不自由,毋宁死!

号召式结尾以极富鼓动性的言词号召人们有所行动。帕特里克·亨利是美国独立战争时期著名的政治家。1775年3月他在弗吉尼亚州议会上发表的这篇演说被誉为“美国独立战争的导火索”。演说的最后部分激情昂扬,他以震撼人心的气势和斩钉截铁的言词号召北美殖民地拿起武器,争取独立。他的“不自由,毋宁死”的战斗呐喊,成为美国独立战争时期最有力、最能激动人心的口号。

3. 决心式

闻一多《最后一次讲演》中的结尾是:

我们不怕死,我们有牺牲的精神,我们随时像李先生一样,前脚跨出大门,后脚就不准备再跨进大门!(长时间热烈的鼓掌)

决心式结尾是以表决心、发誓言的方式结尾,他以一种自我“陈情”的方式代替了直截了当的呼吁,手法含蓄。1946年7月,在遭国民党特务暗杀的民主人士李公朴的追悼大会上,闻一多慷慨陈词,坚定地表明了面对国民党特务的暗杀淫威,绝不惧怕妥协的决心。气势磅礴,极具感召力。

4. 余味式

演讲稿《人生的价值何在》的结尾是:

我们的雷锋,在他短暂平凡的人生中,创造出了巨大的人生价值,给我们留下了无与伦比的精神财富,那么,亲爱的朋友们,在漫长而又短暂的人生之路上,我们将做些什么?创造些什么?留下些什么呢?

余味式结尾指有意设问但不说出答案,含蓄委婉,语尽而意未尽。这里演讲者通过雷锋在平凡的人生中,创造出了巨大的人生价值和精神财富的事实去启迪听众,引起听众思索,余味袅袅,富于哲理。

5. 抒情式

郭沫若《科学的春天》的结尾是:

春分刚刚过去,清明即将到来。“日出江花红胜火,春来江水绿如蓝。”这是革命的春天,这是人民的春天,这是科学的春天!让我们张开双臂,热情地拥抱这个春天吧!

抒情式结尾通常是演讲者在叙述典型事例和生动事理后,直抒胸臆。郭沫若以诗一般的语言抒发了内心情感,激励人们向科学进军,拥抱科学的春天。语言真切,感情饱满,耐人寻味,给人启迪。

6. 名言式

演讲稿《根的事业》的结尾是:

花的事业是显赫的,叶的事业是荣耀的,然而,还是让我们来做根的事业吧。正像一位伟人所说的那样:“我们的事业并不显赫一时,但将永远存在,面对我们的骨灰,高尚的人将洒下热泪。”

名言式结尾指通过引用名言、警句、谚语、格言、诗句等作为结尾。这里,演讲者采用一位伟人的名言结尾,不仅语言精练生动,恳切热情,而且紧扣演讲题旨,使演讲的内容丰富充实,具有哲理性和感染力。

7. 祝贺式

祝贺式结尾在各类典礼、仪式上极为常见,但必须要在切合现场情境的前提下提出来。诚挚的祝贺和赞颂本身充满了情感的力量,会使会场气氛达到高潮。

这是一则毕业典礼上的祝贺语:

同学们!最后请让我用本届毕业同学自己的一句心里话,结束今天这个隆重而难忘的典礼:“我们是一张张即将远航的风帆,母校是我们永远向往并随时希望停靠的一个港湾。”

我代表母校全体师生祝愿你们一帆风顺！也永远盼望你们常常回到这个港湾来停留片刻，以驶向更为远大的世纪之航！

8. 点题式

演讲稿《我爱长城，我爱中华》的结尾：

雄伟啊长城，伟大啊中华！我登上崇山峻岭的高峰之巅，我站在万里长城耸入云端的城楼之上，我昂首挺立在世界的东方，在祖国的山川大地，向世界的大洲、大洋，向天外的星球宇宙，纵声呼喊："我爱长城！我爱中华！"

点题式结尾指在演讲结束时再一次提到标题。这样可强化主题，使听众产生强烈的共鸣。这里演讲者用"我爱长城！我爱中华！"的结尾点题，加深了听众对演讲的印象，使他们再次激起感情的波涛，精神为之一振。

总之，演讲者要根据演讲的具体时间、地点、主题、听众及自己的个性特点等因素，设计适合自己风格的演讲结尾，使之有效地为自己的演讲服务。

（二）演讲结尾的禁忌

1. 忌虎头蛇尾

演讲要首尾一气，呼应得当。切忌前面讲得漂亮，充实有力，结尾却敷衍了事、草草收场，使演讲失掉了应有的光彩，让人备感遗憾。

2. 忌画蛇添足

成功的演讲，应有完整和谐之美，切忌画蛇添足，恰到好处时就应戛然而止。不要明明讲完了，还喋喋不休，拖拖拉拉，没完没了，让人生出多此一举之叹，这势必造成听众心理上的疲劳，影响整个演讲效果。

3. 忌冗俗做作

"精诚所至，金石为开。"演讲要成功，一定要讲"精诚"二字，结尾时也应遵循这个原则。演讲者不能故意做作，说些令人生厌的客套话。比如说："今天我讲到这里，本来是不准备发言的，但主持人一定要我说，我就恭敬不如从命，由于时间关系，本人水平有限，加上没有准备，对情况也不了解，所以就泛泛而谈，随便说说，以上几点不成熟的意见仅供参考，谈得不对的请批评指正。"这种结尾陈旧、冗俗，不可不忌。

4. 忌讽刺挖苦

演讲过程中某些听众对演讲不感兴趣，或者在下面低声交谈，或者随意接打手机，甚至出现起哄时，演讲者一定要冷静处理。切忌在演讲结尾时，演讲者对听众进行旁敲侧击的讽刺挖苦，以此发泄心中的不满情绪。演讲结束后，演讲者也应积极地反思，找问题，查原因，总结经验教训，以备再战。这样既能表现演讲者的风度修养，又能让那些不懂得尊重别人劳动成果的人自惭形秽。

第四节　口才技巧与训练

一、说理口才技巧与训练

（一）说理口才技巧

说理就是讲道理。它是一种运用抽象的思维形式，以概念、判断、推理等逻辑手段去揭示生活的普遍本质的口语表达方法。议论性的讲话，如论辩、学术性发言、论说性演讲、法庭辩护、谈判，以及一些社交性交谈等，一般都需要说理。这里介绍几种主要的说理技巧：

1. 分析法

分析法就是通过分析问题和剖析事理，来揭示论点和论据之间的内在因果关系，以证明自己论点的正确，达到以理服人的目的的方法。譬如：

三国时，刘备"三顾茅庐"，拜访诸葛亮，总共去了三次，才见到他。密谈时，刘备屏退了左右，说："汉室崩溃，奸臣窃取朝廷，皇上遭难出奔。我没有估计自己的德行，衡量自己的才干，想在天下伸张大义，可是谋略浅短，因而受到挫折，一直发展到今天，但是我的志向还是没有放弃，您认为应该从什么地方考虑计策呢？"

诸葛亮说："从董卓以来，豪杰纷纷举事，占领州郡的不可尽数。曹操同袁绍相比，名望低而人手少，但是曹操终于能战胜袁绍，由弱小变强大的原因，不仅在于天时，也是在于人的智谋。今天曹操已拥有百万人马，挟持天子号令诸侯，这实在不能与他争强。孙权占据江东，已经历了三代，地势险要人民归顺，有才能的人都能被任用，这可以用来作为外援，而不可打他的主意。荆州北据汉水、沔水，享有物资之利一直到南海，其东南连接吴郡、会稽郡，西面直通巴郡、蜀郡，这是用兵的地方，而它的主人却不能守，这大概是老天拿来资助您将军的地方，将军是否有谋取它的意图呢？益州地势险要，肥沃的土壤有上千里，这是天府之地，高祖凭着它完成了帝业。刘璋昏庸懦弱，张鲁在北边，人众国富，而他们不知道爱护百姓，有聪明才干的人盼望得到英明的君主。将军是汉室的后代，信义闻名于天下，广泛地招揽天下英雄，思贤如渴；若占据荆州、益州，守住它们险要的地方，西面和各少数民族和好，南面安抚各族，对外与孙权建立友好关系，对内修明政治；天下一旦形势有变化，就命令一上将带领荆州的部队杀向宛、洛，将军亲自率领益州的人马从秦川出击，老百姓谁敢不用竹篮盛着饭食，用壶装着酒来迎接将军您呢？果真能这样，那么霸业就可以成功，汉王室就可以复兴了。"

刘备说："好。"于是与诸葛亮的感情一天比一天亲密。

诸葛亮的"隆中对"，未出茅屋而知天下事。在这段说理中，诸葛亮运用了分析矛盾的方法，对三国潜伏的矛盾，进行层层分析，步步深入，最后得出"占据荆益，西和诸戎，南抚夷越，外结好孙权，共同抗曹，恢复汉室"的对策。而以后历史的发展、三国鼎立局面形成，正和诸葛亮的卓识远见相吻合。如此英明的远见，如此透彻的分析，不仅令人折服，而且充分显示了分析法说理技巧的魅力。

2. 直驳法

所谓直驳法，是指在说理时以确凿的事实或无可辩驳的道理作论据，以直接证明对方论点或论据的错误，从而驳倒对方的方法。

比如，爱国将领冯玉祥任陕西督军时，有两个外国人私自到终南山打猎，并打死了两头珍贵的野牛，于是，冯玉祥把他们召到西安兴师问罪。

冯玉祥："你们到终南山行猎，和谁打过招呼，领到许可证没有？"

对方："我们打的是无主野牛，用不着通知任何人。"

冯玉祥："终南山是陕西的辖地，野牛是中国领土内的东西，怎么会是无主的呢？你们不经批准私自行猎，就是犯法行为，你们还不知罪吗？"

对方："这次到陕西，贵国外交部发给的护照上，不是准许携带猎枪吗？可见，我们行猎已得到贵国政府的准许，怎么是私自行猎呢？"

冯玉祥:"准许你们携带猎枪,就是准许你们行猎吗?若准许你们携带手枪,难道就可以在中国境内随意杀人吗?"

对方:"我在中国15年,所到的地方从来没有不准打猎的;再说,中国的法律也没有不准许外国人在境内打猎的条文。"

冯玉祥:"没有不准外国人打猎的条文,不错。但难道有准许外国人打猎的条文吗?你15年没有遇到官府的禁止,那是他们睡着了。现在我身为陕西的地方官,我却没有睡着,我负有国家人民交托的保土卫权之责,就非禁止不可。"

在这场论辩中,冯将军抓住对方主要论点和论据的漏洞,有的放矢地加以反驳,直驳得两个私自行猎的外国人哑口无言,只好认罪了事。这正是直驳法说理的成功之处。

3. 举例法

举例法是一种列举事例以说明道理的说理方法。它通过对事例进行阐释分析,归纳总结,用事实及其蕴含的真理来证明自己所持论点的正确性。这种举事明理的方式有理有据,理据统一,能产生无可辩驳的说服力量。

运用举例法需要注意:一是举例要真实,如果例子虚假就失去说理的基础;二是举例要恰当,即所述事例及其所包含的意义与观点要对应;三是举例要典型,所引事例要反映事物的本质,具有代表性和说服力;四是要分析事例,从事例中揭示启人心智的道理,以证明观点。

著名演讲家李燕杰在题为《国家、民族与正气》的演讲中,大量采用举例法来阐明自己的观点,他所举的例子都力求做到了真实、恰当、典型。如他一开始提出论点:"爱国主义就是对于祖国的热爱,就是千百年来巩固起来的对自己祖国的一种最深厚的感情。"接着,他选用了六个事例证明上述观点:

(1) 举世闻名的波兰音乐家肖邦出国携带一个装满祖国泥土的银瓶,他病危时要求朋友把伴随他多年的波兰泥土撒在他的墓穴之中,而把他的心脏带回波兰。(2) 大音乐家贝多芬坚决拒绝为侵略维也纳的拿破仑军官演奏。(3) 我国古代诗人屈原九死未悔的爱国情怀。(4) 民族英雄文天祥被囚时写下的与祖国生死与共的悲壮诗句。(5) 19岁学生舍安平写的情深意笃的爱国诗。(6) 一位归国华侨的不凡经历及爱国志向。

这六件古今中外的事例真实、感人、可信,令人信服地说明了"爱国主义是一种伟大而崇高的心灵之美"的观点。

4. 类比法

类比法是利用事物的相同属性或相似点,进行比较、对照,进而推出结论的说理方法。这种方法是用一种一般来证明反驳另一种一般,或是用一种特殊来证明或反驳另一种特殊,或是用一种类似的事实来证明或反驳另一种事实的方法。运用这种方法论理,可以深入浅出地揭示事物发展的规律,把问题表达得明白透彻,因此,在论辩中使用率很高。这种说理方式有以下几种:

从说理方式上说,可以分为喻证类比和说理类比。

喻证类比,就是通过打比方、讲故事、引例证的方式进行类比以说明某种道理。比如,有位县长在县干部大会上讲话,在谈到工作方法时,说:

我们办事情,要分清主次先后,轻重缓急,不能不顾实际,乱抓一气。防止犹豫不决,错失良机。《应谐录》上有这样一个故事:一群大雁在空中飞翔,哥哥拿起弓箭,瞄准大雁,刚要射箭，他转头对弟弟说："如果射中了，煮了吃好吗？"弟弟说："不飞的雁是煮了吃好，飞着的雁是烤了吃好。"一个要煮，一个要烤，争论不休。只好去请老伯调解。老伯说："一半煮，一半烤好啦！"两个赶快回到原地准备射雁，可是大雁已经飞得无影无踪了。希望我们大家要吸取这样的教训。

县长巧借故事印证、说明自己的观点，十分有力且有趣，是一种很好的说理方法。

说理类比，就是在论辩时列出一个对象，与对方提出的对象相比较，"以此类推"，再由这两个对象在某些属性上的相同处，"以类相比"，进而得出这两个对象在其他属性上也可能相同的结论，以论证自己的观点或反驳对方的观点。

譬如，丘吉尔在任英国首相期间，有个国会议员当面指责他做事"总不能尽善尽美"。丘吉尔没有直接反驳他，而是用说理类比的方式给他讲了个故事：

在普利茅斯港，有一位船夫奋力救起了一个即将溺死的少年。一个星期后，一位老夫叫住了这位船夫："上星期救我孩子命的是不是你？"船夫答："是的。"那位老夫又问："哦，我找你好几天了，我孩子的帽子呢？"

丘吉尔用这样一个类比式的故事，使那个指责他的人满脸羞红。

从类比的表现形式上说，又可以分为同向类比和反向类比。

同向类比，就是取两个在一系列属性上相同的对象进行比较，由此类对象有某种属性而推出彼类对象也有该种属性。比如：

在苏联的一次会议上，有些农民对工农联盟的重要性认识不清，于是便质问加里宁："什么对苏维埃政权来说更珍贵，是工人还是农民？"加里宁提高嗓音反问道："那么，对于一个人来说，什么更珍贵？是左腿还是右腿？"

在这里，加里宁以"左腿和右腿"与"工人与农民"相类比，说明两者同等重要的道理，虽只言片语，却收到触类旁通的效果。

反向类比，就是故意取两个在一系列属性上风马牛不相及的对象进行比较，以此来推论和驳斥对方的观点，从而达到形象、生动的辩驳目的。例如有这样一则名人轶事：

德国女数学家爱米·诺德获得博士学位后，还不能立刻开课，因为她还没有得到讲师资格。她的学识和才华受到了从事广义相对论研究的希尔伯特教授的器重。在一次教授会上，为爱米·诺德能否成为讲师发生了一场争论。一位教授激动地说："怎么能让女人当讲师呢？如果她做了讲师，以后就要成为教授，甚至进大学评议会。难道能允许一个女人进入大学最高学术机构吗？"许多教授附和他的观点。希尔伯特教授反驳道："先生们：候选人的性别绝不应该成为反对她当讲师的理由。我请先生们注意：大学评议会，毕竟不是洗澡堂！"希尔伯特教授的反驳，掷地有声，铿锵作响。

在这场争辩中，希尔伯特教授就是运用反向类比进行反驳的。在是否接受爱米·诺德担任讲师的争论中，希尔伯特将"大学评议会"和"洗澡堂"这两个风马牛不相及的对象进行类比，从而推导出大学评议会限制候选人性别是非常荒谬的结论。这里运用的便是反向类比。

（二）说理口才训练

1. 分析法口才训练

训练题：请以下面的话题讲道理，运用分析法以理服人。

（1）"人比人，气死人"吗？

（2）荣誉是动力也是包袱。

2. 直驳法口才训练

训练题：请运用直驳法反驳以下错误观点。

（1）理想、理想，有钱就有想。

（2）1936年11月，国民党反动派迫害爱国人士，制造了“七君子”事件。在审判“七君子”时，有这样一段论辩说理：

法官：“你们的宣言有句话，‘各党派代表进行谈判，建立一个统一的抗日政权’，这难道不是不要政府吗？”

请你站在七君子的立场，围绕“政权”与“政府”两个概念的辨析加以直接反驳。

3. 举例法口才训练

训练题：请用举例法说明下面观点。

（1）有志者事竟成。

（2）要珍惜时光。

4. 类比法口才训练

训练题：

（1）1937年，在国统区的一次集会上，国民党代表鼓吹抗日必须统一服从于“政府”之下。郭沫若当即予以反驳，你猜，他是如何类比反驳的？

（2）请用类比法说理：作家刘绍棠在一次作报告时，有人递上条子，上面写：“共产党不是伟大、光荣、正确和战无不胜的吗？为什么连现代派和存在主义都要抵制、批判？”刘绍棠应用类比法给予解答，你猜，他是如何解答的？

二、修辞口才技巧与训练

（一）修辞口才技巧

修辞，就是运用各种巧妙而有效的方法，把言谈话语修饰得情真意切、理透言明的表达技巧。修辞要运用各种修辞格。而修辞格的种类很多，并且还在不断出现新的辞格。现在被人们认可的辞格就有一百多种。这里介绍在口语表达中最常用的几种修辞技巧：

1. 比喻口才技巧

比喻，就是打比方，即以彼物比此物，联类取喻。具体说，当人们在语言交际中要表达某一事物或道理时，运用联想或想象，引进另一种事物或道理，以便把要表达的事物或道理反映得更具体、更贴切、更生动、更富有感染力，使听者爱听，听得明白，从而留下深刻印象。

20世纪爱因斯坦创立相对论时，很少有人能读懂他的相对论著作。一次，有人要求爱因斯坦用最简单的话来解释相对论。爱因斯坦解释道：你同你最亲爱的人坐在火炉边，一个钟头过去了，你觉得好像只过了五分钟；反过来，你一个人孤孤单单地坐在热气逼人的火炉边，只过了五分钟，但你却像坐了一个小时。这就是相对论。

爱因斯坦用日常生活中人们所体验过的真切感受来解释高深玄妙的相对论原理，通俗明了，一听就懂。

在说明一些难以直接说明或令人难以理解的事物时，用与该事物有相似点的其他事物或相关道理来打比方，可以收到形象通俗、便于听者理解的效果。

2004年3月14日，在人民大会堂举行了一场记者招待会。温家宝总理在回答记者的提问时，用了一个新颖而贴切的比喻：“去年在这里，我曾把社会主义比作大海，海不辞水，故能成其大，就是说社会主义只有吸收人类一切先进的文明成果才能使自己不断发展。今天我在这里又想把社会主义比作高山，山不辞土石，故能成其高。社会主义只有不断地调整和完美自己才能不断进步。”

温总理用生动、贴切的比喻说明了中国所坚持的社会主义不是狭隘的，她有着“海纳百川”、“山爱众石”的巨大包容性，也有着“长江后浪推前浪”的创新力。他的比喻，使听者对于中国特色社会主义有了更深刻、更全面、更准确的认识和理解。

2. 象征口才技巧

从某种程度上说，象征是比喻的延伸和扩大，它是借助于特定具体的事物，来寄寓某种精神品质或抽象道理的修辞手法。象征分为以下两类：

(1) 明征。明征就是象征客体、象征意义、联系词在话语中同时出现。这类象征意义较明显、固定。如：

一群小学生在瞻仰人民英雄纪念碑时，老师向大家介绍说：“纪念碑是用一万七千块坚硬的花岗石和洁白的汉白玉砌成的。它象征着先烈们的丰功伟绩，寄托着全国人民对先烈的怀念和敬仰之情……”

这种象征的话语能够明确地道出附着于物的所托之义，在话语的明确性上占据着优势。再如茅盾先生的《白杨礼赞》用挺拔的白杨象征北方的军民，亦属此类。

(2) 暗征。这种象征的象征义、联系词不出现在话语中，只通过对象征客体的精细、巧变的说法来暗示其象征意义。与明征相比，暗征的明确性、固定性不如明征，却可以使象征话语引发出丰富的联想和饱满的形象。如韩少华的演讲《灯光》中说：

时光过去了近四十年。在人生的长途中，我确曾经历过荒山的凶险和陋巷的幽曲；而无论黄昏，还是深夜，只要我发现远处的一豆灯光，就会猛地想起我的老师窗内的那盏灯，那熬了自己的生命，也给人以启迪、给人以振奋、给人以光明和希望的，永不会在我心头熄灭的灯！

在这段话中，以“灯光”暗征启迪、振奋、光明和希望，令人联想，使人感动。又如古人称“梅、兰、竹、菊”为“四君子”，以这四种植物暗征人的高尚品格，亦属此类。

3. 比拟口才技巧

比拟，就是根据一定的想象，把物当作人或把人当作物，或把此物当作彼物来表达的修辞技巧。比拟能使人产生联想，以获得话语的形象感和生动感。如毛泽东多次告诫全党同志不要因为革命胜利而骄傲自大起来，他曾用“牛皮不要吹得太大，尾巴不要翘起来”作比拟。尾巴本来只有动物才有，这里却用来比拟人的自大情绪，既形象生动，又引人联想。比拟可分为拟人和拟物两种。

(1) 拟人。拟人又叫“人格化”，就是赋予大自然、无生命物、动物、抽象事物等以人的言行或思想感情。这是人类“以己度物”的结果。如：

一位来自新加坡的老太太在游武夷山时，不小心被蒺藜划破了裙子，顿时游兴大减，中途欲返。女导游见状微笑着走近老人身旁说：“这是武夷山对您有情啊！它想牵住您，不让您离去，好请您多看她几眼。”

几句话，把老人的不快吹得无影无踪。武夷山的热情好客是机敏的女导游所赋予的。这里就用了拟人手法，而且表达得十分得体。再如：

在一个欢迎日本青年代表团的宴会上，热情的中国朋友用著名的“人参母鸡汤”来款待客人。不想这可为难了在场的翻译。原来,他没有记住日语“母鸡”这个词。只见他机灵地站起来,指着汤,笑着对客人介绍说:“这是用公鸡的太太和人参做的汤,请诸位品尝。”

这里的“公鸡的太太”用的就是拟人手法,显示了翻译的机敏和幽默。

(2) 拟物。拟物即把人当作物,或把此物比拟为彼物。如,有一首湖南民歌《江上渔船穿梭忙》:

百里河中桃花浪,江上渔船穿梭忙。哥撒网来妹摇桨,一网一网兜春光。

这里的“穿梭忙”、“兜春光”就是以物拟物。

再如,有个冷饮店的服务员服务态度很差。一位顾客说:“你的服务态度怎么这样冷淡?毫无热情?”这位服务员答道:“你瞎了眼吗?这里是冷饮店,热了谁肯上门?”这是讽刺性的以人拟物。

4. 双关口才技巧

双关是在一定的语言环境中,利用语音或语义获得表里双重意义的修辞技巧。其特点是利用汉语词语的多义性或谐音,让一句话中包含两种可能的解释,即表面的意思和暗含的意思,而暗含的意思才是说话者所要表达的真正意思。

双关一般可分为三类,即谐音双关、意义双关和对象双关。

(1) 谐音双关。这种双关是利用语音的相同、相近或相似条件构成的。

例如周恩来《在文艺工作座谈会和故事片创作会议上的讲话》中有这样一段话:

一个人专心致志为社会主义服务,政治上懂得少一些,但是两年把导弹搞出来了,对国家很有贡献;另外一个人,天天谈政治,搞了五年也没有把导弹搞出来。你投票赞成哪一个人?我投票赞成第一个人。第二个人只好请他去当政治教员,他不能在导弹部门工作,他只能在导弹部门“捣蛋”。

这里利用“捣蛋”和“导弹”的谐音,构成一语双关。

(2) 意义双关。这种双关是利用词语的多义性条件构成的。如《红楼梦》第八回写了这样一件事:

宝玉欲喝冷酒,宝钗劝说宝玉不要喝,说喝冷酒对身体有害,宝玉觉得有理,便令下人热了方饮。黛玉在一旁听后,抿着嘴笑,看在眼里,恨在心里。恰巧黛玉的丫环雪雁来给黛玉送手炉,黛玉问是谁要她送来的,雪雁说是紫鹃姐姐怕姑娘冷,让送的。黛玉接过手炉时对雪雁说:“也亏了你倒听她的话,我平日和你说的,全当耳旁风;怎么她说了你就依,比圣旨还快呢!”

黛玉的话表面听来,是说雪雁听信紫鹃的吩咐而不听她的话,实际上则是奚落宝玉听信宝钗的话没喝冷酒,而平时不听黛玉的话。黛玉的这番话就属意义相关,是指鸡骂狗,话中有话,一语双关。

(3) 对象双关。即一句话关涉两个对象的双关,明里是指甲,实际上是指乙。

例如一位女士在车站候车,一位中年男子见这少妇十分漂亮,便心怀叵测,上前搭讪:

“夫人,您这丝袜真漂亮,从哪买的?”说着,眼睛顺着丝袜直往大腿上瞧,“我想给我的妻子也买一双。”女士冷冷地笑道:“我劝你最好别买,穿着这双袜子,不三不四的男人便找借口跟你妻子搭腔。”那男人灰溜溜地走了。

这里就是运用对象双关,明里是劝这个男人别买袜子,暗里却骂他“不三不四”。

5. 对比口才技巧

对比,就是把两种不同事物或同一事物的两个不同方面放在一起相互比较,并通过比较使事物的性质、状态、特征等更加鲜明突出的一种修辞方法。

2003年国际大专辩论会在关于“存（花）钱比花（存）钱划算”的辩论中，反方埃及艾因夏姆斯大学队为了论证自己的“花钱比存钱划算”的立场，讲了这么一个故事：

一个中国老太太，与一个美国的老太太，在一个教堂里面相遇了。那个中国老太太说：我用了我所有存在银行的钱，到了老年时，才买到了并住上一个好房子。美国老太太说：我年轻的时候就向银行贷款购房，到了老年，才还清了这笔款。这样，美国老太太是享受了一辈子的滋润生活，中国老太太却过了大辈子的艰苦生活。

单纯地空洞地议论存钱还是花钱划算，也许会显得枯燥乏味，难以使人信服。但是，通过反方对故事中两个不同国籍的老太太不同生活价值观的对比，人们对存钱还是花钱划算的认识，便会一目了然。

6. 引用口才技巧

引用是指在语言交际中引用名言警句、熟语、典故等，来证明事物、阐述道理。这种修辞方法用途十分广泛，运用这种修辞手法可以增强说服力和感染力，使语言表达言之有据、简洁凝练、生动形象。如：

“文革”初期，造反派在人民大会堂批判陈毅，并要陈毅做所谓深刻检查。按照当时盛行的惯例，凡开口讲话，必须先高声朗读几条毛主席语录。陈毅手捧《毛主席语录》高声说：“翻到第271页！”会场上立时响起一片翻语录本的声音，接着突然静场，原来语录本上只有270页。人们一时愕然。就在这时，陈毅对着语录本高声朗读：“陈毅是个好同志！”全场人迟疑片刻，立即有人提出怀疑。这时，在场的周恩来总理出面证实，毛主席确实讲过这句话。

这样，一场“批陈大会”，被陈毅引用的、周总理证实的毛主席的这句话化解了。

引用可以接通古今中外的多种语言、多种智慧的精华，显示说话者知识面广。因为一个人的语言表达能力无论多强，毕竟是有限的，引用借助多种多样的表达能力，使其熔为一炉，产生以少胜多、言简意赅、韵味无穷、寓意深刻的表达效果。

引用的方式多种多样，常用的有正用、反用和撷用。

(1) 正用。即用其原意原句。如教师节的晚会上，一名女学生在回答教育的作用时说：

“在一个文盲的国家里，是不能建成社会主义的。”（列宁语）“一个受了不良教育的孩童，等于失去了方向。”（肯尼迪语）“知识才是引导人走到光明与真实境界的灯烛。”（李大钊语）所以，“教育是廉价的国防。”（亚里士多德语）“教育的根是苦的，但它的果是甜的。”（约翰逊语）

这一段话引用了列宁、肯尼迪、李大钊等人的名句、警言，揭示了教育为本的深刻内涵，简练有力，生动深刻，取得了以少胜多的效果。

(2) 反用。即反其意而用之。如毛泽东在《质问国民党》一文中讲道：

照你们的说法，“破坏团结”的也是共产党，你们则是如何如何的“精诚团结”主义者，那末，你们以三个集团军的大兵，手持刺刀，配以重炮，向着边区人民前进，也可以算做“精诚团结”了？

毛泽东同志这一段反用，以其人之道，还治其人之身。没有比这精妙的反用更具有说服力的了。

(3) 撷用。撷用是撷取原句中部分词语而用之。如：

毛泽东在《论联合政府》这篇著名演讲中将“上以风化下，下以风刺上。主文而谲谏，言之者无罪,闻之者足以戒,故曰风"句,巧妙地撷用成"言者无罪,闻者足戒"这一闪烁着真理光芒的名句。

这样的撷用精练地阐述了人民内部对于批评所应采取的正确的态度,倡导和张扬了民主作风和批评与自我批评的精神。既言简意赅,又通俗易懂。

运用引用技巧时,要力求精当,多少适宜;所引用的内容必须是对阐述问题确有价值,其内容既具有权威性、说服力,又不是老生常谈;引用要讲究时机,适当变化,创造性引用,不要貌合神离。

7. 排比口才技巧

排比是一种能使语意表达层次清晰、语势强劲、节奏鲜明、语音畅达的修辞手法。这种手法一般是由三个或三个以上结构相同或相似、内容密切关联、语气一致的词组或语句排列而成,用以表达同一范围、同一性质的事物,以增强语势、强调内容、加强效果。

那么,在口语交际中,如何运用排比修辞手法呢?

(1) 叙事时,运用排比手法,可把事物描述得更加细致、更加深刻。

如有位县委书记在全县干部会议上分析在一部分干部身上存在的意志薄弱状态时说:

他们有的肩软,不敢担重担;有的耳软,听风就是雨;有的嘴软,该讲的不敢讲;有的手软,该抓的不敢抓;有的脚软,该调查的不调查……

这里用几个的字结构作主语组成的排比,使部分"浑身软"的干部形象历历在目,其描述达到了呼之欲出的境地,给人以活生生的印象。

(2) 论证道理时,运用排比手法,可将道理阐述得更透彻。

如周恩来同志《在延安欢迎会上的演说》中讲过这样一段铿锵入耳、感人肺腑、振奋人心的话:

……这些现象不改变或消灭,中国抗战的局面能拖到胜利么? 我们的回答:要胜利,不是拖而是打! 要胜利,不是消极的抗战而是积极的抗战! 要胜利,不是国内的分裂而是国内的团结! 要胜利,不是政治的压迫而是政治的民主!

这几句排比句,听之整齐顺畅、和谐连续;读之气势逼人,不容置辩,层层推进,从而论证了中国共产党人对抗战胜利深刻内涵的理解。

(3) 抒发感情时,运用排比手法,可将感情抒发得更充分、更强烈。

请看一篇名为《朴素》的演讲词的片段:

出水芙蓉,亭亭玉立,极尽妍姿;经霜的苍松,勃勃精神,独具风采;出岫的白云,悠悠行空,飘逸流韵;历世的峭石,默默无语,淡泊忘我。

清水出芙蓉,天然去雕饰,天然是一种朴素;大雪压青松,青松挺且直,挺直是一种朴素;云无心以出岫,鸟倦飞而知返,无心是一种朴素;壁石立千仞,无欲则刚毅,刚毅是一种朴素。

真正的好诗,不是苦吟得来;真正的好画,不是修饰得来;真正的好歌,不是假声得来。真正的美人,并不依靠脂粉;真正的作家,并不依靠词藻;真正的贤者,并不依靠贴金……

真理是朴素的,真情是实在的,真正可以交际的心灵世界应该是素洁而实在的。当浮华给予我们过多欺骗的时候,我们感到朴素的自信;当虚伪给予我们过多悔恨的时候,我们感到朴素的可爱;当假意假情给予我们过多伤害的时候,我们感到朴素的可敬。

朴素是一种力量,它抵抗一切外来的侵略永葆自己;朴素是一份感动,它抵达人的心灵深处感动人心。

这段演讲词运用了大量排比手法，说明了朴素的品质可爱、美好和珍贵，把对朴素的赞美、欣赏之情表达得淋漓尽致。

（4）批评反驳时，运用排比手法，可给予连珠炮般的回击，使对方没有喘息机会。

例如鲁迅先生用犀利的语言揭露假三民主义时说：

……文人学士究竟比不识字的奴才聪明，党国究竟比贾府高明，现在究竟比乾隆时代光明。

这三句，语言辛辣，讽刺入木三分，犹如三发重型炮弹，发发中的，彻底撕破了文人学士的丑恶嘴脸，有力地批驳了党国的政府及其文人学士嘴喊三民主义，实行假三民主义的卑劣行径。

（二）修辞口才训练

1．引用口才训练

阅读下列引用技巧的训练材料，并注意在自己的口才实践中学会引用。

（1）总之，人们的才能主要是由勤奋努力学习得来的。所以牛顿说："天才就是思想的耐心。"爱迪生说："天才是百分之一的灵感加百分之九十九的汗水。"门捷列夫说："终身努力便是天才。"高尔基说："天才就是劳动。"古人诗曰："锲而舍之，朽木不折，锲而不舍，金石可镂。"也是说的一个道理。（钱伟长《才能来自勤奋学习》）

（2）凡事应该用脑筋好好想一想。俗话说："眉头一皱，计上心来。"就是说多想出智慧。（毛泽东《学习和时局》）

（3）中国有句成语，叫做"众口铄金，积毁销骨"，一次一次地造谣毁谤，也可以将真理埋没。（唐弢《琐忆》）

2．对比口才训练

阅读下列训练材料，看看作者是怎样使用对比技巧的，并完成后面的训练题。

（1）下面这段话由五个对比句组成，请你划上横线：

不拘小节的可能不得人心，处处小心的可能处处得意；过于自信的可能欲速则不达，安分守己的可能稳扎稳打；独创带来孤独，平庸带来团结；温暖造就优柔，严酷造就顽强。世上很难有完善的性格，完善的人生。没有志向的人往往一生安宁，充满活力的人往往一生艰辛。（陈祖芬《活力》）

（2）"东西越用越少，学问越学越多"，这句谚语运用对比手法阐述了一个深刻的道理。请你运用相同的手法，设计一段话。

3．排比口才训练

运用所学的排比技巧，以"反对大吃大喝、铺张浪费之风"为内容，写一段演讲词。

三、即兴演讲口才技巧与训练

（一）即兴演讲口才技巧

兴者，兴致，兴趣也。即兴演讲，就是在事先无准备的情况下，被眼前的事物、场面、情景所刺激，从而激发兴致而产生的一种临时性的演讲，亦可称为事前无准备的演讲，又称即席演讲、即时演讲。

即兴演讲，在演讲的类型中，是使用率最高、应用范围最广的一种。随着现代社会的发展，现代社会信息传递速度加快，人们的交往日益频繁，人们的实际领域不断拓宽，即兴演讲也随之出现在人们生活的方方面面。如婚礼祝辞、迎送致辞、丧事悼念、聚会演说等，都需要人们临时作即兴演讲，或助兴，或助威，或联谊，或缅怀等，它成为人际交往深受欢迎的形式，是一个人社交的必备内容。

即兴演讲具有动因的触发性、准备的临时性、时间的短暂性等特点，要求演讲者在极短的时间内迅速展开思维，找到话题，形成较完整的腹稿，立即从容地表达出来。出色的即兴演讲需要的技巧有：

1. 借引媒介，引出话题

即兴演讲中的“媒介”，是指与场景、主题有紧密关联的，能迅速沟通演讲者和听众心灵的人，或事，或物，或名言，或警句。所谓借引媒介，是指借引这些人、事、物、名言、警句来开头，从而引出话题，并达到沟通演讲者和听众心灵的目的。

（1）从集会的主旨引出话题。即兴演讲最常见的话题是从集会主旨中取其一点，形成话题。比如某单位张部长出席基层举行的庆功会，他在即兴演讲时，就抓住会议主旨的“功”字，形成话题，在“功”字上展开，很快构思成一篇发言稿。

（2）从集会的环境场合引出话题。有时集会的环境场合有某种特殊意义，也可借题发挥。如上海市新闻工作者协会主席王维同志，一次出席上海市企业报新闻工作者协会成立大会，这次会议在上钢三厂新建的俱乐部会议厅召开。他即兴演讲道：

我来参加会议，没有想到有这么好的会场，这个会场不要说市企业报记者协会成立大会，就是市记协成立大会也可以在这里召开。没想到这么多的企业报记者、编辑参加这个大会，它说明企业报的同仁是热爱自己的组织、支持这个组织的。没有想到今天摆在主席台上的杜鹃花这么美丽。鲜花盛开，这标志着企业报记者协会也会像杜鹃花一样兴旺、发达……

他的话题由头到尾全部取材于现场，使人听起来新颖、亲切。

（3）从有趣的现象引出话题。如施瓦辛格当选美国加州州长后首次发表演说时的开场白：

“今天早上，我的女儿来找我，她在我身边说，州长先生，咖啡已经好了！”

语音未落，掌声响起，笑声一片，次日多家报纸将这句话用在新闻的标题中。

何以如此？原来，施瓦辛格接任的美国加州政府，早已债台高筑，濒临“破产”。如何扭转财政赤字困境，包括他本人在内的各位竞选者并无良方。虽然大选获胜，他今后却可能饱尝工作之艰辛，仿佛开始品尝咖啡之苦味。此时出此语，看似风趣，实则意味深长。

2. 展开联想，搜集材料

即兴演讲，关键就在于借题发挥。就是要迅速抓住某一材料作为引发思维的“媒介”，由此展开联想，驰骋想象，在极短的时间内，快速搜索记忆中的经验和感受，筛选“知识仓库”，把典型材料组合起来，并用精巧的语言表现出来。这样的即兴演讲，不会由于仓促成文而流于空泛、浅显、干瘪和直露，会让人感到内容丰富、充实而有分量。

例如，曹海霞同学是吉林省的中学生，在一次即兴演讲赛中，她抽到的题签是《妈妈的眼睛》。她快速搜集记忆中的资料，展开了丰富的联想：

当我手捧着题签，望着上面‘妈妈的眼睛’这5个字时，我的脑海里立刻浮现出一双美丽明亮的眼睛，那就是妈妈的眼睛。当我感到孤独的时候，我想起了妈妈慈祥的眼睛，它告诉我生活中到处充满着爱，它让我去寻找纯洁的友谊；当我在挫折和痛苦面前叹息和失望的时候，我想起了妈妈闪耀着希望之光的眼睛，它引导着我从失望的迷谷中走出，使我勇敢地接受生活的磨难和考验，鼓舞我在困难面前奋然崛起；当我面临突如其来的侵凌的时候，我想起了妈妈那双坚定的眼睛,它给了我无穷的智慧和勇气。朋友们,世界有黑暗更有光明,请你到大千世界中去追寻最能给你力量的美好事物吧!就像我找到了妈妈的眼睛一样,它不但能给你温暖,激励你的斗志,还能净化你的灵魂,温馨你的感情。让我们共同去追求吧!哦,妈妈的眼睛。……

曹海霞同学通过联想,一种诗的意境般的联想,成功地把母女之情升华为对真善美的执著追求之情。

3. 布点连线、理脉成文

演讲中展开联想时,大脑中所显现的信息材料,大多是与话题有关的独立的、零乱的、散碎的、互不联系的材料。这些互不联系的、似乎无关却又有关的事物,比如一两个表述观点的核心词语,一两句能概括观点的格言警句,一两个小典故等,我们称之为腹稿内容的"点"。所谓布点,则是对这些互不联系的独立的、零乱的、散碎的"点"的材料,迅速地略加筛选后,选择出自己所要采用的部分,作为组成演讲词腹稿内容的"点"。然后围绕主题,并考虑到各"点"之间的联系,合理布局,快速组合,最后连贯成文,即所谓的连"线"。因为布点时的联想是快速思考,思考中所布各点往往是零星散乱的,不是有序和有机的,需要合理组合,所以连线的任务,就是把所布的各点,根据一定的逻辑关系放到恰如其分的位置上,使之成为一个有机的系统,从而理脉成文。

布点连线、理脉成文的方式主要有三种:

一是串珠式,即用横缀的方式把各点内容连接起来,使之成为像"项链"或"门帘"那样,"一线串珠",串联一体。如2003年12月5日,是著名演讲家景克宁教授八十寿辰的日子,山西运城学院为他举办了一次座谈会。景克宁教授即席演讲,畅谈了自己独特的人生:

在我的生命中,还有两个而立:第一个而立是我二十九岁那年,已是一名马克思主义哲学教授。但是社会的动荡粉碎了我的宏图大志,之后的二十年,我在监狱、劳教场中度过。第二个而立,是我在花甲之年入党,六十而立。我今天所做的一切,微不足道,所谓成绩是在退休后做的,我还要继续做下去。

我的生命里有两个二十三年。第一个二十三年,我是在折磨、打击、羞辱中度过,但我逆境不屈。第二个二十三年,是平反后的二十三年。恩格斯说过"历史的巨大破坏,必定以历史的巨大进步来补偿"。在平反后的二十三年里,我以勤奋补偿了第一个二十三年。

这两个二十三年,使我认识到,我必须勤奋,勤能补拙,勤奋使我补上了二十三年的岁月,强化了我生命的密度,提高了生活的质量。我必须敬业,我把每一节课、每一次演讲都当成生命中最盛大的节日全力以赴,一丝不苟,以传播知识为最神圣的事情。我必须忠诚为人,为事。"精诚所至,金石为开",今天,我受到了朋友的广泛支持和理解,倍感欣慰。

人的一生既然是一个过程,就应该像恒星一路闪光,而不是像流星一闪而逝。要沿着时代发展的轨道安排自己的生活。意识到生命只是一个短暂的过程,就要万分珍惜它,要让自己的一生力争优秀,力争杰出,力争高尚。

学习着、工作着、奉献着是美丽的。我将继续学习、工作、奉献,把朋友们的嘉奖,当作鼓励、鞭策、信任,继续身体力行。

这是一种由点到线,一线串珠的快速构思法。先由生命的"两个而立"说起,再到"两个二十三年"的生命历程,最后以"学习着、工作着、奉献着是美丽的"为结束语,概括了自己不平凡的人生经历,给后人留下了深刻的人生感悟。

二是楼梯式,即用直进深入的方式,把各点联缀起来,使之成为步步高、层层深的一体。比如,在一篇题为“理解万岁”的即兴发言中,演讲者这样展开材料:首先说人与人之间需要理解和信任;接着说从我做起,主动去理解别人;最后,说从团结的愿望出发,从事业成功出发,才能真正主动地去理解别人。很显然,这三层内容是一层深似一层,渐次深入的。

三是网式,即把各点内容,有纵有横地联缀起来,使之既有时空顺序,又有逻辑层次,形成纵横交错的“网式”结构体。如有一篇在新教师欢迎会上的致词,是这样说的:

各位新老师:你们的到来,给我们注入了新鲜血液,(鼓掌)掌声证明:对于你们四位,我们是热烈欢迎的。在生理学的意义上,血液有O型、A型、B型、AB型之分。我不知在座各位老师是何种血型,也未曾做过调查。不过,你们可以相信,在非生理学的意义上,我们都是“AB型”,能接受任何“血型”,我们又都是“O型”,能输给任何“血型”。在以后的日子里,我们新老“血液”一定能友好、融洽地相处。(掌声)据说,人体的心脏是世界上最卓越的“水泵”,每天泵出血液达七至八吨,你们四位每时每刻泵出的“新鲜血液”与原来的“血液”汇流在一起,无疑,我们学校将更加充满生机!(热烈鼓掌)

此篇即兴演讲的欢迎词,确定的点纵横交错,先表达老教师对新教师的热烈欢迎和殷切希望(纵向点),再从生理学和非生理学的意义上对四种血型进行分析比较(横向点),最后将纵横两点内容有机地联缀起来,表明了新老教师团结一心、携手并进的美好愿望。

4. 控场技巧

控场,是指演讲者对演讲场面进行有效控制的能力。演讲者要想调动听众的情绪,集中听众的注意力,创造良好的会场气氛,必须具备一定的控场能力和技巧。控场的技巧,一般有以下几种:

(1) 暂停。在演讲过程中,常常出现这样两种不同的现场情形:一是演讲者简洁而精彩的演讲,博得了听众的掌声和赞语,会场洋溢着热烈的气氛,这是演讲成功的体现。二是演讲者冗长而平淡的演讲,引起了听众的闲聊和喧闹,会场充满了嘈杂的声音,这是演讲失误的反应。当演讲者遇到第二种情况时,面对台下的哄闹声,不妨暂时停止演讲。这种语流的短暂间歇,可引起听众的心理注意,从而改变听觉意向,产生控场的效果。

如某县举行庆祝教师节青年教师演讲赛,在进行决赛时,一位演讲者从会场突然响起的说话声中,意识到自己讲述的某模范教师的事迹与前面一位演讲者列举的事例重复,因而引起了听众的议论。他立即暂停了自己激昂的演讲,并利用听众瞬间注意自己的机会,迅速调整了演讲内容,紧接着讲道:

老师们、同学们,如果因为你们对这位教育战线劳动模范的事迹太熟悉了,用不着我更多的叙说,那么,我还要向大家介绍另一位在偏僻的小村默默无闻地辛勤工作了28年,曾经冒着生命危险,先后救起过五名落水学生的普通民办教师的经历……

这样一停,使刚刚安静下来的听众稳定了情绪,随着演讲者的续讲,会场重新呈现出专注的气氛。

(2) 发问。演讲者面对台下的说笑声,可以直接发出诘问。这种语势的强烈刺激,能够激发听众的心理思考,引起思想反省,达到控场的目的。

如某学校举行纪念“一二·九”演讲报告会。当演讲者讲到当代青年学生应该在新的历史时期,继承“一二·九”光荣革命传统,为振兴中华而努力奋斗的内容时,少数学生竟交头接耳说笑起来。演讲者为了避免事态的扩大,迅速发问:

讲到这里,我要向台下现在仍在说说笑笑的同学提出这样的问题:你想以怎样的实际行动来发扬“一二·九”运动的伟大爱国主义精神,为建设社会主义强国而做出自己应有的贡献呢……

这样一问,不仅有针对性地启发了听众的反思,起到了控场作用,而且又自然地续接下去,推动了演讲的顺利进行。

(3) 变调。演讲者面对台下的吵嚷声,可以迅速变化语调。这种语调的鲜明对比,能造成听众的心理反差,从而集中注意力,达到控场的目的。

如某工厂团委为庆祝“五四”青年节,举办了一次专题演讲比赛。一位青年工人在演讲中谈到自己如何发挥共青团员的先锋模范作用,带动青年争创高产的事迹时,从会场发出的阵阵说话声中,他感觉到了部分听众的厌倦情绪。他平定了一下自己的激动心情,在一段低缓的叙述后,突然提高语调,用激昂而洪亮的声音讲道:

青年朋友们,五四运动,作为一场彻底的不妥协的反帝反封建的革命运动,早已载入了中国新民主主义革命的光辉史册,而历史又把一个新时代的崇高使命赋予了我们……

这样一变,听众的精神振奋了,说话声开始平息,演讲者抓住这一转机,调整了思路,以饱满的热情和兴奋的神态结束了自己的演讲,受到听众的欢迎。

(二) 即兴演讲口才训练

1. 训练材料

央视名嘴白岩松曾应邀到哈尔滨工业大学做了一场即兴演讲,在台上他即兴发挥,妙语连珠,赢得了大学生们的阵阵掌声。

在哈工大的即兴演讲(节选)

白岩松

有这么一对儿夫妇,吃完饭就坐那里看电视,看完了,就洗漱一下睡觉,日复一日,年复一年就这么过着。也许有的同学会说:太枯燥了吧,该离了吧?但真正的生活就是这样,就是这样平常,生活如此,创业如此,大学生们走入社会之后注定要花大部分时间做平平常常的事。那对夫妻在年老的那一天会彼此含着热泪感谢对方与自己携手相伴一生、彼此温暖一生,而同学们也会在平平常常的生活中等来生命中只占百分之五的激情与辉煌时刻!(掌声)因此,同学们要做好准备,毕业后准备好迎接平淡。

同学们在大学里一定要多做梦,甚至可以梦游,(笑声)比如现在一谈爱情我脑子里只会闪现我爱人的照片,而你们则可以设想一千位俊男靓女的样子……这就叫做虚位以待。我年少时看了三毛的书也想周游列国。但是所有这些梦想都属于你们这个年龄段,我现在没有资格做这样的梦了,我现在所处的是人生的舍弃阶段,而你们所处的是人生的选择阶段,不要放弃做梦!(长时间的掌声)更别忘了替这个社会、替这个国家做梦,能全身心地做这种梦,一个人一生中没有几次这样的机会,等你人到中年上有老下有小时,想做梦你也力不从心了,因此趁现在抓紧做梦!

有人说现在大学生找不到工作,怎么会呢?我有时候就想不通,真的如此,那我国岂不是比美国更发达了……因为我们的大学生都在待业呀!(如雷的掌声)其实大学生不是找不到工作,而是找不到一步到位的最满意的工作!实际上你就是一个骑手,毕业后你就应该先骑上一匹马,只要你优秀,你就能找到更棒的马!(长时间的掌声)

季羡林老先生的一席话给我印象很深,采访他时,他说:“我已经如此老了,但我的道路前方仍有百合花的影子，人生的前方要永远有希望、有温暖才行。”再举个例子，狗赛跑怎么比？怎么让狗跑起来、跑得快？每个狗嘴前边都吊着个骨头，我们每个人也要给自己放块骨头，（笑声）精神的骨头！（热烈的掌声）

（摘自《演讲与口才》2004 年第 6 期）

2．训练题

请你以某市精神文明办公室主任的身份，参加一个“文明五好家庭”表彰大会，并做五分钟的即兴演讲。

【思考与练习】

1．结合你自己的生活实际，谈谈口才在交际中的重要性。

2．根据你的口才训练实际，谈谈口才训练的方法和技巧。

第六章　电影艺术鉴赏

1895 年 12 月 28 日，法国人卢米埃尔兄弟在巴黎卡普辛路 14 号的“大咖啡厅”的印度厅放映了《火车进站》《工厂大门》《水浇园丁》等十多部电影短片，标志着电影艺术的诞生。什么是电影艺术呢？电影首先是一种记录活动影像信息的技术和手段，是一种信息传播媒介。从技术的角度看，是指用一定的运转速度把对象的运动过程拍摄在电影胶片上，然后把若干段胶片剪辑组接在一起，再通过放映机把被拍摄的对象连续地投放于银幕，从而造成活动的影像。从艺术的层面看，电影艺术是指通过一定的物质形态造成银幕上的活动影像，传达出一种独特的艺术形态，致力于表现人的内部情感世界与外部生活世界的艺术手段。

第一节　电影艺术的发展历程

电影并非一开始就被人们接纳为艺术，而是被视作马戏团杂耍，在此后很长一段时间里，电影总是被看作视觉消遣品。这其中的原因很复杂，除了观念上的问题之外，与电影本身走向成熟的艰难历程、电影跟科学技术的密切关系、自身独特的工业化生产流程及商品属性等都有一定的关系。早期电影发明者并没有想发明一种艺术，甚至没有预想到它会成为一种表达思想感情的工具。电影最初仅仅是作为一种视觉运动的记录工具而问世，到后来人们才逐渐发展了它的记录动作、记录有含义的事实和重大历史事件以及通过记录来叙事的功能，由此，电影便被纳入人类交流思想感情的语言符号系统范畴。

如今，电影作为一种艺术已被公认，已经可以自如地以自己特有的艺术语言来表达繁复的社会生活和复杂精微的人的精神世界。电影从市集演出节目、类似文明杂剧或记录时代风物的工具，逐渐变成能让艺术家用像今天的论文和小说那样精确无误地表达自己的思想和愿望的一种语言。也就是说，它正在逐渐摆脱视觉形象、为画面而画面、直接叙事、表现具体景象等旧规的束缚，成为一种像文字那样灵活而巧妙的创作手段。

从技术层面看，电影艺术发展经历了五个阶段。第一阶段是电影诞生初期“活动照相”阶段。卢米埃尔兄弟在法国巴黎放映《工厂大门》、《火车进站》、《水浇园丁》等最早的电影短片。此时电影称不上独立的艺术，而只能说是对生活的客观纪实。第二阶段是较为成熟的无声片时期。无声电影是世界电影艺术的重要成长期，欧美先后建立起庞大的电影工业系统，以格里菲斯为代表的早期电影工作者对电影进行了大量探索，初步确立了电影的叙事法则。“蒙太奇”理论和创作实践将无声电影提升到成熟完美的地步，影片通过镜头间的组接剪辑产生深刻的理性内涵，使电影成为一种表意抒情的艺术。第三阶段是有声电影阶段，第一部有声片《爵士歌王》(1927 年)的诞生标志着有声电影阶段的到来。录音技术的发展给电影带来声音，是电影艺术最大的一次变革，电影也从一门纯视觉运动的记录媒介变成了视听运动的记录媒介。第四阶段是彩色电影阶段。第一部彩色片《浮华世界》(1935 年)开始了彩色电影阶段。第五阶段是“三维动画”的电影时代。电子技术高度发达开启了电影的“三维动画”时代，如《玩具总动员》、《侏罗纪公园》、《阿凡达》等数字电影，技术的进步丰富发展了电影艺术的表现力。

从语言层面看，电影艺术包含蒙太奇、长镜头两种重要的表现形式。卢米埃尔兄弟时期电影仅仅处于活动照相阶段。戏剧导演出身的梅里爱把戏剧手法大量引入电影，丰富了电影的表现力。美国职业导演鲍特和格里菲斯，开始自觉使用电影蒙太奇手法，发展了电影叙事，开启了运用交叉蒙太奇讲述故事的先河。鲍特的《火车大劫案》中第一次采用时空交叉剪辑手法，第一次用电影画面说出了“与此同时”的含义。格里菲斯导演了两部电影史上里程碑式的影片：《一个国家的诞生》和《党同伐异》。前者通过镜头的交叉剪辑手法即平行蒙太奇营造出著名的“最后一分钟营救”技法，在电影艺术语言走向自觉的历程上具有重要意义。

蒙太奇无疑是电影艺术最重要的一种语言。它处理的是镜头与镜头、画面与画面、画面和音响等之间的组合关系，通过各种镜头组接产生独特的电影时间和空间，是电影艺术的基本结构手段和叙述方式。按苏联电影大师爱森斯坦的说法，电影艺术的思维就是一种独特的蒙太奇思维。爱森斯坦在电影本性和艺术思维方式等方面的研究将蒙太奇理论系统化。其代表作《战舰波将金号》镜头剪辑紧张有力，其中堪称“经典中的经典”的“敖德萨阶梯”段落，极具惊心动魄的震撼力。

长镜头理论是蒙太奇理论的一种补充与完善。法国著名电影理论家安德烈·巴赞不满蒙太奇理论人为切割和重新编排时空，认为是对生活本体的不尊重，他主张用景深镜头和长镜头来还原生活，不切割对象世界完整的、感性的时间和空间，同时也是把选择和思考的权力交还给观众。长镜头理论进一步巩固了电影中卢米埃尔兄弟所奠基的“纪实性”的美学风格如法国诗意现实主义、意大利新现实主义等创作运动，以及安德烈·巴赞所倡导的电影纪实本性的理论，在世界电影史上产生了重要影响。

电影是建立在现代科技基础上的综合艺术。它综合了各门艺术的特点，实现了时间与空间的结合，视觉与听觉的结合，再现与表现、造型与表演等艺术的综合，从而具有了更加强烈的艺术感染力。电影不仅改变了人类艺术的格局、系统，而且丰富甚至在相当程度上重塑了人类的审美经验，是现代科学技术与艺术的结合，综合了声学、光学、电子学和计算机等多种自然科学与应用科学的成果，体现了对各门艺术的各种表现手段、各种艺术构成元素的综合，如“光的音乐”、“运动的绘画”、“形象的文学”、“视觉的诗”、“盒子里的戏剧”等比喻，融合形成了影视艺术新的特性，而且融合了社会学、心理学、美学、艺术学、传播学和经济学等多种学科。

第二节 世界电影赏析

一、美国西部片与《与狼共舞》

西部片是好莱坞极有影响的类型电影之一。西部片也称牛仔片，是以美国西部为背景，以19世纪下半叶美国开发西部荒原为题材的影片，其类型特点是，题材常常是固定的两大类：一类是拓荒故事和建立法律的过程，另一类是表现拓荒者和印第安人的关系。西部片的基本情节极其简单：白人移民遭威胁，英雄牛仔解危难，除暴安良歼歹徒，英雄美女大团圆；西部片的主人公几乎不变：牛仔、警长、匪徒、强盗、酒徒、赌棍、牧场主、银行家、印第安酋长及其属下等；西部片的背景也是千篇一律：荒凉的千里平原、尘土飞扬的沙漠、碑式的巨大山岩和峰峦起伏的群山、荒凉的小镇、简陋的驿站、酒馆、牧场主的原木小屋、印第安人的营地等共同组成带有典型的西部特征的外景和内景。这些雷同的背景和环境被一再重复，成为西部片不变的视觉图谱，显示着其固有、独立的文化品格。

《与狼共舞》讲述的是美国南北战争结束前夕，联邦军队中尉约翰·邓巴成为南北战争中的战斗英雄。作为褒奖，邓巴可以自由地选择服役地。邓巴选择了遥远的西部海斯要塞，接着他被派到了更为遥远和偏僻的塞克威克哨所，在壮美的大草原上邓巴独自过着平静而单调的生活。世代生息在这里的印第安苏族人发现了生活在哨所的邓巴，他们警戒地防备着邓巴。为求和平相处，邓巴决定主动拜访印第安苏族人。半路上，邓巴救了一个昏迷的印第安装束的女人。邓巴和苏族人开始了缓慢而友好的接触。邓巴慢慢学会了苏族语言，也渐渐获得苏族人的信任。他与武士"踢鸟"和部落首领"十熊"建立了深厚的友谊，和苏族人成了朋友，他还有了一个印第安名字——"与狼共舞"。邓巴在捕猎野牛时的骑术和枪法令苏族人大为折服，他还从野牛角下救起了一位印第安少年。凶残的帕尼族人来袭，邓巴倾其全力，将哨所里的枪支弹药分给了苏族人，帮助他们战胜了仇敌。此时的邓巴，已成为印第安苏族人心目中的英雄。

与此同时，邓巴与那个被他救起的、名字叫做"挥拳而立"的女人之间也产生了真挚的感情。善良的印第安人为他们举行了简朴的婚礼，邓巴成了印第安部落中的一员。邓巴想回哨所取回日记本，却发现白人军队已经在哨所驻扎，他们认定邓巴是叛徒，并派一队士兵押送邓巴回海斯要塞。途中，苏族人消灭了押送士兵，救出邓巴。邓巴带着妻子"挥拳而立"离开了苏族人的部落，踏上漫漫征途。

《与狼共舞》被视为一部反传统的西部片，是一部对传统经典西部片进行"改写"而诞生的新的经典西部片。《与狼共舞》对于传统西部片的反叛首先见于影片中导演极具当代意识的历史观。本片的历史语境涉及了美国近代史上两件最重要的大事："南北战争"和"西进运动"。本片中，导演凯文·科斯特纳以当代意识反观历史，彻底推翻了美国传统西部片中对印第安人的恶意描写，在影片主题上刻意为印第安人的历史形象翻案，而且对白人在征服西部过程中所犯的罪恶进行了毫不留情的批评，银幕上印第安人被剥夺了近半个世纪的尊严得以重新找回。

《与狼共舞》的反思主题在文化观念上极大地迎合了观众的当代趣味。20 世纪 90 年代的西方社会，随着现代乃至后现代的工业文明对自然的侵蚀，文明或文化与自然的冲突在人们心目中占据了越来越重要的地位，人们从对文明的礼赞开始转向对原始、自然乃至野性的日益向往，正是在这样的文化氛围中，《与狼共舞》以西部片"叛逆者"姿态出现而获得人们的喝彩，其关键在于它所张扬的自然、和谐的文化观念。

影片中，邓巴对于驻守地的选择鲜明地体现着"回归自然"的文化导向。对于邓巴而言，这一选择权几乎是用自己的生命换来的，因此显得特别珍贵。他并没有选择安逸的大都市，而是去了广阔无垠的大草原。对于逃离文明世界的邓巴中尉来说，这里似乎才是人类真正的家园，才是他真正向往的地方。配合着这一文化主题，作为传统西部片背景的西部荒原，在影片中的展示被赋予了一种诗意。导演以精巧的摄影角度、巧妙的动态节奏和复杂而又出色的场面调度，营造出西部大草原极致的视觉效果。雄浑壮美的大草原和影片中的人物一起共同实现着多重的文化隐喻。昔日荒凉、冷漠的西部荒原，在影片中已成为温馨的大自然的象征。那只属于自然的狼,也并无食人的野性,反显出一种对人类的亲近。而过去西部片中作为野蛮表征的印第安人,在影片中则成为大自然的代表。他们的生活方式自然、质朴,甚至连他们的名字也都脱尽文明的窠臼,而完全取之于自然的物象或某种自然的动作,如"十熊"、"踢鸟"、"风中散发"、"挥拳而立"等。从影片的描绘来看,印第安人与自然之间显然是一种更为和谐的关系。他们生活在辽阔的西部大草原上,以苍天、大地、平原为家,质朴纯真、互相关爱。他们也打猎,那是用自己的力量去获取食物;他们也打仗,那是为保护自己的粮食和妇孺的生命。对恶势力,他们决不害怕。对好朋友,他们又关心有加。总之,他们自然淳朴、善良开朗,一切生活行为都合乎自然的准则。《与狼共舞》的成功让我们看到了西部片这类电影强劲的生命力。

二、意大利电影与《天堂电影院》

意大利新现实主义强调的是电影要反映当代社会生活的现状,要通过普通人的真实生活遭遇来反映当代的社会问题,拍摄方法上要注重真实感,尽量采用实景拍摄并运用自然光线,同时反对好莱坞的明星制度,提倡采用非职业演员进行拍摄。意大利新现实主义有很多著名的代表作品都流传了下来,《罗马,不设防的城市》、《偷自行车的人》、《罗马 11 时》、《大地在波动》等。直到今天,意大利新现实主义也还在不断地影响着世界各国电影的发展。

导演托尔纳托雷是意大利新现实主义电影的新锐力量,他一方面继承了意大利新现实主义的精髓,在他的电影当中,把普通人的悲欢离合表现得淋漓尽致。比如说《天堂电影院》中的托托,《海上钢琴师》中的一九零零,《西西里的美丽传说》中的玛林娜,他们都是平民,但导演真实细腻地把握住了他们的真实情感。另一方面,托尔纳托雷又超越了传统意义上的新现实主义,他把浓浓的艺术性带入电影中。

《天堂电影院》讲述的是著名电影导演萨尔瓦多·迪·维塔得知他少年时期的忘年交阿尔弗莱多去世了,悲伤的情绪开始笼罩他,往事一幕幕浮上脑海。第二次世界大战期间,在西西里的一个小镇上,小男孩托托(萨尔瓦多的爱称)为神父当祭童。他从小喜欢看电影,与天堂电影院的放映员阿尔弗莱多情同父子。在一次电影放映事故中阿尔弗莱多双目失明。托托接替阿尔弗莱多成了小镇的电影放映师。托托渐渐长大,但他纯洁的初恋遭到了阻挠,伤心的托托在阿尔弗莱多的鼓励下,离开小镇,追寻自己生命中的梦想。30 年后,阿尔弗莱多去世,托托回到家乡,面对此时残破的天堂电影院,追忆往昔,唏嘘不已。

《天堂电影院》被称为是一部"关于电影的电影",导演把我们带回到了一个电影的全盛时期。在影片中,"天堂电影院"已经是一个象征,它象征着一个理想,象征着一个时代,同时也象征着在战争年代里一个美好的空间存在。

影片呈现了两种怀旧感伤情绪的纠结。主人公托托的成长经历,向我们展现了一个普通的人对于梦想、爱情的追求,同时也给我们展示了一段电影兴衰的历史。剧中的主人公带着我们穿梭在不同的时空中,从兴到衰,由衰到兴再到衰,小小的"天堂电影院"紧紧地牵动着我们的心。主人公托托的命运也在这个大环境中不断地随之起伏。与此对应,影片呈现了两种历史的纠结:托托在电影中成长为大导演的个人成长史与电影艺术的盛衰沉浮史。这是一部关于一个人的历史与一种艺术的历史的影片。

从电影的历史看,从最早的易燃胶片到不燃胶片,再到后来的电视录像兴盛之后电影业的萧条,这是一条有迹可循的线索;另外,从一开始电影受到教会的严格检查,接吻镜头被删剪，到接吻镜头阻挡不住地充斥银幕，再到最后成名了的萨尔瓦多把阿尔弗莱多剪下来的接吻镜头全部连接起来，影片以意大利式的幽默回溯了电影艺术史。

从个人成长史看，托托的生活太多地与电影相关。从小看电影，学放映电影，以放映电影为生，最后成为大导演，甚至他的初恋表白都是来自对电影的模仿。他的爱情也像无数电影所演绎过的那样美丽动人，也一如电影中的那样虚幻缥缈，转瞬即逝。电影充当了小托托的精神之父，它意味着童年、温馨、乡愁和梦境。影片继承了意大利新现实主义把镜头对准下层普通小人物的传统，又运用了好莱坞电影的表现手法，浪漫传奇，温馨动人。

三、日本爱情片与《情书》

20 世纪 80 年代，日本一系列爱情电影影响广泛，高仓健、山口百惠、三浦友和、栗原小卷等成为家喻户晓的明星。高仓健饰演的主人公往往是现行社会体制所不容的人，他们被命运捉弄、历经坎坷，但在孤独冷峻的外表下藏着的却是一颗温情善良的心。在他主演的《幸福的黄手帕》、《远山的呼唤》中，中年硬汉深沉含蓄的爱情令人动容。《伊豆的舞女》中山口百惠与三浦友和的初次相遇已被翻拍了无数遍，那清澈的四目相对便成就了日本影坛童话般的银幕情侣。此后他们一起合作了《绝唱》、《雾之旗》、《春琴抄》、《鸾之恋》等十几部影片，表现的都是青年男女的爱情，既浪漫纯情，又热烈感伤，充满了凄美哀艳的调子。

《情书》讲述的是大雪茫茫的神户，渡边博子和亲友们正在祭拜三年前去世的未婚夫藤井树。偶然的机会，博子发现了藤井树的初中毕业纪念册，她往树以前读书时的地址寄了一封信以解思念之苦。然而她却真的收到了回信，并开启了一段尘封的故事。

一直追求博子的秋叶为了让博子忘却死去的藤井树，决定和博子一起去弄清真相。博子在街上巧遇女藤井树，看到这个和自己长得一模一样的女孩，她开始对男友藤井树选择自己的理由产生了疑问。在书信来往中，博子知道了原来真的有男女两个藤井树。女藤井树开始搜索自己对男藤井树的回忆，却揭开了一段自己都不清楚的初恋故事。原来，女藤井树正是少年男藤井树的暗恋对象，男藤井树表达爱恋的方式就是在许多无人借阅的图书书签上写下藤井树的名字。两个女孩通过信件认识了这段情感的真相。女藤井树经历了死亡的考验，冬去春来，学妹们将一本《追忆逝水年华》带给她，她拿出那张写着“藤井树”的借书卡，翻到背面，竟是男藤井树以前为她画的素描。

《情书》征服观众的不仅是那拨动心弦的故事，还有其唯美的画面、舒缓的节奏、忧伤的情调。在日本民族的审美意识中，格外重视对于风景的描绘。春天的樱花、夏天的大海、秋天的枫叶、冬天的白雪，这些充满着象征意味的景致不仅仅是作为故事发展的背景，而且与人物的心境融合在一起，隐藏着深沉的情感。《情书》用“雪”营造了全片的氛围，晶莹纯美，却带着几分寂寥与淡淡的哀伤。影片的第一个镜头就是博子躺在雪地上，任由雪花纷纷飘落在脸上的近景镜头。这个镜头的前景为白茫茫的雪地，后景为远方棕黑色的房屋、树木，黑衣的博子从前景进入后景，将黑白两种反差甚强的色调有机地融为一体。黑与白营造了一种特有的东方美学意境，如一幅水墨画。

影片中最温暖的篇章是女藤井树对中学时代的回忆，尽管进入回忆时女藤井树还并未觉察到这份感情，但我们通过画面的设计已然提前一步感受到了她潜意识里那秘而不宣的情愫。中学时代的场景几乎都沉浸在暖色调的包围中，散射光的运用犹如为画面披上了一层隐约的面纱。少年男藤井树倚着窗棂看书，窗外淡淡的阳光投射在他清秀的脸庞上，轻柔的白纱窗帘随风舞动，不时掩住少年的身影。这是透过女藤井树的目光看到的男藤井树，少女那仔细的端详、略带甜意的低头回避都充满了朦胧的诗意，谁不会为此怦然心动呢？

本片中最出彩的场面调度当属博子与女藤井树在街头“相遇”的一幕。博子寻访藤井树未果，留下一封信离开，女藤井树回来后看到并写下回信。在全景镜头中，女藤井树骑着自行车从纵深处过来，将信投入邮筒；镜头后拉、左摇，博子背对镜头出现在前景，两人共处一个画面中；镜头继续左摇跟拍骑车的女藤井树，博子出画，前景转为秋叶和朋友在交谈，女藤井树冲过来，从右侧出画；镜头继续右摇跟拍女藤井树，博子入画，女藤井树从博子身边经过，此时前景为女藤井树的正面近景，后景为博子的侧面近景。博子轻声呼唤了藤井树的名字，接下来是一组正反打的镜头，女藤井树与博子都面向镜头，一个茫然寻找，一个怅然伫立，但旋即就被茫茫人流所湮没。影片中的许多重要线索都是通过书信展现的，如何表现这些书信是对导演的技能考验。导演岩井俊二尽量将读信的环节以一种“复调”的形式展现出来，我们可以发现，片中的大部分信件都是博子与女藤井树两个人共同来读的：有的是如内心独白般边写边读；有的是收到对方信后边看边读；有的是一方正在看信，另一方以画外音的形式来读；还有的是刚读完一方的来信，马上就响起另一方的回信，形成一种紧促的交流。信件是一条神奇的纽带，将两个女孩带入了她们共同的世界里，而采取这种读信方式无疑更加强化了这种联系，使声音与情感的表现更为丰富。

影片结尾最令人难忘的还是那句“你好吗？我很好！”的倾情呼唤。博子踉踉跄跄地奔跑在雪原中，倾注所有的力气与情感高呼这句问候，随即画面切到病床上的女藤井树，刚刚逃离死亡线的她，用虚弱的声音也在轻轻呼唤这一迟到的问候，接着用交叉蒙太奇的手法，使画面在博子与女藤井树之间不断切换，她们的呼喊仿佛回声一般回旋在山谷间，也在心灵中涤荡。如果说街头的不期而遇是她们在现实中的一次交集，那么此时虽身处两地，但灵魂却因为所指一处而系在一起。爱与孤独、记忆与忘却、生与死都在这一刻交融，都在淋漓的呼喊中被推向最高点。

第三节　中国电影赏析

一、西部电影与《红高粱》

1987 年上映的《红高粱》作为张艺谋导演的处女作，开始顾及大众的兴趣，影片中首先出现了一个富有戏剧性和传奇性的好看的故事，这故事以古朴的乡野世界为背景，轰轰烈烈地描述了一个贫苦农家姑娘九儿的爱情和悲壮人生。影片不仅做到了高雅与通俗的结合，也做到了艺术性与商业性的完美统一。该片荣获第 38 届西柏林国际电影节最佳影片金熊奖，开启了中国当代电影走向国际的新时代。

“我奶奶”九儿在 19 岁那年，被她的爹逼着嫁给了十八里坡烧酒作坊的掌柜李大头。成亲三天之后，“我奶奶”回门，一个蒙面汉子将“我奶奶”抢进高粱地。后来“我奶奶”成了轿头余占鳌的女人，靠制酒卖酒为生。不久，日本鬼子来了，在村子里杀人放火，无恶不作。“我奶奶”正挑着担子来给“我爷爷”和伙计们送饭，结果被鬼子的机枪射死了。“我爷爷”和伙计们勇敢地冲向日本鬼子的汽车，用土雷炸毁了鬼子的汽车。

《红高粱》讲述了一个带有神秘色彩的传奇故事，张扬了一种被压抑的蓬勃的野性生命力,是一曲生命的赞歌,体现着对人的感性生命的膜拜。如果说古希腊的日神祭给人以美与和谐之辱,那么酒神祭则给人一种狂直无羁的放纵,并使人在这种放纵中感悟生命的不受扭曲和束缚的自然状态。电影《红高粱》所表现的正是这种感性冲动。在影片一开始的"颠轿"场面中,粗犷的汉子们个个光着脊梁,健壮的躯体,加上粗犷豪迈的歌声、飞扬的尘土和高低不平的黄土地,都浑然一体地传达着一种肆意放荡和勃发的生命本性。狂舞不已的高粱,拔地而起、激昂高亢的唢呐声,高粱地里祭坛式的野合仪式,热气腾腾的酿酒坊的艺术化表现,无不营造出一个充满活力激情和原始野性的神圣世界。影片结尾呈现在银幕上的是血红的高粱、血红的天空、血红的太阳,这种浪漫的情绪和气氛,充分展现了祖辈们的心态,使影片礼赞生命的主题得到了高度升华。

《红高粱》的总体基调是极富浪漫气息的,而这种浪漫气息的营造在很大程度上要归功于影片中对民俗的有机运用。"颠轿"是《红高粱》第一个创造出色的民俗场面,编导不仅创造性地展现了颠轿的习俗,创造了颠轿歌、颠轿舞和音乐,而与烧酒锅相联系的酿酒、出甑、祭酒神和最后在同日寇搏杀前将酒碗点燃而举行的复仇仪式,则讴歌了人的劳作、人的力量以及民族精神。影片中所有民俗的运用绘声绘色地揭示了一种带有生命的原始冲动力的人生,礼赞了生的瑰丽、死的壮烈,完成了影片极富浪漫气息的总体艺术基调。

导演充分发挥了几代导演惯用的造型和抒情艺术,全面调动了各种视听要素。如全片渲染和强化的红色主调,充分表达野性的生命力和无羁的热情。音乐上,狂放不羁的祝酒歌,不成调的狂吼《妹妹曲》《酒神曲》以及具有民族特色的唢呐声都在视听效果上产生了强劲的冲击力。其他的景物造型如极具民族风情的"颠轿",神圣仪式性的"野合",庄严的"祭酒"等仪式都给人以全新的立体视听感受。总之,《红高粱》以其叙事的通俗化、大众化以及在视听语言层面所做的创新,不仅成为"第五代导演"一个标志性的作品,也成了中国百年电影发展史上具有标志性意义的作品。自《红高粱》始,中国电影和中国电影人得以真正步入世界影坛,开始为西方世界所瞩目。

二、史诗电影与《霸王别姬》

电影《霸王别姬》于1993年荣获法国戛纳国际电影节最高奖项"金棕榈大奖",这也是我国唯一一部获此殊荣的影片,成就了陈凯歌一流导演的声誉。

《霸王别姬》讲述的是经历了十年动乱劫后余生的京剧艺人程蝶衣和段小楼,相扶着来到剧院彩排。他们忆起了自儿时至今的诸多往事,不禁感慨万千。

民国13年,9岁的小豆子被送入喜福成戏班学唱青衣,生性软弱的小豆子初到戏班备受同伴欺侮,只有师兄小石头处处同情并关照他。十年后,师兄小石头取艺名段小楼,演生角;小豆子在度过了艰难的学戏生涯后,终于认同了自己在戏中的女性身份,取艺名程蝶衣,演旦角,并与师兄段小楼约定合演一辈子《霸王别姬》。经过寒霜酷暑的苦练,二人终于红极一时,成为誉满京城的一代名伶。在此之后,因演虞姬而以虞姬自况的程蝶衣迷恋饰演霸王的师兄,将师兄作为人生和情感依托。他难以接受小楼迎娶妓女菊仙的事实,决定不再与小楼合演《霸王别姬》。抗战胜利之后,程蝶衣因曾为热爱京剧的日本军官唱堂会而以汉奸罪名被抓,小楼和菊仙为营救他四处奔走。"文革"中,他们受逼迫互相检举揭发"罪行",无辜的菊仙难以承受而上吊自杀。

打倒"四人帮"后,22年没有在一起演出《霸王别姬》的师兄弟二人再次重逢在久违的舞台上，戏中的虞姬唱罢最后一句，终于拔出他曾送给段小楼的那把宝剑自刎。现实中的程蝶衣在师兄段小楼的怀中结束了自己的生命，成为艺术舞台和人生舞台上真正的虞姬。

京剧《霸王别姬》是我国京剧艺术大师梅兰芳表演的梅派经典名剧之一。主角是西楚霸王项羽与爱妃虞姬。这出剧作糅合了历史和爱情，"成者为王败者寇"的英雄末路与"生当复来归，死当长相思"的美人殉情情节调动起观众诸多的情感元素，生发出人生如戏、戏如人生的无限感慨，成就了京剧舞台上久演不衰的千古绝唱。

电影根据李碧华的同名小说改编。在影片中，历来为评论者所首肯的，是片中展现出的浓烈的史诗品格。影片以一对伶人的人生悲欢来反映时代变化，并在时代变换中为观众展示出深沉厚重的逾半个世纪的中国近现代历史进程。《霸王别姬》将展示主角确定在"历史"和"小人物"两个方面，突出小人物在乖戾无常的历史大潮中，犹如被玩弄于股掌的玩偶，渺小、无力且无助。就《霸王别姬》的主题来讲，依旧延续着陈氏电影中"将文化思考进行到底"的脉络，最为人所称道之处仍是蕴藏于其中的浓郁的历史文化内涵，作品的史诗风格首先体现在，作品独特地选择了中国文化积淀最为深厚的京剧艺术及艺人生活来表现创作者对传统文化以及人性的思考。影片中选用的几个京剧片段，是经过精选的，如《贵妃醉酒》和《游园惊梦》等，都影射了当时程蝶衣与师兄分手后的寂寞和感伤。

《霸王别姬》的哲学内涵体现在：以个体命运与时代变迁相联系，从而使观众在情感上产生强烈的共鸣。程蝶衣作为京剧艺术的传承者，在他身上浓缩了一代京剧艺人共同经历的悲苦与辛酸。他低微的出身，艰辛的学艺之路，甚至人性的被扭曲，颠沛流离的生活，人格尊严的被践踏，时代变迁带来的荣辱沉浮……影片中的程蝶衣把京剧当成了自己生命的全部，甚至把戏中霸王与虞姬的爱情与现实中蝶衣和小楼的感情混淆成"不疯魔不成活"，所有这些，都在观众面前展现了一个令人难以忘怀的伶人蝶衣，他的戏梦人生最终在深沉的历史和严峻的现实中化为同一。电影中，军阀混战时期的动乱，抗战爆发时的同仇敌忾，解放初期的社会动荡，"文革"时的黑白颠倒，这些都成为中国人难以磨灭的历史印记，在每个人的心中都会唤起深刻的记忆。但在导演陈凯歌那里，我们看到的则是在个人风雨飘摇的身世和境遇下，一个民族的苦难和时代变迁的历史。在影片中，我们看到穷途末路的霸王持刀四顾心茫然，听到的是"力拔山兮气盖世，时不利兮骓不逝。骓不逝兮可奈何，虞兮虞兮奈若何"的悲剧性的呼喊，我们听到的是虞姬凄苦而决然的"君王义气尽，贱妾何聊生"的悲戚啜泣。喧嚷的戏台和忙忙碌碌的人间百态，历史仿佛被混淆，成为一场宿命的悲剧。在历史的喧哗和沉重面前渺小的个体，充斥着无限的无能为力感，而感情的生死存亡，与国家和民族的时代命运相比，微小琐屑，永远只能处于任人摆布的位置。

在"舞台"的双重喻义中，京剧舞台上长袖善舞的程蝶衣与人生舞台上和师兄相依为命的小豆子戏剧性地合而为一，影片也以《霸王别姬》这部名剧的戏名为片名，蝶衣所奉行的"从一而终"的信念，表面上是在说演戏，但实质却在表现对人生理想的执著追求。片中人物的人生经历犹如"戏梦人生"。

三、喜剧电影与《疯狂的石头》

《疯狂的石头》是由新锐导演宁浩执导，郭涛、刘桦等演员主演的一部商业喜剧片。这部小成本商业类型电影，在短短时间内创造了票房千万的神话。没有大牌导演和国际巨星，以本土的场景，本土的氛围，市民的语言幽默和当下的笑料，以及环环相扣的缜密故事情节共同营造出极致化的喜剧效果。

《疯狂的石头》讲的是一家即将倒闭的工艺品厂在拆迁时意外地从公共厕所里挖出一块价值不菲的翡翠。工厂决定搞一个展览,希望卖出天价以改善几个月发不出工资的局面。保卫科长包世宏担当起保卫展出翡翠的任务。不料国际大盗麦克与本地以道哥为首的小偷三人帮都盯上了翡翠,通过各自不同的"专业技能"一步步向翡翠逼近。厂长的儿子谢小盟利用为玉石拍照的机会用一块仿真翡翠将真翡翠换走。谢小盟用真翡翠诱惑道哥的女友,结果被抓,翡翠落到道哥、小军和黑皮三人手中。但三人不知实情,一致认为所得的翡翠是假的,于是又用真翡翠换来假翡翠。这期间,国际大盗麦克也使出浑身解数企图盗取翡翠,但每次都失败而归。几番轮回之后,真翡翠依然安然无恙地躺在展柜里。国际大盗偷窃不成,转而进入房地产商办公室,行窃时与房地产商兵刃相见,杀了当初雇用他的老板,在伪装逃跑时却被包世宏在电梯里捉住,老包成了勇擒国际大盗的英雄。

从喜剧类型上划分,《疯狂的石头》当属于一部黑色幽默喜剧。作为一种美学形式,黑色幽默属于喜剧范畴,但又带有悲剧色彩,它是指把悲剧性的东西置于一种近乎喜剧的氛围中加以冷嘲热讽,以一种反讽性的不协调和情景,反映社会中存在的荒诞性这一严肃的主题。

影片中随处可见既让人发笑又让人沉重的黑色幽默。在一个八个月没有发工资的工厂的厕所里发现稀世宝石,荒诞离奇的故事缘起确实带有几分让人欣喜若狂的喜剧意味。但当宝石的真正价值很快和工厂开工、工人吃饭等问题联系起来的时候,便可发现导演戏剧性编排的背后呈现的其实是即将下岗的工人在贫困中挣扎的现实和对于财富的极度渴望。影片中的各色人物共同担任着喜剧的角色,但在笑声背后,在他们的现实生活中多少都面临着不同的坎坷与无奈。

在弥漫着游戏精神的叙事中,流露出极具中国现状的城市底层特有的粗糙而鲜活的质感。当把故事和故事中人物的生活与现实对位的时候,观众看到的其实是与理想对立的卑微人生。从熟悉的手机铃声到模仿的"千手观音"的歌舞表演,从歌曲《2002 年的第一场雪》到只要 800 元月薪却没有工作的工人,从不起眼的罗汉寺到卖苦力的"棒棒"……电影中的每个细节笑料都来自观众司空见惯的生活场景,因而喜剧有着真实的中国底色。在这部电影中,大资本对中国内地企业的兼并,国有企业的腐败和困境,中国的官本位和安全环境的恶劣,贫富差距导致的社会问题。都得到了真实而敏锐的反映。片中的保卫科长包世宏,有着许多常人的烦恼:工厂发不出工资,前列腺炎的困扰,爱情在贫困面前的考验,群贼对宝石的虎视眈眈,这些都让他痛苦不已。但是,面对着生活的困难,他却从没有低头,而是竭尽全力地和群贼作斗争,和前列腺炎作斗争,和厂长的腐败行为作斗争。当老包将错以为是仿制品的宝石,挂到了女朋友的脖子上时,一个黑色幽默般苦涩的小人物,就获得了人性的尊严和他人的尊敬。

影片中最具喜剧效果的人物形象当属道哥、小军和黑皮三人,他们同样是被生活放逐的角色。三人以行窃、行骗混迹于这个城市,和城市中的普通人相比,他们身上背负的压力更是双重的,没有归属感也没有安全感,他们非法的生存方式无论是在官方还是民间都无法得到认同。

影片的另一个重要特征则是对中国化的商业喜剧类型的探索。《疯狂的石头》的可贵之处在于,导演将影片定位于大众喜剧的模式,通过吸收国外最新的后现代喜剧拍摄技巧(例如怪诞不经的情节与快速的剪辑都有塔伦蒂诺和盖奇的风格),结合中国传统文化的喜剧手法和氛围(比如重庆的方言色彩),并通过对生活中的流行影视歌曲颠覆性的戏仿来完成彻底的大众娱乐。从这一点上说,《疯狂的石头》在探索国内喜剧类型上做出了成功的尝试。

四、香港“后新电影”与《花样年华》

“后新电影”的概念出现于20世纪90年代,这些影片在新的时代背景下,或以边缘人为主角,或以碎片的流动为展示对象,或用游戏化的手法展现后现代主义反权威、反整体、消解历史、提倡自由和差异等特征。作品以强烈的时代精神,对意义、理性、价值等问题重新进行了思考,以一种较为激进的方式,怀疑、弱化、反叛并消解了传统,形成了深度平面化、主体零散化、价值多元化等明显带有后现代主义特征的影片风格。

周星驰的无厘头电影和王家卫的作品堪称后新电影的典型代表。王家卫的代表性作品有《阿飞正传》、《重庆森林》、《东邪西毒》、《花样年华》、《2046》等。王家卫凭借着其极端风格化的视觉影像、富有后现代意味的表述方式和对都市人群精神气质的敏锐洞察,成功地建构了一种独特的“王家卫式”的电影美学。

王家卫电影的独特性首先在于他对自己身处的城市和时代有着非常深入的理解,而且他找到了一种独特的方式去表述自己在这样一个特殊外部环境里的生命体验。王家卫的影像世界是高度抽象后的真实,他叙事时经常流露出独特的时间观,电影里的场景往往都在线性时间的过去和未来中呈现出一种悬置状态。其次,王家卫喜用恍惚目眩的晃动镜头、不规则的画面构图和艳丽但冷漠的色调。再次,他作品中始终贯彻的一个主题就是:人与人之间对某种倾诉和沟通的渴望以及对远比这种渴望更为强烈的个体交流不可能性的无奈。中国内地观众真正认识和了解王家卫也许正是从他的《花样年华》开始:精致的影像造型,哀婉忧伤的音律,含蓄经典的东方情感和故事,再加上最能勾起怀旧情绪的旗袍,让人们牢牢记住了王家卫的名字。

《花样年华》说的是1962年的香港,在一所公寓楼里,新搬入两户人家,其中一家的男主人是在报馆任编辑的周先生,另一家的女主人则是丈夫经常出差在外做生意的陈太太。终于有一天,他们不约而同地发现了在各自配偶之间竟隐藏着一段婚外情。在极度世俗化的生活中,他们小心翼翼地经营着从心底生发的“同是天涯沦落人”的莫名的好感和爱恋。一个在无意中形成的共处一室的夜晚,让他们共同拥有了不敢为外人道的秘密,也使他们之间的情感超越了肉体相悦,展示出一种他们一致追求的“我们不会和他们一样的”的高洁姿态。于是,他们避开现实中必须面对的情感问题,而背负起一层厚厚的心灵之茧,将爱情压抑在内心之中,寄托在共同创作一部武侠小说的虚幻世界中。后来,周先生终于下定了决心,询问陈太太:“如果有多一张船票,你会不会和我同去?”在道德律令的约束下,陈太太拒绝了他的邀请。永久的别离,为这段美丽的恋情画上了一个苍凉无比的句号。多年之后,孤单一人的周先生来到柬埔寨的吴哥窟,将已逝岁月中那个永久留存于记忆之中的秘密说给吴哥窟的树洞听。

《花样年华》应该说是王家卫最具现实主义风格的作品。故事没有太多华丽的成分,仅仅塑造了两个婚外恋的结果而已,但整部电影的视听元素都呈现出个性化风格和唯美主义的色彩。特别是对于光的运用,光和影的变幻都极其具有个人意象和韵味。,

《花样年华》将故事背景设置在20世纪60年代的香港。王家卫怀念的花样年华是旧中国、旧上海余留的一点纯真,而我们沿着这一点轨迹,也似乎看到自己的花样年华似水流去。

正是在浓郁的怀旧情绪中，王家卫电影体现出对传统文化和道德的回归。两位主人公都从上海来到香港生活，既有王家卫自己的经历的影射，又使人物有了浓郁的思乡情结。与房东之间的客气，其实暗含了人与人之间的冷漠与隔膜；妖艳的旗袍装束，包裹着一颗孤独的灵魂；对家庭的无从把握，对两人情感发展的无助，都透着无奈和伤痛。

《花样年华》的故事是东方的，它的隐忍与含蓄体现了浓郁的东方情感特点；但同时，男女主人公之间至美至纯的情感始终处于压抑之中，也更多体现出道德对人性的无情伤害，展示出传统道德残忍的一面。道德的自律与他律，成就了周先生与陈太太在那个令人怀恋的年代留下的一段令人怀恋的美丽爱情，成就了一部中国版的《廊桥遗梦》。作品在传统道德的展现方面，除了借助人物，还有一个让人难忘但也容易被人表象化的物象——旗袍。旗袍成为最具时代感的载体，承载了 20 世纪 60 年代香港的时代风味。就旗袍的形式来看，它呈现出矛盾的一体化——“保守”与“解放”的合一。也就是说，从颈部以下，旗袍把女性的身体拘谨地包裹起来；然而，这种密不透风的包裹，却又能够很婉约地让女性的身体线条一览无遗。旗袍外观的张扬与旗袍包裹中的孤芳自赏的对比，隐约让人感到传统东方女性内心的孤独与寂寞。

【思考与练习】

1. 请分析电影《天堂电影院》中的时空叙事结构。
2. 如何理解《霸王别姬》中所体现出的深沉的历史观？
3.《疯狂的石头》在剪辑上有什么特色？
4.《花样年华》在王家卫作品中的独特性体现在哪些方面？

第七章　电视剧艺术鉴赏

传统意义上的电视剧是指在电视机荧屏上播放的演剧形式。电视剧融合电影、戏剧、文化、音乐、舞蹈、绘画、造型等因素,成为一门综合艺术。

在我国,电视剧泛指电视剧集系列,是中国独有的概念界定。同类电视艺术形态,在美国被称为“电视戏剧”,在俄罗斯被称为“电视故事片”,在日本则被称为“电视小说”。中外电视剧艺术的类型划分标准有很多。从主题思想、内容题材角度划分,可以分为爱情剧、青春剧、励志剧、军旅剧、谍战剧、家庭生活剧、伦理剧、历史剧、仙侠剧等诸类剧种。从制作与播出形式的角度讲,电视剧经历了电视单本剧、电视系列剧、电视连续剧、电视季播剧等多种样态。

而今,随着时间和科技的发展,电视剧的播放载体已不再局限于电视媒体,智能手机、智能平板、电子计算机及其他可连接互联网、读取数字视频文件的新媒体终端设备,开始成为电视剧播放的新载体。尤其是以网络媒体为播出渠道的网络剧,以及基于网络文学作品改编的 IP(Intellectual Property)剧,也即在有一定爱好者的国产原创网络小说、游戏等基础上改编的影视剧,开始成为当下电视剧发展的新方向。

第一节　电视剧艺术的发展概况

纵观国内外广播电视媒介的历史,我们会发现在绝大多数国家,其电视剧最初基本都是派生于广播剧,并随着广播电视事业的发展而逐渐演变至今天的模式。1958 年,我国成立了第一家电视台——北京电视台,同年第一部国产电视剧《一口菜饼子》开播。当时虽然受技术、设备、资金与人力资源等条件的限制,《一口菜饼子》仅能以黑白电视、即时制作、同步直播的方式播出,却仍体现了电视剧有别于广播剧、舞台剧、戏剧戏曲等其他剧种的独特艺术形式,并为我国电视剧的发展奠定了基础。

早期的电视剧与我国早期的电影的内容和题材有着相似之处,在北京电视台播出的 90 部电视剧中,主要是以教育、弘扬国家大政方针,宣传时事为主,起到“喉舌”的作用。这些电视剧题材单一,情节较为简单,题材多为忆苦思甜,歌颂革命英雄,赞扬无私奉献的时代精神。

受“文化大革命”的影响,电视剧在题材、内容、数量和质量上都有限定。但是,这一时期在技术上有所进步。1966 年,北京电视台开始采用电视录像设备,并在第二年拍摄了《考场上的反修斗争》,这是中国唯一一部录制的黑白电视剧。1973 年,彩色电视剧开始在北京电视台试播,《公社党委书记的女儿》和《神圣的职责》成为这一时期播放最多的彩色电视剧。

1978 年 5 月 1 日,北京电视台正式更名为中央电视台(CCTV)。1978 年 5 月,《三家亲》播放,这是我国新时期录制的第一部彩色电视剧,标志着电视单本剧时代的开始。1978 年 8 月 18 日召开了我国第一次专业探讨电视节目发展会议,会议要求大力发展电视剧,故这一时期的电视剧在质量和数量上都有了很大的提高。1981 年，开始了全国优秀电视剧评选活动，每年举办一次，并在 1983 年第三届评选活动中设立“飞天奖”，这成为中国电视剧最高的政府奖。“飞天奖”于 1992 年更名为“中国电视剧飞天奖”。从 2005 年开始，该奖项两年评选一次。

1992 年，尤小刚导演的《京都纪事》开播，首度开启了电视剧商业运作的模式。1993 年播放的《北京人在纽约》是中国第一部“移民题材电视剧”。同年问世的《我爱我家》是中国第一部情景喜剧。

20 世纪 90 年代电视剧的主要特点有：各个影视公司纷纷出现，多种资本进入电视剧领域，开始了电视剧的商业化和产业化进程；题材种类多样，创新性强，受众反应良好；四大名著改编而成的电视剧品质高于同时期电视剧；历史剧不再以正剧为主，戏说历史电视剧受到热捧；反映“北上广”生活的电视剧成为热门。

到目前为止，我国电视剧逐渐发展成为一种产业，包括创作、融资、制作、经营、播出以及衍生产品开发等各环节，产业化运行体系较为成熟。我国电视剧产业的迅猛发展，为我国经济产业的发展做出了重要贡献。

第二节　电视剧赏析之一：经典爱情剧

一、天地虽老·真爱永熙：《新白娘子传奇》

该剧于 1992 年在台湾上映，导演为夏祖辉、何麒。主要演员有赵雅芝、叶童、陈美琪、乾德门等人。《新白娘子传奇》是由大陆与港、台电视界联合拍摄、制作的经典古装爱情电视剧，位列国语十大经典名剧榜首。原剧改编自作者托名为玉山主人的《雷峰塔传奇》和作者托名为梦花馆主的长篇小说《白蛇全传》。

剧中讲述了修行成人的千年蛇妖白素贞在准备弃绝尘缘，登上三宝之际，被南海观世音告知还有一段人间恩情未完成。白素贞听从观音大士的指点来到杭州西湖断桥，遇到一千七百年前的救命恩人——许仙。为报恩情，白素贞决定以身相许。这段旷世人妖之恋被法海所知，于是他百般阻挠，最后将白素贞囚禁在雷峰塔下，而后许仙毅然决定出家以证明自己对白素贞的痴恋。十六年之后，白素贞与许仙的儿子许士林成为状元并救出母亲白素贞，一家团圆。最后白素贞、许仙、法海等人完成人间历练，登上三宝。

《新白娘子传奇》最为经典的应是左宏元为其创作的黄梅调。该曲调旋律优美，格调简单，朗朗上口，几乎每一个观众都可以顺口来上一段，并以生活为基点进行编纂。经研究发现，左宏元为《新白娘子传奇》所作曲词有《踏青采茶》、《渡情》、《前世今生》、《天也不懂情》、《情与法》、《我家娘子白素贞》等一百余篇。虽然曲牌不同，但是曲调相似。细思之下可发现有如下特征：

其一，由剧中人物许仙、白素贞、许士林所歌，或在唱的过程中插入说话的部分，形成高低断层旋律。对白用来陈述，曲调用力描述以及抒发情感。比如《洞房花烛遇知己》部分，许仙知道白素贞与自己志同道合之后，忍不住用歌曲来表达出自己的不胜欣喜之情，这比任何的语言都要来得有力。

其二，交代信息。这一部分主要由非主人公来唱，如《清明上坟》，这部分的唱词取代了影视作品中旁白的部分,介绍了画面信息。

其三,唱词作为“媒人”。此“媒人”如《渡情》,由船艄公和小青来主唱,有“千里有缘来相会”之意,这一部分的唱词取代在一般影视剧中的以下情景“男女第一次相见,化为倾慕”,此时多以男女双方对望,配以背景音乐来衬托。电视剧与电影最大的不同之处就在于节奏,电影因其时长固定而情节紧凑,电视剧讲故事需要“面面俱到”会有拖沓之感。编剧为了避免“拖沓”而采用各种手段,如镜头的运用、群众演员调度等。《新白娘子传奇》将必要的人物初次见面自报家门、情感的必要表达通过“唱”的形式表演出来,使整部剧充满活力又灵活多变。

“人妖之恋”是电视作品的重要题材。无论是蒲松龄的《聊斋志异》,还是当下较为火爆的网络文学改编成的影视剧,人妖之恋备受观众的推崇,特别是狐妖、鬼姬等与书生之间的爱情源远流长。与素面白净的书生相比,观众更喜爱为报恩以身相许、并为爱情坚贞不渝的妖。白蛇的传说是我国四大神话之一,白蛇与书生之间的故事正中受众下怀。剧中情节点的设计也颇为巧妙,故事情节的设计往往从自然环境和社会环境两个角度来入手。其中,社会环境包括个人、家族、社会舆论等三方面的因素。分解来看,个人因素为白蛇与人之间的差别,即个体的性别、外貌、爱好等。在这个以奇观为主的社会,姣好的外貌往往会获得更多的赞赏。因此,白素贞与许仙的一见钟情更多为外貌上的“相中”,进而因志趣相投成为知己。家族因素,可以归结为妖与人类种族的差异,如剧中设置端阳喝雄黄酒的情节。社会舆论因素是人类世界对妖族世界的整体否定。

然而,从蒲松龄先生的《聊斋志异》到《新白娘子传奇》以及众多衍生电视剧中传达出的“规则”是人妖之恋不得好果。即使妖为了人已经牺牲了所有,其界限也还是存在的。这也是《新白娘子传奇》中小青不能和凡人厮守的原因。白素贞为了报恩以身相许许仙,这是有着因果的存在,她也得到了观音的恩许与支持,但前提是白素贞报恩之后弃绝凡尘登入三宝。白素贞帮助许仙开了医馆,并使其成为知名大夫,这本身已经报完恩情。这个过程中却产生了真挚感情,违背了曾经立下的誓言。因此,其结果一方面是要受到欺骗的惩罚,另一方面则是人妖之恋不可为的处罚。

爱情自古以来被人所歌颂,也是电视剧中的经典素材,如果有什么能够让一个十恶不赦的人变成一个温柔有爱的人,则只有感情了。有人说爱情只是一种荷尔蒙的作为,婚姻则是爱情的坟墓。因此在众多的电视剧中往往讲述男女主人公经历各种挫折之后步入婚姻的殿堂。《新白娘子传奇》将婚姻故事纳入其中,讲述了两代人——许仙与其子许士林的故事,这何尝不是剧本创作中的循环结构。所以电视剧讲述了一个“家庭传统”的规则,即男主外女主内,即使男性遇到再大的困难,女性也不可明面上做有损或削弱男性“名誉”的事情,这就是为什么白娘子明知陈夫人怀有双胞胎,只暗中相助,明知井水有毒,却带领百姓做慈善之事的因由。到此,也不难发现《新白娘子传奇》有着高收视率的原因了,因其符合以男权社会为主的规则。但也有女性评论家在肯定该剧艺术价值的同时,指出其男女社会地位的不等价。但因剧作背景设置为古代,因此在评论时不能用现在的观点去评判古时之人和事。

在这部电视剧中,为了将爱情的持久性加强,故讲述在白素贞被镇压在雷峰塔下之后,许仙出家长达二十载,以此来证明这份感情的真挚。实际上这是一个转“妖”为“人”的过程,实现了身份上的大圆满,也最终实现“超我”,成为一代典范。

二、都市梦寐·情忧徘徊:《新闺蜜时代》

《新闺蜜时代》是由高群书监制,潘镜丞执导,由张歆艺、蒋欣、童瑶等人主演,由北京盟将威影视、光线传媒出品的都市情感剧。这部四十集电视剧讲述了韩文静、王媛、周小北三个闺蜜各自的爱情、工作和生活。

在该剧中,观众看到了女性在个人感情上走上了独立的道路。这是时代的进步,也体现了浓厚的女性意识。1791 年发布的《女性宣言》(又译《女权宣言》)中指出:妇女生来就是自由人,和男人有着平等的权利。至此,女性为了获得平等的权利奋斗了两百多年。目前,女性在政治、经济、文化、思想、认知、观念、伦理等各个领域与男性的"争权夺利"中获得了卓有成效的结果。特别是近年来,女性角色的定位由家庭走向社会,经济关系与男性呈现持平状态,女性在家庭以及社会中的地位与传统相比发生了重大变化,这也预示着新的两性关系的建立。

细数近年来女性在影视剧中的地位变迁,从美国的《麻雀变凤凰》至中国的《新闺蜜时代》,女性的地位逐步提高,并在选择面前有权说"不"。这主要表现为经济基础的独立。鲁迅先生在评述易卜生的《玩偶之家》时说过,离开家庭的娜拉最终会回到这个家庭中来,指出没有经济能力的娜拉是无法在社会中生存的。因此,经济的独立是女性精神独立的重要前提。随之出现的《穿普拉达的女王》则再次表达了女性意识觉醒的主题。女主角是一个胆小、依赖男性又畏缩不前的女性,但随着工作的需要,女主角开始慢慢找到自信,发现自我并且在两性关系中掌握了主动权,逐渐成为所谓的女强人。在传统观念中,女性是被窥伺的主体,女主的强大是对男权的挑战。基于此女主角放弃了"时尚女王"的身份,开始慢慢地向"小女人"的角色回缩,最终女主的角色定位为含蓄、内敛,有地位、有自己的主张并期待爱情的回归。这个故事抽象分析为女性权利经历了由小到膨胀然后内敛且张弛有度的过程。了解女性意识的观众会发现这部影片将女性运动的发展状况纳入其中,并进行了深入的人性思考。2004 年问世的《欲望都市》将故事放在四个女主角身上,从四个人的家庭生活、工作来讲述两性关系以及女性在社会中的地位。这部片子在我国很受关注和吹捧,并引发了热烈的思考。其主要吸引力来自三方面:一是独立,特别是经济的独立。二是自由,包括工作的自由、爱情的自由。三是对性开放的解读。在人们的意识中,"性"始终是私密的。我国电视剧中对性的展示也是含蓄的,经历了由暗喻到明示的发展过程:第一阶段,推倒,事后整理衣服;第二阶段,撕裂衣服,并伴有声音;第三阶段,荧幕亲吻,倒在床上。该片对我国电视剧的创作意识有很大启发。

女性在荧幕上解放也在中国广泛展开。与树立英雄式的女性形象不同,《新闺蜜时代》关注的是芸芸众生中的一员。据采访报道称,《新闺蜜时代》尤其受到现代年轻人的推崇,同时,也受到较大年龄观众的批判。我国荧幕上的女性形象经历着巨大的变化:第一,自由。正如"生命诚可贵,爱情价更高,若为自由故,两者皆可抛"。第二,平等。三个女性,三种社会层次,在故事序列中将人物的背景挖掘出来,并将其作为故事情节的一部分。第三,感情纯粹。这是对"门当户对"故事模式的反叛。故事将人物的背景和身份进行模糊化处理,故事中的情感更加纯粹真实。

《新闺蜜时代》讲述的是当代的故事:随着独生子女越来越多,个体的成长有了更多的孤独。这种孤独包括了身体上的和精神上的。在两性之间,存在着很多分歧。绝大多数男性不能理解在非常努力的情况下,女性还是感到不满;大部分的女性也不能理解为什么其他人能做到的事情,自己的男友却做不到。男性觉得只有男性的世界才能彼此懂得,女性觉得只有女性才能成为知己。于是,两性在彼此的探索中相吸又相斥。进而,两性对这个社会的认知愈加清晰和明了,有了同性之爱。最终,挚友、闺蜜成为生活中过剩情感的承载体。

《新闺蜜时代》作为一部时尚剧,并不是对传统作出否定,而是在传统的基础上进行肯定。面对这个社会,差不多所有的知性女性都会问这样的一个问题:究竟什么样的"我"才能满足你的需要。波伏娃说过,女人不是天生的,而是变成的。在这样的质疑中,每一个女性给出了不同的答案:有些女性会抗争,最终头破血流;有些女性选择屈服,成为温顺绵羊。在《新闺蜜时代》中,女性对此给出了不同的答案,当然这样的答案不能代表所有人的观点。首先,虽然与美国的《欲望都市》相比,剧中的女性的独立意识实在算不上什么,但是含蓄保守的中国姑娘们却也意识到了,女性的独立是一切的开始。男性与女性的社会地位的平等,在感情、婚姻面前的主动、自由,这从王源与胖子之间的爱情决斗便可见分晓。其次,对家这一概念的重新定义。家在此剧中更多的是感情的所在。如韩文静的父母家、周小北的父母家、王媛的父母家,对年轻的她们来讲,年轻人的房子是不能称之为家的,而是住处,是"漂泊"、暂时休息的一种存在。因此,家盛满的是一种感情。与传统"家"文化和"父权"文化相比,这群女性对父母的态度是"尊敬"但不屈服,甚至可以说是一种"反叛"。"尊敬"主要表现在周小北为了顾全父母的颜面而嫁给樊斌,并在与樊斌离婚事件中进行隐瞒;韩文静的"尊敬",更多的是怕父母承受不了自己未婚先孕的事实;王媛则是对家庭的一再妥协。"反叛"表现为韩文静对传统父亲、母亲、孩子固定模式的否定,不婚先孕,喜欢的也只是一个新生的小生命而已,周小北对家庭女性必须"以夫为纲"秩序的逆袭,王媛则是对"父权"进行了抗击。

三、仙侠爱恋·泪隐阑珊:《仙剑奇侠传》

武侠神话剧《仙剑奇侠传》是2005年度收视率最高的电视剧,由大宇资讯根据RPG游戏改编,经李国立导演并制作,胡歌、刘亦菲、安以轩、刘品言、彭于晏等主演。

《仙剑奇侠传》开启了把网络游戏改编成电视剧的先例。与传统媒介的单线传播相比,新媒体的出现在一定程度上弥补了其不足。网络游戏具有一定的自主性与自由性,改变了受众对传统媒体被动接受的局面,因此,网络游戏在给观众充分自由的基础上,给予游戏玩家更多的自主选择功能,在取舍之间选择自己人物、情节、情景、道具等。因此,网络游戏的创作者可以及时根据网络所反馈的信息进行调整,最终在形式、内容、规模、场景、情节中达到一种"完美"的状态。《仙剑奇侠传》改编成电视剧,一播放便取得不俗的收视率。

随着科技发展和技术进步,越来越多的电视剧依赖电脑特技,创作出各种奇观,烹调出一场场的视觉盛宴。《仙剑奇侠传》是集武侠、仙侠、古装、神话为一体的多题材电视剧。在保证基本的动作如奔跑、武打动作外,其余的大部分用电脑特技合成。在绿色幕布前,演员少了实景的操练,多了想象的对抗。而且,在视觉消费的今天,视觉奇观慢慢占据了人们的大部分的生活。从小产品的包装至日常生活的化妆,人们越来越多地将视觉文化纳入今天生活的重要的审美范式。对现实生活进行虚拟,从电视剧的生成机制上颠覆了传统的影像本体论的拍摄。

仙侠之梦源远流长。喜欢古龙、金庸武侠小说的读者大多会有一个武侠梦。想象终有一天，骑着马仗剑天涯，除暴安良，行侠仗义。《仙剑奇侠传》则圆了这样一个武侠梦。据古籍记载，练剑经历了剑术、剑侠与剑仙三个阶段。剑术最早出现在《庄子·说剑》中，其中记录"十步一人，千里不留行"，并将剑分为"天子之剑、诸侯之剑、庶人之剑"。从中不难发现《说剑》将人分为不同的等级。古言中首次提及"剑术"的为《史记》中描写荆轲刺秦王，指出荆轲失败的原因为"疏于剑术"。精通剑术之人是《吴越春秋》中关于越女的记载，也就是后来金庸所说的越女剑。剑术修为最高者应为聂隐娘。根据记载，她将剑术提升到一个很高的层次，既可以将剑变为一个丸子随身携带，也可以将剑变为代步工具——驴子。对此的描述已经暗含了"修仙"的存在。后世之人大感其剑术的高超，给予极高的赞誉，称为"仙剑"。由此观之，剑之文化博大精深。因此，剑文化以及侠客在文学作品中成为不可缺少的描述与追崇的对象。随着电视剧艺术的发展，观众已经不满足于想象越女剑、天子剑等虚幻存在，更希望通过先进的技术与艺术，将想象的能指变成现实的所指。在《仙剑奇侠传》中，导演也暗暗地将剑的文化加入其中。如李逍遥一开始是"庶人之剑"；随着唐钰小宝、石长老与状元郎的出现，慢慢将"庶人之剑"变为"诸侯之剑"；而当李逍遥与赵灵儿合力打败水妖与明月教主，这时已经成为形式上的"天子之剑"。而真正意义的"天子之剑"是赵灵儿的死成全了李逍遥，从而使其成为真正的"天子之剑"。

除却仙剑所带来的骨血深处的依恋之外，爱情则是该剧最为出彩的部分了。《仙剑奇侠传》讲述了一个经典爱情母题——"人妖之恋"。在剧中，三尾狐狸与蛇精的故事感人至深。书生刘晋元和蝴蝶精彩依的"人妖结合"是不可脱俗的经典，道长虐恋和九尾狐也是剧中津津乐道的话题。为了他人和爱情而做出的牺牲是自古以来受人歌颂的，但在讲述"人妖之恋"中不难发现也有对社会现实的反讽。由于编剧有意识地将爱情放在"人妖之恋"之中，故成年男女的爱情极少，只在李逍遥与林月如之间进行了暧昧的渲染。而且林月如的存在成为"第三者"的插足，最后的结局是以死亡为代价成全了"人妖之恋"，也表明了对现实社会中爱情的回避。

《仙剑奇侠传》提出了一个关于人性与爱情的严肃问题：究竟存不存在恒久的爱情。导演在剧中给出了回答：其一，真正的爱情是不长久的。几乎所有的真爱都以死亡为代价。其二，日久生情不能替代刹那间的冲动。刘晋元和林月如的两小无猜的感情最终没能胜过一见钟情。其三，不顾家庭的爱情终会失败。林月如对李逍遥的感情以抛弃林家堡为代价，最终没有好的结果。与此相对，李逍遥对灵儿的感情却是以"为婶婶求药"为引子的，所以最终赢得美新娘。其四，人妖之间的爱情是最为真挚的，却破坏了人世间的规矩，所以会无果而终。其五，痴恋会有好的结局。即使唐钰小宝失去了双臂，依然可以和阿奴成为比翼鸟。其六，世间最伟大的感情不是爱情，而是对整个世界的大爱。

在这部剧中，爱情是美好的，情感是真挚的，故事模式更传承了经典——降妖除魔，保卫苍生。在剧中，道家思想"必勿求天下之力，除天下之大害"是典型的侠义精神。延伸到剧中主要表现在两个方面：一是作为"规则"的卫道士——斩妖除魔。要铲除吃人心的蛇妖和三尾狐狸精。二是救命治人。赵灵儿出场便以丹药救人，在之后的故事中更是为救人不顾及自身生命，达到较高的道德标准。这与中国传统观念"好人有好报"的思想是一脉相承的。传统文化包括受众自身的大团圆愿望，经历过困苦波折的青年男女能够走到一起。此剧却反其道而行之。男女主人公的阴阳相隔成就了大爱，使得此剧上升到很高的思想境界。由此说明，在大爱面前，个人的小爱是可以牺牲和放弃的。

第三节 电视剧赏析之二:经典励志剧

一、红色信仰 · 大道成然:《恰同学少年》

2007年3月22日,在中央电视台一套播出的23集电视连续剧《恰同学少年》,由龚若飞、嘉娜·沙哈提联合执导,黄晖编剧,刘向群制片,谷智鑫、徐亮、钱枫等主演。剧作由湖南华夏影视传播有限公司出品,并由北京春秋院线影视文化传播有限公司发行。作为一部故事简洁又结构严谨、叙述灵活又逻辑清晰、笔触新奇又智慧贴切、语言洒脱又拙朴自然、风格清新又畅快明了的红色经典,该片一经播出便引发广泛好评,并在国内外影视文化艺术节中多次获奖。

本剧取名自1925年青年毛泽东所作《沁园春 · 长沙》中的名句:"恰同学少年,风华正茂;书生意气,挥斥方遒。指点江山,激扬文字,粪土当年万户侯。"当时正是第一次国共合作时期,国内革命形势一片大好,毛泽东受命回湖南组织工农运动,发动底层民众支持革命。其间借路长沙,重游橘子洲,适时恰逢深秋,"湘江水澈、锦鳞悠徜,岳麓枫红、鹰隼翱翔,舟楫划波、行旅繁忙";诗人毛泽东立于橘子洲头,顿感"风卷寒意、精神爽朗,万物勃发、心情舒畅";故地胜景映入眸中,革命大势牵动心肠,情景交融胸怀激荡,惊世豪言喷薄激昂。于是年轻的革命家挥笔书就此文,将有志青年的蓬勃朝气、旷世才华洋溢其中,并抒发了无比执着勇敢的斗争精神、豪迈奔放的英雄气概与坚定不移的革命意志。此壮丽诗篇,为后世留下了弥足珍贵的精神财富。

本剧以青年时代的毛泽东在湖南省立第一师范学校求学期间的境遇和成长历程为切入点,运用半开放的叙事视角,通过描摹青年毛泽东同老师、同学、亲人、挚友、民众交往的经历,从社会交互的多个层面,观测和透析了其人生理想之形成、人文道德之养成、思想品格之生成、革命信仰之酿成。本剧勾勒出20世纪初我国辛亥革命、新文化运动等剧烈变革的时代背景下,以毛泽东、蔡和森、萧子升、向警予、杨开慧、陶斯咏等为代表的一批青年才俊,在寻求进步方向、追求世间真理、探求救国道路中显现的,具有鲜活青年特性、鲜明时代特质的蓬勃朝气、坚韧品格与进步精神。

剧中呈现的以毛泽东为代表的大批优秀学生,在风云突变、动荡不安的岁月里,面对国运颓、家业散、民生涂、人伦残的严峻情状,迎着千疮百孔世道乱的危局,顶着社稷倾覆烽烟卷的紧迫形势,立誓救亡图存、立志为国家民族力挽狂澜。此时国家、民族、家庭和个人的命运皆未可量,但青年才俊们在杨昌济、孔昭绶、徐特立、袁六吉等大师的指导点播、教诲劝导和点化慰藉下,如饥似渴地学习文化知识、修习道德伦理,形成教育救国、非暴力改良主义的早期信念。在徒步游潇湘,目睹军阀混战、暴力独裁与野蛮压榨之后,在挚友、亲朋的陪伴同行与鼎立襄助下,组建学生军,以智慧、谋略、胆识和魄力,指挥两百名扛着木枪的"一师"学生成功逼降了三千多名荷枪实弹的散兵游勇,使千年长沙免受兵祸、万千民众免遭罹难。

剧中毛泽东与志同道合的有志青年,共同组织了一系列集会活动。创建读书会,筹建工人夜校,组建新民学会,发起时政讨论,开展时局探讨。这些青年时代的探索实践活动,为日后领导革命,改造社会,建设新中国奠定了基础。

此外,毛泽东还勇于担当责任,善于探索思考,富于冒险精神。为挑战大自然,挑战生理极限,他在恶劣的天气下开展户外登山活动,在寒冬时节冲冷水澡,只身横渡湘江。他不以世俗的冷眼与误解为芥蒂,发起反袁宣传活动,以引导舆论;开展街头戏剧表演,以启迪民智。这些言论和行为,在彼时政治黑暗、文化禁锢、社会观念守旧的情境下,引起持传统固化思想的家长、老师及封建旧势力的不满与抵制。寻常人以为,这些皆是不应发生在校园、学生身上的激进行为和革命苗头。由此,他们遭受了多方阻挠和打压,但以毛泽东为首的有志青年不畏强权,不避谬论,不服弊政,奋起反抗,勇敢斗争。生于动荡年代,学校自是无法置身事外,教育亦是难寻片刻安宁,青年也是难以独善其身,在历经一系列"国破山河碎,乱世苍生羸"的事件后,吟诵着"少年智则国智,少年富则国富;少年强则国强,少年独立则国独立;少年自由则国自由,少年进步则国进步;少年胜于欧洲则国胜于欧洲,少年雄于地球则国雄于地球"的潇湘学子踏上了救亡图存、立志报国的革命征程……

从辩证唯物主义的角度讲,毛泽东等人当时遇到的诸多压力,也侧面地推动了他们冲破桎梏、冲出藩篱的决心。正是反动势力的步步紧逼、一再压榨,才促使这些有志青年,更加坚定地要凭着一腔为国家、为民族奋起的爱国热忱,救民于水火的使命意识,矢志不渝的坚定信念,义无反顾地踏上了拯救苍生的革命征程。

岁月如歌,征途漫漫。从湖南一师、周南女中走出来的国之栋梁,立足国家救亡、民族独立,为实现中华民族的伟大复兴,心系苍生,励志图强,志在报国,上下求索。这些青年才俊思国家危难而疾首,念民族危亡而痛心,视民众苦难而叹惋。为实现理想抱负,勇于学习新理论,修习新思想,探索新观念,探求新道路;他们不以个人得失为冀,誓为民生社稷、正义公道而斗争。这种天下为公、为民谋利、乐观豁达、追求真理、敢于拼搏、勇往直前的优秀品质,是放之四海而皆准的价值观念,是激励青年、启迪心智的经典。

《恰同学少年》的故事编纂、情节设计、主题渲染与人物塑造的技艺可圈可点。剧中所描绘的以毛泽东为代表的优秀学子,经过时代涤荡、文化陶冶、思想洗礼,蜕去青涩志趣、埋下青春志气、抱定青年志向勇往直前的精神气质与人性写照,为当下青年追寻真理、追逐梦想、燃起希望,指明方向。

《恰同学少年》所刻画的毛泽东、蔡和森、向警予、杨开慧等青年形象,胸怀天下、心存苍生、忧国忧民、竭心致爱,他们不畏艰辛、不怕牺牲、坚韧不拔、倾力奉献,凝聚了红色信仰的无穷智慧与力量。在他们身上浸透着中华民族五千年文明的优秀品格,在他们心中汇聚着四万万中华儿女的无私大爱,在他们身后书写着中华民族崛起的历史华章——重铸民族之魂,振奋国人志气,奏响时代凯歌,开创中华盛世。青年立志当自强,昂首阔步向光明;青年励志当如是,奋发有为大道成。

二、反腐惩奸 · 焕然正气:《人民的名义》

《人民的名义》由李路执导,周梅森编剧,姚清制片,陆毅、张丰毅、吴刚等主演。本剧由最高人民检察院影视中心等单位出品,天津嘉会文化传媒有限公司发行,于 2017 年 3 月 28 日在湖南卫视首播。这部以反腐斗争为题材的涉案剧,在播出伊始,即成为刷爆微信朋友圈、登顶百度搜索风云榜、引发舆论热议的焦点。一时间,其剧名、导演、编剧、主演成为各类收视终端、现代传媒网络、新媒体交互平台"文化消费"的终极归属。

本剧截取改革开放三十多年来,同高速发展的国民经济、成效显著的现代化建设相伴生的政治腐败问题作为切入点。通过以侯亮平、沙瑞金、陈岩石等为代表的各阶层反腐斗士的一系列反腐斗争,运用回环套层的叙事模式,深度还原了汉东省政坛普遍存在的各类腐败现象,深刻剖析了腐败问题的矛盾根源,并深入探讨了其整治思路和防范策略。

本剧精彩地描绘了反贪局长侯亮平,机敏睿智斗贪官、智慧果敢闯虎穴,同腐败分子斗智斗勇,与顽固势力对抗对决的紧张场面。精确描摹了市委书记李达康,雷厉风行、锐意进取、敢于革新的改革精神,严格监管、勇于开拓、不媚强权的执政理念,廉洁奉公、勤政爱民、不为私利的清正作风。精准地摹写了公安厅厅长祁同伟,对上谦恭谄媚,对下蛮横霸道,外表看似刻苦奋斗、勤勉有为的"凤凰男",内心实为狂傲骄躁、阴损毒辣的两面派嘴脸。精妙地刻画了政法委书记高育良老奸巨猾、通晓权谋玩手腕,虚伪狡诈、擅耍太极装君子,阴沉凶险、故弄玄虚扮正派,正是一副十足的伪君子、"奸佞像"。如此反腐大剧一经推出即成为引领社会舆论、网络流量、电视收视的翘楚,其剧情构思、人设构建博得群众认可,主题架构、叙事结构获得业界追捧,可谓名利双收、满堂彩。究其热映的要素,可以从影视传播环境、政治生态情景与社会文化背景等层面展开。

其一,自 2005 年以来,应国家广电总局相关规定,"涉案剧不得占用黄金时段播出",反腐涉案题材电视剧遭受冷遇。

宣传管理部门为净化电视剧市场、减少暴力负面题材电视剧的不良影响,要求所有包含侦探、凶杀、警匪、反腐等情节的涉案题材电视剧必须接受严格审查,并严格管控涉案类型及案件内容,不经特别允许不得在黄金时段播出。因此,该类电视剧遭遇了冰封纪,在过去的十多年间其创作发展近乎停滞。

辩证地讲,该传播景况一方面给该类电视剧套上了沉重的枷锁,使得其发展遭受巨大阻力,并严重阻碍了喜爱该类剧作之受众的收视。再一方面,由于长期的禁锢,许多剧作家、导演将创作视线转向当下未受局限的影视剧,为数不多的坚守者基本都是长期活跃于涉案剧创作,并擅于此类题材影视剧创作的精兵强将,所以这亦是影视剧作原创界的一种非常态竞争,使得良莠不齐、鱼龙混杂的涉案剧创作市场得到有效的降温和净化。同时,由于许久未接触优秀反腐、刑侦题材电视剧,受众的期望酝酿已久,急切呼唤精品涉案剧的出现。此外,长期沉淀使该类型电视剧的创作者可以静下来,深入细致地钻研、编纂、推敲、修改和完善剧作,为其后的"井喷"积蓄力量。

其二,自党的十八大以来,中央反腐力度空前加大,为反腐涉案剧的回归营造了良好的政治生态环境。

此时,党的各级纪检、监督、管理部门执行反腐决策坚决彻底、开展反腐行动迅猛果断;在反腐风暴席卷全国的大势下,从中央到基层,从军队到地方,"打老虎""拍苍蝇",全面开花,收效甚丰。这一系列反腐动作,引发国内外的广泛关注,引发国际舆论的强烈反应。此时的政治生态,对反腐涉案剧的创作产生了积极而深刻的影响。首先,为全面贯彻习总书记"坚持以零容忍态度惩治腐败"的反腐精神,响应中央在新常态下对文艺工作的重要指示,开展反腐涉案剧的创作有了坚定的政治立场和可靠的舆论基础。其次,通过影视剧作的方式,可以更加形象、直观、深入地展现中央的吏治决心和反腐行动,对反腐形势而言,可以有效地宣传反腐政令,宣讲吏治法规,广泛地争取群众支持,获取民心民意,充分地鼓舞士气,鼓动社会监督,深刻地警示党员干部。再次,当下反腐行动的案例、经过和成果,为该类型影视剧的创作提供了广泛、真实而又典型的素材,为反腐题材剧的破冰前行、重回黄金时段、收复收视阵地,找寻到了必要的现实依据。

其三，从社会文化背景考虑，其热映的情形，正体现了近年来在发展文化产业，拓展文化市场，丰富文化艺术内容，促进文化艺术实践等层面存在的不足。尤其是在新常态下，开发、设计、制作一批展现中国特色，具有时代风貌，反映社会现实的影视剧作等环节存在短板。就影视艺术创作的"供给侧结构性改革"而言，减少不必要的影视创作和投资，是"去产能"关键所在；淘汰庸俗、媚俗、空洞的粗糙影视作品，摒除脱离现实、脱离群众、脱离主流思想路线的劣质影视作品，是"去库存"的关键所在；合理调整发行、宣传成本，有效管控风投、信贷资本，科学推进制片管理是"去杠杆"的关键所在；降低高企的演员费用，规范演员报酬市场管理，减少不必要的创作成本、监审费用，逐步增加原创性、研发性、技术性成本的投入比例，是"降成本"的关键所在；为作品注入时代性精神和现实主义灵魂，是"补短板"的关键所在。优化故事主题、内容构成，合理配置资源，增加编剧原创报酬、制作技术报酬、创新设计报酬等问题，成为当下影视剧作改革在社会文化建设中亟需突破的核心问题。

影视剧作在描写社会现实，描摹民族心态，描绘民生疾苦，呈现政治生态，展现世风情形，再现实际问题，探讨矛盾根源，探究发展思路，探索改革方略，探寻出路办法等现实主义问题的层面若能有所建树，在渲染主题、思想升华的同时，定能抓住更多观众的心。

经长期筹划、酝酿，结合当下的政治生态情景、社会文化背景、反腐活动的真实案例与影视受众的接受需求，经最高人民检察院影视中心的统筹、组织，一时间《人民的名义》聚集起一批国内影视界优秀的导演、编剧、制片、演员、摄像、后期制作等专业人员，从而确保了本剧的艺术品质和观赏价值。其中，导演李路曾执导、制作《孤星》、《小萝卜头》、《好想回家》、《老大的幸福》、《山楂树之恋》等著名电视剧，并多次斩获"飞天奖"、"金鹰奖"等重量级奖项。编剧周梅森曾写就《人间正道》、《绝对权力》、《至高利益》、《国家公诉》等诸多优秀的现实主义政治题材小说，并亲自操刀改编成反腐涉案影视剧本；在创作这一类型、题材影视剧本的实践中，周梅森取得了骄人的收视成绩和辉煌的艺术成就。演员阵容空前庞大，近四十名国内外著名影星、实力派演员联袂出演；深入办案现场，经过设身处地的体验和感悟后，凭借精湛的演技、出色的表演、高度的敬业精神和创作热情，为广大观众呈现出一部经典的反腐大剧。剧组演职人员齐心协力、忘我创作的《人民的名义》，深刻阐释了隐藏于人性深层中信念与欲望的多重斗争、信仰与欲念的终极博弈，深度诠释了我党反腐行动的意志、力度、深度和广度，宣扬正义，弘扬正气，颂扬正道，传播正能量，引领正思想。

长久以来，影视剧作在如实还原政治文化生态面貌的失信，真实反映当下社会发展矛盾的失语，切实体现底层民生经济景状的失声，导致其文化内涵、艺术蕴藉难有大成，是为阻滞其良性发展的主体性诱因。解决这类问题，将为其长足发展提供有效助力，并在现实主义艺术创作、精神文明建设、社会文化与政治生态建构中起到更加积极的作用。

三、熔炉锤炼 · 青春同行：《热血尖兵》

《热血尖兵》由熊早任导演、编剧，张谦制片，王紫逸、张宁江、宣言等主演。本剧由星美影业有限公司出品，于 2017 年 3 月 7 日在优酷、央视网首播。作为一部贴近社会现实、反映时代特色的"90 后"军旅题材电视剧，其主要人物的设置呈现了"90 后"青年，在共同的时代诱因与存异的成长环境中，所生成的独特性格和典型化的形象。剧中塑造了"富二代"陆飞、"凤凰男"司马战歌、"技术宅"张小武等三位成长环境、家庭出身、性格特点、目标追求、价值观念、人生理想迥异的青年形象；讲述了他们在军队现代化建设中，于军营的大熔炉里逐步成长为“听党指挥、作风优良，业务精干、斗志昂扬，意志坚定、能打胜仗”的优秀特种兵战士的系列故事。

在他们身上，集中影射了当下“90后文化圈”中普遍存在的生活态度、处事风格、身心面貌和精神状态。其情景化的成长环境，类型化的心理描摹，戏剧式的剧情架设与典型的人物刻画，使当下“90后”青年几乎都能从他们身上找到自己的影子。剧中人物的生活遭遇、处事方式、叛逆行为、成长经历、心路历程与人生蜕变，紧密联系当下实际，而非脱离现实的凌空架构；其人物设计，实现了对特定历史时期与生存环境下，青年群体中普遍存在的率真性、淳朴性、理想化、情绪化的最真实、最鲜活的写照。如是，带有浪漫主义气息与现实主义色彩，使用喜剧模式融入幽默元素，设置悲剧情节，增加悲情境遇以升华主题思想、净化人物灵魂的青春军旅励志作品，确然在当今青年群体中引发广泛关注和追捧。

本剧以三位在单亲家庭长大的“90后”青年的成长经历为主线，成功展现了当代青年特有的奉献担当、友爱阳光、拼搏进取的正面形象。剧中刻画了出身富豪名门、不从父命的“公子哥·富二代”，在军队中历练为作战机敏、敢于担当、友爱无私、勇于牺牲的革命烈士——陆飞；描绘了来自农民工家庭、靠老爸拾荒养大的“穷小子·凤凰男”，在行伍中锤炼成冷静沉着、勇敢刚强、拼搏向上的时代军人——司马战歌；摹写了生于单亲家庭、被妈妈庇护的“妈宝·技术宅”，于军营中蜕变为无私奉献、坚贞不屈、英勇无畏的顽强斗士——张小武。本剧以多线索、多视角、回环套层的叙事模式，使用非线性、超时空的叙述手法，诠释了“90后”青年独有的热血青春、感人经历和励志故事。

全剧开篇，以一次“蓝色攻击”的军事行动引出故事，并同结尾的人质救援行动形成首尾呼应的大回环结构。而后借助精妙的细节刻画或设为伏笔，或设成铺垫，或置为引线，使全剧的故事线条彼此勾连，构成逐步推进、相辅相成的回环套层结构，以此实现对剧中的人物遭遇、故事情节、主题表达的递次呈现。全剧在起始阶段，以倒叙与插叙的结构方法，抛出三位男主人公水火不容、彼此抵触的“烟雾弹”，以此引出一连串的冲突矛盾和幽默故事，引起观众的关注与认同。最初在参军之前，主人公陆飞、司马战歌和张小武曾因一系列意外事故彼此结缘，却因为矛盾而相互厌烦、全无好感。后来又由于各自不同的原委，加入中国人民解放军，却阴差阳错地分到了同一个连队同一个班里，在班长麻人杰的严格要求下开始了近乎残酷的综合训练。在军营中，三人从最初的抵触、厌烦、斗争乃至摧残的对抗关系，逐步发展成为相知相伴、彼此倚重、患难与共、同生共死的战友兄弟。

而后，在故事推进的过程中，不断地在叙事主线的故事上插入前因、引出后果，引领观众走入故事情景中、走到影像时空中、走近角色心中，同时为思想主题的深化和精神文化的升华，持续地推进故事情节的铺垫、主题思想的铺陈、情怀情愫的铺衬。在故事进展到军营生活、士兵历练的阶段，本剧按照线性时间顺序的手法展开叙事，有条不紊地推进故事叙述和主题表达，将近乎真实的军事技能训练、军事对抗演练、军营成长历练融入故事当中，再现了普通士兵经过刻苦训练、严格选拔、淘汰演练成长为特种兵王的过程；用特种兵最真实的军事演习、战斗任务，还原了严酷环境下红蓝双方的斗智斗勇、攻防对抗，敌我两方阴谋拆解、阳谋攻伐。让特种兵回归军人本职：听党指挥、练为战，保家卫国、打胜仗，不畏艰苦、敢牺牲，勇当先锋、创荣光。作品充分体现了新时期的革命英雄气概，引发了观众的共鸣，引燃了观众的激情。本剧以新颖的叙事模式讲述三位主角的成长故事，从多层次透视、多角度聚焦、多方面观测情节的发展和人物的经历，使情节展现更充分详实，主题表达更富感染力，人物塑造形神兼具更加饱满。

《热血尖兵》全剧透着与众不同的青春气息，以“90 后”特有的幽默剂、燃情戏、精神气，书写新时代的奋斗历程、励志风尚、人生觉悟。全剧所描绘的新时期的热血青年，豪情激昂、阳光向上、立誓拼搏、筑梦军营；每一位新时代的青年战士，都有一股敢于奋斗、勇铸军魂、奋勇向前、勇当尖兵的英雄气概。以此唤起广大青年受众的认同与共鸣。

【思考与练习】

1. 如何理解《新白娘子传奇》创作中的循环结构？
2. 《新闺蜜时代》中的女性意识是怎样体现的？
3. 《恰同学少年》表达了什么主题？
4. 《人民的名义》引发社会热议的原因有哪些？

第八章　微博、微信鉴赏

进入 web3.0 时代，以个性化、自主化、私人化为代表的草根媒体逐步改变了传统媒介与新媒体一统天下的格局，爆炸式地撑开了“自媒体”的春天。作为新的传播方式，自媒体不仅仅是一个传播节点，而且是生产者、传播者、消费者三合一的角色。特别是网络点对点的传播方式，加上分享与链接这两大特性，造就了无数的“草根发行人”。微博、微信等自媒体在改变着传统媒体与新媒体的传播模式，使传播中心下移，每个“草根发行人”均以个人身份参与传播流程，并且可以随时更换角色，不经过中间人且未经过滤地主动地生产、传播、分享他们感兴趣的内容，形成独立的内容平台，自媒体变成大众传播的桥梁。

微博、微信作为自媒体重要的类型与支撑，是自媒体发展中一个新的阶段，现已成为互联网产业中不可或缺的内容生产者，在媒体社会的生态格局中占据着越来越重要的地位。作为一种新型的媒介组织形式，微博、微信的影响力与话语权基于互播的传播结构，形成了独特的传播理念、传播价值、传播方式与传播内容。

第一节　微博在中国的发展概况

微博译自英文 Micro blog，是微型博客的简称，也被称为“一句话博客”，它由博客发展而来。这一概念最早由美国推特网站的创始人埃文·威廉姆斯于 2006 年提出。他将微博这个概念引入人们的生活，希望建立一个“随时随地、无处不在的沟通”的信息平台。

作为舶来品，微博在中国有一个很本土化的名字“围脖”。在推特成功示范效应的鼓舞下，2007 年中国本土的微博服务商开始出现，并引发了国内第一波微博热。但由于管理的不完善、盈利模式和应用模式的单一，加之内容运营与监管尚不成熟，中国的微博很快就步入一个沉寂期。

2009 年 8 月，新浪推出“新浪微博”，成为第一家提供微博服务的综合门户网站。新浪以名人微博为切口，凭借强大平台和名人效应，迅速成为国内最具影响力和代表性的微博网站。在其引领下，网易、搜狐、腾讯、新华网、人民网、凤凰网等综合或垂直门户网站也相继进入微博领域，这一时期门户网站成为中国微博的主导力量。同时，名人、企事业组织机构、新闻网站和传统媒体纷纷开设微博，微博开始跳出单纯社交网站的局限，呈现出强大的信息发布与传播功能，成为信息最大的集散地。随着微博逐渐渗透到社会的众多领域，它逐渐改变了人们的信息获取方式、社会交往方式和生活方式，逐渐发展成为介入公共事件的重要媒介。

在近十年的发展中，国内微博经过多次行业调整，新浪微博一家独大的格局日趋明朗。中国互联网络信息中心数据显示：截至 2016 年 6 月，微博用户规模为 2.42 亿；在内容维度上，微博正在从早期关注的时政话题、社会信息，更多地向基于兴趣的垂直细分领域转型。

第二节　微博分类赏析

一、名人、名企类

名人、名企微博，多指在社会各行各业中有突出成绩或地位的或为大多数人所认识了解的人士和企业通过各种互联网终端开通的以信息发布为主要特色的微型博客。其起源于微博勃兴之初的名人效应，是名人和微博营销的双赢之举。对名人、名企而言，利用微博作为营销平台，可以实时更新内容，发布感兴趣的话题，实现与粉丝和消费者的沟通、对话或讨论，同时有助于帮助其树立、打造良好的个人、企业和产品形象，增加其在粉丝和消费者心中的认同感，形成情感和利益共同体，达到营销的目的。如某著名导演说："我有一微博特别好，为什么好，因为它不会断章取义，不会有人把我的话给嫁接了。"他把微博形容为"我终于有一份自己的报纸了，有了微博就好像有了'×通社'"。再如2016年杜蕾斯的微博营销，由于众多粉丝的回复和转发，迅速扩散，把一个私人的话题公共化、公开化，促进了品牌的认识度、认同度和美誉度。

二、新闻事件类

所谓新闻类微博是指通过微博形式发布的对近期发生的事实的报道。在微博的世界里，任何人可以在任何时间、任何地点向全世界喊话，同时，在这里用户还可以交友、聊天、分享心情，这种亲民的特性使得人人愿意并能够参与新闻事件的传播，促成了新闻类微博的爆发式增长。

1. 篇幅短小、重点突出

新闻类微博结构较为简单、单一，一般不具有传统新闻完整结构，往往是单段落式或一句话。这促使微博新闻的报道主题上倾向单一，往往一事一报；语言上简洁、精辟；结构上紧凑，角度单一，力求短而精，以保障受众能在有限的时间内，快速浏览报道、接收信息。如齐鲁网的微博《#假牛奶批发13卖55#商家称农村中老年人基本分辨不出》，在新闻五要素中，忽略了制假、卖假等详情，忽略了何时、何因等次要要素，重点突出了何事这一关键性要素，点明了报道的新闻价值所在。

齐鲁网 V

22分钟前 来自 微博 weibo.com

【#假牛奶批发13卖55# 商家称农村中老年人基本分辨不出】济南段店某批发市场内，模仿"特仑苏""金典"的"特仑牛奶"、"经典牛奶"包装与正品几乎完全相同，但批发价仅13元。转手到商河的某小店里，该"特仑"牛奶竟卖到了55元，利润高达三倍多。仔细查看包装，其实此牛奶并非纯牛奶，而是勾兑成的饮料。商店老板表示，普通人，尤其是农村的中老年人基本分辨不出，因此销路不错。另外，有些商家使用"地名+名牌名称"注册商标，在商品包装上将自己伪装成名牌厂家，以此误导消费者，提高销量。 收起全文 ^

2. 资讯丰富,原生态记录

微博新闻的传播主体基本涵盖社会各个领域,特别是出身草根的公民记者触及社会生活的方方面面,使新闻生产迈向社会化,改变了旧有的新闻信源结构,丰富了新闻报道的素材,促成了新闻报道的多样性。同时,即时通信和移动网络的发展,使随手拍、随手写、随手发成为可能,摆脱了新闻组织结构对信息内容的过滤,使新闻报道保有了最大的人际传播的原生形态。

3. 话语方式的平民化

新闻类微博体现出十足的平民色彩,在话语表现上更为生活化、口语化,一般不讲究谋篇布局,语句零碎,结构较为松散,文字运用上不太受文字规则约束,不太讲求语法,随意性较强,网络化语言和口语化特点的词汇出现频率较高,如"亲、截图、肿么了、浮云、吐槽、蓝瘦香菇",又如"窝心、杯具了、怼、搬好小板凳"等,使新闻类微博传播更像熟人或者朋友聊天,更具有人情味,更加平实一些、轻松一些。

4. 报道形式的多样化

新闻类微博对于字数的限制使得新闻文本往往不能充分展开叙述新闻要素和详尽细节,为了保障新闻信息的完整性,多数新闻类微博在文本直播时,往往配发有音视频、图片、动图、表情等具象的表意文本。

三、生活实用类

这类微博的选题大多从民众生活的细节入手,着眼于百姓生活中的琐事,每一位公共账号的博主可以根据自己的兴趣爱好、微博主题,即时更新内容,分享自己的生活经验、教训等实用信息,为他人的生活提供帮助,解决生活中遭遇的实际困难。

在写作文风上,此类微博一般注重实用性、知识性、娱乐性、趣味性的结合。这类微博的标题醒目、指向明确,简单明了;在体裁上形式多样,注意记叙、议论、抒情、描写等多种手法结合使用;在内容上较为详实,要写实实在在的东西,且具有实际的指导价值;在文风上轻松、富于趣味性,能帮助人们放松情绪,愉悦身心;在表现形式上注意用图形、链接、视频、音频等综合手段传递信息,表述意义。

四、感悟、札记类

这类微博,多以情感为切入点。主要有两大类,一类是记录自己生活中的点点滴滴,分享心情、情绪和感悟,借以反映自己的生活状态,另一类是原创或转发名人名言、诗文摘抄等类似语录的句子或短文,借以给他人激励和安慰。

第三节 微信的发展概况

微信是腾讯公司于 2011 年 1 月推出的一款为智能终端提供即时通信服务的免费应用程序。微信最初是腾讯广州研发中心的团队抱着"尝试"的态度试验出来的。他们仿照"微博"为这个新的以手机终端为平台,为移动而生的通信应用起了一个新的名字——微信。

微信最初被定义为一款通知工具,2011 年初正式发布 1.0 版。其界面非常简洁,功能也非常简单,主要包括文字即时通信、照片分享、更换用户头像三个方面。从 2.0 和 3.0 版本以后,腾讯公司逐渐增强了微信的移动社交功能。2.0 版中带有了语音功能,3.0 版中拓展了摇一摇和漂流瓶两个功能。

在4.0版本之后,微信逐渐平台化,形成了一个社会化的网络。2012年7月,微信公众号平台开始内测,使得微信从一个成功的产品真正演变成为一个平台,开启了微信商业化的进程。在5.0版本之后,微信进一步升级了公众平台,推出了订阅号和服务号,其中订阅号主要为用户提供信息和咨询,而服务号的设计旨在为用户提供服务,企业可以利用自定义菜单,获得如支付等高级接口的使用权限,从而为企业和组织提供更强大的业务服务能力与用户管理能力。在5.0版中,微信还增加了表情商店、扫一扫、游戏中心、微信支付等功能。其中微信支付功能正式开启了微信商业化的大门。用户可以通过绑定的银行卡实现一键支付,满足了用户移动支付快速便捷安全的需求。

在此后的各个版本中,微信进一步拓展完善,连接了与人们生活相关的各种私域和公域服务,已逐渐成为人们的一种生活方式。

第四节　微信订阅号分类赏析

《2016年App与微信公众号市场研究报告》显示,2016年中国微信公众号数量超过1200万个,业已成为人们获取资讯、学习知识、方便生活的重要渠道。从微信公众号的推送内容和功能看,几种常见的公众号类型是新闻资讯类、生活服务类、休闲娱乐类、心灵鸡汤类。

一、新闻资讯类

在新旧媒体的整合过程中,微信平台用户量大、信息传播快、准入门槛低、市场渗透强,较易实现新闻资讯的个性化及定制化,传统媒体、草根、大咖、政企组织纷纷从微信平台借力,入驻微信订阅号,使微信公众号在新闻传播中发挥着越来越重要的作用。

此类公众号主要以媒体的订阅号为代表,如人民日报、央视新闻、凤凰网、澎湃新闻等传统综合性媒体的订阅号,当然,也有少数经营效果不错的自媒体公众号,如深圳市腾讯计算机系统有限公司运营的新闻哥等。此类公众号受媒体特征及用户习惯的影响,在编辑和写作上具有鲜明的特点。

1. 版面设计简约,适合快速阅读

新闻类微信资讯适应了受众快速了解社会的心理诉求,在版面设计、栏目设计、视觉设计、信息含量等方面适应了人们阅读方式的转变。多数新闻类微信界面带有较强的跳跃性、快速的检索性与内容忽略性。

如某年3月15日澎湃新闻微信公众号的头条编排。为了检索方便与快速,在头条标题中,忽略了新闻价值中的时间、地点、原因等无关次要信息,仅保留了“315”、“失眠”等关键信息,突出新闻事件和结果,便于快速检索;在头图的使用上,注重视觉冲击,选用了高曝光率的周星驰无厘头剧照,且采用影视声画对立的手法,使新闻内容与新闻图片在形式上产生较大的背离,强调意义的共鸣;在界面编排上,则以浅色调为主,留白较多,整个界面色感平和,不易疲劳,并利用灰色线框切分版面,条块清楚。

2. 新闻话题高度集中

由于微信公众号每24小时只能推送一次新闻,且受图文条数和阅读方式的影响,在有限的信息含量中,为确保推送内容的个性化和深度,提高关注度,微信往往采用同题集中的手法和超链接的方法来集中报道主题,拓展新闻资讯的深度,培养用户关注习惯和意识。如图所示,四则报道点面结合,头条报道《看完315晚会,我吓失眠了……》直接指向消费领域的整体现状,而其余三条报道则分别从整形企业行为、消保委作为、消费者消费习惯等三个层面解析头条;由于题文分离,具体的新闻调查、新闻述评、新闻访谈内容则通过图文链接的形式展开,这在广度与深度上延展了报道内容。

3. 情感色彩鲜明

微信是从"强关系"的熟人社交延伸出来的网络社群,从人们的传播心理和传播习惯来看,其情感交流、社会认知、自我实现、释放压力的需求等较之其他传统媒体和网络媒体更为强烈,因此,其感情倾向的表露更为直接,报道风格日趋文学化、感性化。在具体行文中,首先表现为经常选用一些煽情性、极致化、肯定及双重否定的词汇来强化情感,表明媒体立场和态度,激发用户的阅读兴趣。如《人民日报》某年3月10日的推送内容。在80个字内的摘要中分别使用了"泪奔"、"惊呆"、"十大"、"最害人"等四个渲染性、极致化和震撼性的词语。其次表现为变更了传统新闻写作惯用叙述的表现形式,新闻类公众号在摘要的写法上较多地采用了疑问句、感叹问、设问句、省略句来强化语气,制造悬疑。如"冲马桶,盖?还是不盖?"、"女司机是马路杀手?警察叔叔告诉你真相!"、"朋友圈十大谣言,第二条最害人……"。

4. 语言词汇朴素、生动、新颖

微信作为一款手机聊天通信软件,在新闻传播过程中,用户难免会保留人际交流的语场、语式等生活语言特征,易于接受轻松随意、形象生动的表述方式,在语言词汇上体现出朴质、生动、新颖的特点。

首先表现为网络流行语和热词的借用,如"男子高速应急车道停车生火煮面被罚,吃货的代价!"(新闻哥)、"儿子手写存折糊弄父亲,智障老父提袋来取。坑爹啊!"(新闻哥)、"大数据显示近九成事故都是男性'老司机'干的"(澎湃新闻),这些词汇的使用,使微信新闻带有强烈的时代特色,更风趣、俏皮,使新闻文本充满活力。

其次是大量自创词及新词新语的出现,如"《朗读者》能否把观众从'鲜肉审美'中拉回来”(澎湃新闻)、“几年前的复旦女教师视频再刷屏”(人民日报),此类词语的涌现展现了社会生活中出现的新事物、新概念,反映了社会生活的新变化和新观念。

再次是生活俚语的频繁使用,如“厉害!中国又一款‘神器’将首飞,上天、下海都难不倒它”(人民日报)、“这个城市房价涨幅全国第一,如今一瓢冷水浇下,买房人透心凉”(人民日报)、“权威解读:到底啥时候开始穿秋裤?”(凤凰网),此类基于社交需求而形成的口语化风格,贴近生活,拉近了公众号营销者和用户之间的距离,增强了传受之间的亲近感。

5. 风趣、丰富的插图及表情符号

在新闻类微信中,微信表情符号和风趣的插图也是一个重要特征。它们有利于烘托气氛,渲染情绪,直接明了地表现信息推送者的喜怒哀乐。2015 年《牛津词典》在评选年度词汇时,其官方认为:“传统字母单词如何在改变以迎合 21 世纪快速、集中视觉需求的沟通需求,一个象形文字图像,例如 emoji 表情,可以填补这些空白,它灵活、直接,可以为文字注入优美的语调。”而微信表情符号正是以它的灵活、直接、直观的视觉形象使交流方式变得丰富起来,它甚至可以超越语言的界限,如爱的欢乐兔、皮呦 piyo、炮炮兵、尔康、雪姨等各类人物、GIF 动画表情,既弥补了不在场的情绪表达,也契合了互联网的视觉阅读的习惯。

二、生活服务类

伴随着物质生活水平的提高,微信平台中的生活信息类、生活常识类、美食旅游类、教育类、母婴类等与实际生活需求有直接关系的生活服务类公众号越来越多,并因其实用性、亲和性、专业性广受用户追捧。

此类公众号为了进一步提高阅读量,扩大影响力,正努力打造个性化的服务面向。在内容上越来越精准、小众;形式上越来越亲民、简约;在编辑上越来越注重图文并茂,以“图”服人;在选题上越来越关注民生,多采用“热点+服务”的综合方式,以期能快速抓住读者眼球、吸引用户的关注。

如 2016 年爆款的美食类公众号日食记,其推广口号为“温暖治愈你的心和胃”。其做饭栏目每期内容分为美食日记(或故事)、心情小结、温馨视频、菜谱等内容。从 2016 年 11 月 7 日姜老刀的日食记《我一招就能让你“燃起来”》来看,在编排与内容上主要呈现出以下特色。

在版面视觉上,首先跃入眼帘的是一条约 5 分钟的做菜流程微视频。视频开场第一幅画面为一辆在冬日皑皑白雪中轰轰渐近的火车,在蓝天绿树梢中转场后的第二幅画面为在静谧、温馨小屋中守望主人的喵星人,整个视频配有舒缓的英文背景音乐,恋家心结流露于屏幕内外。在视频之下,是一段生活、工作、心情小结:

……在上海长达一个月的阴雨天过去后,带着尚未褪去的湿气和冷色调,我决定燃一下,从胃开始,再用一块凉糕调和。像是电影里的热血桥段,食物也有它独特感染人的方式。

这正是漂泊于北上广的青年人身心的真实写照,内心的孤寂,对信念的坚守,对家的渴望,跃然纸上。为此作者在文尾还附了一行短诗:

让身体和灵魂燃烧的,除了路过的风景,还有一碗面。

工作、心情小结之后为“四川美食燃面做法”分解步骤的图文说明。

在生活服务类公众号中,另一类备受关注的是健康类公众号。代表性的有丁香医生、顾中一、范志红、活法儿、健康头条、龚晓明医生、儿科医生妈妈等。它们有的侧重营养学科普,有的侧重饮食生活习惯的纠正,有的侧重传统中医理论推广,有的侧重母婴公益科普。目前,此类公众号虽然数量较多,但优质账号较少,一些专业化程度较低的微信公众号往往凭借含有冲击力的标题、带有投机意味的指导方法和更具娱乐性、煽情性的内容吸引用户。

综合来看,生活服务类公众号在内容与形式上呈现以下几个特点:

1. 在选题与内容上,追求实用

生活服务类公众号以"提供实用服务"为核心,多从生活的细微平淡之处全方位、多角度地挖掘实用信息,帮助用户线上掌握信息,线下获得实惠。写作题材既涉及衣食住行用等具体的日常生活,也涉及社会交往、物质消费、心理困惑与情感纠纷等内在的精神情感需求;在写作内容上,贴近生活,多以普通人及其生活为范本,以期指导实际生活。

如拥有 70W+的微信号 jqfans(妈妈手册)主推育儿经验,在具体内容上分为妈妈宝库——为宝妈们推送国内外优秀儿童睡前故事,宝宝辅食——利用食疗帮助孩子消化积食、益气补血、健脾养胃、提高免疫等内容。如拥有 8w+的公众号 Tripadvisor(猫途鹰)定位于"每日为你精选旅行资讯,分享旅行点评,攻略和指南,一键查找附近吃喝玩乐",栏目设置主要分为三大类:一是基于手机定位找景点、酒店、餐厅和旅游攻略;二是去旅行,提供热门目的地推荐、行程规划和旅行体验分享等内容;三是旅行者之选,主推每年全球最佳旅行目的地及图文介绍。

为了与用户产生共鸣,快速激发受众的阅读兴趣,此类公众号在行文中多采用第一视角,"你"、"你们"、"我"、"我们"等词语大量出现在标题和内容里,而具体的写作内容多来源于"你"与"我"的交流聊天主题,内容新鲜、实用。

如 Tripadvisor 猫途鹰 2016 年 2 月 28 日的《小,但精致。日本胶囊旅店巡礼》的引文:

如果你是一个人,去日本可以住胶囊旅店。如果你是一个要深刻了解日本文化的族人,去日本你只能住胶囊旅店。因为,它是一处诠释日本旅店"小,但精致"的完美之地。

再如 2017 年 3 月 18 日的《她花了 2 000 块搞定机票+酒店,出国爽玩 6 天》一文:

我会去马来西亚真的是因为恰好有性价比很高的机票,2 000 块搞定了机票和酒店,还在旅行中认识了两座有趣的城市。其实去之前对马来西亚并没有多少了解,到了以后才发现真的挺好的!

文中附有槟城和吉隆坡风光与旅行体验,还有马来西亚 6 天行程及费用清单。

如丁香医生 2015 年的《少吃点! 11 个小方法帮你一再贪吃》一文:

一遇到美味就吃个没够? 一天到晚嘴里的零食根本停不下来? 正餐吃到饱,可不来份甜点就是难受? ……有没有这样的状况?

别回避我的眼神! 问的就是你!

吃不够的你,需要时间和方法去学会如何养成良好的饮食习惯。

这些选题与内容以服务为本,贴近百姓,贴近生活,重点关注百姓日常生活中的需求,在温和的文风中成就了生活服务类公众号的接近性和实用性。

2. 在编辑上,图文并茂

生活服务类公众号直接为用户的日常生活、学习、工作提供服务,但囿于实用性而缺少观赏性和趣味性,也会因"言之无文,行之不远"而流失阅读数和点赞量。

为了获得最佳的用户体验,生活服务类公众号在预览界面上多以标题+摘要+封面图片的形式,尽量把一些晦涩、干瘪的实用内容视觉化,利用图片、微视频提升直观度。为确保阅读速率,获得最佳的阅读体验,一般采用单图文和 3 ~ 5 分钟的微视频作为内容表现手段。

在推送的内容上，受手机屏幕和微信阅读方式的影响，生活服务类公众号文字简约，多在1 000字以内，且多以短句为主。

如微信号aigechibaole（艾格吃饱了）2016年9月21日的文章《令人意外的米其林，哪些我真心吃，哪些我可能不会去》的每周餐厅评论：

全文首附两张唐阁虾饺的实物特写照片，评论正文简短、直白。如下：

如果你对唐阁的印象还停留在以前，可能就觉得米其林指南是个什么鬼。

但实际上，现在唐阁的食物，有那种很正统的美，很有美人感。

说一句，烧鹅是好吃的，跟的酱汁非常用心。虾饺端上来，会有一种直白的好吃，人人都体会得到。

如丁香医生2015年的《这些年，你对付感冒的方法或许是错的》

全文首附一张汪星人蜷缩在米黄色围巾中的近景照片，照片之下的文字内容为：

一说到生病，多数人第一个想到的都是「感冒」。普通感冒是生活中最常见的疾病，成年人平均每年要感冒2～6次。这里说的是普通感冒，是不同于流行性感冒的，普通感冒以鼻塞、鼻涕、喷嚏、咽部不适等上呼吸道症状为主，而流感更多带来全身酸软和发热，传染性很强。下文提到的「感冒」均指普通感冒。

许多人都在跟感冒的斗争中总结出了自己的经验，可是，这些方法真的都正确吗？……

从图片的选择来看，生活服务类公众号的图片多以大美图和情感图为主，如萌物宠图、美景图或帅哥靓女图等，而实景图多以能调动情感产生共鸣的人物和动物为主。在文风上尽量接地气，多采用最为简单的句式、最简单的词汇、接近人际交流的语态表达推送内容。

3. 在标题上，简约精准

与其他类型的公众号不同，生活服务类公众号在标题制作上强调简约、精准。从内容服务来看，在海量信息中用户往往会选择性地优先注意与自身相关的事物，离用户越近、关系越密切的事，就越为用户所关注。为此，生活服务类公众号在标题吸睛上不强求特殊性，而是围绕用户兴趣点，尽量做到标题内容“落地化”和指向的准确性，并依据阅读的便捷性规律，言简意赅地精准反映推送内容的具体要素及侧重点，突出文章的实用性、价值感和与用户利益相关的紧迫感。

如：发现妈妈公众号：《生了二胎后，这5句话千万不要跟大宝说！》

丁香医生公众号：《热水泡脚不养生，还可以加重病情》

美食中国公众号：《茄子这样做，比肉还好吃！》

这类标题，在实用性的基础上，要么从反面用含有负面意义的词汇切入，利用人见贤而思齐的心理，提升标题的价值感和紧迫感，要么从正面利用修饰词和夸张的语言，增加标题的情感强度，突出标题的实用性和代入感。

再如：发现妈妈公众号：《想长寿：少吃三白，多吃三黑》

丁香医生：《少吃点！11个小方法帮你一再贪吃》

猫途鹰公众号：《玩点不一样的｜柬埔寨不是只有吴哥窟》

老北京城公众号：《讲述北京｜老北京城最后的副食店》

这类标题要么采用分段解释性的方法，利用数字或文中的亮点来补充事实和细节，突出文章的价值感，激发用户的探究心理，要么采用“特点｜具体标题”的贴标签方法，使标题指向明确，带有独特性。

4. 粉丝互动,服务定制

生活服务类公众号除了用传统的点、评、赞、转等半公开的互动环节来强化群体内群主与成员及成员之间的情绪和归属感之外,还多采用开放式的话题来源、征集稿件、服务咨询、福利发放等环节来维持公众号与成员的关系,提升群员的参与感和认同感。基于微信的商务属性和私密性,一些专业性较强的生活服务类公众号还针对群员提供特别的定制服务。如丁香医生公众号的“咨询医生”栏目、营养师顾中一公众号的“付费咨询”栏目,骑驴公众号的“伞兵户外”栏目。这些定制服务内容不管是利用二次开发平台,还是微信自身平台,均可实现一对一的交流,能在较短时间内解决用户的疑问与困惑,使公众号营销主体对用户的兴趣点的认识更加清晰准确,以便及时调整和改进内容。

三、休闲娱乐类

随着“互联网+”的深化,微信凭借其在娱乐形式、娱乐内容上的丰富性顺应了休闲娱乐的发展潮流。而在微信平台中不论是发文数量、次数,还是平均阅读量、点赞量等方面,休闲娱乐类内容均保持较高关注度,基本上占据了移动网络用户大部分的碎片化时间,其特点有以下几个方面。

1. 话题轻松化、趣味化、时尚化

微信端的休闲娱乐内容话题多截取主流话题之外的小众话题,希望把生活中“零零碎碎的东西”,按故事化路线“说出来”,或大力渲染奇闻趣事或在凡人俗事中加入一些跌宕起伏的情节,迎合用户猎奇的心理,或关注消费生活领域中合乎潮流的服装服饰、美容美发、旅游美食、生活方式与话语表述,以求得标新立异之感。

如卡娃微卡公众号的《出道 20 年,曾拒绝张艺谋,6 岁熬成女主,红不起来却想演到 60 岁!》一文,选取的主人公避开了当红明星,也不书写荧屏暖男,而是挖出“有颜值有演技却红不起来”的××,文末捧一杯“心灵鸡汤”,附赠暖心感悟:

> 面对突如其来的不如意,能够坦然面对,重拾微笑,继续出发,就是最好的自己。而最好的人生,是顺从内心,不困于喧嚣名利,不陷于万般悔恨,那些时光错过的选择,相信终会在未来一一温柔以还。

而嗨小冷公众号则善用 3 ~ 5 分钟的微视频,演绎平凡小人物在生活中的曲折离奇遭遇、怪诞趣闻。如一段 3 分钟微视频《如果买菜的流程很复杂,会怎么样?》,利用观众猎奇心理,将生活中不同场景中的碎片拼接组合成主人公小胖买葱的被登记、盘问、被核实以及店家层层请示,要求开出买葱证明等一系列的荒诞经历。

2. 标题制作紧跟“热点”,套路化

“热点”和“热搜”词是网络用户使用或搜索频次较高的词语,它们往往具有话题性和卷入性,广受网民“热捧”。休闲娱乐类内容由于时效不强,在标题设计上休闲娱乐类公众号往往会紧跟“热点”和“热搜”事件、重大节日、风俗习惯,或假借名人、牛人背景来造势,提高阅读量和转发率。

如嗨小冷公众号的《广播体操的节奏大叔,我也是服你的!》将广为熟知的广播体操嵌入标题;冷兔公众号的《我是谁? 我在哪? 算了就这样也挺好的!》借用热播剧《武林外传》的经典台词;语音视频公众号的《当我老了》套用热播节目中的流行歌曲;同道大叔公众号的《过了个情人节! 为何这些星座都分手了》直接借用“热搜”词;卡妞微秀的《朱茵眨眼,青霞喝酒，祖贤穿衣，这几个瞬间看100遍也惊艳！》则旗帜鲜明地借用名人来提升标题的热度。

为了达到语不惊人死不休的传播效果，提高点击率，休闲娱乐类公众号在标题设计上往往采用效果优先的原则，以用户的点击心理为主要参考，标题制作手法较为夸张，情感态度较为暧昧。其较为常用的手法有以下几类：

利用修饰词或夸张语句来煽情的，如《一个鸡蛋就能甩掉老花眼！人人都吃，却不知道这样吃最灵！》、《逆天！才2岁，牛得一塌糊涂！》。

利用暧昧词汇来暗示的，如《他12岁一夜成名，24岁被“陷害入狱”，靠一场“床戏”再度成为大众焦点》、《这就是“性”，别脸红！》。

利用负面词汇来警示的，如《千万不要相信网络上的那些美女，深有体会！》。

假借独家资源爆料的，如《涨姿势学堂：这绝对是每个男生都应该掌握的撩妹神技！》

利用热点与名人来背书的，如《郑爽王思聪都因这件事上热搜，还一次能挣十几万！》、《8岁与李小龙合作，23岁要谢霆锋老爸，63的她却……》。

利用省略来制造悬疑的，如《30岁的杨幂越来越少女，是因为用了这些……》、《那天，你突然发现自己当爹了……》。

利用数字来借托专业性的，如《爱上新疆，只需要这8个瞬间，和这5条勾魂线路！》、《女人变坏都是这三个原因！》。

3．调用多重感官，强调视听性

为保障在阅读数、点赞量、转发量的竞争中生存发展，休闲娱乐类公众号从发端就注重视听性的转型，将更多的精力投身于视听内容的组织与传播。视听的意识觉醒，促使图片、照片、视频、动图、动画、音效、音响等视听元素在微信端休闲娱乐内容中大量涌现。从某种程度上来讲，多重的感官刺激逐渐取代了阅读的刚性价值，使微信端休闲娱乐内容越来越注重版面元素及其设计所带来的视听冲击力和阅读的舒适性。

如卡娃微卡在2017年3月19日的推送内容，采用一图多文的形式，在版面设计上强化头条，利用图形、图像突出中心。在头条标题设计中插入花样图形，既作分段提示，也点明关键内容；而头条的图片则采用腾讯视频的静帧截图：错落的篱笆，由近及远的菜花黄，闲庭信步的阿汪，传递友善、欢愉、温暖、乐天的情感诉求，形成视觉中心，并链接有李健《最美丽的春天》的MTV。

在5篇非头条内容中，均采用标题+图像的形式排版。《爱，就是一种心疼》和《趁我们还不够老（太美了！）》两篇文章的具体内容以“图”服人，仅配有简要文字诠释，而图片则以特写和全景图为主，表情达意、渲染气氛的意图显山露水。而《♫●今天3·19！一首好听的歌，送给我牵挂的人……》、《♫一曲<为了谁>连听8遍还是醉了！》、《♫今天3·19！很想对你说：认识你真好！》等三篇文章则利用视听结合的方式，采用MTV+图片

(动图)+点眼文字的综合编辑方式,强化视觉赏美、音乐品美、文字审美的多重感观刺激。

页面设计以人为本,注重界面的协调性和视觉焦点定位;在界面编排上,以视觉观察习惯和选择习惯为参照,沿用自上而下的视觉规律来组织图文关系;在配色上较为注重色彩的连贯与和谐,色彩由浅入深、由明到暗、由暖入冷,色彩过程流畅,不易产生疲惫感;同时主色调面积大,辅色色块小,表现力充分、直观,便于用户清晰感知内容,获得较好的阅读体验感。

4. 表现手法故事化、文学化

相对于新闻信息的"硬",休闲娱乐类公众号更多着眼于"软",营销主体相信一个精妙的好故事,永远胜过一堆干瘪的材料和空泛的道理。他们倾向于采用叙事素材的取舍、叙事视角的转化、节奏与表达技巧的丰富,将硬货、干货转为可感可知的故事,使休闲娱乐内容更直观易懂、生动有趣。

如任天真公众号推送的视频内容,多采用内视角和外视角的叙事形态,要么由叙述者进入故事和场景,或讲述亲历或转叙见闻,其话语自然可信、亲切;要么站在故事和场景之外,因其无法解释和说明人物任何隐蔽的和不隐蔽的一切,其叙事自然极富戏剧性和客观演示性,使文本既富有悬念又耐人寻味。如其《别问我为什么不热爱学习,这特么全都怪手机》一文,采用并列、排比的修辞格,利用作者调侃自述的内视角,阐明自己沦为学渣的理由:

上帝为你关上数学的窗/顺便带上了语文的门/塞上了物理的排水口/还堵死了化学的下水道/封住了历史的烟囱/砌起了政治的围墙/就连英语的门缝都拿水泥糊上了/最后给你留了一部手机让你学习不下去

作者通过经历的分享,引发了用户的共同回忆,增强了情感的卷入性,赢得了较高的点赞量和评论数。而在《打个针而已,大老爷们干嘛叫得跟杀猪一样》的 1 分钟微视频中,作者则罗列了打针时青年女性、七尺男儿的呼天喊地、哭爹喊娘的歇斯底里,汪星人、骙骙健马拟人化的嘶鸣,老人狂笑的掩饰,小孩飙出的海豚音。作者假借外视角,以惊叹的语态,表达了对视频内容所呈现的夸张人物表情、肢体语言的惊奇,对熟知事件所引发的不可解释的结果的不理解,引发了用户的探秘心理。

再如卡妞微秀公众号的《下雨天就穿这一双!防水好看两不误》一文。作者用大量细致入微的情态描写、多元对立元素的交锋,引用热点事件,讲述了自己糟糕的一天。在描写环境时,作者借用流行歌曲"最近好多地方纷纷妖风四起,冷冷的冰雨在脸上胡乱地拍";在遭遇降温时,作者细致地刻画了人物形象"卡妞身穿一条单薄的兜风阔腿裤与一个穿超长吉款羽绒服的姑娘擦肩而过";在讲述降雨时,穿插了"热搜"事件"原来 3 月 30 日是我们萧大仙(敬腾)的生日!雨神回归果真不同凡响,毕竟连气象局的微博都关注了他";最后文章话锋一转"一本不正经"为某鞋的"微微细雨款"做起了软文,"梅雨季节已经不远了,卡妞可不想每天这样辣眼睛地出门,看来赶紧入一双防水美腻的鞋子刻不容缓啦"。这篇文章虽然短小,但情节转换快且在跌宕起伏之处,往往还配有图片、动图以拓展细节空间,拔高情绪,渲染气氛,增强了文章的可读性。

5. 语体风格口语化、浅显化

同传统媒体和新闻类自媒体相比,休闲娱乐类公众号少了文体、语法规制、价值尺度的限制,在语体风格的选择上更为自由、宽松,既可是一本正经地坐而论道,也可是下里巴人的脱口而出,亦可是网络新民的火星玄文,还可是表情、图形符号语言的回归。凡此种种,它们或许精致文雅,或许文句跳跃割裂,或许因新兴潮流不受待见,但它们浅显、直白、酣畅、轻松，消解了严肃与权威，塑造了营销主体活生生的、平易近人的媒体形象。

四、心灵鸡汤类

伴随着“80后”、“90后”的崛起，“高学历、低收入、难发展”日益困扰着新一代。面对社会结构转型与阶层分化的不适应，面对快节奏生活和高强度工作无法挥去的烦恼和困倦，穿梭于高楼、奔走于职场的中青年人，承受的心理压力越来越大，急于寻求精神上的安慰、鼓励与温暖，需要心灵上“语言艺术治疗”，这使得微信公众号“心灵鸡汤”式的文章变得特别受欢迎，每日点击量居高不下。

何谓心灵鸡汤类？它是一种长于抒情感慨、拙于剖析梳理、乏于事实的流行文体，是那些具有哲理的语录，励志的小故事，幽默卖萌的段子，加上绵密的煽情和抒情文风，字里行间充满了道德的自我感动。作为一种文化消费产品，它天然地带有大众文化的特色，其励志化的包装，快餐式的文本，无需动脑就可大快朵颐，具有维系社会认同、精神按摩、端正态度、启迪智慧、安抚人心的功效。

心灵鸡汤种类繁多，综合来看，这类文章主要分为以下几种：

1. 名人类言语和励志故事

名人类言语与各种段子不同，它是指一些名人说的、写的、历史纪录的，经过实践所得出的结论或建议，以及警世的比较有名的言语，是各类大家对人生的哲思、生活的感悟和现象的反思。他们最能体会成功途中的艰辛及成功时的欢乐，能从历史长河理出端绪，明白兴衰之道，能对人心观察入微，为新事物所感奋，因而铿锵有力，掷地有声。此类鸡汤言词精辟，真知灼见，充满力量。

名人名言公众号的马云名言大全，罗列了马云在各个时期、各个场所所发表的一些人生、职业感悟，如在出席“赢在中国”时马云的点评：“你自己很善良，也很激情，也很幽默，也会讲很多的故事，但离开团队的时候，你要想到一点，我们需要雷锋，但不能让雷锋穿补丁的衣服上街去，让他们跟你分享成功是很重要的。”如在谈论机会时的总结：“看见10只兔子，你到底抓哪一只？有些人一会儿抓这个兔子，一会儿抓那个兔子，最后可能一只也抓不住。CEO的主要任务不是寻找机会而是对机会说NO。机会太多，只能抓一个。我只能抓一只兔子，抓多了，什么都会丢掉。”

2. 作家文笔类

微信公众号统计数据表明，情感类文章在微信中最受用户欢迎。这类文章一般并非出自名家之手，抑或只有只言片语，但语言优美，侧重于心理状态、精神和情愫的描述，感情至深，其营养在于作者分享了自己在当下的生活中的心境，用户收获了作者的感悟，可对生活有所指引。

如人民日报公众号夜读栏目，一般在晚上10点左右推送，这是天下劳碌者最可自主支配利用的时间。此类文章多为独白式的话语文本，把“我”在现实生活中的故事娓娓道来，情感倾向外化明显，在句式上多采用陈述句、祈使句、判断句。如《你总要一个人，走过一些艰辛》、《纵使前路崎岖，愿你一往无前》、《20岁后，你要培养与别人拉开差距的能力》、《认真生活的人，生活绝不会亏待你》。在词汇挑选上多借用具有对比性与褒贬义的词汇，进行叠加、类比来强化感情色彩。如：

如今，他在北京金融街一家公司上班，虽然工作压力很大，但那却是他一直向往的生活。

“那些灰头土脸奔走在图书馆与教学楼之间的日子，虽然不如很多人的大学生活那么精彩和有趣，却是我生命中最单纯而充实的时光。”回忆起那些曾经迷茫的日子，他这么说。

在失望后不放弃希望，在不可能中创造可能，是我们向命运做出的最有力回应。

——《纵使前路崎岖，愿你一往无前》

你不屑于做的事，他认真做；你不愿改变自己的懒惰，他却每天早起；你不肯加班多尽一分力，他却出色完成所有被交代的任务，还额外帮助了同事；你不喜欢考英语四六级，随意放弃，他自学成了英语教师，又多一份津贴；你不愿意工作之外充电学习，他珍惜所有能提升自己的机会，无论免费的还是自费的。

尽管他走得很慢，却每一步都铿锵有力，每一次成长都让他站在了更高的位置上。

于是，他超越了你。

——《认真生活的人，生活绝不会亏待你》

此类短文，语言风格平和，文本的节奏感较强，长于说理，简于叙事，往往侧重于心理状态、信仰、思想和价值观的直接反映，“集中笔力阐释一个十分抽象的主题，以期给人醍醐灌顶的大彻大悟”。这增添了文章的说服力与感染力，引发了读者的认同感，但缺乏实质性的指导和具体的方法论。

【思考与练习】

1. 新闻事件类微博与传统新闻报道相比有何不同？
2. 生活实用类微博有哪些特点？
3. 试分析微信公众号的社会功用。
4. 微信公众号对我们个人的日常生活产生了什么影响？

修订版后记

四川文理学院教师编写的四川省“十二五”规划教材《文化素养高级教程》于2011年6月由高等教育出版社出版，迄今已近八年。《教程》出版之后，得到了广大师生和读者的充分肯定和广泛好评。经过多年的教学实践，我们发现《教程》存在着一些不足。为了提高教学质量，使《教程》更加适应社会发展的需要，我们决定对其做出修订。后多次召开会议，征求意见，听取建议。在此基础上，经过认真的研究，主要从三个方面做出了修改：一是对部分内容作了增删；二是对结构顺序作了调整；三是对具体内容进行了完善。

此次修订，我们还特别注意了三点：第一，追求与时俱进，增加新知识、新观点；第二，进一步突出应用性，增加实践教学内容的比重；第三，修正某些谬误，重视严谨和科学。

需要说明的是，本次修订除了原先参与编写的老师，还有诸多新生力量的加入，具体参编人员如下：

杜松柏、崔宏艳、漆娟、苏正道、胡蓉、姜约、唐颜、赵琴、曾宪文、成立、丁庆刚（上编 文学素养）

孟兆怀、林平、廖旭东、唐澜、余文盛、张松、马碧红、王绍林、杨晓云、党超亿、张杰、何斌（下编 应用与鉴赏）

修订版的统编和组织工作仍由主编、副主编完成。

高等教育出版社的各位领导以及《教程》责任编辑姜兰志给予了大力支持和帮助，使修订工作得以顺利完成。同时，我们在编写过程中也参考了一些专家、学者的文献资料，因各种原因所限，无法一一标注。在此，我们一并表示衷心感谢。

编者

二〇一九年夏